Sprachen – Bilden – Chancen:
Sprachbildung in Didaktik und Lehrkräftebildung

Sprachliche Bildung

herausgegeben vom
Mercator-Institut für Sprachförderung
und Deutsch als Zweitsprache

Band 5

Brigitte Jostes
Daniela Caspari
Beate Lütke (Hrsg.)

Sprachen – Bilden – Chancen: Sprachbildung in Didaktik und Lehrkräftebildung

Waxmann 2017
Münster • New York

Bibliografische Informationen der Deutschen Nationalbibliothek
Die Deutsche Nationalbibliothek verzeichnet diese Publikation in
der Deutschen Nationalbibliografie; detaillierte bibliografische
Daten sind im Internet über http://dnb.dnb.de abrufbar.

Sprachliche Bildung, Band 5

ISSN 2510-4519
Print-ISBN   978-3-8309-3599-5
E-Book-ISBN   978-3-8309-8599-0

© Waxmann Verlag GmbH, Münster 2017
Steinfurter Straße 555, 48159 Münster

www.waxmann.com
info@waxmann.com

Umschlaggestaltung: Inna Ponomareva, Düsseldorf
Umschlagbild: © ESB Professional – shutterstock.com
Satz: Stoddart Satz- und Layoutservice, Münster

Gedruckt auf alterungsbeständigem Papier, säurefrei
gemäß ISO 9706

Inhalt

Vorwort

Dieser Sammelband erscheint zum Abschluss des Berliner Projekts „Sprachen –
Bilden – Chancen". Vom Mercator-Institut großzügig und aufmerksam gefördert,
zielte das Projekt darauf, die Berliner Lehrkräftebildung in den Bereichen Sprachbildung, Sprachförderung und Deutsch als Zweitsprache (DaZ) weiterzuentwickeln. Beteiligt waren Wissenschaftlerinnen und Wissenschaftler der Berliner
Universitäten, der Freien Universität Berlin, der Humboldt-Universität zu Berlin
und der Technischen Universität Berlin, sowie Expertinnen und Experten der für
Bildung zuständigen Senatsverwaltung, einbezogen Forscherinnen und Forscher
des Leibniz-Zentrums Allgemeine Sprachwissenschaft und der Universität Potsdam.

Im Fokus des Projekts standen die 2007 implementierten Studienmodule für
Deutsch als Zweitsprache (DaZ), mit denen Berlin zum damaligen Zeitpunkt eine
Vorreiterrolle bei der Herausforderung übernahm, Lehramtsstudierende für den
Unterricht in multilingualen Klassen vorzubereiten. Dass 2007 je ein DaZ-Modul
im Bachelor- und im Masterstudiengang obligatorisch wurde und dass diese Ob-
ligatorik mitnichten nur für das Fach Deutsch, sondern für alle Unterrichtsfächer
galt, war nicht von langer Hand vorbereitet worden. Dass diese Studienanteile
dennoch bald als „Berliner Modell" auf überregionales Interesse stießen, hatte
wesentlich mit dem Engagement und der Expertise der unmittelbar Beteiligten zu
tun. Dabei war es zunächst auch inneruniversitär nicht einfach, den Fächern zu
vermitteln, dass auf ihre Kosten Zeit- und Finanzressourcen in die Sprachbildung
investiert werden sollten. Von Beginn an war es zentral, das Interesse und die Kooperation aller Fachdidaktiken zu gewinnen. Dass dies gelang, hing unmittelbar
mit dem gemeinsamen Bewusstsein zusammen, dass nicht auf immer die Familiensprache der Kinder und Jugendlichen über Bildungschancen und Schulerfolg
entscheiden darf – ein Zusammenhang, der spätestens mit der Publikation der
ersten PISA-Studie nicht mehr zu negieren war.

In den ersten Jahren nach der Implementierung passten die Hochschulen
die DaZ-Module ihren spezifischen Strukturen an und nutzten dabei bestehende Lehr- und Forschungsprofile und Kooperationen. Mit „Sprachen – Bilden –
Chancen" bot sich nun die Gelegenheit, die mittlerweile zu Sprachbildung trans-
formierten Module multiperspektivisch und -methodisch zu evaluieren, die Invol-
vierung der Fachdidaktiken zu forcieren und die Interaktion zwischen der ersten
und der zweiten Phase der Lehrkräftebildung zu diesem Thema auszubauen und
strukturell zu sichern. Die Ergebnisse dieser Arbeit sind bereits in diversen Publikationen und auf zahlreichen Konferenzen präsentiert worden. Der vorliegende
Band nutzt die Chance, Sprachbildung multiperspektivisch zu thematisieren, weitere Ergebnisse vorzustellen und zu diskutieren und Handlungsmöglichkeiten in
einzelnen Unterrichtsfächern zu sondieren.

Verbunden mit einem Dank an alle am Projekt Beteiligten – von der Steuergruppe über die Standortteams bis zu den Kooperationspartnern – und an das Mercator-Institut, ein besonderes Dankeschön an die Herausgeberinnen und an die Beiträgerinnen und Beiträger, deren Befunde nun auf die freundlich-kritische Lektüre interessierter Leserinnen und Leser warten.

Michael Kämper-van den Boogaart

Daniela Caspari, Beate Lütke & Brigitte Jostes

Einleitung

Der Sammelband „Sprachen – Bilden – Chancen: Sprachbildung in Didaktik und Lehrkräftebildung" geht aus dem Projekt „Sprachen – Bilden – Chancen: Innovationen für das Berliner Lehramt" hervor.[1] Er bündelt konzeptionelle und empirische Arbeiten, die in den verschiedenen Projekt-Arbeitsgruppen angeregt wurden; weiterhin referiert er den Berliner Kontext und eine historische Perspektive auf die Themen Sprachbildung und Deutsch als Zweitsprache. Das im Juli 2017 ausgelaufene Projekt hat als gemeinsame Initiative der Freien Universität Berlin (FU), der Humboldt-Universität zu Berlin (HU) und der Technischen Universität Berlin (TU) zur Verbesserung der Lehrkräftebildung in den Bereichen Sprachbildung und Deutsch als Zweitsprache (DaZ) in Berlin beigetragen. In dem gemeinsamen Projekt der drei Berliner Universitäten wurden Schwerpunkte der Lehrkräftebildung in den Bereichen Sprachbildung und DaZ überarbeitet. Abschließend wurden Empfehlungen zur Qualitätsentwicklung auf der Basis der Ergebnisse dreier Teilprojekte formuliert. Das Projekt ist vor dem Hintergrund einer Reform des Berliner Lehrkräftebildungsgesetzes (LBiG) im Jahr 2014 zu sehen. Im Rahmen dieser Reform sind Sprachförderung und Deutsch als Zweitsprache in dem LBiG von 2014 als zentrale Ausbildungsinhalte auf gesetzlicher Ebene verankert worden; zudem legt die neue Lehramtszugangsverordnung ein Minimum von zehn Leistungspunkten fest, das Lehramtsabsolventinnen und –absolventen der Berliner Universitäten den Zugang in den Vorbereitungsdienst ermöglicht.

Das Teilprojekt 1 hat die Berliner DaZ-Module, die von 2007 bis 2015 in einem Umfang von sechs Leistungspunkten an den Berliner Universitäten angeboten wurden, im Sommersemester 2014 quantitativ und qualitativ empirisch untersucht. Das Ziel bestand darin, Kompetenzentwicklungen, Lerngelegenheiten, Zufriedenheit und sprachdidaktische Kompetenzen hinsichtlich der Planung eines sprachsensiblen Fachunterrichts und Überzeugungen der Studierenden abzubilden. Die Ergebnisse dieses Teilprojekts bilden eine Basis für die Weiterentwicklung der seit dem Wintersemester 2015/16 nach der neuen Studienordnung umgesetzten Sprachbildungsmodule mit einem Umfang von zehn Leistungspunkten. Im Teilprojekt 2 wurden Kooperationen mit universitären Fachdidaktiken und DaZ/Sprachbildungs-Dozentinnen und –Dozenten gebildet und neben fachdidaktischen fachübergreifende Materialien für die universitäre Lehre entwickelt. Diese Materialien sollen dazu beitragen, Sprachbildung in der fachdidaktischen Lehre zu verankern und im Fachkontext zu veranschaulichen. Im Rahmen des dritten Teilprojekts wurde ein Ausbildungskonzept konturiert, das die drei Phasen

---

1   Zu Projektbeschreibung, Projektteam, Ergebnissen und Produkten siehe www.sprachen-bilden-chancen.de.

der Lehrkräftebildung (Universität, Vorbereitungsdienst und Fort- und Weiterbildung) im Hinblick auf die Inhalte Sprachbildung und Deutsch als Zweitsprache miteinander verzahnt. Aus allen drei Teilprojekten finden sich Beiträge im vorliegenden Sammelband, wobei verschiedene Akteure – Projektmitarbeiter/-innen, Kooperationspartner/-innen und mit dem Projekt assoziierte Personen – Beiträge beigesteuert haben.

Das Projekt „Sprachen – Bilden – Chancen" wurde von 2014 bis 2017 durch das Mercator-Institut für Sprachförderung und Deutsch als Zweitsprache mit ca. 1,3 Millionen Euro gefördert. Das Mercator-Institut ist ein von der Stiftung Mercator initiiertes und gefördertes Institut der Universität zu Köln. Kooperationspartner des Projekts sind die Berliner Senatsverwaltung für Bildung, Jugend und Familie, das Leibniz-Zentrum Allgemeine Sprachwissenschaft, bzw. der darin verortete Berliner Interdisziplinäre Verbund für Mehrsprachigkeit (BIVEM), und das Arbeitsgebiet Deutsch als Fremdsprache / Deutsch als Zweitsprache (DaF / DaZ) am Institut für Germanistik der Universität Potsdam. Darüber hinaus haben verschiedene Fachdidaktiken der FU, HU und TU in den Arbeitsgruppen als universitäre Kooperationspartner mitgearbeitet.

Der erste Teil mit dem Titel „Vielfältige Perspektiven" beginnt mit einer Bestandsaufnahme in Berlin und Brandenburg. Darin werden die Anfänge und die Entwicklung von DaZ in der Berliner Schule und Lehrkräftebildung seit den 1970er Jahren (Ulrich Steinmüller) mit der aktuellen Situation aus Sicht der Senatsverwaltung für Bildung, Jugend und Familie (Gisela Beste, Sabine Reich und Diemut Severin) sowie der Situation im Flächenland Brandenburg kontrastiert (Verena Maar, Christoph Schroeder, Katharina Mayr).

Dass Sprachbildung kein neues, durch Zuwanderung veranlasstes Konzept ist, sondern wesentliche Elemente bereits seit 200 Jahren auch für die Lehrkräftebildung bedacht werden, zeigen die Beiträge zu Johann Friedrich Herbart (Hans-Joachim Roth) und zur Sprachdidaktik Rudolf Hildebrands (Michael Kämper-van den Boogart).

Beschlossen wird der erste Teil mit zwei aktuellen Perspektiven: Thorsten Roelcke plädiert angesichts der zunehmenden Bedeutung von Fachsprachen im Alltag und im Beruf dafür, diese als Teil einer durchgängigen Sprachbildung wahrzunehmen, und Kristina Peuschel und Matthias Sieberkrob beziehen von ihnen erhobene studentische Sichtweisen zu „Sprache im Fach" auf entsprechende Kategorien des *European Core Curriculum for Mainstreamed Second Language-Teacher Education* (EUCIM-TE).

Der zweite Teil widmet sich „Grundlagen, Konzepten und Merkmalen von Sprachbildung in der Lehrkräftebildung". Angesichts der je nach Kontext und Zielsetzung höchst unterschiedlichen Verwendung der zentralen Begriffe „Mehrsprachigkeit", „Deutsch als Zweitsprache", „Sprachbildung" und „Sprachförderung" liefert der einführende Beitrag von Brigitte Jostes eine notwendige begriffliche Klärung.

Die folgenden beiden Beiträge stellen Ergebnisse aus der empirischen Untersuchung der Berliner DaZ-Module vor: Jenny Paetsch, Fränze Sophie Wagner und Annkathrin Darsow untersuchen zwei Prädiktoren für die studentische Zufriedenheit mit diesen Modulen und leiten hieraus Verbesserungsvorschläge für die Lehre ab. Annkathrin Darsow zeigt anhand ihrer Befragung von Dozentinnen und Dozenten des DaZ-Moduls, dass die von der Modulbeschreibung vorgegebenen Ziele und Inhalte als grundsätzlich relevant eingestuft werden, sie jedoch teilweise unterschiedlich verstanden und als unterschiedlich bedeutsam bewertet werden. Sie plädiert daher für einen regelmäßigen Austausch über das implementierte Curriculum.

Die beiden letzten Beiträge dieses Teils beziehen ihre Anregungen zur Sprachbildung aus zwei anderen Konzepten: Wolfgang Zydatiß sieht die Didaktik des Bilingualen Sachfachunterrichts (*Content and Language Integrated Learning*, CLIL) als Vorläufer für eine durchgängige Sprachbildung im deutschsprachigen Sachfachunterricht und empfiehlt, die langjährigen Erfahrungen aufzugreifen. Als besonders erfolgversprechend betrachtet er die Förderung des bildungssprachlichen Lernens durch fachbezogenes generisches Schreiben. Victoria Shure regt an, den in den USA entwickelten ressourcenorientierten Ansatz des *Culturally Responsive Teaching* (CRT), der Lehrkräfte für die Berücksichtigung der individuellen Bedürfnisse aller Schülerinnen und Schüler sensibilisiert, in die Entwicklung von Konzepten zur Sprachbildung einzubringen. Dabei hält sie die Überlegungen zur sozialen Gerechtigkeit und zum *code-switching* für zentral.

Der dritte Teil umfasst eine Reihe von Beiträgen zur Sprachbildung in einzelnen Schulfächern. Allen gemeinsam ist, dass sie nicht von Zielen und Prinzipien einer allgemeinen Sprachbildung ausgehen und diese auf die einzelnen Fächer übertragen. Vielmehr bestimmen sie aus den zentralen Zielsetzungen der Fächer heraus Orte, Anforderungen und Anregungen für eine fächer- bzw. domänenspezifische Sprachbildung.

Mit der Relevanz von sprachlichen Kompetenzen im Fach Mathematik in der Primarstufe beschäftigen sich Lena Wessel und Torsten Andreas. Angesichts der Ergebnisse empirischer Untersuchungen und der Analyse des aktuellen Berliner Rahmenlehrplans fordern sie, über das Feld von Text- und Sachaufgaben und die Bereitstellung formalbezogener Sprachmittel hinauszugehen und insbesondere das konzeptuelle Verständnis durch sprachlich reichhaltige Lerngelegenheiten zu unterstützen.

Für den Unterricht in den modernen Fremdsprachen liegen noch so gut wie keine Ansätze für ein Konzept durchgängiger Sprachbildung vor. Daniela Caspari unternimmt es daher, die in unterschiedlichen Bereichen der Fremdsprachendidaktik entwickelten Anregungen zusammenzutragen und auf dieser Basis Vorüberlegungen für ein Konzept sprachbildenden Fremdsprachenunterrichts zu formulieren. Zentraler Gedanke ist die explizite und systematische Förderung transferierbarer sprachlicher Kompetenzen.

Das zentrale Ziel des Geschichtsunterrichts besteht im Erwerb der Fähigkeit zur Narrativität, das heißt eines reflektierten historischen Erzählens und Urteilens. Matthias Sieberkrob und Martin Lücke beziehen dieses Paradigma auf sprachlich bildenden Geschichtsunterricht und plädieren dafür, die unterschiedlichen Erzähltypen und Erzählformen in historische Genres mit je eigenen Konventionen zu fassen, und skizzieren eine Genre-Didaktik für den Geschichtsunterricht. Hiermit schließt sich ihr Beitrag an den von Zydatiß an.

Die im Politikunterricht zentrale Urteils- und Handlungskompetenz verlangt die Fähigkeit zum Argumentieren. Sabine Achour, Annemarie Jordan und Matthias Sieberkrob verstehen das Argumentieren als Ort domänenspezifischer Sprachbildung und konkretisieren die für den Aufbau einer überzeugenden Argumentationskette notwendigen inhaltlichen und sprachlichen Unterstützungsmaßnahmen. Dadurch erwerben die Schülerinnen und Schüler auch die Fähigkeit, die Güte der Argumentationen anderer einzuschätzen.

Auch in naturwissenschaftlichen Fächern spielt die Sprache eine große Rolle. Hendrik Härting, Nicole Kohnen und Ilka Parchmann entwickeln auf der Basis der zunehmend abstrakteren sprachlichen Darstellungsformen (Repräsentationsebenen) in den Naturwissenschaften und den Charakteristika von Fachsprachen die für den Unterricht in naturwissenschaftlichen Fächern spezifischen Aspekte eines sprachbildenden Unterrichts. Auf dieser Basis skizzieren sie die zentralen Inhalte sprachbildender Lehrkräftebildung im Bereich Naturwissenschaften.

Das Fach Wirtschaft-Arbeit-Technik ist in den einzelnen Bundesländern unterschiedlich konzipiert und wird unterschiedlich bezeichnet (z.B. Arbeitslehre). Simone Knab, Christian Lutsche und Thorsten Roelcke stellen diesen Fächerverbund, der einen wesentlichen Beitrag zur überfachlichen schulischen Bildung und zur Berufsvorbereitung leistet, dar. Sie stellen das besondere sprachbildende Potenzial dieses komplexen, Theorie und Praxis verknüpfenden Faches heraus und verweisen auf die Notwendigkeit einer gezielten Kombination unterschiedlicher methodischer Ansätze zur Sprachbildung.

Auch für die berufliche Bildung liegen bislang kaum schulformspezifische Überlegungen zur durchgängigen Sprachbildung vor. Julia Schallenberg und Carolin Lohse stellen daher auf der Basis der Ziele und Prinzipien berufsschulischen Lernens innerhalb der dualen Ausbildung die Zielsetzungen einer ganzheitlichen Sprachbildung vor. In Auseinandersetzung mit anderen Konzepten stellen sie den von ihnen mit entwickelten Ansatz der Lern- und Arbeitsaufgaben als didaktisch-methodischen Rahmen für gezieltes fachspezifisches Lehren und Lernen vor.

Im Zuge der Neugestaltung des Studiengangs für den Master of Education wurden die Berliner DaZ-Module stärker auf eine fachspezifische Perspektive hin ausgerichtet. Kristina Peuschel beschreibt in ihrem Beitrag, wie diese Herausforderung mithilfe einer neu konzipierten Veranstaltung unter Einbeziehung von E-Learning-Elementen auch für sehr große Gruppen bewältigt werden konnte und identifiziert auf der Basis der Lehrveranstaltungsevaluationen weiteren Entwicklungsbedarf. Auch dieser Beitrag zeigt, dass das Projekt eine Reihe von Erkenntnissen und Anregungen zur universitären Lehre erbracht hat, die im Folgenden konkretisiert und implementiert werden müssen.

Der letzte Teil des Sammelbandes trägt die Überschrift „Herausforderungen für eine durchgängige Sprachbildung". Hier wird von Brigitte Jostes und Annekathrin Darsow das im Rahmen des Projektes entwickelte theoriebasierte Rahmenmodell für eine phasenübergreifende Sprachbildung in der Lehrkräftebildung vorgestellt und erläutert. Dieses unter Berücksichtigung der Berliner Rahmenbedingungen entworfene Modell stellt einen konzeptionellen Rahmen für die Weiterentwicklung und Abstimmung der Ziele und Inhalte der sprachbildenden Lehr-/Lernangebote in den verschiedenen Phasen der Lehrkräftebildung bereit. Außerdem leistet es die Verknüpfung der Projektergebnisse und weist auf die Notwendigkeit weiterer Grundlagenforschung hin.

Wie diese knappe Übersicht deutlich macht, sind die im Projekt „Sprachen – Bilden – Chancen" erarbeiteten Ergebnisse auf mehreren Ebenen von Interesse: Zum einen geben sie vielfältige Impulse für die wissenschaftliche Diskussion im Bereich Sprachbildung, insbesondere für ihre, für die meisten Fächer noch ausstehende, fachspezifische Konkretisierung. Zum anderen enthalten sie vielfältige Anregungen für die Konzeption und Durchführung (universitärer) Lehre. Darüber hinaus verweisen sie nicht nur auf die Notwendigkeit weiterer konzeptioneller und empirischer Forschung, sondern identifizieren einige konkrete Desiderate, z.B. die Evaluation anderer als der Berliner Ausbildungsstrukturen für Sprachbildung/DaZ, die Frage nach unterschiedlichen Schwerpunkten in der Lehre von Sprachbildung/DaZ für die einzelnen Schulstufen und -formen, die Beziehung zwischen Sprachbildung und Sprachförderung im Regelunterricht sowie die Beziehung zwischen Sprachförderung und sonderpädagogisch bedingtem Sprachförderbedarf. Nicht zuletzt wird deutlich, dass die in diesem Band vertretenen einzelnen Perspektiven unbedingt in Hinsicht auf ein schulform- und schulstufenübergreifendes Konzept für Sprachbildung/DaZ erweitert werden müssen, damit angesichts der großen Herausforderung, allen Schülerinnen und Schülern sprachliche Entwicklungschancen zu eröffnen, Synergieeffekte zwischen den einzelnen Schulformen und Schulfächern identifiziert und genutzt werden können.

Ulrich Steinmüller

Die Entwicklung von Deutsch als Zweitsprache in Berlin in politisch-historischer Perspektive

DaZ in Berlin hat eine Geschichte von fast einem halben Jahrhundert. Es ist keine Geschichte von systematischer Entwicklung und gewollter Planung, sondern eine von Sprüngen und Brüchen, von Erfolgen, Misserfolgen, voll von Widersprüchen. DaZ in Berlin zeigt, wie eng gesellschaftliche Entwicklungen, Politik, Bildung und Wissenschaft zusammenhängen – oder auch voneinander abgegrenzt werden können. Daher ist es sinnvoll, die Entwicklung in verschiedenen Domänen darzustellen und die Verbindungen, aber auch die Abschottungen zwischen ihnen aufzuzeigen. Die wichtigsten Domänen sind Bildungspolitik, Schulwesen und Wissenschaft, aber auch Gesellschaftspolitik, Stadtplanung und Arbeitsmarkt haben Auswirkungen auf die Entwicklung von DaZ in Berlin. Zahlreiche Akteure, Initiativen, Aktivitäten, wissenschaftliche Erkenntnisse und Ideologien haben die Entwicklung geprägt und ihre Spuren hinterlassen, die zum Teil noch heute zu spüren sind. Der Blick zurück zeigt auch, dass Vieles, das heute als zu lösendes Problem in den Blick gerät, schon seit Jahrzehnten da ist, und dass mancher der heute diskutierten Lösungsvorschläge dafür so neu gar nicht ist. Diese zurückliegenden fast 50 Jahre sind allerdings so detail- und facettenreich, dass es nicht möglich ist, im hier vorgegebenen Format eine umfassende Darstellung zu liefern. Ich werde stattdessen versuchen, mit Beispielen einzelner Aktivitäten die wichtigsten Aspekte herauszuarbeiten, durch die die heutige Situation wie auch die weitere Entwicklung von DaZ in Berlin geprägt sind. Und ich werde auch darauf verzichten, einzelne Akteure zu benennen, so wichtig ihre Beiträge zur Entwicklung wie zur Behinderung von DaZ in Berlin auch gewesen sind, um nicht andere, ebenso wichtige zu vergessen.

Projekt „Lernstatt im Wohnbezirk" (1976–1978)

Die erste systematische Beschäftigung mit DaZ in Berlin war trotz des bereits in den frühen 1970er Jahren des vorigen Jahrhunderts erkennbaren Anteils nicht deutschsprachiger Schülerinnen und Schüler in der (West-)Berliner Schule nicht auf diese gerichtet, sondern auf Erwachsene. Die Gruppe Cooperative Arbeitsdidaktik (CAD) führte in Zusammenarbeit mit dem Institut für Zukunftsforschung Berlin von 1976 bis 1978 das Handlungsforschungsprojekt „Lernstatt im Wohnbezirk. Kommunikationsprojekt mit Ausländern in Berlin-Wedding" durch (Institut für Zukunftsforschung u.a., 1978). Das Konzept der „Lernstatt im Wohnbezirk" bestand in der Vermittlung situations- und themenbezogener kommunikativer

Fähigkeiten als Bestandteil sozialer Handlungsfähigkeit ohne einen an normativen Vorstellungen orientierten Sprachunterricht (Steinmüller, 1979). Die Hinwendung zu den erwachsenen Migranten geriet dann aber bald in den Hintergrund und wurde erst in jüngerer Zeit mit den Eingliederungskursen für hier bereits ansässige Migranten und in jüngster Zeit bedingt durch die verstärkte Zuwanderung von Flüchtlingen und Asylbewerbern wiederbelebt, ohne allerdings auf die Erfahrungen aus den 1970er Jahren Bezug zu nehmen.

DaZ in der Schule in den 1970er und 1980er Jahren

Für DaZ in der Schule war das Konzept der „Lernstatt" nicht geeignet; hier herrschte in dieser Zeit das ironisch bezeichnete „Konzept des Spracherwerbs per Osmose" vor: Man setze ein deutschsprachiges und ein nicht deutschsprachiges Kind nebeneinander, dann wird sich die deutsche Sprache schon irgendwie übertragen. Inhaltliche und didaktisch-methodische Veränderungen von Schule und Unterricht erschienen nicht erforderlich. In der Realität des Schulalltags bedeutete das, dass Schulen, Lehrkräfte wie Schülerinnen und Schüler bei der Vermittlung und Förderung von DaZ sich selbst überlassen blieben. Die rechtliche Situation der Beschulung migrantischer Kinder war auf Grund des Bildungsföderalismus der Bundesrepublik Deutschland in den Bundesländern sehr diffus. Daher empfahl die Kultusministerkonferenz im Jahr 1964, um eine gewisse Vereinheitlichung zu erreichen, „den Kindern von Ausländern den Eintritt in die deutsche Schule zu ermöglichen" (Röhr-Sendelmeier, 1986, S. 52), so dass es in das Ermessen des jeweiligen Bundeslandes gestellt war, „ausländische Schüler" in die staatlichen Schulen aufzunehmen oder wegen fehlender Deutschkenntnisse abzulehnen. Erst im Jahr 1984 wird hieraus in Berlin durch die „Ausführungsvorschriften über den Unterricht für ausländische Kinder und Jugendliche (AV ausländische Schüler)" die allgemeine Schulpflicht für migrantische Kinder: „Schulpflichtige ausländische Schüler müssen unverzüglich nach ihrem Zuzug nach Berlin Unterricht erhalten." (Senatsverwaltung für Schule, Jugend und Sport, 1984, S. 96). Allerdings waren hiervon Kinder von Asylbewerbern ausgenommen, für die erst ca. 10 Jahre später die Schulpflicht eingeführt wurde.

Insbesondere in den Stadtbezirken mit einem durch die Stadtplanung beförderten hohen Anteil migrantischer Familien (billige Mieten in sanierungsbefangenen Quartieren) entstand hier ein Problem, das dringend nach einer Lösung verlangte, zumal trotz des Anwerbestopps von sog. Gastarbeitern durch den Familiennachzug der bereits hier ansässigen Migranten die Zahl der Kinder und Jugendlichen stetig anstieg. Die derzeitige Diskussion über die Begrenzung des Familiennachzugs der aktuellen Flüchtlinge bzw. eine Wohnsitzauflage erinnert sehr stark an die damaligen Versuche, durch ordnungspolitische Maßnahmen wie z.B. die Verhängung einer Zuzugssperre für Migranten in bestimmte Stadtbezirke ihre Anzahl zu begrenzen – mit wenig Erfolg. Zur Verdeutlichung einige Zahlen: Betrug der Anteil der betroffenen Kinder in den westlichen Berliner Bezirken im Schuljahr 1970/71 2,9 %, so stieg er bis zum Schuljahr 2000/01 auf 22,1 %. In Gesamtberlin, bedingt durch den vereinigungsbedingten Einbezug der östlichen Bezirke in die Statistik und den dortigen geringeren Anteil migrantischer Familien an der Gesamtbevölkerung, betrug der statistische Prozentsatz 15,1 %. Diese Zahl erhöhte sich bis zum Schuljahr 2014/15 in ganz Berlin auf 36,9 %, an Grundschulen sogar bereits auf 41,2 %, wobei die Verteilung auf Schularten nach wie vor eine Unterrepräsentierung im Gymnasium zeigt (25,1 %) (Engin, 2003; Senatsverwaltung für Bildung, Jugend und Wissenschaft, 2016). Allerdings sind in der Zahl der erfolgreichen Schulabschlüsse deutliche Verbesserungen zu erkennen: Während in den 1970er Jahren des vorigen Jahrhunderts die Zahl der Schulabgänger aus migrantischen Familien ohne Schulabschluss auf Grund mangelnder DaZ-Kenntnisse in den hohen 70er Prozenten lag, sank sie bis zum Jahr 2000 auf 32 % und bis zum Schuljahr 2014/15 auf 14,3 %, lag damit aber noch immer höher als bei der Gesamtabgängerzahl mit 9,8 % (Senatsverwaltung für Bildung, Jugend und Wissenschaft, 2016).

Die Berliner Politik und die Schule reagierten auf diese Zahlen und die damit verbundenen Probleme bis in die Mitte der 1990er Jahre des vorigen Jahrhunderts vornehmlich mit schulorganisatorischen und verwaltungsrechtlichen Maßnahmen, durch die allerdings inhaltliche Fragen zum Unterricht und insbesondere der DaZ-Förderung nicht berührt wurden. Im konkreten Fall führte das dazu, dass an Schulen mit einem hohen Anteil migrantischer Schülerinnen und Schüler zunehmend sog. „besondere" Klassen eingerichtet wurden, in denen ausschließlich migrantische Schülerinnen und Schüler zusammengefasst wurden mit dem Ziel, sie hier besser in DaZ fördern zu können, allerdings ohne dass es dafür inhaltliche Rahmenrichtlinien, dafür ausgebildete Lehrkräfte oder Unterrichtsmaterialien gab. Erst 1987 wurde der „Vorläufige Rahmenplan" für das „Fach Deutsch für ausländische Kinder in Vorbereitungsklassen ..." erlassen. Durch die Einrichtung dieser besonderen Klassen wurde das bis dahin in Berlin praktizierte Prinzip des gemeinsamen Unterrichts deutscher und migrantischer Schülerinnen und Schüler aufgegeben. Eine rechtliche Basis für dieses Vorgehen erhielten die Schulen erst durch das Schulgesetz von Berlin in der Fassung vom 29. September 1982 in Verbindung mit den „Ausführungsvorschriften über den Unterricht für ausländische Kinder und Jugendliche" vom 24. Mai 1984, kurz „AV ausländische Schüler" genannt, in der auch die „Quotenregelung" formuliert wurde, die über viele Jahre die Schullaufbahn migrantischer Kinder bestimmte.

Entsprechend diesem Gesetz waren alle migrantischen Kinder und Jugendlichen mit Ausnahme der Kinder von Asylbewerbern schulpflichtig und zwar in gleichem Umfang wie deutsche Kinder und Jugendliche. Ausländische Kinder sollten prinzipiell gemeinsam mit deutschen Schülern unterrichtet werden (Schulgesetz von Berlin, § 35 a). Allerdings sah die AV ausländische Schüler Ausnahmen vor:

> „(1) Ausländische Schüler, die die deutsche Sprache nicht so beherrschen, daß sie dem Unterricht in der Regelklasse (Klasse mit deutschen Schülern) folgen können, und deren Aufnahme in die Regelklasse nicht möglich ist, werden in bis zu zweijährigen Vorbereitungsklassen zusammengefaßt; […].

> (2) In den Vorbereitungsklassen sind die Schüler auf den Übergang in eine Regelklasse vorzubereiten. [Anmerkung des Verfassers: In der aktuellen Situation der neuen Zuwanderungen tauchen auch diese Vorbereitungsklassen wieder auf, allerdings unter dem Namen „Willkommensklassen" oder in der neusten Formulierung der Senatsbildungsverwaltung „Lerngruppen für Neuzugänge ohne Deutschkenntnisse" (Senatsverwaltung für Bildung, Jugend und Wissenschaft, 2016). Es bleibt abzuwarten, ob und wenn ja, welche Konsequenzen aus den Erfahrungen mit den damaligen Vorbereitungsklassen gezogen werden.]

> (3) Sobald die Schüler über deutsche Sprachkenntnisse verfügen, um dem Unterricht in der Regelklasse hinreichend zu folgen, werden sie […] in eine Regelklasse oder, wenn dies nicht möglich ist, in eine Ausländer Regelklasse aufgenommen." (Senatsverwaltung für Schule, Jugend und Sport, 1984).

Hier wurde ein neuer Begriff eingeführt, der im Zusammenhang mit einer weiteren Einschränkung des Prinzips des gemeinsamen Unterrichts von deutschen und ausländischen Schülerinnen und Schülern stand: Ausländer-Regelklasse. Hierunter sind Klassen mit ausschließlich migrantischen Kindern zu verstehen, ohne einen deutschen Schüler/eine deutsche Schülerin, die von deutschen Lehrern in deutscher Sprache nach den gleichen Stundentafeln und entsprechend den gleichen Rahmenplänen für Unterricht und Erziehung unterrichtet wurden wie deutsche Schülerinnen und Schüler (Senatsverwaltung für Schule, Jugend und Sport). Eine explizite DaZ-Förderung war dabei nicht vorgesehen, es galt der Rahmenplan für das Fach Deutsch.

Die Entstehung der Ausländer-Regelklassen wurde durch die Quotenregelung noch weiter befördert. Einer Maxime der damaligen Senatorin für Schulwesen zufolge durfte es nicht dazu kommen, dass sich deutsche Schülerinnen und Schüler in ihrer Klasse „nicht mehr heimisch fühlen". Daher legte die 16. Schulgesetzänderung fest, dass in der 1. und 7. Klassenstufe, also zu Beginn der Grundschule und der Sekundarstufe I, der Anteil ausländischer Schülerinnen und Schüler 30 % nicht übersteigen durfte. Diese Quote konnte bis zu 50 % heraufgesetzt werden, wenn mehr als die Hälfte der in Frage stehenden ausländischen Kinder dem Unterricht ohne sprachliche Schwierigkeiten folgen konnten. Bei mehr als 50 % ausländischer Kinder bestand offensichtlich die Vermutung, dass sich deutsche Kinder „nicht mehr heimisch fühlen". Die Quotenregelung und die Einrichtung der Ausländer-Regelklassen wurden erst mit der 25. Änderung des Schulgesetzes von Berlin im Jahr 1995 abgeschafft.

Diese Quotenregelung war so lange unproblematisch, wie es in einem Schuleinzugsgebiet mehr deutsche als migrantische Kinder gab. In den Wohngebieten, in denen der nichtdeutsche Bevölkerungsanteil überwog, begannen diese Regelungen dann eine Rolle zu spielen. Die Ausführungsvorschrift gab für diese Fälle Hinweise in Form „organisatorischer Maßnahmen": Wenn eine der Quotenregelung entsprechende Verteilung der ausländischen Schülerinnen und Schüler innerhalb einer Schule nicht möglich war, sollten die Schülerinnen und Schüler auf andere Schulen im Bezirk aufgeteilt werden, und wenn dies auch nicht möglich war, erfolgte eine Verteilung auf andere Bezirke, „wobei unzumutbare Schulwege zu vermeiden sind" (Senatsverwaltung für Schule, Jugend und Sport 1984). Wenn auch diese Verteilung nicht möglich war oder nicht ausreichte, kam es zur Einrichtung der bereits angesprochenen Ausländer-Regelklassen. Daher war es durchaus nicht unüblich, dass migrantische, speziell türkische Kinder die Berliner Schule durchliefen, ohne jemals mit deutschen Kindern zusammen unterrichtet worden zu sein: wegen schlechter Deutschkenntnisse eingeschult in eine Vorbereitungsklasse oder wegen der Quotenregelung bereits von Beginn in eine Ausländer-Regelklasse, war es – vor allem in den Ballungsgebieten wie Kreuzberg, Neukölln und Tiergarten – fast ausgeschlossen, jemals einen Platz in einer deutschen Regelklasse zu bekommen. Dies galt umso mehr, wenn Vorbereitungsklassen, deren Bestehen laut AV und Schulgesetz auf maximal zwei Jahre begrenzt war, nach Ablauf dieser zwei Jahre aus schulorganisatorischen Gründen zu Ausländer-Regelklassen umdefiniert wurden – ein Vorgang, der nicht selten geschah. In diesen Klassen konnte nicht einmal mehr der „Spracherwerb per Osmose" erwartet werden, weil einzig die deutsche Lehrkraft als sprachliches Vorbild vorhanden war und das Beispiel des altersgerechten Sprachgebrauchs muttersprachlich deutscher Mitschülerinnen und Mitschüler fehlte. Dass dies nicht die geeigneten Bedingungen für eine sinnvolle und erfolgreiche DaZ-Förderung waren, dürfte wohl deutlich sein. Es bleibt abzuwarten, ob aus den Erfahrungen mit diesen schulorganisatorischen Maßnahmen Konsequenzen für die Beschulung der jetzt neu ankommenden Kinder gezogen werden.

DaZ in der Lehrkräfteausbildung seit den 1980er Jahren

Flankiert wurden diese schulorganisatorischen Maßnahmen allerdings dadurch, dass die Staatsexamensordnung für Lehrämter, die im August 1982 in Kraft trat, dem DaZ-Bedarf migrantischer Schülerinnen und Schüler insofern Rechnung trug, als von allen angehenden Deutschlehrenden für die Grund- und Hauptschulen („Lehrenden mit einem Fach" und „Lehrenden mit fachwissenschaftlicher Ausbildung in zwei Fächern"), nicht aber für Gymnasiallehrkräfte, der Besuch einer Lehrveranstaltung zu DaZ, sowie im fachwissenschaftlichen Prüfungsteil, sofern Linguistik als Prüfungsbereich gewählt wurde, „Kenntnis der Prozesse

des Zweitspracherwerbs am Beispiel des Deutschen als Fremdsprache" nachzu-
weisen waren und im fachdidaktischen Prüfungsteil „Kenntnis der Didaktik des
Deutschen als Zweitsprache". Bei dem Prüfungsbereich Literatur und in allen
anderen Fächern galt diese Forderung allerdings nicht. Die Auswirkungen dieser
im Studierenden-Jargon „Ausländerschein" genannten Anforderungen blieben
allerdings auf Grund des geringen Umfangs und weil in Berlin immer weniger
der hier ausgebildeten Lehramtsanwärterinnen und -anwärter in den Schuldienst
übernommen wurden, sehr bescheiden. Die Forderung nach der Einrichtung
einer Professur für DaZ zur wissenschaftlichen Fundierung der Ausbildung von
Lehrkräften für DaZ wurde noch zu Beginn der 1980er Jahre von der Senatsverwaltung für Schulwesen mit der Bemerkung zurückgewiesen, dieses Phänomen,
DaZ-Unterricht und der Sprachförderbedarf DaZ, werde sich in den kommen-
den zwei bis drei Jahren von allein gelöst haben. Erst seit dem Wintersemester
2007/08 wurde im Rahmen der Neuordnung der Lehrkräfteausbildung in Berlin
die Absolvierung der sog. „DaZ-Module" im BA- und MA-Lehramtsstudium verbindlich in die Ausbildungsordnung aufgenommen. Die Einrichtung einer Professur ausschließlich für DaZ an zumindest einer der Berliner Universitäten steht
allerdings noch immer aus. Immerhin gibt es seit dem Wintersemester 2016/17 an
der Humboldt-Universität die Professur für „Didaktik der deutschen Sprache und
Deutsch als Zweitsprache" mit vier (perspektivisch sechs) unbefristeten Mitarbeiterinnen und Mitarbeitern.

Weitere Aktivitäten und Initiativen seit den 1980er Jahren

Mit dieser unbefriedigenden Situation und den Defiziten beim Erwerb von DaZ
beginnen sich erst zu Beginn der 1990er Jahre des vorigen Jahrhunderts einzelne Bildungspolitikerinnen und -politiker in Berlin und ab der Mitte dieses
Jahrzehnts vermehrt auch einige Parteien des Berliner Abgeordnetenhauses zu
beschäftigen. Dies zeigt sich u.a. in zahlreichen Anträgen und Anfragen im Abge-
ordnetenhaus von Berlin zum Thema DaZ und DaZ-Förderung und in einer neu-
en Terminologie, nach der die betroffenen Kinder nun „Schüler nicht deutscher
Herkunftssprache – SndH" genannt werden, wodurch deutlich wird, dass nicht
mehr länger der Pass des Vaters, sondern die sprachliche Zugehörigkeit zum Kriterium gemacht wird. Seit diesen Jahren ist das Thema DaZ aus der schul- und
bildungspolitischen Diskussion in Berlin nicht mehr wegzudenken, auch wenn es
sehr lange erkennbar an dem politischen Willen mangelte, Maßnahmen zu er-
greifen und Gelder zu investieren, die zu einer grundsätzlichen und nachhaltigen
Verbesserung im Bereich DaZ führen könnten. (vgl. u.a. Engin, 2003, S. 26ff).

Unabhängig von der Ebene der offiziellen Politik sind allerdings bereits seit
Ende der 1970er Jahre des vorigen Jahrhunderts zahlreiche Aktivitäten und Initiativen zu beobachten, die sich inhaltlich mit Fragen im Kontext von DaZ be-

schäftigen. Dabei entstand ein Geflecht von Themen und Fragestellungen, die sich zwar alle mit migrantischen Kindern, nicht aber nur mit DaZ befassten. Dazu gehörten neben Spracherwerb und -förderung von DaZ dann auch die Themen muttersprachlicher Unterricht, zweisprachige Alphabetisierung, zweisprachige Erziehung und interkulturelle Erziehung, die sich zum Teil ergänzten, zum Teil aber auch in Konkurrenz zueinander diskutiert wurden und sich dadurch nicht selten gegenseitig behinderten. Auf die Besonderheiten des Unterrichts für und mit der migrantischen Schülerschaft und insbesondere auf die Notwendigkeit der Sprachförderung DaZ versuchten seit den späten 1970er und den 1980er Jahren des vorigen Jahrhunderts zunehmend mehr einzelne Lehrkräfte und Schulleiter, aber auch ganze Kollegien, vor allem im Grund- und Hauptschulbereich, durch die Entwicklung eigener Unterrichtskonzepte und -materialen zu reagieren. Auch im vorschulischen Bereich wurden zunehmend Aktivitäten zur Förderung von DaZ erkennbar. Unterstützt wurden diese Kolleginnen und Kollegen dabei z.B. durch Wissenschaftlerinnen und Wissenschaftler der Freien Universität, der Hochschule der Künste (jetzt: Universität der Künste) und seit Beginn der 1980er Jahre auch der Technischen Universität. Allerdings basierten diese Bemühungen auf der individuellen Initiative einzelner Lehrkräfte, Wissenschaftlerinnen und Wissenschaftler und wurden nicht immer seitens der Schulverwaltung unterstützt. Und auch in den Schulkollegien war die Sensibilität für die Notwendigkeit einer systematischen und durchgängigen DaZ-Förderung nicht immer sehr entwickelt (vgl. u.a. Steinmüller, 1986), was die damalige Schulsenatorin veranlasste, in einem Rundschreiben darauf hinzuweisen, dass „jede Stunde eine DaZ-Stunde" sein solle (Senatsverwaltung für Schule, Jugend und Sport, 1998).

Institutionelle Unterstützung erhielten die Bemühungen um DaZ in Berlin allerdings schon vor der Hinwendung der Politik zu diesem Thema durch das Pädagogische Zentrum, eine vom damaligen Regierenden Bürgermeister Willy Brandt initiierte Einrichtung zur Weiterqualifizierung West-Berliner Lehrerinnen und Lehrer, die im Jahr 1994 in das Berliner Institut für Lehrerfort- und -weiterbildung (BIL) überführt und nach der Fusionierung mit der Landesbildstelle am 1.1.2007 zum Landesinstitut für Schule und Medien (LISUM) wurde. In dieser Einrichtung, seit 2007 mit ihrem Brandenburger Pendant fusioniert, wurden und werden u.a. Fort- und Weiterbildungsveranstaltungen zu DaZ organisiert und durchgeführt, Unterrichtsmaterialien gesammelt und entwickelt. Das LISUM ist daher für die Entwicklung von DaZ in Berlin eine der wichtigen Adressen. Als ein Beispiel sei hier auf die dort herausgegebene Zeitschrift „Schilfblatt – Nachrichten für Lehrkräfte von Migranten" oder den sog. „Jahreskurs" verwiesen (Rösch, 2005), eine Weiterbildungsveranstaltung für bereits im Beruf stehende Lehrerinnen und Lehrer, die gemeinsam von LISUM und der TU Berlin durchgeführt wurde: Mit einer gewissen Stundenreduktion für die teilnehmenden Lehrkräfte wurde ein Jahr lang einmal wöchentlich eine ganztägige Veranstaltung zu verschiedenen Aspekten von DaZ und Sprachförderung, Didaktik und

Methodik des DaZ-Unterrichts sowie der Bekanntmachung mit neuen Lehr- und Unterrichtsmaterialien und der Erstellung von eigenen Materialien durchgeführt und mit einer Prüfung abgeschlossen. Trotz großer Nachfrage aus der Berliner Lehrerschaft wurde diese Maßnahme allerdings nach einigen Jahren wegen unterschiedlicher Auffassungen zwischen LISUM und TU Berlin über Aufbau, Struktur und Zielsetzungen eingestellt. Als ein Produkt dieses „Jahreskurses" kann die von Teilnehmerinnen und Teilnehmern sowie Dozentinnen und Dozenten des Kurses verfasste Publikation „Kinder lernen Deutsch als zweite Sprache" gesehen werden (vgl. Engin et al., 2004).

Eine weitere wichtige Adresse für die DaZ-Förderung an der Berliner Schule war über mehrere Jahre hinweg die „Lehr- und Lernwerkstatt DaZ", die auf Betreiben und mit starkem Engagement einiger Lehrkräfte, zunächst gegen den Willen der Senatsschulverwaltung bzw. ohne deren Unterstützung, als Informationsstelle und Fortbildungseinrichtung für mit DaZ befasste Lehrkräfte und die Entwicklung von Unterrichtsmaterialien und -vorschlägen etabliert wurde (Noack & Nové, 2000). Die „DaZ-Werkstatt" wurde inzwischen in die „Lehr- und Lernwerkstatt Sprachbildung" überführt und in das Sprachförderzentrum Berlin Mitte eingegliedert, eine Einrichtung des Bezirks Mitte von Berlin in Kooperation mit der Senatsverwaltung für Bildung, Jugend und Wissenschaft (vgl. www.sprachfoerderzentrum.de).

Der „Jahreskurs", und das scheint ein systematischer Bestandteil der Berliner Schul- und Bildungspolitik dieser Jahre mit Bezug zu DaZ zu sein, teilt das Schicksal zahlreicher Initiativen, Forschungsprojekte, Modellversuche und Untersuchungen zum Thema DaZ. Vorschläge für eine Veränderung der Lehrerausbildung, der DaZ-Förderung und des Schulunterrichts, die auf diesen Aktivitäten basieren, liegen in großer Anzahl vor, ohne dass sie allerdings systematisch in der Bildungs- oder Gesellschaftspolitik aufgegriffen worden wären. Im Gegenteil, wie die oben erwähnte Untersuchung von Engin gezeigt hat: Nur zu oft wurden zeitlich befristete Modellversuche und punktuelle Experimente in der Beschulung von Kindern und Jugendlichen mit Migrationshintergrund und DaZ-Förderung gestattet und auch finanziert, um nicht grundsätzlich am System der Berliner Schule und ihren Grundsatzentscheidungen etwas verändern zu müssen (vgl. Engin, 2003).

Allerdings ist auch zu konstatieren, dass trotz allen Engagements für die Belange migrantischer Kinder und die Förderung von DaZ unterschiedliche Positionen und zum Teil heftige Kontroversen zwischen den Protagonisten die Verbesserung von DaZ in der Berliner Schule stark behinderten, so z.B. die Kontroversen um die Entscheidung für oder gegen die explizite oder implizite Vermittlung von Sprache und Grammatik im DaZ-Unterricht, wie sie auch um das an der TU Berlin entwickelte Modell eines Grammatikunterrichts in DaZ für das „Jacobs Sommercamp" ausgetragen wurde (Rösch, 2006; vgl. auch z.B. Thimm, 2000). Ein anderes Beispiel sind die jahrelangen Auseinandersetzungen über das

Thema „Sprachstandsfeststellungen". Auch wenn es einsichtig erscheinen mag, dass eine gezielte Förderung der DaZ-Kenntnisse differenzierte Informationen über die sprachlichen Fähigkeiten und Defizite der betroffenen Kinder und Jugendlichen als Voraussetzung benötigt, führte die Frage nach dem Weg zu diesen Informationen über lange Jahre hinweg zu heftigen Kontroversen. Bereits das im Jahr 1981 im Auftrag des Pädagogischen Zentrums an der FU Berlin entwickelte „Soziolinguistische Erhebungsinstrument zur Sprachentwicklung (SES)" (Portz & Pfaff, 1981) stieß in der Lehrerschaft auf heftige Widerstände. Es wurde dann zwar über einige Jahre in einem Modellversuch an zwei Gesamtschulen regelmäßig eingesetzt, die damit gewonnenen Informationen über Sprachstand und Sprachentwicklung im Bereich DaZ der untersuchten Kinder (vgl. Steinmüller, 1987) wurden zum Teil aber nur widerwillig in den beiden Modellschulen zur Kenntnis genommen. Um das im Auftrag der Senatsschulverwaltung ebenfalls an der FU Berlin im Jahr 1983 entwickelte „Projektive linguistische Analyseverfahren (PLAV)" (Bruche-Schulz et al., 1983/1985) zur Untersuchung der Sprachentwicklung im Grundschulter gab es, ähnlich wie um das später entwickelte Instrument „Bärenstark", sogar bundesweite Kontroversen, weil den Instrumenten unterstellt wurde, sie sollten einer restriktiven Ausländerpolitik über den Sprachstand der Kinder Argumente für die Verweigerung von Aufenthaltsrechten ihrer Eltern liefern. Erst mit den im Gefolge der PISA- und anderen Schulleistungsvergleichsstudien eingeführten verbindlichen Untersuchungen des Sprachstands vor der Einschulung, zunächst im Jahr 1998 im Bezirk Wedding, ist in diesem Bereich eine Entkrampfung eingekehrt, auch wenn die bereits bei den ersten Sprachstandsuntersuchungen erhobenen Forderungen nach einer Verbindung dieser Untersuchungen mit gezielten Maßnahmen zur DaZ-Förderung bisher nicht systematisch erfüllt wurden.

Einen wesentlichen Schritt in Richtung einer konsequenten DaZ-Förderung in der Berliner Schule stellt die Entwicklung des „Rahmenplans DaZ" im Jahr 2002 dar. Mit ihm wurde zum ersten Mal eine Grundlage für didaktische Überlegungen zum Unterricht DaZ geschaffen. Hierdurch wurde es möglich, eine sinnvolle Progression der DaZ-Förderung zu planen und durchzuführen, die der jeweiligen Klassenstufe angemessen war. Ergänzt wurde dieser Rahmenplan durch die im Jahr 2001 an der TU Berlin entwickelte „Handreichung Deutsch als Zweitsprache" für die Umsetzung dieser Rahmenplanvorgaben, deren Rezeption in der Lehrerschaft aber auch nicht ohne Kontroversen ablief, wobei es insbesondere erneut und noch immer um die Frage nach einer systematischen Sprach- und Grammatikvermittlung ging.

Mit dem Schuljahr 2016/17 soll dieser Rahmenplan mit der verbindlichen Einführung des neuen Rahmenlehrplans durch den Fachplan Deutsch und den Fachplan Moderne Fremdsprachen ersetzt werden. Zu deren Umsetzung sollen weiterhin die „Handreichung Deutsch als Zweitsprache" und die „Fachbriefe Durchgängige Sprachbildung/Deutsch als Zweitsprache" Hilfestellung leisten (Senatsverwaltung für Bildung, Jugend und Wissenschaft, 2016). Vielversprechend klingt auch die Ankündigung der Senatsbildungsverwaltung: „Für Fortbildung und Schulberatung stehen Beraterinnen und Berater für durchgängige Sprachbildung bzw. Sprachförderung im Rahmen der regionalen Fortbildung zur Verfügung. Sie qualifizieren und beraten Grund- und weiterführende Schulen in regionalen Netzwerktreffen und schulinternen Fortbildungen." (Senatsverwaltung für Bildung, Jugend und Wissenschaft, 2016). Entsprechendes war allerdings bereits mit dem o.a. „Jahreskurs" angekündigt worden, dessen Absolventinnen und Absolventen ebenfalls zur Beratung ihrer Kollegien zur Verfügung stehen sollten, insbesondere auch, um regionale, d.h. schul- und bezirksbezogene DaZ-Fachkonferenzen zu veranstalten. Das Ende des „Jahreskurses" war dann allerdings auch das Ende dieser Aktivitäten. Es bleibt abzuwarten, wie es mit dieser neuen Ankündigung weitergeht.

Der Erwerb des Deutschen als Zweitsprache ist allerdings nicht nur von Schulorganisation, Rahmenplänen und unterrichtlichem Bemühen der Lehrkräfte abhängig. Hier sind die sozioökonomischen Rahmen- und Lebensbedingungen der Migrantenfamilien ebenfalls von Bedeutung. Ein gesicherter Aufenthaltsstatus ist dabei eine der ganz wichtigen Voraussetzungen, denn solange eine Familie über Jahre, wie über lange Zeit bei der „Gastarbeiter"-Beschäftigung in Deutschland die Regel, immer nur mit einer einjährigen Aufenthaltserlaubnis ausgestattet ist, kann eine Integration in die deutsche Gesellschaft und eine sinnvolle Schul- und Bildungsplanung für die Kinder und das Bemühen um den Erwerb der deutschen Sprache nicht erwartet werden. Angesichts der derzeitigen Zuwanderungen nach Deutschland und nach Berlin und der zum Teil extrem lang dauernden Bearbeitung von Asylanträgen wird sich zeigen, ob aus den Erfahrungen mit der damaligen ausländerrechtlichen Situation und ihrer negativen Auswirkungen auf Integration und DaZ-Erwerb Konsequenzen gezogen werden. Insofern ist der Erfolg des DaZ-Erwerbs eben auch von gesellschaftspolitischen wie ausländerrechtlichen Fragen abhängig. Das gilt nicht nur, aber auch für DaZ in Berlin.

Literatur

Bruche-Schulz, Gisela; Hess, Hans Werner & Steinmüller, Ulrich (1983). *Sprachstandserhebungen im Grundschulalter. Ein projektives linguistisches Analyseverfahren (PLAV)* (Neufassung 1985). Berlin: Enka-Druck.

Engin, Havva (2003). *„Kein institutioneller Wandel von Schule?". Bildungspolitische Reaktionen auf Migration in das Land Berlin zwischen 1990 und 2000 im Spiegel amtlicher und administrativer Erlasse.* Frankfurt am Main, London: IKO-Verlag für Interkulturelle Kommunikation.

Engin, Havva; Müller-Böhm, Eva; Steinmüller, Ulrich & Terhechte-Mermeroglu, Friederike (2004). *Kinder lernen Deutsch als zweite Sprache. Prinzipien, Sequenzen, Planungsraster; Minimalgrammatik* (Lehrer-Bücherei: Grundschule). Berlin: Cornelsen Scriptor.

Institut für Zukunftsforschung und Cooperative Arbeitsdidaktik (Hrsg.). (1978). *Lernstatt im Wohnbezirk. Kommunikationsprojekt mit Ausländern in Berlin-Wedding*. Frankfurt am Main: Campus.

Noack, Regine & Nové, Michael (2000). Standort gefunden: Projekt Lehr- und Lernwerkstatt DaZ. *Schilfblatt* (10), 83–85.

Portz, Renate & Pfaff, Carol (1981). *SES – Soziolinguistisches Erhebungsinstrument zur Sprachentwicklung. Ein Instrument zur Beschreibung der Sprach- und Kommunikationsfähigkeit ausländischer Schüler an deutschen Schulen*. Berlin: Pädagogisches Zentrum.

Röhr-Sendelmeier, Una (1986). Die Bildungspolitik zum Unterricht für ausländische Kinder in der BRD. Eine kritische Betrachtung der vergangenen 30 Jahre. *Deutsch Lernen* (1), 51–67.

Rösch, Heidi (2005). Jahreskurs DaZ – ein Berliner Fortbildungsmodell. In Horst Bartnitzky & Angelika Speck-Hamdan (Hrsg.), *Deutsch als Zweitsprache lernen* (S. 290–295). Frankfurt am Main: Grundschulverband.

Rösch, Heidi (2006). Das Jacobs Sommercamp – neue Ansätze zur Förderung von Deutsch als Zweitsprache. In Bernt Ahrenholz (Hrsg.), *Kinder mit Migrationshintergrund. Spracherwerb und Fördermöglichkeiten* (S. 287–302). Freiburg: Filibach.

Schulgesetz für Berlin (SchulG) vom 20.August 1980, geändert 1982, Gesetz- und Verordnungsblatt für Berlin (GVBl.), S. 2103

Senatsverwaltung für Bildung, Jugend und Wissenschaft (Hrsg.). (2016). *Blickpunkt Schule. Schuljahr 2014/15*. Berlin.

Senatsverwaltung für Schule, Jugend und Sport (Hrsg.). (1984). *Ausführungsvorschriften für den Unterricht für ausländische Kinder und Jugendliche*. Berlin.

Senatsverwaltung für Schule, Jugend und Sport (Hrsg.). (1998). *Rundschreiben Deutsch als Zweitsprache (DaZ) in der Berliner Schule. Rundschreiben II* (Nr. 35). Berlin.

Steinmüller, Ulrich (1979). Lernstatt im Wohnbezirk. Die Theorie der kommunikativen Tätigkeit als Fundierung eines didaktischen Konzepts in der Arbeit mit Ausländern. *Deutsch Lernen. Zeitschrift für den Sprachunterricht mit ausländischen Arbeitnehmern* (3), 45–59.

Steinmüller, Ulrich (1986). Ausländische Schüler. Auswirkungen auf die Curriculumgestaltung. In Winfried Hendricks; Christiane Keitel & Peter Schuster (Hrsg.), *Fachdidaktik und Lehrplanentwicklung* (S. 165–173). Berlin: TUB Materialien zur Weiterbildung.

Steinmüller, Ulrich (1987). Sprachentwicklung und Sprachunterricht türkischer Schüler (Türkisch und Deutsch) im Modellversuch „Integration ausländischer Schüler in Gesamtschulen". *Gesamtschulinformation Sonderheft* (2), 207–309.

Thimm, Mathias (2000). Grammatik im DaZ-Unterricht? Ein Beitrag zur Praxis in der Grundschule. *Schilfblatt* (10), 35–44.

Gisela Beste, Sabine Reich & Diemut Severin

Sprachbildung aus Sicht der Berliner Senatsverwaltung für Bildung

Berlin ist durch seine Geschichte von Migration geprägt. Zur Verdeutlichung reicht ein Blick auf die letzten 50 Jahre: Ab den 1960er Jahren kamen viele der Menschen auf der Suche nach Arbeit aus den Mittelmeerstaaten und dabei vor allem aus der Türkei. Ihnen folgten die Spätaussiedlerinnen und Spätaussiedler aus den osteuropäischen Staaten und den asiatischen Sowjetrepubliken. Während des Krieges in den Staaten des ehemaligen Jugoslawien flüchteten in den 1990er Jahren Menschen aus den Balkanstaaten nach Berlin. Zu all diesen Entwicklungen kam die Teilung der Stadt, die erst nach dem Fall der Mauer 1989 wieder aufgehoben werden konnte. Als Folge mussten nicht nur zwei deutsche Gesellschaften und Bildungssysteme auf einen Nenner gebracht, sondern auch unterschiedliche sprachliche Entwicklungen der deutschen Sprache in zwei unterschiedlichen politischen Systemen zusammengeführt werden.

Die durch den Zuzug entstandene gesellschaftliche Mischung hat diese Stadt zu einer kosmopolitischen und toleranten Metropole gemacht, die genau wegen dieser Ausstrahlung heute wieder zum Anziehungspunkt für so viele Menschen aus aller Welt geworden ist. Die neu zugezogenen Gruppen haben die Stadt aber auch vor anspruchsvolle Aufgaben gestellt, die langfristig gelöst werden müssen. Die Sprachkompetenz im Deutschen hat sich dabei als eines der entscheidenden Kriterien für Integration herauskristallisiert.

In der sich ständig verändernden Gesellschaft ist Sprache eine Schlüsselkompetenz und ein entscheidendes Kriterium für Bildungserfolg und damit auch Grundlage für gesellschaftliche Partizipation und wirtschaftlichen Erfolg. Wenn schon für die erste Generation mit Zuwanderungsgeschichte Deutsch als Fremdsprache eine Hürde beim Erreichen angestrebter Ziele bedeutete, so muss für ihre Kinder und Enkel Sprache als Werkzeug zur Verfügung stehen, das alle Türen öffnen kann.

Sprachbildung ist eine gesamtgesellschaftliche Herausforderung. Das bedeutet, dass, falls eine angemessene Sprachkompetenz in den Jahren der frühkindlichen Entwicklung nicht erreicht werden kann, es Aufgabe von Kindertageseinrichtungen und Schulen ist, eine umfassende Sprachkompetenz aufzubauen. Deshalb werden in Berlin bereits zwei Jahre vor Schulbeginn Sprachstandsfeststellungen durchgeführt, um den Bedarf abzuklären. Sprachbildung muss in schulischen und außerschulischen Programmen verankert werden, bis sie zum Standard und zur Routine in allen Bildungssituationen wird. Deshalb findet sie auch im Rahmen des Basiscurriculums Sprachbildung Eingang in den neuen Rahmenlehrplan für die 1. bis 10. Klasse (SenBJW, 2015). Eine solch umfassende Vorgabe setzt außerdem eine Implementierung von Sprachbildung in der Ausbildung der Erzieherinnen und Erzieher wie auch der Lehrkräfte voraus.

Für die Lehrkräftebildung werden in den rechtlichen Grundlagen wie dem Lehrkräftebildungsgesetz (LBiG, 2014), der Verordnung über den Vorbereitungsdienst und die Staatsprüfung für Lehrämter (VSLVO, 2014) und der Verordnung über den Zugang zu Lehrämtern (LZVO, 2014) die notwendigen Vorgaben dazu gemacht. In Zukunft zieht sich die Sprachbildung durch alle drei Phasen der Lehrkräftebildung in größerem Umfang als bisher. In der ersten Phase ist Sprachbildung mit 10 Leistungspunkten (also einem 250 – 300 Stunden Workload) in allen Lehramtsausbildungen verankert und wirkt auch in die Fachdidaktiken hinein. Sprachbildung im weiten Sinne umfasst Deutsch als Zweitsprache, Sprachförderung und Maßnahmen gegen Analphabetismus.[1] Übergreifendes Ziel ist die Unterstützung der Schülerin oder des Schülers gemäß ihrem oder seinem individuellen Bedarf bei der Entwicklung der Sprachkompetenz.

Darüber hinaus gibt es in Berlin bereits zahlreiche Ansätze, die sich im Laufe der Zeit entwickelt haben.

Berlin hat ausgehend vom Modellprogramm FörMig[2] das Konzept der Durchgängigen Sprachbildung entwickelt und umgesetzt. Grundlage dafür war vor allem die Berliner Expertise von Ehlich, Lütke & Valtin (2012) „Erfolgreiche Sprachförderung unter Berücksichtigung der besonderen Situation Berlins" sowie das Forschungs- und Entwicklungsprogramm BiSS – Bildung durch Sprache und Schrift[3]. Berlin nimmt daran seit 2014 mit je zwei Verbünden im Primar- und Sekundarbereich und folgenden Schwerpunkten teil: Sprachförderung beim Übergang Kita/Grundschule sowie Leseförderung und fachintegrierte Sprachförderung in der Sekundarstufe I sowie Sprachförderung in Willkommensklassen der Sekundarstufe I.

Berlin hat die Bedeutung von Sprache erkannt und deshalb die Kompetenzentwicklung in der deutschen Sprache zum gesamtstädtischen Schwerpunkt gemacht. Allein in die Schulen fließen die Ressourcen von annähernd 1.200 Vollzeitstellen. An den Schulen, die einen Anteil von mindestens 40 % an Schülerinnen und Schülern haben, deren Herkunftssprache nicht Deutsch ist oder die von der Zuzahlung für Lehrmittel befreit sind, wurden bisher über 300 Sprach-

---

1 Qualifizierungsziele für „Maßnahmen gegen Analphabetismus" im Sinne von Erst- und Zweitalphabetisierung sind nicht in den Modulbeschreibungen für Sprachbildung/DaZ enthalten.

2 Modellprogramm „Förderung von Kindern und Jugendlichen mit Migrationshintergrund FÖRMIG" der Bund-Länder-Kommission für Bildungsplanung und Forschungsförderung, siehe http://www.foermig-berlin.de.

3 „Bildung durch Sprache und Schrift" (BiSS) ist eine gemeinsame Initiative des Bundesministeriums für Bildung und Forschung (BMBF), des Bundesministeriums für Familie, Senioren, Frauen und Jugend (BMFSFJ) sowie der Kultusministerkonferenz (KMK) und der Konferenz der Jugend- und Familienminister (JFMK) der Länder zur Verbesserung der Sprachförderung, Sprachdiagnostik und Leseförderung, siehe http://www.biss-sprachbildung.de.

bildungskoordinatorinnen und Sprachbildungskoordinatoren in einjährigen Weiterbildungsmaßnahmen qualifiziert, um die Erstellung und Umsetzung der Sprachbildungskonzepte in den Schulen zu gewährleisten. Laufend werden zudem Schulberaterinnen und Schulberater für Sprachbildung qualifiziert, die die Schulen bei der Umsetzung fachlicher Vorgaben, schulischer Entwicklungsvorhaben und Querschnittsaufgaben beraten. Handreichungen für Lehrkräfte zur Steigerung der Lesekompetenz (LISUM, 2012), zum Grundwortschatz (SenBJW, 2013a) und zur Wortschatzarbeit (SenBJW, 2013b) wurden erarbeitet und unterstützen alle Lehrkräfte bei ihrer Arbeit.

Es sind also bereits viele Maßnahmen entwickelt und umgesetzt worden. Was nun ansteht, ist die praxisorientierte und theoriegeleitete weitere Entwicklung und Vernetzung der schulischen und außerschulischen sprachbildenden Maßnahmen. Für diese Aufgabe wurde 2015 von der Berliner Senatsverwaltung für Bildung das Zentrum für Sprachbildung gegründet. Dort wird in Fachgruppen konzeptionell an zentralen Fragestellungen zur Sprachbildung gearbeitet. Darüber hinaus dient es der Beratung und Fortbildung des pädagogischen Personals der Schulen und es unterstützt mit Materialien. Inzwischen ist es aber auch ein Forum der Zusammenarbeit verschiedener Akteure der Sprachbildung in Berlin. So sind z.B. Vertreterinnen und Vertreter des Mercator-Projekts „Sprachen – Bilden – Chancen" in die Zusammenarbeit eingebunden und arbeiten vor allem in der „Fachgruppe Lehrkräftebildung" mit.

Vernetzung gelingt in einem ersten Schritt vorrangig durch die Personen in den verschiedenen Institutionen und Projekten, die immer stärker miteinander kommunizieren und agieren. Dabei ist aber ein Konzept als Unterstützung und Vorgabe der Zielrichtung erforderlich. Die Senatsverwaltung ist dabei, dieses Konzept mit dem Zentrum für Sprachbildung zu erarbeiten. Die am Mercator-Projekt „Sprachen – Bilden – Chancen" beteiligten Universitäten leisten dies phasenübergreifend für die Lehrkräfteausbildung (vgl. Jostes & Darsow, in diesem Band). Es ist ein Prozess, der systematisch weitergetrieben und ständig an den neuen Entwicklungen ausgerichtet werden muss.

Berlin ist eine wachsende Stadt. Die aktuelle Herausforderung, der Berlin gegenübersteht, ist der starke Zuzug in die Stadt und damit einhergehend auch der Zuzug von Kindern und Jugendlichen, die neu in unseren Schulen Aufnahme suchen. Viele Menschen kommen, um sich hier niederzulassen, Familien zu gründen und zu bleiben. Oftmals ist der Grund hierfür beruflicher Natur, in letzter Zeit sind es auch verstärkt Vertreibungsgründe wie Krieg, Verfolgung und das Fehlen jeglicher Lebensperspektive besonders auch in Bezug auf die Bildungsmöglichkeiten im Herkunftsland. Die Menschen, die aus ihrem Heimatland fliehen mussten, suchen in Berlin eine neue Lebensgrundlage und Bildung für ihre Kinder. Damit das gelingt, muss ihre Integration in unsere Gesellschaft und in unsere Stadt unser vorrangigstes Ziel sein.

Für die Kinder und Jugendlichen bedeutet dies eine möglichst schnelle und erfolgreiche Eingliederung in Berliner Schulen. Durch Willkommensklassen, in denen in kleinen Gruppen von 12 Schülerinnen und Schülern schnell die Sprache vermittelt wird, soll der Anschluss an die Regelklassen hergestellt werden. Dafür wurde ein umfangreiches Programm entwickelt.

Auch weiterhin sind die unterschiedlichsten Gruppen zu erwarten, die aus verschiedenen Gründen in die Stadt zuwandern werden. Diese Gruppen haben Deutsch nicht als Zweitsprache gelernt, sondern brauchen die Vermittlung von Deutsch als Fremdsprache. Deshalb muss Sprachbildung und darüber hinausgehend – wegen der neuen Schülergruppen, die erst neu mit Deutsch in Berührung kommen – die Vermittlung von Deutsch als Fremdsprache (DaF) in der Aus-, Fort- und Weiterbildung unserer Lehrkräfte ausgebaut werden. Lehrkräfte sollen befähigt werden, sprachliche Schwierigkeiten von DaF-Lernenden zu erkennen und zumindest über Basisqualifikationen für Unterstützungsmaßnahmen und Erklärungshilfen verfügen. Der erste Schritt auf diesem Weg ist, zusammen mit den Projektpartnerinnen und Projektpartnern in den Universitäten, eine solche zusätzliche DaF-Qualifikation für die Lehramtsstudiengänge zu planen und in ihnen zu implementieren.

Angestrebt wird ein Rahmenkonzept, das für alle drei Phasen der Lehrkräftebildung einen Orientierungsrahmen bieten kann und Anschlüsse unterstützt. Dazu gehört grundsätzlich auch die Weiterentwicklung der Fähigkeiten der Lehrkräfte im Bereich Differenzierung. Darüber hinaus gilt es, die sprachliche Qualifizierung situativ einzubinden, um für die Lernenden Kompetenzzuwächse konkret positiv erfahrbar zu machen. Auch die interkulturelle Bildung sollte darin eingeschlossen sein. So kann die Sprache konkret und wirksam zum Gelingen von Integration beitragen.

Literatur

Ehlich, Konrad; Valtin, Renate & Lütke, Beate (2012). *Expertise Erfolgreiche Sprachförderung unter Berücksichtigung der besonderen Situation Berlins.* Berlin: Senatsverwaltung für Bildung, Jugend und Wissenschaft.

Jostes, Brigitte & Darsow, Annkathrin (2017). Entwicklung eines phasenübergreifenden Ausbildungskonzepts für Sprachbildung/Deutsch als Zweitsprache in der Berliner Lehrkräftebildung – Grundlegende Fragen und Vorgehen. In Brigitte Jostes, Daniela Caspari & Beate, Lütke (Hrsg.), *Sprachen – Bilden – Chancen. Sprachbildung in Didaktik und Lehrkräftebildung* (S. 289–306). Münster: Waxmann.

Landesinstitut für Schule und Medien Berlin-Brandenburg (LISUM) (Hrsg.). (2012). *Handreichung zur Förderung von Lesekompetenz in der Schule für die Jahrgangsstufen 1 bis 10 in Grundschulen und allen weiterführenden Schulen.* Berlin. Verfügbar unter: http://bildungsserver.berlin-brandenburg.de/themen/sprachbildung/lesen/handreichung-lesekompetenz/ [13.3.2017].

Senatsverwaltung für Bildung, Jugend und Wissenschaft Berlin (SenBJW) (2013a). *Mit Kindern den Wortschatz entdecken. Handreichung zum (Grund-)Wortschatzlernen.* Verfügbar unter: http://bildungsserver.berlin-brandenburg.de/themen/sprachbildung/publikation-mit-kindern-den-wortschatz-entdecken/ [13.3.2017].

Senatsverwaltung für Bildung, Jugend und Wissenschaft Berlin (2013b). *Sprachsensibler Fachunterricht. Handreichung zur Wortschatzarbeit in den Jahrgangsstufen 5–10 unter besonderer Berücksichtigung der Fachsprache.* Verfügbar unter: http://bildungsserver.berlin-brandenburg.de/index.php?id=publikation_sprachsensibler_fachunterricht [13.3.2017].

Gesetzestexte / Verordnungen:

LBiG 2014: Gesetz über die Aus-, Fort- und Weiterbildung der Lehrerinnen und Lehrer im Land Berlin (Lehrkräftebildungsgesetz – LBiG) v. 7. Februar 2014. In: *Gesetz- und Verordnungsblatt Berlin* 2014, 49.

LZVO 2014: Verordnung über den Zugang zu Lehrämtern (Lehramtszugangsverordnung – LZVO) v. 30. Juni 2014. In *Gesetz- und Verordnungsblatt Berlin* 2014, 242.

Senatsverwaltung für Bildung, Jugend und Wissenschaft Berlin & Ministerium für Bildung, Jugend und Sport des Landes Brandenburg (SenBJW) (Hrsg.). (2015). *Rahmenlehrplan Jahrgangsstufen 1–10.* Berlin/Potsdam: Salzland Druck. Verfügbar unter: http://bildungsserver.berlin-brandenburg.de/fileadmin/bbb/unterricht/rahmenlehrplaene/Rahmenlehrplanprojekt/amtliche_Fassung/Teil_B_2015_11_10_WEB.pdf [13.03.2017].

VSLVO 2014: Verordnung über den Vorbereitungsdienst und die Staatsprüfung für Lehrämter (VSLVO) v. 23. Juni 2014. In *Gesetz- und Verordnungsblatt Berlin* 2014, 228.

Verena Maar, Christoph Schroeder & Katharina Mayr

Sprachbildung und Deutsch als Zweitsprache (DaZ) – Perspektiven in Brandenburg

1. Einleitung

In der Diskussion um die Einbettung von Themen der Sprachbildung und des Deutschen als Zweitsprache (folgend DaZ) als Querschnittsaufgabe in die Lehrerbildung stehen in der Regel Konzepte zur Debatte, die in den sogenannten „alten" Bundesländern vor dem Hintergrund ihrer Migrationsgeschichte und schul(sprachen)politischen Maßgaben entwickelt wurden. Dieser Hintergrund unterscheidet sich in relevanten Punkten von denen eines ostdeutschen Flächenstaates mit geringer Migrationserfahrung. Unser Beitrag soll den Fokus auf Brandenburg als ein solches Land richten und durch die Darlegung der Rahmenbedingungen bezüglich Mehrsprachigkeit, Migration, schulpolitischer und institutioneller Vorgaben und universitärer Voraussetzungen einen möglichen Weg für die Einbettung der genannten Themen als Querschnittsaufgabe in die Lehrerbildung in Brandenburg aufzeigen.

2. Migration und Mehrsprachigkeit im Bundesland Brandenburg

Die Diskussion um ein adäquates Konzept bezüglich DaZ und Sprachbildung für das Bundesland Brandenburg macht es auch notwendig, sich die Ausgangslage zu vergegenwärtigen, die für Mehrsprachigkeit in diesem Bundesland gilt.

Bedingt durch die Schwierigkeiten der Erhebung existieren keine Zahlen darüber, wie viele mehrsprachige Menschen in Brandenburg leben. Jedoch kann man bestimmte Indizien heranziehen, um Aussagen über die mehrsprachige Bevölkerung zu treffen.

Den neuesten verfügbaren Statistiken nach leben 5,2% Menschen mit Migrationshintergrund[1] in Brandenburg (vgl. Land Brandenburg, Ministerium für Arbeit, Soziales, Gesundheit, Frauen und Familie, 2016[2]), 2,8% sind dabei nichtdeutsche Staatsbürgerinnen und Staatsbürger. Jedoch sind die Menschen mit Migrationshintergrund nicht gleichmäßig im Land verteilt, vielmehr ist ihr Anteil in

---

1 Zur Diskussion um den Begriff „Migrationshintergrund" und seine Aussagekraft vgl. Kemper (2010) und aktuell Will (2016).
2 Diese Angaben gründen auf den Zahlen des Mikrozensus 2014. Der Mikrozensus 2014 selbst basiert jedoch auf einer Bevölkerungsfortschreibung des Mikrozensus 2011 und nicht auf neu erhobenen Daten.

bestimmten Landkreisen höher als in anderen. Warum das so ist, mag ein Blick auf die geografische Lage Brandenburgs erklären.

Brandenburg umgibt den Stadtstaat Berlin und teilt sich im Osten eine lange Grenze mit Polen. Zudem gilt Brandenburg als ein Flächenstaat mit vergleichsweise wenig Einwohnerinnen und Einwohnern.[3] In den Landkreisen, die an Berlin grenzen, und in den Landkreisen an der polnischen Grenze, nahe polnischer Großstädte wie Stettin/Szczecin, liegen die Migrationszahlen deutlich höher als in anderen Landkreisen.[4] Polnische Staatsbürgerinnen und Staatsbürger sind dabei die größte Gruppe der nichtdeutschen Staatsangehörigen, die in Brandenburg leben, und die enge Kooperation zwischen Brandenburg und seinem Nachbarland Polen bezieht sich auch auf den Bildungsbereich.[5]

Neben der geografischen Komponente, die die Besonderheit Brandenburgs bezüglich seiner Migrationsbevölkerung kennzeichnet, muss auch eine historische Komponente betrachtet werden. Das Bundesland ist eines der sogenannten „neuen" Bundesländer, gehörte vor 1990 also zur DDR. Dies hat noch heute Auswirkungen auf die Zusammensetzung der Migrationsbevölkerung im Bundesland. Einerseits kennzeichnet der Verbleib der ausländischen Vertragsarbeiterinnen und Vertragsarbeiter der DDR nach der Wende das brandenburgische Profil,[6] andererseits verfügt Brandenburg über eine geringere gesellschaftliche Erfahrung mit Migration als z.B. der Westteil Berlins. Auch sind Asylbewerber, die zunächst in Brandenburg aufgenommen wurden, bisher nach Ende der Residenzpflicht häufig weitergezogen und nicht in Brandenburg sesshaft geworden. Ob dies auch mit der neuen Generation der Zuwanderung durch Flucht anhält, wird sich zeigen.

In der Schülerschaft machen Schülerinnen und Schüler mit Migrationshintergrund nur einen geringen Prozentsatz aus,[7] jedoch ist ihr Anteil seit dem Sommer

---

3   Mit einer Bevölkerungsdichte von 84 Einwohnern pro Quadratkilometer liegt in Brandenburg die zweitgeringste Bevölkerungsdichte der Bundesrepublik vor (Quelle: Statistische Ämter des Bundes und der Länder, Zahlen für 2015, verfügbar unter: https://de.statista.com/statistik/daten/studie/1242/umfrage/bevoelkerungsdichte-in-deutschland-nach-bundeslaendern/ [02.05.2017].

4   Vgl. Regionalmonitoring der Hauptstadtregion Berlin-Brandenburg, verfügbar unter https://www.berlin-brandenburg.de/daten-fakten/regionalmonitoring/index_rm.php# [29.04.2016].

5   Vgl. Land Brandenburg, Ministerium für Bildung, Jugend und Sport (2017).

6   Das gilt u.A. für die vietnamesischstämmige Bevölkerung. Zum Vergleich der Zuwanderungsgeschichte von Ost- und Westdeutschland siehe z.B. Thränhardt (2007), zur Spezifik der neuen Bundesländer Weiss (2007).

7   Für die jährliche Schuldatenerhebung werden in Brandenburg folgende Kriterien für das Merkmal „Migrationshintergrund" verwendet: 1. Keine deutsche Staatsangehörigkeit 2. Ein nichtdeutsches Geburtsland 3. Eine nichtdeutsche Verkehrssprache in der Familie oder im häuslichen Umfeld (vgl. Schuldatenerhebung des Landes Brandenburg, verfügbar unter: http://www.mbjs.brandenburg.de/media_fast/bb2.a.5978.de/migr_15_16.pdf [29.04.2016].

2015 deutlich angestiegen,[8] was der bundesweiten Entwicklung entspricht. Zu Beginn des Schuljahres 2016/2017 betrug die Anzahl einzugliedernder Schülerinnen und Schüler ohne Deutschkenntnisse rund 6000.[9]

Ein weiteres Merkmal der Mehrsprachigkeitssituation in Brandenburg ist, dass es eines der wenigen Bundesländer ist, die den Schutz einer autochthonen Minderheit in der Verfassung festgeschrieben[10] und in einem Gesetz ausformuliert haben; Brandenburg gibt mit dem „Gesetz über die Ausgestaltung der Rechte der Sorben/Wenden im Land Brandenburg (Sorben/Wenden-Gesetz – SWG)" den Sorben/Wenden innerhalb ihrer angestammten Siedlungsgebiete „das Recht auf Bewahrung und Förderung der sorbischen/wendischen Sprache und Kultur im öffentlichen Leben und ihre Vermittlung in Schulen und Kindertagesstätten".[11]

3. Curriculare, schulpolitische und gesetzliche Vorgaben

Eine den gesellschaftlichen Verhältnissen angepasste Lehrerbildung muss die Schülerklientel beschreiben, sie muss aber auch die schulpolitischen Eckpunkte berücksichtigen, die einen Rahmen für den schulischen Umgang mit der Klientel setzen. Drei Eckpunkte kennzeichnen den schulpolitischen Umgang mit der sprachlichen Heterogenität von Schülerinnen und Schülern in Brandenburg:

1. In Bezug auf rahmencurriculare Vorgaben hat Brandenburg eine enge Kooperation mit seinem Nachbarland Berlin vereinbart; es gibt einen gemeinsamen Rahmenlehrplan, welcher ab dem Schuljahr 2017/2018 unterrichtswirksam wird (vgl. Senatsverwaltung für Bildung, Jugend und Familie Berlin & Ministerium für Bildung, Jugend und Sport des Landes Brandenburg, 2015). Dieser hat sich in Bezug auf Fragen der Sprachbildung und Mehrsprachigkeit dem Prinzip der bildungssprachlichen Orientierung und Förderung in allen Fä-

---

8 In der Schuldatenerhebung 2014/2015 wurde der Anteil der SuS mit Migrationshintergrund mit 2,63 %, in der Erhebung 2015/2016 bereits mit 3,55 % beziffert (Quelle: Schuldatenerhebung des Landes Brandenburg, verfügbar unter: http://www.mbjs.brandenburg.de/media_fast/bb2.a.5978.de/migr_15_16.pdf [29.04.2016].

9 Land Brandenburg, Ministerium für Bildung, Jugend und Sport, Pressemitteilung, vom 01.09.2016, online unter http://www.mbjs.brandenburg.de/sixcms/detail.php/bb1.c.45 7464.de [02.05.2017].

10 Artikel 25, Abs. 3 der Verfassung des Landes Brandenburg vom 20. August 1992 (GVBl.I/92, S. 298), zuletzt geändert durch das Gesetz vom 5. Dezember 2013 (GVBl.I/13, [Nr. 42]).

11 Vgl. Wölck (2002) zur sorbisch-deutschen Zweisprachigkeit und den sprachenpolitischen Konsequenzen in der brandenburgischen Stadt Cottbus. Zur Anzahl der Sorbischsprachler existieren widersprüchliche Angaben; laut Bundesinnenministerium sprechen rund 30.000 Menschen Sorbisch (Bundesministerium des Innern 2014: 47); wie viele von ihnen in Brandenburg leben und wie viele im Freistaat Sachsen, wie viele Sprecher des Niedersorbischen (Niederlausitz – Brandenburg) sind und wie viele des Obersorbischen (Oberlausitz – Sachsen) ist nicht ganz klar, ebenso wie die Generationsverteilung der Sprecherinnen und Sprecher nicht klar ist.

chern verschrieben. Damit werden zentrale Fragen des Umgangs mit sprachlicher Heterogenität im Fachunterricht angesiedelt.

2. Der Umgang mit neuzugewanderten Schülerinnen und Schülern ohne ausreichende Deutschkenntnisse ist in Brandenburg durch die „Eingliederungsverordnung" geregelt.[12] Sie sieht die zeitlich begrenzte Bildung von Vorbereitungsgruppen oder Förderkursen vor, bei gleichzeitiger Beschulung in bestimmten Fächern in den Regelklassen. Allerdings ist zu bedenken, dass die Bildung separater Vorbereitungsgruppen oder Kurse in einem geringer bevölkerten Flächenstaat wie Brandenburg aufgrund der geringen Fallzahlen nicht immer möglich ist.

3. Das Bundesland Brandenburg hat sich darüber hinaus der inklusiven „Schule für alle" verpflichtet. Ziel ist die Umsetzung der UN-Behindertenrechtskonvention, die im Herbst 2009 durch die brandenburgische Landesregierung in den Koalitionsvertrag aufgenommen wurde. Die inklusive Schule soll voraussichtlich ab dem Schuljahr 2017/2018 in Brandenburg zum Normalfall werden.[13] Ein Pilotprojekt „inklusive Grundschule" hat zudem seit dem Schuljahr 2012/2013 Schulen auf dem Weg zur „Schule für alle" begleitet.[14]

4. Herausforderungen in der Lehrerbildung für Brandenburg

Die bisherigen Abschnitte sollten verdeutlicht haben, dass auch in Brandenburg ein Bedarf an Lehrkräften besteht, die den schulischen Herausforderungen von sprachlich heterogenen Lernergruppen und Deutsch als Zweitsprache gewachsen und mit den bildungssprachlichen Anforderungen ihres Fachs vertraut sind. Dieser Bedarf ist nicht punktuell, weder zeitlich, noch räumlich; vielmehr muss die Lehrerbildung sich auf Dauer darauf einstellen. Der Bedarf ist gleichzeitig auf zwei Ebenen zu verorten: Auf der einen Seite sind Lehrkräfte aller Fächer, Schultypen und Klassenstufen daraufhin auszubilden, dass sie den Herausforderungen von sprachlich heterogenen Lernergruppen in den Regelklassen gewachsen sind. Das Rahmencurriculum, die Eingliederungsverordnung und das Primat der inklusiven „Schule für alle" delegieren Fragen des Umgangs mit sprachlicher Heterogenität und mit Sprachförderung zentral an den Regelunterricht, also an

---

12 Verordnung über die Eingliederung von fremdsprachigen Schülerinnen und Schülern in die allgemein bildenden und beruflichen Schulen (Eingliederungsverordnung - EinglV) vom 25. Februar 2014 (GVBl.II/14, [Nr. 14]).

13 Vgl. Meldung des Portals „Inklusion – Schule für alle", ein Projekt des brandenburgischen Ministeriums für Bildung, Jugend und Sport, verfügbar unter: http://www.inklusion-brandenburg.de/18+M55429762fc3.html [19.04.2016].

14 Der Abschlussbericht zum Projekt wurde im Dezember 2015 veröffentlicht und ist unter folgendem Link verfügbar: http://www.inklusion-brandenburg.de/fileadmin/daten/inklusion_im_land_brandenburg/pilotprojekt_inklusive_grundschule/wissenschaftliche__begleitung/Abschlussbericht_PING.pdf [19.04.2016].

den Fachunterricht. Umgang mit sprachlicher Heterogenität aller Schülerinnen und Schüler, seien sie ein- oder mehrsprachig, muss also zur *Querschnittsaufgabe in der Lehrerbildung* werden. Auch ist anzunehmen (ohne dass hier eindeutige Analysen oder gesicherte Vergleichszahlen vorliegen), dass die Asyl- und Flüchtlingspolitik des Landes Brandenburg als Flächenstaat, in dem Geflüchtete recht schnell aus den Erstaufnahmeeinrichtungen in die Gemeinden verteilt werden, zu spezifischen Konsequenzen führt, was die Beschulung von Neuzugewanderten angeht: *Viele* Schulen nehmen *wenige* neuzugewanderte Kinder ohne oder mit geringen Deutschkenntnissen auf, und so wird der Umgang mit sprachlicher Heterogenität ein selbstverständlicher Bestandteil des Schulalltags vieler Lehrerinnen und Lehrer im Regelunterricht.

Gleichzeitig besteht natürlich ein Bedarf an *Spezialistinnen und Spezialisten*, die Anfangsunterricht und Förderunterricht in Deutsch als Zweitsprache zu unterrichten in der Lage sind und als Multiplikatorinnen und Multiplikatoren zu Fragen der Sprachbildung und Sprachförderung an den Schulen tätig sein können.

Dieser Beitrag konzentriert sich im Folgenden auf Fragen der Implementierung als Querschnittsaufgabe in der Lehrerbildung.

5. Lehrerbildung und Deutsch als Zweitsprache an der Universität Potsdam

Die Universität Potsdam ist die einzige lehrkräftebildende Universität im Land Brandenburg. Mit Ausnahme der berufsbildenden Lehrkräfte werden hier Pädagoginnen und Pädagogen in der ersten Phase der Lehrerbildung für alle in Brandenburg angebotenen Fächer und Schulstufen ausgebildet. Die Aufgabe der Koordination der Lehrerbildung obliegt dem im Frühjahr 2015 gegründeten „Zentrum für Lehrerbildung und Bildungsforschung" (ZeLB). Das ZeLB ist eine fakultätsübergreifende Einrichtung, die auch geeignet ist, Querschnittsaufgaben in der Lehrerbildung zu formulieren und zu gestalten.

Im Zuge der Entscheidung für eine inklusive „Schule für alle" wurde in Potsdam die Lehrerbildung in den Jahren 2012-2013 grundlegend reformiert und unter anderem auch ein Primarstufenstudiengang „Lehramt Primarstufe mit Schwerpunkt Inklusionspädagogik" aufgebaut. Fragen der Sprachentwicklung und der Sprachbildung finden in dem inklusionspädagogischen Schwerpunkt in einem Modul „Förderschwerpunkt Sprache" und in dem grundständigen Lehramt Primarstufe in der „Grundbildung Deutsch" Berücksichtigung. In diesen Rahmen ist auch eine Lehrveranstaltung (2 SWS) zu „Sprachentwicklung und Sprachförderung von Kindern mit Deutsch als Zweitsprache" verbindlich vorgesehen. In enger Zusammenarbeit zwischen dem Arbeitsbereich Deutsch als Fremd- und Zweitsprache im Germanistischen Institut der Universität sowie der Inklusionspädagogik, den Erziehungswissenschaften und dem Zentrum für Lehrerbildung und Bildungsforschung entstand hier ein Konzept für eine Lehrveranstaltung, die Fragen des Erwerbs, der Verwendung und der Vermittlung von Deutsch als Zweitsprache behandelt sowie Lehramtsanwärter auf die brandenburgischen Bedingungen vorbereitet, gleichzeitig aber im Blick zu behalten versucht, dass die Teilnehmenden gegebenenfalls später in anderen Bundesländern unter anderen Gegebenheiten bezüglich der Mehrsprachigkeitssituationen agieren werden und auch hierfür ausgebildet werden müssen (vgl. Mezger, 2016).

Der Arbeitsbereich Deutsch als Fremd- und Zweitsprache am Institut für Germanistik bedient darüber hinaus entsprechende Module für Lehramtsstudierende Deutsch in den Sekundarstufen. Deutsch als Zweitsprache kann als Spezialisierungsfach im Bachelor- und als Hauptmodul im Masterstudium belegt werden. Bis zum Jahr 2009 bestand noch ein „Zusatzstudium DaF/DaZ", das Studierenden aller Fächer offen stand. Dieses Angebot wurde (wie andere Zusatzstudiengänge auch) eingestellt, da die Universität Zusatz-Studiengänge im Zuge der erfolgten Bachelor-Master-Umstellungen als nicht studierbar einstufte.

Für Studierende anderer Fächer als Deutsch in den Sekundarstufen sind derzeit keine Seminar- oder gar Modulangebote zur Sprachbildung oder zu Deutsch als Zweitsprache vorgesehen, von unregelmäßig angebotenen Lehrveranstaltungen zum Thema „Bildungssprache" in den Erziehungswissenschaften abgesehen.

6. Konzepte für Sprachbildung und DaZ in der Lehrerbildung

Bei den Konzepten, die die unterschiedlichen Bundesländer zur Etablierung von Sprachbildung als Querschnittsaufgabe in der Lehrerbildung durchführen oder zumindest diskutieren, zeigen sich bundesweit unterschiedliche Herangehensweisen, von denen die folgenden für unseren Kontext am relevantesten erscheinen und hier grob zusammengefasst werden sollen:

- *Das „DaZ-Modul"*: Die Bundesländer Berlin und Nordrhein-Westfalen haben sich (in unterschiedlichen Ausführungsversionen) für die Einrichtung eines Moduls „Deutsch für Schülerinnen und Schüler mit Zuwanderungsgeschichte"[15] entschieden. Dieses Modul ist für alle Lehramtsstudierenden in allen Fächern und allen Schulstufen obligatorischer Bestandteil der Ausbildung[16] und verbindet sich mit themengleichen Begleitseminaren im Praxissemester sowie fachdidaktischen Seminaren. In Baden-Württemberg besteht das verpflichtende Angebot nur für die Lehrämter Grundschule und Sekundarstu-

---

15 so der Titel des Moduls in NRW.

16 Vgl. Baumann & Becker-Mrotzek (2014) für einen Überblick, ferner Lütke et al. (2016), Lütke & Börsel (2016) sowie Lütke (2017) zu dem Berliner DaZ-Modul; zum Nordrhein-Westfälischen Modul und seiner Umsetzung in Essen bzw. in Paderborn siehe Benholz & Siems (2016) und Döll et al. (2016).

fe I. In Bayern, Bremen, Hessen und Thüringen gibt es dies als fakultatives Angebot für die Lehrämter Grundschule und Sek I, in Bremen auch für die Sekundarstufe II.

- *Umgang mit Heterogenität als erziehungswissenschaftliches Modul*: In Bremen und Schleswig-Holstein werden Fragen des Umgangs mit sprachlicher Heterogenität als Querschnittsaufgabe in der Lehrerbildung in einem obligatorischen, im erziehungswissenschaftlichen Studienanteil verankerten Modul „Umgang mit Heterogenität in der Schule" behandelt. Hier werden neben dem Themenbereich der Sprachbildung und des Deutschen als Zweitsprache auch Fragen der interkulturellen Bildung und der inklusiven Pädagogik aufgenommen (vgl. für Bremen Doğmuş & Karakaşoğlu, 2016).
- *Sprachbildung integriert*: In diesem dritten Weg werden Themen wie Mehrsprachigkeit, Bildungssprache und Methoden eines sprachsensiblen Unterrichts als Elemente der fachdidaktischen Ausbildung angesehen und entsprechend in die fachdidaktische Ausbildung integriert (vgl. das Projekt „Umbrüche gestalten" in Niedersachsen, siehe Neumann & Casper-Hehne, 2016; Goschler & Montanari, 2016).

7. Ein Weg für die Lehrerbildung in Brandenburg?

Die Universität Potsdam konnte sich erfolgreich mit ihrem Großprojekt „Professionalisierung – schulpraktische Studien – Inklusion (PSI – Potsdam)" bei der bundesweiten Ausschreibung „Qualitätsoffensive Lehrerbildung" bewerben. Seit Mitte des Jahres 2015 wird das Projekt vom Bundesministerium für Bildung und Forschung gefördert. PSI–Potsdam hat sich zum Ziel gesetzt, die Lehrerbildung an der Universität zu evaluieren und weiterzuentwickeln (vgl. ZeLB, 2015). Einer von drei Schwerpunkten beschäftigt sich mit „Heterogenität und Inklusion". Angegliedert an diesen Schwerpunkt ist das Teilprojekt „Sprachliche Heterogenität" (PSI-Sprache), das sich entsprechend der Bedeutung von Sprachbildung in der Lehrerbildung (vgl. Vetter, 2013) mit der Frage auseinandersetzt, wie die Lehramtsstudierenden an der Universität Potsdam für den Umgang mit einer sprachlich heterogenen Schülerschaft befähigt werden können. Übergeordnetes Ziel der Projektarbeit ist es, im Dialog aller Akteure in der Lehrerbildung der Universität ein anwendungsorientiertes und umsetzungsfähiges Konzept zu „Sprachbildung in der Lehrerbildung an der Universität Potsdam" zu entwickeln und zu implementieren, welches im Sinne eines weiten, Fragen von Sprachbildung einbeziehenden Inklusionsgedankens (vgl. Werning, 2014; Grosche & Fleischhauer, 2016; Riemer, 2016), das Lehramtsstudium als roter Faden durchzieht. In der ersten Förderphase von PSI-Sprache, also bis Ende 2018, gliedert sich das Projekt in zwei Arbeitspakete: Im Rahmen des ersten Arbeitspakets wird am ZeLB eine „Kompetenzstelle Sprache" aufgebaut, die in Abstimmung und enger Kooperation mit den

Fachdidaktiken der Universität Potsdam Professionswissen zu „Sprache im Fach" direkt in die fachdidaktische Lehrerbildung integriert. In dem eng an die Praxisphasen der Lehrkräfteausbildung angeknüpften zweiten Arbeitspaket „Praktikum sprachliche Heterogenität" wird der Umgang mit sprachlicher Heterogenität und den sprachlichen Anforderungen des Fachs in der Praktikumserfahrung aufgegriffen. Derzeit wird hier ein betreutes Praktikumsangebot im Umfeld der sogenannten „Vorbereitungsklassen für neuzugewanderte Schüler/innen" aufgebaut.

Das oben angesprochene Professionswissen umfasst selbstverständlich auch Grundlagen zu sprachlichen Gegebenheiten und Anforderungen in der Schule. Diese sollen allen Lehramtsstudierenden vermittelt werden; daran anschließend soll das Thema in der fachdidaktischen Ausbildung entsprechend der fachlichen Spezifika vertieft und angewendet werden. So kann eine Verbindung zwischen fächerübergreifendem und fachbezogenem Input entstehen, der die angehenden Lehrerinnen und Lehrer auf die aktuellen Gegebenheiten im schulischen Alltag in Brandenburg wie auch anderen Bundesländern vorbereitet.

Eine neu gegründete Arbeitsgruppe „Sprachbildung" am ZeLB der Universität Potsdam befasst sich nun aufbauend auf die Arbeit der Qualitätsoffensive damit, eine entsprechende fächerübergreifende Grundlagenveranstaltung zu entwerfen und in die Studienordnungen zu integrieren. Ausgangspunkt ist dabei ein Verständnis, in dem „Sprache" als Mittel sozialer Interaktion begriffen und Sprachkompetenz in der jeweiligen kommunikativen Situation betrachtet wird. Innerhalb des Modells von Maas (2008) zur Registerdifferenzierung werden dann Bildungssprache und Fachsprache als funktional basierte Varietäten innerhalb des formalen Registers angesehen.[17] Ziel von Sprachbildung im schulischen Unterricht ist daraus folgend, die Schülerinnen und Schüler über die sichere Beherrschung von Bildungssprache und Fachsprache zu Teilaspekten sprachlichen Handelns im Register der formellen Öffentlichkeit zu befähigen. Im Rahmen dieses grundlegenden Sprachkonzepts sollen sich die in der Grundlagenveranstaltung an Lehramtsstudierende zu vermittelnden Kompetenzen unter anderem an zwei Vorarbeiten orientieren: dem an der Universität Bielefeld angesiedelten Projekt „DaZKom" (vgl. Gültekin-Karakoç et al., 2016) sowie den im Hamburger FÖRMIG-Projekt im Sinne einer „durchgehenden Sprachbildung" entwickelten Qualitätsmerkmalen für den Unterricht (vgl. Gogolin et al., 2011). Sowohl in theoretischen fachdidaktischen Veranstaltungen als auch in den Praxisphasen sollen die Kriterien bei der Unterrichtsvorbereitung und -durchführung Berücksichtigung finden. Hierbei kann von den Fachdidaktikerinnen und Fachdidaktikern immer wieder Bezug auf das in der Grundlagenveranstaltung vermittelte Wissen genommen werden, welches dann auf den konkreten Fachkontext bezogen wird. Ein Fokus liegt dabei auf der Diagnostik (fach-)sprachlicher Herausforderungen und der qualitativen Bewertung von Unterrichtsmaterialien. Ziel ist es, sowohl bei Fachdidaktikerinnen und Fachdidaktikern als auch bei Lehramtsstudierenden das Bewusstsein für den

---

17 Zur Diskussion der Begriffe „Bildungssprache" und „Fachsprache" siehe Feilke (2013).

sprachlichen Erwartungshorizont unter Berücksichtigung sowohl der fächerübergreifenden bildungssprachlichen Besonderheiten als auch der (fach-)sprachlichen Spezifika eines jeden Fachs zu schärfen.

Im Rahmen von PSI-Potsdam wird entsprechend in Workshops mit Professorinnen und Professoren sowie Mitarbeiterinnen und Mitarbeitern aus den Fachdidaktiken sowie der Erziehungs- und Bildungswissenschaften über das Grundlagenwissen und dessen Einbindung in die fachdidaktische Ausbildung verhandelt. In Form gemeinsam gestalteter Lehrveranstaltungssitzungen durch Mitarbeitende von PSI-Sprache und Fachdidaktikerinnen und Fachdidaktikern werden diese Inhalte in der momentanen Förderphase direkt in fachdidaktischen Seminaren erprobt und mit den sprachlichen Anforderungen des jeweiligen Fachs praktisch verknüpft – Sprachbildung in enger Verbindung mit fachlicher Bildung (vgl. Vollmer & Thürmann, 2013; Gantefort, 2013). Parallel wird in der AG Sprachbildung an der Entwicklung der Grundlagenveranstaltung gearbeitet.

Im zweiten Arbeitspaket von PSI-Sprache, dem „Praktikum sprachliche Heterogenität", das an das Praktikum in pädagogisch-psychologischen Handlungsfeldern im Bachelorstudium angebunden ist, wird mit interessierten Lehramtsstudierenden der Sekundarstufen praxisnah im Feld „Sprache und Inklusion" gearbeitet, indem die Studierenden dort die Möglichkeit haben mit Kindern und Jugendlichen zu arbeiten, die den Übergang in die Regelklassen noch vor sich haben. So wird für die Studierenden auf anschauliche Weise deutlicher, wozu z.B. die Beschäftigung mit und das Wissen über Prinzipien von Sprachbildung für ihr späteres Berufsleben nutzbringend sein können.

Die Nachhaltigkeit des Projekts „Sprachliche Heterogenität" wird durch die Etablierung einer im Entstehen befindlichen Online-Lehr-und Lernplattform zum Thema „Sprache und Sprachbildung im Fach" erreicht. Geplant ist, die in der Kooperation mit Fachdidaktikerinnen und Fachdidaktikern und später deren Studierenden entwickelten Materialien und Daten dauerhaft für interne und externe Interessierte in Lehre und Forschung zugänglich zu machen und einen Pool an konkreten Anregungen und Umsetzungsmöglichkeiten („Best Practice"-Beispiele[18]) für die Gestaltung eines sprachsensiblen Fachunterrichts bereitzustellen.

Der Weg ist eingeschlagen; bis April 2017 konnte ein Großteil der Fachdidaktiken an der Universität Potsdam für die Zusammenarbeit gewonnen werden. Gemeinsame Lehrveranstaltungssitzungen wurden bereits erfolgreich gestaltet. Das Praktikum „Sprachliche Heterogenität" wurde im Sommersemester 2016 erstmals angeboten und von den Studierenden auch im weiteren Verlauf sehr gut angenommen. Die Zusammenarbeit mit den Fachdidaktiken, die im Rahmen der Qualitätsoffensive Lehrerbildung begonnen hat, wird ausgebaut und intensiviert.

---

18 Bereitstellung von schulischen Unterrichtsmaterialien für spezifische Fächer (wie z.B. Arbeitsblätter, die vorbildlich sind für sprachsensible Unterrichtsgestaltung) und Ideen für die Hochschullehre.

8. Ausblick

Perspektivisch entsteht mit dem oben entworfenen Modell eine „Mischung" aus den in Teil 5 angesprochenen Konzepten, indem in einer Grundlagenveranstaltung die hier angedeuteten und in der AG Sprachbildung noch zu präzisierenden Kompetenzen vermittelt und dann bereits im Bachelor fachbezogen in den fachdidaktischen Lehrveranstaltungen und Praktika, die nicht spezifisch sprachlich ausgerichtet sind, aufgenommen, angewandt, vertieft und fachbezogen reflektiert werden. Dies soll durch eine explizite Aufnahme von „Sprache im Fach" als Inhalt der jeweiligen Modulbeschreibungen der Fachdidaktiken abgesichert werden.

Das entwickelte begleitete Praktikumsangebot wird perspektivisch auf andere Praktikumsphasen in der Lehrerbildung erweitert und in das allgemeine, durch das Zentrum für Lehrerbildung und Bildungsforschung zentral organisierte Praktikumsangebot implementiert.

So ist dieser Ansatz in seinem Erfolg sehr stark davon abhängig, wie weit es gelingt, ein Konzept zur Sprachbildung als Querschnittsaufgabe in der Lehrerbildung als gemeinsamen Ansatz von Fachdidaktiken, Erziehungs-, Inklusions- und Sprachwissenschaften zu entwickeln und zu implementieren. Der integrative Ansatz, wie hier skizziert, erscheint uns den Bedingungen des Landes Brandenburg angemessen.

Literatur

Baumann, Barbara & Becker-Mrotzek, Michael (2014). *Sprachförderung und Deutsch als Zweitsprache an deutschen Schulen: Was leistet die Lehrerbildung?* Köln: Mercator-Institut für Sprachförderung und Deutsch als Zweitsprache.

Benholz, Claudia & Siems, Maren (2016). Sprachbildender Unterricht in allen Fächern: Konzepte zur Professionalisierung von Lehrerinnen und Lehrern in den drei Phasen der Lehrerbildung. In Barbara Koch-Priewe & Marianne Krüger-Potratz (Hrsg.), *Qualifizierung für sprachliche Bildung.* (Die Deutsche Schule, Beiheft 13) (S. 35–51). Münster: Waxmann.

Bundesministerium des Innern (2014). *Nationale Minderheiten. Minderheiten- und Regionalsprachen in Deutschland.* Verfügbar unter: https://www.bundesregierung.de/Content/ Infomaterial/BMI/Minderheiten_Minderheitensprachen_3560190.html [01.05.2017].

Doğmuş, Aysun & Karakaşoğlu, Yasemin (2016). Das Modul „Umgang mit Heterogenität in der Schule" in der Lehramtsausbildung an der Universität Bremen. In Michael Becker-Mrotzek, Peter Rosenberg, Christoph Schroeder & Annika Witte (Hrsg.), *Deutsch als Zweitsprache in der Lehrerbildung – Modelle und Handlungsfelder.* (Sprachliche Bildung 2) (S. 75–88). Münster: Waxmann.

Döll, Marion, Hägi-Mead, Sara & Settinieri, Julia (2016). „Ob ich mich auf eine sprachlich heterogene Klasse vorbereitet fühle? – Etwas!". Studentische Perspektiven auf DaZ und das DaZ-Modul (StuPaDaZ) an der Universität Paderborn. In Michael Becker-Mrotzek, Peter Rosenberg, Christoph Schroeder & Annika Witte (Hrsg.), *Deutsch als*

Zweitsprache in der Lehrerbildung – Modelle und Handlungsfelder. (Sprachliche Bildung 2) (S.203–215). Münster: Waxmann.

Feilke, Helmuth (2013). Bildungssprache und Schulsprache am Beispiel literal-argumentativer Kompetenzen. In Michael Becker-Mrotzek, Karen Schramm, Eike Thürmann & Helmut J. Vollmer (Hrsg.), *Sprache im Fach. Sprachlichkeit und fachliches Lernen.* (Fachdidaktische Forschungen 3) (S. 113–130). Münster: Waxmann.

Gantefort, Christoph (2013). „Bildungssprache" – Merkmale und Fähigkeiten im sprachtheoretischen Kontext. In Ingrid Gogolin, Imke Lange, Ute Michel & Hans H. Reich (Hrsg.). *Herausforderung Bildungssprache – und wie man sie meistert.* FöRMig *Edition* 9 (S. 71–105). Münster: Waxmann.

Gogolin, Ingrid; Lange Imke; Hawighorst Britta; Bainski, Christiane; Heintze Andreas; Rutten, Sabine & Saalmann, Wiebke, in Zusammenarbeit mit der FöRMig AG Durchgängige Sprachbildung (2011). *Durchgängige Sprachbildung: Qualitätsmerkmale für den Unterricht. (FÖRMIG-Material 3).* Münster: Waxmann.

Goschler, Juliana & Montanari, Elke (2016). Deutsch als Zweitsprache in der Lehramtsausbildung: ein integratives Modell. In Michael Becker-Mrotzek, Peter Rosenberg, Christoph Schroeder & Annika Witte (Hrsg.), *Deutsch als Zweitsprache in der Lehrerbildung – Modelle und Handlungsfelder.* (Sprachliche Bildung 2) (S. 27–36). Münster: Waxmann.

Grosche, Michael & Fleischhauer, Elisabeth (2016). Implikationen der Theorien der schulischen Inklusion für das Konzept der Förderung von Deutsch als Zweitsprache. In Michael Becker-Mrotzek, Peter Rosenberg, Christoph Schroeder & Annika Witte (Hrsg.), *Deutsch als Zweitsprache in der Lehrerbildung – Modelle und Handlungsfelder.* (Sprachliche Bildung 2) (S. 155–170). Münster: Waxmann.

Gültekin-Karakoç, Nazan; Köker, Anne; Hirsch, Désirée; Ehmke, Timo; Hammer, Svenja; Koch-Priewe, Barbara & Ohm, Udo (2016). Bestimmung von Standards und Stufen der Kompetenz angehender Lehrerinnen und Lehrer aller Fächer im Bereich Deutsch als Zweitsprache (DaZ). In Barbara Koch-Priewe & Marianne Krüger-Potratz (Hrsg.), *Qualifizierung für sprachliche Bildung. (Die Deutsche Schule, Beiheft 13)* (S. 130–146). Münster: Waxmann.

Kemper, Thomas (2010). Migrationshintergrund – eine Frage der Definition! *Die Deutsche Schule Zeitschrift für Erziehungswissenschaft, politische Bildung und pädagogische Praxis*, 102 (4), 315–326.

Land Brandenburg, Ministerium für Bildung, Jugend und Sport, Pressemitteilung vom 01.09.2016. Verfügbar unter http://www.mbjs.brandenburg.de/sixcms/detail.php/bb1.c.457464.de [02.05.2017].

Land Brandenburg, Ministerium für Bildung, Jugend und Sport (2017). *Polnisch-Unterricht an den Schulen des Landes Brandenburg.* Verfügbar unter: http://www.mbjs.brandenburg.de/sixcms/detail.php/bbl.c.455586.de [02.05.2017].

Land Brandenburg, Ministerium für Arbeit, Soziales, Gesundheit, Frauen und Familie (2016): *Zuwanderung, Integration und Asyl.* Verfügbar unter http://www.masgf.brandenburg.de/cms/detail.php/bbl.c.186635.de [02.05.2017].

Lütke, Beate & Börsel, Anke (2016). Deutsch als Zweitsprache in der Berliner Lehrkräftebildung. In Michael Becker-Mrotzek, Peter Rosenberg, Christoph Schroeder & Annika Witte (Hrsg.). *Deutsch als Zweitsprache in der Lehrerbildung – Modelle und Handlungsfelder.* (Sprachliche Bildung 2) (S. 37–50). Münster: Waxmann.

Lütke, Beate; Wagner, Fränze S.; Darsow, Annkathrin; Börsel, Anke; Jostes, Brigitte & Paetsch, Jennifer (2016). DaZ und Sprachbildung in der Berliner Lehrkräftebildung. In Barbara Koch-Priewe & Marianne Krüger-Potratz (Hrsg.). *Qualifizierung für sprachliche Bildung*. (Die Deutsche Schule, Beiheft 13) (S. 23–34). Münster: Waxmann.

Lütke, Beate (2017). Deutsch als Zweitsprache-Module im Lehramtsstudium: Entwicklung, Relevanz und curriculare Konzepte. *Fremdsprachen Lehren und Lernen 46* (1), 27–42.

Maas, Utz (2008). *Sprache und Sprachen in der Migrationsgesellschaft. Die schriftkulturelle Dimension*. (IMIS-Schriften 15). Göttigen: V & R Unipress.

Mezger, Verena (2016). Deutsch als Zweitsprache in der Lehrerbildung – Erfahrungen in Brandenburg. In Michael Becker-Mrotzek, Peter Rosenberg, Christoph Schroeder & Annika Witte (Hrsg.), *Deutsch als Zweitsprache in der Lehrerbildung – Modelle und Handlungsfelder*. (Sprachliche Bildung 2) (S. 51–60). Münster: Waxmann.

Neumann, Astrid & Casper-Hehne, Hiltraud (2016). Professionalisierung von Lehrkräften für sprachsensibles Unterrichten in Niedersachsen: Das Projekt „Umbrüche gestalten". In Barbara Koch-Priewe & Marianne Krüger-Potratz (Hrsg.), *Qualifizierung für sprachliche Bildung*. (Die Deutsche Schule, Beiheft 13*)* (S. 52–62). Münster: Waxmann.

Pilotprojekt „inklusive Grundschule". Abschlussbericht (2015). Verfügbar unter: http://www.inklusion-brandenburg.de/fileadmin/daten/inklusion_im_land_brandenburg/pilotprojekt_inklusive_grundschule/wissenschaftliche__begleitung/Abschlussbericht_PING.pdf [19.04.2016].

Portal „Inklusion – Schule für alle", ein Projekt des brandenburgischen Ministeriums für Bildung, Jugend und Sport. Verfügbar unter: http://www.inklusion-brandenburg.de/18+M55429762fc3.html [19.04.2016].

Regionalmonitoring der Hauptstadtregion Berlin-Brandenburg. Verfügbar unter https://www.berlin-brandenburg.de/daten-fakten/regionalmonitoring/index_rm.php# [29.04.2016].

Riemer, Claudia (2016). DaZ und Inklusion – Gemeinsamkeiten und Unterschiede. Ein fachpolitischer Positionierungsversuch aus der Perspektive des Fachs DaF/DaZ. In Michael Becker-Mrotzek, Peter Rosenberg, Christoph Schroeder & Annika Witte (Hrsg.), *Deutsch als Zweitsprache in der Lehrerbildung – Modelle und Handlungsfelder*. (Sprachliche Bildung 2) (S. 171–186). Münster: Waxmann.

Schuldatenerhebung des Landes Brandenburg. Verfügbar unter: http://www.mbjs.brandenburg.de/media_fast/bb2.a.5978.de/migr_15_16.pdf [29.04.2016].

Senatsverwaltung für Bildung, Jugend und Familie Berlin & Ministerium für Bildung, Jugend und Sport des Landes Berlin Brandenburg (2015). *Rahmenlehrplan für die Jahrgangsstufen 1-10. Teil B: Fachübergreifende Kompetenzentwicklung, Basiscurriculum Sprachbildung*. Verfügbar unter: http://bildungsserver.berlin-brandenburg.de/fileadmin/bbb/unterricht/rahmenlehrplaene/Rahmenlehrplanprojekt/amtliche_Fassung/Teil_B_2015_11_10_WEB.pdf [02.05.2017].

Thränhardt, Dietrich (2007). Zuwanderung in Ost und West: ein Vergleich. In Karin Weiss & Hala Kindelberger (Hrsg.), *Zuwanderung und Integration in den neuen Bundesländern. Zwischen Transferexistenz und Bildungserfolg* (S. 15–32). Freiburg im Breisgau: Lambertus.

Verfassung des Landes Brandenburg vom 20. August 1992 (GVBl.I/92, S.298), zuletzt geändert durch das Gesetz vom 5. Dezember 2013 (GVBl.I/13, [Nr. 42] Verfügbar unter: https://bravors.brandenburg.de/de/gesetze-212792 [02.05.2017].

Verordnung über die Eingliederung von fremdsprachigen Schülerinnen und Schülern in die allgemein bildenden und beruflichen Schulen (Eingliederungsverordnung - EinglV) vom 25. Februar 2014 (GVBl.II/14, [Nr. 14]).

Vetter, Eva (2013). *Professionalisierung für sprachliche Vielfalt. Perspektiven für eine neue LehrerInnenbildung.* (Mehrsprachigkeit und multiples Sprachenlernen 9) Baltmannsweiler: Schneider Hohengehren.

Vollmer, Helmut J. & Thürmann Eike (2013). Sprachbildung und Bildungssprache als Aufgabe aller Fächer der Regelschule. In Michael Becker-Mrotzek, Karen Schramm, Eike Thürmann, Helmut J. Vollmer (Hrsg.), *Sprache im Fach. Sprachlichkeit und fachliches Lernen.* (Fachdidaktische Forschungen 3) (S. 41–57). Münster: Waxmann.

Weiss, Karin (2007). Zuwanderung in die neuen Bundesländer. In Wichard Woyke (Hrsg.), *Integration und Einwanderung* (S. 119–140). Schwalbach am Taunus: Wochenschau Verlag.

Werning, Rolf (2014). Stichwort: Schulische Inklusion. *Zeitschrift für Erziehungswissenschaft, 17* (4), 601–623.

Will, Anne-Kathrin (2016). *Migrationshintergrund im Mikrozensus: Wie werden Zuwanderer und ihre Nachkommen in der Statistik erfasst?* Verfügbar unter: https://mediendienst-integration.de/fileadmin/Dateien/Informationspapier_Mediendienst_Integration_Migrationshintergrund_im_Mikrozensus.pdf [02.05.2017].

Wölck, Wolfgang (2002). Beobachtungen zur Zweisprachigkeit in Cottbus. In WITAJ-Sprachenzentrum (Hrsg.), *Mehrsprachigkeit – Voraussetzung und Chance für das Überleben kleiner Sprachgemeinschaften* (= Dokumentacija / Dokumentation 1) (S. 5–15). Bautzen: WITAJ-Sprachzentrum / Cottbus, Schule für niedersorbische Sprache und Kultur.

ZeLB Universität Potsdam (Hrsg.). (2015). *PSI – Potsdam. Professionalisierung, Schulpraktische Studien, Inklusion: Potsdamer Modell der Lehrerbildung.* (Kentron 28-Journal zur Lehrerbildung). Verfügbar unter: http://www.uni-potsdam.de/fileadmin01/projects/zelb/Dokumente/Publikationen/kentron/kentron28-2015.pdf [02.05.2017].

Hans-Joachim Roth

Bildungssprache. Eine historisch–systematische Perspektive zur Bedeutung der Sprache in der Ausbildung von Lehrerinnen und Lehrern

1. Bildungssprache – Genese und Systematik

Die Karriere des Begriffs Bildungssprache ist erstaunlich: Vor ca. zehn Jahren neu gefasst, hat er sich inzwischen als eine Art Leitkonzept im Kontext der sprachlichen Bildung erfolgreich etabliert: immer wieder diskutiert und in Konkurrenz zu anderen Konzepten[1]. Systematisch wird das Konzept Bildungssprache als ein sprachliches Register verstanden. Es lässt sich beobachten, dass dieses sprachliche Register im Unterricht selten expliziert wird, so dass der Zugang gerade für bildungsbenachteiligte Schülerinnen und Schüler erschwert ist. Aus diesem Grund wurde im Rahmen des Modellprogramms „Förderung von Kindern und Jugendlichen mit Migrationshintergrund" (FöRMiG) die Überlegung entwickelt, dass Bildungssprache Gegenstand eines jeden Unterrichts sein solle, um Schülerinnen und Schülern einen besseren Zugang zu einer stärker geformten Sprache, zu den fachlichen Gegenständen und damit zum Schulerfolg überhaupt zu ermöglichen (vgl. Gogolin et al. 2011). Im Programm „Bildung durch Sprache und Schrift" (BiSS) wurde dieser Ansatz aufgegriffen und weitergeführt (Schneider et al. 2012).

Inzwischen liegen einige informative Überblicksveröffentlichungen aus unterschiedlichen Kontexten vor: eine Praxishandreichung aus den Erfahrungen des genannten FöRMiG-Programms (Gogolin & Lange, 2011), ein schwerpunktmäßig erziehungswissenschaftlicher Sammelband aus demselben Kontext (Gogolin et al. 2013), systematische Überblicke über die Struktur des sprachlichen Konstrukts aus sprachwissenschaftlicher Sicht (Feilke, 2012) sowie erziehungswissenschaftlicher Perspektive (Gogolin & Roth 2007, Gantefort, 2013). Berendes et al. (2012) zeichnen die Genese des Konzepts auf einem spracherwerbspsychologischen Hintergrund nach; Roth (2015) rekonstruiert die Begriffsgeschichte von Humboldt bis zur Konzeptualisierung im Programm FöRMiG. Im Rahmen des Forschungsprojekts „Bildungssprachliche Kompetenzen: Anforderungen, Sprachverarbeitung und Diagnostik (BiSpra)" wurde ein bildungssprachlicher Wortschatzkorpus erarbeitet (Köhne et al. 2015).

Die empirische Befundlage zur Aneignung von Bildungssprache wie auch den damit für die Lernerinnen und Lerner verbundenen Schwierigkeiten gilt für die deutsche Sprache als noch nicht hinreichend erforscht (Lengyel, 2010). Das

---

1 Zum Beispiel: „alltägliche Wissenschaftssprache" (Ehlich, 1999), „Schulsprache" (Feilke, 2012), „konzeptionelle Schriftlichkeit" (Koch & Österreicher, 1985).

gilt nicht nur für die Konzeptualisierung hinsichtlich der konkreten Merkmale, sondern auch für Testverfahren (vgl. Berendes et al. 2013). Für die zahlenmäßig großen Migrationssprachen gibt es keine entsprechende Forschung. Gut geklärt ist die Abgrenzung von der Alltagssprache, eine trennscharfe Abgrenzung gegen die Fach- und Wissenschaftssprachen steht noch aus.

2. Zur Bedeutung der sprachlichen Bildung in der Lehrerbildung – eine geschichtliche Beobachtung mit Johann Friedrich Herbart

Im Folgenden sollen einige Beobachtungen und Gedanken zur Bedeutung der sprachlichen Bildung im Kontext der Ausbildung von Lehrerinnen und Lehrern ohne einen Anspruch auf Repräsentativität vorgetragen werden. Man könnte dazu auf die Geschichte des Deutschunterrichts zurückgreifen (vgl. Frank, 1976/77, Roberg et al. 2010). Als Erziehungswissenschaftler bin ich es allerdings gewohnt, den Blick darauf zu richten, was für angehende Lehrerinnen und Lehrer geboten wird, die kein sogenanntes Sprachfach studieren. Deshalb betrachte ich im Folgenden exemplarisch die Allgemeine Didaktik eines ihrer Gründers, denn diese erhebt immerhin seit ca. 200 Jahren den Anspruch, eine Rahmensetzung für jeden Unterricht und jedes Fach zur Verfügung zu stellen. Aus diesem Grund ist es legitim, mit Herbart einen Autor auszuwählen, der für die Entwicklung der allgemeinen Didaktik nicht etwa marginal wirksam war, sondern dessen konzeptionelle Überlegungen bis heute durch fast alle didaktischen Konstruktionen hindurch scheinen (vgl. Benner, 1986, S. 223ff., Geißler, 1970, S. 89ff., Klattenhoff, 2008).

Ein zweites Argument besteht darin, dass ich aus meinem eigenen Studium des Lehramts Anfang der 1980er Jahre im Kontext der Allgemeinen Didaktik keinerlei Erinnerung mitbringe, jemals über das Thema Sprache ein Seminar oder eine Vorlesung besucht zu haben oder eben auch nur an diese Fragestellung herangeführt worden zu sein. Die einzige Begegnung in der Erziehungswissenschaft war ein Seminar zu Johann Heinrich Pestalozzi und seinen didaktischen Vorstellungen, in dem dessen Überlegungen zur Sprache als tragende Säule von Bildungsprozessen allerdings keine Rolle spielten. Herbart sprach zwar mit Hochachtung von seinen Beobachtungen zu Pestalozzis Methode anlässlich eines Besuchs in Burgdorf im Sommer 1799, jedoch ist sein Bericht über das „Geräusch des Zugleichsprechens der ganzen Schule" ausgesprochen ambivalent (Herbart, 1982, Bd. 1, S. 65).

Von Kant weiß man, dass er der Sprache keine sonderliche Aufmerksamkeit und schon gar keine Bedeutung für die Erkenntnis zumaß. Kant spricht in der „Kritik der praktischen Vernunft" von der „Einschränkung der Sprache" und bezieht sich hier wie an einer Reihe anderer Stellen auf ihre Uneindeutigkeit (vgl. Kant, 1788/1968, Bd. 7, S. 176). In der Kritik der Urteilskraft verkündet er, dass nur „ein bestimmter Gedanke, d.i. Begriff adäquat sein kann, die folglich keine

Sprache völlig erreicht und verständlich machen kann" (Kant, 1790/1968, Bd. 10, S. 250): „Unsere Sprache ist voll von dergleichen indirekten Darstellungen, nach einer Analogie, wodurch der Ausdruck nicht das eigentliche Schema für den Begriff, sondern bloß ein Symbol für die Reflexion enthält." (ebd., S. 296).

Die Position Kants war übrigens zu seiner Zeit bereits umstritten. So kritisierte Johann Georg Hamann dessen Position zur Sprache in seiner „Metakritik über den Purismus der Vernunft" von 1784 und setzte ein Verständnis von der Sprache als primärer Quelle der Erkenntnis dagegen, „das einzige erste u[nd] letzte Organon und Kriterion der Vernunft" (Hamann, 1784/1965, S. 211). Auch Johann Gottfried Herder betrachtete die Sprache als das zentrale Erkenntniswerkzeug, ausführlich erörtert er dies im Traktat „Über den Ursprung der Sprache" von 1770 (Herder, 1770/1981, S. 10f.).

Herbart war in Königsberg Nachfolger auf Kants Lehrstuhl; und viele seiner Überlegungen beziehen sich auf diesen. Man könnte also vermuten, dass die Distanz der Didaktik zur Sprache mit dem bei Kant immer wieder deutlich werdenden Verdacht gegenüber der Sprache zusammenhängt, verdächtigte dieser sie doch einer gewissen Promiskuität (Kant, 1786/1968, Bd. 5, S. 281). Die Suchbewegung in den Werken Johann Friedrich Herbarts beginnt also skeptisch. Ich beginne mit einem kursorischen Blick auf Belege aus seinem Werk und komme dann im Folgenden auf seine didaktischen Schriften zu sprechen.

2.1 Verstreute Beobachtungen: Gesellschaft, Bildung, Register

1905 – 100 Jahre nach einem ersten (abgelehnten) Ruf auf eine Professur nach Heidelberg – widmete Berlin Herbart eine Straße, die sinnigerweise als Querstraße zur (neuen) Kantstraße in die Wundtstraße übergeht. Damit sind zwei bedeutende Perspektiven der Arbeiten Herbarts verbunden: die kritische Auseinandersetzung mit der Philosophie des deutschen Idealismus und die Begründung einer Psychologie als Grundlage von Pädagogik und Didaktik, die theoretische Deduktion und empirische Beobachtungen zu verbinden suchte. Die Benennung der Straßen in der genannten geografischen Anordnung lässt erkennen, dass bei dieser Entscheidung Menschen am Werk waren, die mit Kant, Herbart und Wundt nicht nur Namen, sondern wissenschaftsgeschichtliche Ideen mit disziplinären Folgen im Sinn hatten, denn der 1776 in Oldenburg geborene Herbart erhielt nach 22 Jahren als Professor auf dem Lehrstuhl Kants in Königsberg und als einer der renommiertesten Bildungsreformer im Staate Preußen 1831 nicht wie erwartet den Lehrstuhl Hegels in Berlin. Herbart bat kurz danach um Entlassung aus dem preußischen Staatsdienst und nahm 1833 eine Berufung an seine – als Hort des Widerstands gegen die spekulative Philosophie bekannte – Herkunftsuniversität Göttingen an, wo er 1841 starb.

Seine realistische Orientierung am „Gegebenen" resultierte aus einer bereits frühen Orientierung an Johann Heinrich Pestalozzi. Diese realistische Ausrichtung hat übrigens einen biographischen Hintergrund: Herbart brach das Studium beim großen Ich in Jena (Fichte) intellektuell frustriert ab und fand als Hauslehrer zuerst zur Pädagogik und darüber wieder zur Philosophie zurück, um diese dann immer weiter in eine Psychologie als Grundlage für pädagogisches Handeln zu transformieren. Der Bezug zu Pestalozzi blieb Zeit seines Lebens wichtig. In einem Text „Über Pestalozzi neueste Schrift ‚Wie Gertrud ihre Kinder lehrt‘" von 1802 schreibt Herbart:

> „Und was steht der Bildung der Menschen so lange, so allgemein im Wege, als der Mangel der Sprache! Wer ist von der Wohltat belehrender Unterhaltung gewisser ausgeschlossen, als wer den Ausdruck nicht zu treffen, den treffenden Ausdruck nicht zu fassen vermag! Selbst der gebildete Mann, findet er je ein Ende in dem Studium der Sprache, dieser Schöpferin alles Umgangs, aller Gesellschaft?" (Herbart, 1802/1851, Bd. 11, Seite 56; 1982, Bd. 1, S. 72).

Dieses Zitat bringt zum einen die hohe Wertschätzung der Bedeutung von Sprache für Bildungsprozesse zum Ausdruck. Sprache bzw. eine spezifische Form der gebildeten Sprache erscheint als konstitutive Voraussetzung für Bildung überhaupt. Es fällt auf, dass bereits Herbart Sprache und Sprechen als zentrale Mittel gesellschaftlicher Partizipation, wie wir heute sagen würden, formuliert. Wohl wissend, dass im Übergang vom 18. zum 19. Jahrhundert der Ausdruck „Gesellschaft" noch nicht das soziologische Konstrukt meint, wie es im 20. Jahrhundert von Ferdinand Tönnies, Max Weber und anderen theoretisch gefasst wurde, so lässt sich für dieses Zitat bei Herbart durchaus rekonstruieren, dass er genau das bereits im Blick hatte, denn die Sprache wird an seine zentrale Kategorie des „Umgangs" gekoppelt: „Umgang" bei Herbart meint nichts anderes als das soziale Miteinander der Subjekte im Rahmen sozialer Formationen, seien es Gruppen bis hin zu größeren Gebilden, die wir heute als Gesellschaften bezeichnen. Betrachtet man das Zitat unter der Fragestellung, was für ein Verständnis von Sprache hier vorliegt, so lässt sich unschwer erkennen, dass Herbart zum einen auf der pragmatischen Ebene die Funktion der sozialen Interaktion („Unterhaltung") sieht, zum anderen auf der Ebene der Literalität auf ein *Register* zielt: Es geht um „den treffenden Ausdruck", der über so etwas wie „Belehrung" erlangt wird. Wenn man die pädagogischen und didaktischen Schriften Herbarts kennt, ist klar, dass damit nicht der leichte Konversationston eines Salons gemeint ist, sondern die präzise Formulierung zur sprachlichen Fixierung eines Gegenstandes oder eines Vorgangs im Bildungsprozess, bei Herbart vorrangig im Unterricht. Heute würde er sicherlich von der Bildungssprache und den Fachsprachen sprechen.

Auch wenn insbesondere der junge Herbart ein Anhänger Pestalozzis war und viel zu seiner Bekanntheit in Deutschland beigetragen hat, so geht er doch gerade hinsichtlich der Sprache auch kritisch an Pestalozzis Überlegungen heran. So bleibt er skeptisch gegenüber der weitgehenden Erwartung Pestalozzis, dass allein das Herantragen von Sprache an Gegenstände zu „Klarheit" führen kann – einem der zentralen Begriffe seiner berühmten didaktischen Konzeption der sog. Formalstufen: Klarheit, Assoziation, System und Methode. Er relativiert Pestalozzis Überzeugung, dass alleine die sprachliche Bezeichnung zu begrifflicher Klarheit führt:

> „Die Sprache macht nicht *klärer,* aber sie erleichtert die Verknüpfung. Die Einheit des Namens verbindet (und *hält* verbunden) die Merkmale sicherer zur Einheit eines Gegenstandes, und die Uebertragung allgemeiner Begriffe, wie auch die zusammen-Auffassung und Vergleichung mehrerer Gegenstände geschehen bestimmter" (Herbart, 1802/1851, Bd. 11, S. 454; Hervorhebungen im Original).

Mit Herbart kann man also daraus schließen, dass Sprache nicht von Natur aus zur Klarheit drängt, sondern dazu eines Bildungsprozesses bedarf. Der Ort dieser Bildungsprozesse ist für Herbart bekanntlich der Unterricht. Nimmt man nun diese beiden Aspekte der Notwendigkeit der Bildung von Sprache und Sprechen und die angedeutete Unterscheidung nach Registern zusammen, so lässt sich beobachten, dass Herbart ein Konstrukt wie die heutige Bildungssprache bereits bedachte, ohne es direkt zu formulieren:

> „Scheut man es nicht, die *edelste* unter den Sprachen vor der *recipirten gelehrten* Sprache im Unterricht vorangehen zu lassen: so wird man theils unzählige Schiefheiten und Verdrehungen in allen dem vermeiden, was irgend zur Einsicht in die Literatur, in die Geschichte der Menschen, der Meinungen, der Künste u.s.w. gehört [...], und von wo aus es übergehen kann zu unendlich mannigfaltigen, eignen Reflexionen über Menschheit und Gesellschaft, und über die Abhängigkeit beider von höherer Macht" (Herbart, 1804/1851, Bd. 11, S. 229).

Die Diskussion darüber, ob man mit der Literatursprache als der „edelsten unter den Sprachen" im Deutschunterricht beginnen soll oder nicht, sollten Deutschdidaktikerinnen und -didaktiker und Lehrplankonstrukteurinnen und -konstrukteure entscheiden. Für den hier betrachteten Zusammenhang scheint allein die Unterscheidung einer literarischen Sprache und einer *„recipirten gelehrten* Sprache" von Bedeutung, d.h. eine ungefähre Vorstellung von dem, was wir heute Bildungssprache nennen.

2.2 Einbindung in die Didaktik: Individualität, sprachliche Sozialisation, Bedeutung

Nun möchte ich auf Herbarts systematische Überlegungen zur Allgemeinen Didaktik eingehen, um die Ausgangsthese einer traditionell unterbelichteten Reflexion über Sprache in dieser Disziplin zu belegen oder auch zu widerlegen. Ich beziehe mich dazu auf sein didaktisches Hauptwerk, die „Umrisse pädagogischer Vorlesungen". Dessen fünftes Kapitel richtet sich auf den „Unterricht im

Deutschen"; es umfasst gerade anderthalb Seiten, diese sind allerdings überaus ergiebig. Wie auch andere Erziehungstheoretiker dieser Zeit wie der bereits genannte Pestalozzi und auch Schleiermacher stellt er programmatisch die – wie wir heute sagen würden – Lernausgangslage von Schülerinnen und Schülern an die erste Stelle. Diese ist durch zwei Elemente bestimmt: „Individualität und frühere Umgebung" (Herbart, 1835/1982, Bd. 3, S. 261). Der zweite Ausdruck würde heute mit ‚primäre Sozialisation' übersetzt werden können. Im Weiteren geht er auf den Spracherwerb und den Input ein, wobei er die Bedeutung der sprachbildenden Intervention hervorhebt:

> „Zuerst wurde Sprache gehört, angenommen, nachgeahmt. Sie war gebildet oder roh, wurde genau oder obenhin vernommen, mit bessern oder schlechtern Organen nachgeahmt. Was darin fehlerhaftes lag, das verbessert sich allmählich, wenn gebildete Personen täglich das Beispiel geben und auf richtiges Sprechen dringen. Dieses erfordert jedoch zuweilen eine Reihe von Jahren" (ebd.).

Der sprachliche Input hängt demnach an den Personen, die mit dem Kind kommunizieren – das ist die oben genannte „frühere Umgebung". Der Individualität schreibt er hingegen den Aspekt der Motivation zu, „dass größere oder geringere Bedürfnis, sich durch Sprache zu äußern" (ebd.).

Geht es dann um die Art und Weise der Intervention hinsichtlich einer Korrektheit des Sprechens, so argumentiert er nicht etwa aus der Sicht der Grammatik, sondern von dem zu Bezeichnenden her: Die „Verbesserung muß von den Gedanken ausgehen, die sie bezeichnet" (ebd.). Bei aller Abgrenzung gegen den Gedanken quasi natürlicher Klarheit durch die Sprache bei Pestalozzi folgt Herbart doch dessen grundsätzlicher Überlegung, dass die Formung des Ausdrucks nicht vom Sprachsystem her zu denken sei, sondern von dem, was kommunikativ erreicht oder bezeichnet werden soll: der Bedeutung. Was man hier also erkennen kann, ist eine theoretische Ausrichtung, wie sie zum Beispiel für die systemisch-funktionale Sprachtheorie Michael Alexander K. Hallidays (2004) leitend ist. Für Herbart reicht es allerdings nicht aus, dass „gebildete Lehrer durch ihr bloßes Beispiel und durch gelegentliches, jedenfalls nötiges Korrigieren einwirken" oder sich auf die Logik des Spracherwerbs als Bootstrapping zu verlassen. Er weist darauf hin, dass gerade „der gebildete Lehrer vom ungebildeten Hörer lange Zeit nur mangelhaft verstanden" wird. Weit wichtiger ist ihm der Aspekt der Literalität, sprich die Ausbildung von Lesen und Schreiben: „Hierbei wird sie selbst [die Sprache, HJR] zum stehenden Gegenstande der Betrachtung und setzt denjenigen, der sie nicht genauer kennt, in Verlegenheit" (Herbart, 1835/1982, Bd. 3, S. 261). Um dorthin zu kommen, braucht es eine analytische Vorgehensweise, die dem Lerner zum Beispiel zeigt, wie die Veränderung von Wörtern, Zeichen und Phonemen zu einer Veränderung des Sinns führt. Herbart hält seine semantische Orientierung an der Herstellung von Bedeutung argumentativ durch; die Notwendigkeit der sprachlichen Bildung entsteht also aus der genannten „Verlegenheit". Und genau in dieser lassen sich starke individuelle Unterschiede erkennen, es „treten die größten Verschiedenheiten hervor" (ebd., S. 262).

Welche Art sprachlicher Bildung setzt er darauf an? Wie sollen Lehrkräfte im Unterricht nach Herbart reagieren? Seine Antwort wirkt verblüffend modern: *„Man wird demnach, wo viele zugleich Unterricht bekommen, das Sprachliche mit anderem Lehrstoff in Verbindung zu bringen suchen"* (ebd.; kursiv HJR). Herbart verlangt nicht mehr und nicht weniger, als die sprachliche Bildung in das fachliche Lernen zu integrieren; er plädiert also für etwas, das seit einigen, historisch betrachtet wenigen Jahren als sprachsensibler Unterricht bezeichnet wird.

Diese Überlegung wurde bereits zu seinen Lebzeiten stark kritisiert, so in einer späteren Ausgabe, von niemand anderem als dem Herausgeber Otto Willmann. In einer Anmerkung wird von ihm eine Rezension aus der *Neuen Leipziger Literaturzeitung* zitiert, die seiner eigenen Position für den Sprachunterricht entspricht. Außerdem bemüht er sich zu beweisen, dass Herbart später „zugegeben habe, dass das Studium der Sprache die Begriffe vertiefe und deswegen unentbehrlich sei" (vgl. Herbart, 1873, S. 411, Anmerkung 59). Diese Anmerkung bezieht sich übrigens nicht auf die oben genannte Passage, sondern auf eine Bemerkung Herbarts in seiner „Allgemeinen Pädagogik", die tatsächlich radikal formuliert ist:

> „Die Zeichen sind für den Unterricht eine offenbare *Last*; welche, wenn sie nicht durch die *Kraft* des Interesse für das Bezeichnete gehoben wird, Lehrer und Lehrling aus dem Gleise der fortschreitenden Bildung herauswälzt. Gleichwohl nehmen die Sprachstudien einen so beträchtlichen Theil des Unterrichts hinweg! – Geht hier der Lehrer auf die gewöhnlichen Forderungen des Vorurtheils und des Herkommens ein: so singt er unvermeidlich vom Erzieher zum Lehrmeister hinab, – und wenn die Lehrstunden nicht mehr erziehen, so zieht alsbald alles Gemeine der Umgebung den Knaben zu sich herunter, der innere Tact verschwindet, die *Aufsicht* wird nöthig – und dem Manne wird sein Geschäft verleidet. – Stemme man sich daher, solange man kann, gegen jeden Sprachunterricht ohne Ausnahme, der nicht gerade auf dem Hauptwege der Bildung des Interesse liegt! Alte oder neuere Sprachen, das ist einerlei!" (Herbart, 1951, Bd. 10, S. 70f.; Hervorhebungen im Original).

Herbart kämpft gegen eine ideologisch gewendete Vorstellung von der deutschen Sprache, seine Kritik an der Fetischisierung der Grammatik ist nicht nur Widerstand gegen ein strukturalistisches Prinzip ohne Anschauung, sondern auch als ein Widerstand gegen eine spätromantische ethnische Nationalisierung der Sprache zu verstehen. „Ob die Grammatiker sich nun gerade als kluge Staatsmänner oder Feldherren oder sonst auf den großen Kampfplätzen des Verstandes auszeichnen und ob sie darin die Mathematiker übertreffen? Das wollen wir nicht fragen, da ohnehin der eingebildete Verstand ein Hirngespinst ist. Der Verstand der Grammatik bleibt in der Grammatik" (Herbart 1832/1982, Bd. 1, S. 173). Die gerne als politischer Makel auf Herbarts ansonsten weißer Weste empfundene Verurteilung der Göttinger Sieben als Dekan der Philosophischen Fakultät, zu denen auch Jakob und Wilhelm Grimm gehörten, lässt sich übrigens in einem ganz anderen Licht lesen, wenn man nicht eine illiberale, sondern diese antinationale Haltung Herbarts veranschlagt. Denn die Betonung alles Deutschen als Widerstand gegen eine Überfremdung durch das Französische im Nationalismus der Grimms führte ja nicht nur zum Treppenwitz der angeblichen *Volks*märchen, die in großen Teilen auf das französische Märchenbuch von Charles Perrault zurückgingen, sondern auch zur Eliminierung aller Fremdwörter aus dem „Deutschen Wörterbuch".

Für ihn geht es in der sprachlichen Bildung um Sinn und Bedeutung – also das, was der Mensch mit der Sprache tut, nicht was die Sprache dem Menschen als System vorschreibt:

> „Gerade dann, wenn das Kind noch im Zuge ist, sich Sprache zu schaffen, sich Formen einzuprägen, wenn das Bedürfnis und die Anstrengung in ihm noch dauert, wenn es noch nach Namen [Nomen, HJR] fragt, wenn es in seinem Umkreise noch täglich neue Gegenstände findet, von denen es gereizt wird, genau hinzuschauen, sie von allen Seiten zu sehen, – jetzt, ehe dieser natürliche Fortgang stillesteht, jetzt, da er schon langsamer wird, schon zur unbeweglichen Trägheit sich neigen will: jetzt ist es Zeit, zu Hilfe zu kommen; jetzt muß für Gestalt und Rede der Sinn vollends geöffnet werden, damit die *Natur gesehen* und *menschliche Gedanken vernommen* werden können" (Herbart, 1802/1982, Bd. 1, S. 72).

Sprachliche Bildung zielt auf die Funktionalität der Sprache, nämlich die Dinge der Natur zu erkennen und die menschliche Interaktion zu gestalten. Herbart entwickelt genau genommen ein funktionalpragmatisches Verständnis sprachlicher Bildung. Dieses bildet die Voraussetzung, um zur „inneren Verständlichkeit des Unterrichts" zu gelangen (ebd., S. 67), und damit die Voraussetzung der Entwicklung des Unterrichts im Sinne einer Allgemeinen Didaktik als „Artikulation des Unterrichts" (Herbart, 1806/1982, Bd. 2, S. 66) durch die Schritte Klarheit, Assoziation, System, Methode. Das ist deutlich mehr als der gesunde Menschenverstand Paulsens, es handelt sich um ein Verständnis von einer reichen, Sinn und Bedeutung tragenden und produzierenden Sprache als konstitutive Bedingung eines planvollen und strukturierten Unterrichts, der die Gegenstände ebenso in den Blick nimmt wie die Interaktion, den Diskurs.

Auf die weiteren didaktischen Überlegungen wie zum Beispiel die anhaltende Bedeutung individueller Unterschiede für die sprachliche Bildung, die Passung von Aufgaben und Übungen an die jeweils erreichte „Bildungsstufe" und die Warnung vor abstrakten, für die Schülerinnen und Schüler „fremdartigen" Stile usw. gehe ich nicht weiter ein, ebenso wenig auf seine Überlegungen zur griechischen und zur lateinischen Sprache, die weitaus umfassender sind als die zur deutschen, nämlich fünf Seiten, deren Bedeutung als Leitsprachen für die Bildung er bei aller Wertschätzung allerdings deutlich einschränkt (ebd., S. 262–267).

3. Zusammenfassung und Ertrag

Was kann man aus dieser Lektüre Herbarts mitnehmen? In seinem Werk findet man einige verstreute Bemerkungen zum Thema Sprache und Sprachen; der Großteil bezieht sich allerdings auf das Verhältnis der klassischen und der modernen Sprachen. Grund dafür sind die historischen Zeitumstände, da sich in dieser Zeit die Emanzipation der Nationalsprachen gegenüber den antiken Kultursprachen in Richtung auf eine Durchsetzung der Nationalsprachen als unangefochtene Unterrichtssprachen in Europa ereignete. Alle weiteren Belege sind verstreut und zum Teil auch an weniger zentralen Stellen von Texten vorzufinden, so dass es nicht verwundert, dass Leser diese nicht als bedeutsam wahrnehmen und sich auf die jeweils im Fokus stehenden Gegenstände seiner Werke, insbesondere die didaktische Theorie, konzentrieren. Das wiederum ist ein Zeichen für eine durch wissenschaftliche Forschung gelenkte Rezeption, denn die didaktische Diskussion in den siebziger und achtziger Jahren des 20. Jahrhunderts war eine mit einer starken Fokussierung der theoretischen Modelle. Einzelne Aspekte wie die Sprache des Unterrichts fielen dem in gewisser Weise zum Opfer oder wurden zur Bearbeitung an die Fachdidaktiken der Sprachen überwiesen. Wenn man allerdings mit dem durch die heutige Diskussion geschärften Blick gezielt nach sprachlicher Bildung im Unterricht sucht, findet man auch schon bei Herbart wesentliche Überlegungen wie zum Beispiel die Registerunterscheidung, die Notwendigkeit von Sprach*bildung* und die Hochschätzung einer solcherart gebildeten Sprache als Voraussetzung für gesellschaftliche Partizipation. Sprachdidaktisch steht bei ihm eine funktionale Orientierung an der Herstellung von Bedeutungen durch Sprechen und Sprache sowie eine sprachsensible Ausrichtung des Unterrichts im Vordergrund der sprachlichen Bildung.

Literatur

Benner, Dietrich (1986). *Die Pädagogik Herbarts. Eine problemgeschichtliche Einführung in die Systematik neuzeitlicher Pädagogik.* Weinheim & München: Juventa.

Berendes, Karin; Dragon, Nina; Weinert, Sabine; Heppt, Birgit & Stanat, Petra (2013). Hürde Bildungssprache? Eine Annäherung an das Konzept „Bildungssprache" unter Einbezug aktueller empirischer Forschungsergebnisse. In Angelika Redder & Sabine Weinert (Hrsg.), *Sprachförderung und Sprachdiagnostik. Interdisziplinäre Perspektiven* (S. 17–41). Münster: Waxmann.

Ehlich, Konrad (1999). Alltägliche Wissenschaftssprache. *Info DaF,* 2 (1), 3–24.

Feilke, Hellmuth (2012). Bildungssprachliche Kompetenzen – fördern und entwickeln. *Praxis Deutsch,* 233 (1), 4–13.

Frank, Horst Joachim (1976/77). *Geschichte des Deutschunterrichts. Von den Anfängen bis 1945.* München: dtv.

Gantefort, Christoph (2013). *Schriftliches Erzählen mehrsprachiger Kinder. Entwicklung und sprachenübergreifende Fähigkeiten.* Münster: Waxmann.

Geißler, Erich E. (1970). *Herbarts Lehre vom erziehenden Unterricht.* Heidelberg: Quelle Meyer.

Gogolin, Ingrid & Lange, Imke (2011). Bildungssprache und durchgängige Sprachbildung. In Sara Fürstenau & Mechthild Gomolla (Hrsg.), *Migration und schulischer Wandel: Mehrsprachigkeit* (S. 107–127). Wiesbaden: VS Verlag für Sozialwissenschaften.

Gogolin, Ingrid; Dirim, Inci; Klinger, Thorsten; Lange, Imke; Lengyel, Drorit; Michel, Ute; Neumann, Ursula; Reich, Hans H.; Roth, Hans-Joachim & Schwippert, Knut (2011). *Förderung von Kindern und Jugendlichen mit Migrationshintergrund FörMig. Bilanz und Perspektiven eines Modellprogramms.* Münster: Waxmann.

Gogolin, Ingrid; Lange, Imke; Michel, Ute & Reich, Hans H. (Hrsg.). (2013). *Herausforderung Bildungssprache – und wie man sie meistert* (= FörMig Edition, Bd. 9). Münster: Waxmann.

Gogolin, Ingrid & Roth, Hans-Joachim (2007). Bilinguale Grundschule: Ein Beitrag zur Förderung der Mehrsprachigkeit. In Tanja Anstatt (Hrsg.), *Mehrsprachigkeit bei Kindern und Erwachsenen. Erwerb – Formen – Förderung* (S. 31–46). Tübingen: Attempto.

Hamann, Johann Georg (1965). *Briefwechsel. Fünfter Band. 1783–1785.* Hrsg. v. Arthur Henkel. Verfügbar unter: http://www.hamann-kolloquium.de/metakritik [03.04.2017].

Herbart, Johann Friedrich (1851). Schriften zur Pädagogik. In Gustav Hartenstein, *Johann Friedrich Herbarts Sämtliche Werke* (Bd. 10 & 11). Leipzig: Leopold Voss.

Herbart, Johann Friedrich (1873). *Pädagogische Schriften in chronologischer Reihenfolge.* Hrsg., mit Einleitung, Anmerkungen und comparativem Register versehen v. Otto Willmann. Leipzig: Leopold Voss.

Herbart, Johann Friedrich (1982). *Pädagogische Schriften* (Bd. 3). Hrsg. v. Walter Asmus. Stuttgart: Klett-Cotta.

Herder, Johann Gottfried (1981). Über den Ursprung der Sprache. In Joachim Schulte, *Philosophie und Sprache. Für die Sekundarstufe II.* Stuttgart: Reclam.

Kant, Immanuel (1968). Kritik der praktischen Vernunft. In Wilhelm Weischedel (Hrsg.), *Immanuel Kant. Werkausgabe VII.* Frankfurt am Main: Suhrkamp.

Klattenhoff, Klaus (2008). Johann Friedrich Herbart (1776–1841). Begründer der Pädagogik als eigenständige Wissenschaft. In Bernd Dollinger (Hrsg.), *Klassiker der Pädagogik* (S. 101–123). Wiesbaden: VS Verlag.

Koch, Peter & Oesterreicher, Wulf (1985). Sprache der Nähe – Sprache der Distanz. Mündlichkeit und Schriftlichkeit im Spannungsfeld von Sprachtheorie und Sprachgeschichte. *Romanistisches Jahrbuch* 36, 15–43.

Köhne, Judith; Kronenwerth, Sibylle; Redder, Angelika; Schuth, Elisabeth & Weinert, Sabine (2015). Bildungssprachlicher Wortschatz – linguistische psychologische Fundierung und Itementwicklung. In Angelika Redder & Sabine Weinert (Hrsg.), *Sprachförderung und Sprachdiagnostik. Interdisziplinäre Perspektiven* (S. 67–92). Münster: Waxmann.

Lengyel, Drorit (2010). Bildungssprachförderlicher Unterricht in mehrsprachigen Lernkonstellationen. *Zeitschrift für Erziehungswissenschaft* 13, Themenheft Mehrsprachigkeit, 593–608.

Roberg, Thomas; Susteck, Sebastian & Müller-Michaels, Harro (Hrsg.). (2010). *Geschichte des Deutschunterrichts von 1945 bis 1989. Deutschunterricht im Widerstreit der Systeme.* Frankfurt am Main u.a.: Peter Lang.

Roth, Hans-Joachim (2015). Die Karriere der „Bildungssprache" – kursorische Beobachtungen in historisch-systematischer Anmutung. In Inci Dirim; Ingrid Gogolin; Dagmar Knorr; Marianne Krüger-Potratz; Drorit Lengyel; Hans H. Reich & Wolfram

Weiße (Hrsg.), *Impulse für die Migrationsgesellschaft. Bildung, Politik und Religion* (S. 37–60). Münster: Waxmann.

Schneider, Wolfgang; Baumert, Jürgen, Becker-Mrotzek, Michael; Hasselhorn, Marcus; Kammermeyer, Gisela; Rauschenbach, Thomas; Roßbach, Hans-Günther; Roth, Hans-Joachim; Rothweiler, Monika & Stanat, Petra (2012). *Expertise „Bildung durch Sprache und Schrift (BISS)". Bund-Länder-Initiative zur Sprachförderung, Sprachdiagnostik und Leseförderung.* Verfügbar unter: http://www.biss-sprachbildung.de/pdf/BiSS-Expertise.pdf [03.04.2017].

Michael Kämper-van den Boogaart

Rudolf Hildebrand: Ein historisches Konzept von Sprachbildung im Deutschunterricht

1. Reisehinweise

Dieser Beitrag unternimmt eine kleine Exkursion in die Frühgeschichte eines Unterrichts, den man heute ganz besonders in der Verantwortung sieht, wenn es um eine Sprachförderung geht, die auf eine Maximierung der Bildungschancen aller Schülerinnen und Schüler zielt. Wo sonst als im Deutschunterricht erwirbt man, was dann Bildungssprache oder ähnlich heißt?

Dass diese naheliegenden Erwartungen fehlen, betrachtet man den sich etablierenden Deutschunterricht in der zweiten Hälfte des 19. Jahrhunderts und seine Nachgeschichte bis deutlich nach 1945, deuten die folgenden Lektüren an. Bei ihrer Würdigung gilt es, sich von vorneherein klar zu machen, dass insbesondere der sprachbetrachtende Deutschunterricht mit der deutschen Sprache einen Lerngegenstand traktiert, den die Schülerinnen und Schüler schon weitgehend beherrschen. Sie produzieren und verknüpfen Sätze und erfahren in der Schule, wie das heißt, was sie tun. Dies und die Tatsache, dass dergestalt auf die eigene Sprache geschaut wird, als sei es die lateinische, haben dem deutschen Sprachunterricht anhaltend Imageprobleme beschert. Das kann man verstehen. Für den, der fließend spricht – und sei es in seinem Dialekt –, muss eine Konjugationstabelle des Verbs ‚spielen' als wenig erhellende Reduktion der Sprache auf ihre Form oder als Verwandlung von etwas ziemlich Lebendigem in ein staubig Totes erscheinen. Ausnahmen bestätigen nicht nur in der Sprachbetrachtung die Regel. So kann es vielleicht nicht verwundern, dass auch die Didaktik solcher Reduktion und Abstraktion opponiert, dass Häretiker die vitalen Inhalte gegen die toten Formen und das Schöpferische gegen das Analytische ausspielen. Hiervon handeln meine Lektüren.

2. Der Inspirator

In dem 2016 erschienenen „Handbuch Sprache in der Bildung" (Kilian, Brouër & Lüttenberg, 2016) unternimmt es Ina Karg, „Die Rolle der Sprache in Bildungstheorien und Vermittlungspraxis" zu skizzieren und Programmatiken sprachlicher Bildung zu kennzeichnen (Karg, 2016). Hat man die gegenwärtigen Diskussionen um Bildungssprache und Sprachförderung innerhalb und außerhalb des Deutschunterrichts im Blick, zeigen sich in Kargs konzentrierter Darstellung Verständnisse sprachlicher Bildung oder bildenden Spracherwerbs, die in mancher Hinsicht von den heute geltend gemachten Postulaten abweichen, gleichwohl aber die Genealogie des muttersprachlichen Deutschunterrichts entscheidend prägen. Ich möchte aus diesem Panorama einen Ansatz herausgreifen, dessen Ansprüche mit einem Titel wie „Geistesbildung durch Sprachbildung", so eine Monographie Ernst Lindes aus dem Jahr 1925, treffend gefasst sind (Linde, 1925). Linde hatte bereits 1890 mit „Die Muttersprache im Elementarunterricht" an Rudolf Hildebrand angeknüpft, und auch das „Testament" eines „allzeit denkend durchlebten Deutschlehrerlebens" sieht sich dem Leipziger Germanisten Hildebrand verpflichtet (Linde, 1925, S. III). Karg porträtiert Hildebrand (1824–1894) als Wegbereiter der Reformpädagogik, eine Charakterisierung, die sicher zu motivieren ist und die auch in Adalbert Elschenbroichs Eintrag zu Hildebrand in der Neuen Deutschen Biographie zu finden ist (Elschenbroich, 1972). Von Reformpädagogik ist aus naheliegenden Gründen nicht die Rede, wenn es 1905 in der Allgemeinen Deutschen Biographie um Hildebrand geht. Verantwortlich für den Eintrag (Meyer, 1905) ist der unorthodoxe Scherer-Schüler Richard M. Meyer, seit 1901 außerordentlicher Professor der deutschen Literaturgeschichte an der Berliner Universität (Fiebig & Waldmann, 2010). Meyer führt Hildebrand einleitend als „deutscher Philolog und Volkserzieher" ein und notiert, dass er „eine durchaus eigenartige Stellung" „unter den Meistern der deutschen Philologie" (Meyer, 1905, S. 322f.) eingenommen habe. Zu besagter Eigenartigkeit zählt sicher, dass Hildebrand, aus einem Arbeiterhaushalt stammend, zwanzig Jahre lang als Lehrer der renommierten Leipziger Thomasschule wirkte, bevor er, Mitarbeiter am Deutschen Wörterbuch der Brüder Grimm, 1874 ordentlicher Professor an der Universität Leipzig wurde, „ohne sich der Eigenart des akademischen Lehrvortrags näher anzupassen", wie Meyer (ebd.) im Einklang mit den Zeugnissen der nicht wenigen Hildebrand-Schüler, darunter die Germanisten Gustav Roethe und Konrad Burdach, konstatiert. Nicht nur die mangelnde Anpassung an den rhetorischen Habitus des Homo Academicus ist in dieser Konstellation bemerkenswert, sondern mehr noch die Tatsache, dass Hildebrands wirkungsmächtigstes Werk eine Didaktik des Muttersprachenunterrichts ist. 1867 erschien der Band „Vom deutschen Sprachunterricht in der Schule und von deutscher Erziehung und Bildung überhaupt" in der ersten Auflage. Erst nach zwölf Jahren, 1879, erschien die zweite Auflage, und mit ihr begann ein exorbitanter Rezeptionserfolg. Bis 1959 kamen 26 Auflagen zustande (Bredel, 2013, S. 214), darunter 1947 eine als erster Band der Pädagogischen Bibliothek des Verlags „Volk und Wissen" in der Sowjetischen Besatzungszone (Hildebrand, 1947). Die 14. Auflage erschien 50 Jahre nach der Erstausgabe als „Jubelausgabe" des Verlags (Hildebrand, 1917). 1897 publizierte der Hildebrand-Schüler Otto Lyon und Herausgeber der 1887 gegründeten „Zeitschrift für den deutschen Unterricht" einen Band, der unter dem bescheidenen Titel „Beiträge zum deutschen Unterricht" Hildebrands Aufsätze für die Zeitschrift versammelt (Hildebrand, 1897). Sechs Jahre später, 1903, wird in Leipzig eine Monographie publiziert, die einzig die Wirkungsgeschichte Hildebrands zum

Thema hat und die Vielzahl seiner wirklichen oder nur vermeintlichen Schüler in den Blick nimmt (Laube, 1903). 1907 schließlich kommt mit „Geschichte des deutschen Unterrichts" die erste veritable Fachgeschichte auf den Markt. Ihr Verfasser, Adolf Matthias, führt Hildebrand mit den Worten ein: „Was Hildebrand sagt, war ebenso liebenswürdig wie bedeutend, voll Geist und Leben" (Matthias, 1907, S. 213), um ihn dann im bilanzierenden Rückblick auf das 19. Jahrhundert seitenlang zustimmend zu zitieren (ebd., S. 422ff.).

3. Hildebrands Sprachdidaktik

Nimmt man heute Hildebrands Erfolgsbuch zur Hand, erschließt sich seine Attraktivität wahrscheinlich nicht auf den ersten Blick. Zwar formuliert der Verfasser einleitend vier Grundprinzipien des Sprachunterrichts, die die nachfolgenden Buchkapitel explizieren, doch diese systematische Strenge scheint im Verlauf der Darstellung zugunsten digressiv anmutender Exkurse aufgegeben. Auf den zweiten Blick wird man indes konzedieren, dass die digressiven Auslassungen der Philosophie des Bandes entsprechen, insofern sie einem Primat des Anschaulichen und Konkreten folgen. Die vier Grundsätze Hildebrands lauten: (1) der Sprachunterricht müsse mit den sprachlichen Formen den Inhalt und den „Lebensgehalt" der Sprache erfahrbar werden lassen; (2) der Lehrer dürfe nichts lehren, was die Schüler auch selbstständig mit seiner Unterstützung herausfinden können; (3) der Hauptakzent solle bei der gesprochenen, nicht bei der geschriebenen Sprache liegen; (4) der Erwerb des Hochdeutschen sollte an die „Volkssprache" anknüpfen. Mit diesen Prinzipien zielt der Gymnasiallehrer Hildebrand primär auf den Volksschulunterricht, er lässt aber immer wieder durchblicken, dass dem auch der gymnasiale Deutschunterricht folgen solle. Mit dem altsprachlichen Unterricht des neuhumanistischen Gymnasiums ist bei Hildebrands Ausführungen jedenfalls ein Sprachunterricht präsent, dem der muttersprachliche Unterricht nicht etwa folgen dürfe, sondern dem gegenüber er sich geradezu in einer pädagogischen Opposition entfalten sollte. Was heißt das? Während der Latein- und Griechischunterricht mit bildungsbürgerlichem Impetus das Fremde einer Sprache in Szene setzt, gelte es für den Deutschunterricht, das sprachliche und kulturelle Eigene zu beobachten und zu gestalten. Grundsätzlich folgt Hildebrand in dieser Perspektive der Skepsis, die bekanntermaßen ausgerechnet Jacob Grimm gegenüber einem Unterricht über die Muttersprache artikulierte. In der „Vorrede" zu seiner Deutschen Grammatik von 1819 machte Grimm geltend, dass die „unsägliche Pedanterie", den Kindern „ihre eigene Landessprache" zu lehren, dazu führe, dass „gerade die freie Entfaltung des Sprachvermögens in den Kindern gestört" werde (Grimm 1819, IX; vgl. hierzu 1855 Raumer 2015, S. 205). Fraglos nimmt Hildebrand auch vorweg, was in der Deutschkunde nationalpädagogisches Konzept werden sollte (vgl. Kopp, 1994, S. 731f. und Kämper-van den Boogaart 2010, S. 27ff.).[1] Gleichwohl scheint mir wichtig zu sein, über das Hochproblematische dieser ideologischen Linie nicht zu übersehen, dass bei Hildebrand auch bildungstheoretische oder vielleicht als anthropologisch auszuweisende Prämissen eine Rolle spielen. So führen Hildebrand seine im Anhang der eigentlichen Darstellung gelieferten Verven gegen die Fremdwörter zu der Frage, wie äußerlich oder fremd Bildungsangebote den Lernenden seien. Er stellt fest:

> „Darum sind jene Dinge aus dem vollen gegenwärtigen Leben für das wahre Bildungsziel eigentlich wichtiger als das andere, und richtig eingestreut als Würze in die übrige nötige Kost dienen sie auch dieser und dem höchsten Schulziele dadurch, daß sie auch die notwendig ferneren, fremderen, kälteren oder toten Stoffe, die auch für den Geist wieder zum Leben gebracht werden sollen, mit ihrem Leben würzen können, daß sie das Licht und die Wärme ihres nahen Lebens mit über das Ferne, Kalte verbreiten – das ist der einzig richtige Weg des Lernens. Und auch über das bloße Wissen und seine geisttötende Gefahr führt dieser Weg, ja er allein sicher hinaus" (Hildebrand, 1917, S. 164).

Nach einem Rekurs auf den subjektiven Modus der Weltaneignung, der der Freiheit der Heranwachsenden großes Gewicht zuspricht, führt er aus:

> „Die Bildung kann aber keine völlige Neubildung sein, wie auf einem noch leeren Boden, daß also das, was wahr und recht und gut und schön ist, gleichsam bloß ins Gedächtnis zu stecken wäre, wie leider der meiste Lehrstoff (wie man eine Gans mit Nudeln stopft, freilich im Vertrauen, daß sie sie nachher doch selber verdaut); sie kann nur ein vorsichtiges, beiläufiges Lenken der natürlichen Selbstbewegung sein, ein Locken möcht ich sagen, daß der Geschmack von selber nach dem Rechten und Echten greife, weil es doch besser schmeckt, und nährt als das Unrechte und Unechte. Die gesunde Natur und das Vertrauen auf diese Grundmacht, die in den Kinderseelen noch am meisten bei sich selbst ist, sind dabei die Haupthelfer des Lehrers, er wird oft nur gleichsam Schutt hinwegzuräumen haben, daß der natürliche Keim, das rechte Geschmacks- und Werturteil, Luft bekomme und Lust und Mut hervorzubrechen – Schutt freilich, von dem jede Zeit umso voller ist […], je gelehrter sie ist, und so denn auch unsere" (Hildebrand, 1917, S. 165).

In zweierlei Hinsicht ist diese (Metaphorik nicht eben scheuende) Einschätzung für Hildebrands Denken charakteristisch: Zum einen zeigt sich das lerntheoretische Credo, die Schüler bei ihrem Bewusstseinsstand abzuholen, mit dem vielleicht nativistisch zu nennenden Optimismus verknüpft, dass, auf sich gestellt und befreit, die Kinder schon zu den für sie richtigen Einstellungen finden. Zum anderen ist die Hildebrand durchgehend kennzeichnende Skepsis gegenüber Abstraktionen und Isolationen zu erkennen, die sich in seinem ersten Prinzip des

---

1 In dieser Funktion geht er in fachhistoriographischen Darstellungen fast ganz auf.

Sprachunterrichts wiederfindet, das die Bedeutung des Inhalts gegen die isolierende Betrachtung von Formen und Strukturen der Sprache stark macht. Diese Skepsis steht selbstverständlich in einem diskursiven Kontext, der wesentlich auch durch die kontroverse Rezeption der sogenannten Junggrammatiker und ihres Positivismus (Gardt, 1999, S. 278ff.) bestimmt wird, die ihrerseits eine „neoidealistischen Geistesgeschichte" auf den Plan ruft (Helbig, 1974, S. 22ff.). Einen Eindruck von den Effekten dieser Kontroversen auf den muttersprachlichen Unterricht im Gymnasium bzw. dessen Didaktik vermittelt Joseph Seemüllers Band „Der deutsche Sprachunterricht am Obergymnasium" (Seemüller, 1888, für den fremdsprachlichen Unterricht vgl. Viëtor, 1902).

Dass es bei Hildebrands Bedenken auch um ethische Einstellungen zu den Lernangeboten geht, macht die nachfolgend geschilderte semiotische Anekdote deutlich. Diese handelt in wiederum etwas digressiver Form davon, dass ein bildungsbürgerlicher Vater seiner wissbegierigen Tochter die Symbolik der nach unten gebogenen Daumen der Zuschauer erläutert, die auf einem Gemälde zu betrachten sind, das einen römischen Gladiatorenkampf zeigt. Die Erläuterung des Vaters konzentriert sich auf die Zeichenfunktion im Kontext; er verzichtet auf eine moralische Perspektive. Hildebrand, von der übrigen Art des Wissenstransfers durchaus angetan, kommentiert:

> „Ein Wort oder eine Miene des natürlichen abwehrenden Grausens, wenn auch nur der Lehre beigemischt, hätte ja bei der jungen wißbegierigen Seele hingereicht, um ihr jenes Gefühl aufsteigen zu lassen zum Siege über den ganzen Eindruck. So blieb es aber stumm oder flüsterte nur ungehört im Grunde der Seele und nur das bloße Wissen trug den Sieg davon. Es war eben getreulich der alte Schulstandpunkt, der auch im Leben und in der Gesellschaft fortwirkt (und zum Teil in der Wissenschaft), der den Reichtum des Geistes gleich und ganz im Reichtum des Wissens selber sucht, statt in gleichzeitiger Abschätzung und Abstufung nach seinem verschiedenen Werte oder Unwerte, der über dem Aufspeichern ohne Ende versäumt, die Dinge zu messen an dem ewigen Wertmaßstab, den jeder in sich hat vor allem Wissen, der aber durch dies bloße Massenwissen stumpf oder verschüttet wird, während er doch wichtiger ist als das Wissen selber" (Hildebrand, 1917, S. 166).

Auffallend ist, dass die postulierte ethische Haltung gegenüber dem vermittelten Wissen, die jenes erst bildend in die ganze Person des Belehrten integriere, bereits im Kinde angelegt sein soll und nur durch den Lehrenden aktiviert werden müsse. Ebenso verfährt auch der empfohlene Muttersprachenunterricht. Im Kern sei die deutsche Sprache den Kindern schon eigen – zwar in einer lokalen und sozialen Varietät und in konzeptueller Mündlichkeit, wie wir heute sagten. Doch gebe es damit jenes Fundament, auf das die Lehrkraft mit ihren Impulsen aufbauen könne. So ergibt sich in den Praxisschilderungen Hildebrands das Konzept eines sprachbetrachtenden Unterrichts, der, avant la lettre, als integrativ oder situativ zu beschreiben ist (Bredel, 2013, S. 214). Nicht in aufgesetzter Systematik sollen etwa grammatische Fragen der bereits gesprochenen Sprache vermittelt werden, sondern solche müssten anlassbezogen und in forschender Haltung erkundet werden. Ebendiese Fragen interessierten die Kinder durchaus und gäben Anlass für produktiven Streit, in dem Sprachgefühl und Kognition um Sprachregeln rängen, so Hildebrands kasuistisch aufgebaute Darstellung. Für die Lehrkraft ist das bereits im Elementarunterricht anspruchsvoll, da sie ad hoc auf ein philologisches Sprachwissen angewiesen ist, das die Bedingung produktiver Impulse eines mäeutisch geführten Unterrichts darstellt (vgl. Hildebrand, 1917, S. 14). Dieser Unterricht zielt auf die Kompetenz oder, wie Hildebrand sagt, „die Kunst des eigenen, liebevollen Beobachtens der Wirklichkeit", denn an nichts lasse sich diese Kunst „so bequem und von allen lernen, als an der Muttersprache" (ebd., S. 26). Über die Beobachtung der Muttersprache gelange man zudem zur höchsten Kunst, nämlich zu der der Selbstbeobachtung. Mit dieser Verkettung verbunden ist wohl die Implikation, dass die Sprachlichkeit des welterschließenden Seins mit inhaltlichen Mustern verbunden ist, die den Heranwachsenden zunächst noch nicht bewusst sind. Allerdings findet man, wenn ich recht sehe, bei Hildebrand keine explizite Reflexion über das Verhältnis von Denken und Sprechen. Gleichwohl zeigen seine zahlreichen Beispiele, dass es für ihn nicht zuletzt um das historisch Gewordene sprachlicher Zeichen als Modi eines Erfassens von Wirklichkeit und einer sozialen Welterzeugung geht. Am deutlichsten vermag er das zeigen, wenn er sich des Imaginationsgehalts der deutschen Sprache annimmt, der ihm als ein Schlüssel der Geistesbildung zu sein scheint (ebd., S. 75). Er entfaltet hier eine Unterrichtslehre, die auf einer charakteristischen Wortkunde und auf einer historisch ausgerichteten Idiomatik und Metaphernkunde beruht. In besagter Wortkunde erkennt Meyer aus guten Gründen das Markenzeichen des von ihm porträtierten Gelehrten:

> „H. hingegen nimmt die Wortkunde als litterarhistorische, fast als culturhistorische Disciplin. Die Sprache ist ihm vor allem Kunst – eine Kunst allerdings, die dem Aermsten im Volk mit den vornehmsten Geistern gemein ist, ja an der die Kleinen auch schaffend mehr Antheil haben als die Großen und fast soviel wie die Höchsten. Ja gerade diese Frage: wie der einzelne moderne Deutsche in seinem Denken und Empfinden mit dem Volke zusammenhänge, erklärt Burdach (S. 6) für den Mittelpunkt seiner Forschung und Lehre. Das einzelne Wort nun ist ihm ein greifbares Stück aus diesem von Jahrhunderten geschmiedeten und aufgeschmückten Schatz und es hat ihm Bedeutung vor allem insoweit, als es ein Kunstwerk ist. Wie ihm der Sprachunterricht wesentlich Denkübung ist, so ist ihm auch die Sprache eigentlich nur die Kunst, Gedanken zu formen, und das Wort ist ihm Concentration eines bestimmten Gedankens oder noch lieber Anschauungsinhalts. [...] Aber was das Wort erzählt, bleibt ihm Hauptsache; oder vielmehr auch dies nicht, sondern was aus dem Inhalt der Wortgeschichte sich für die Geschichte des nationalen Empfindens, der Volksseele ergibt. Ich habe deshalb H. einmal dahin charakterisirt, er sei im Sinn der gewöhnlichen Termi-

nologie weder ein ‚Wortphilolog', noch ein ‚Sachphilolog'; ein ‚Gemüthsphilolog' müsse er heißen" (Meyer, 1905, S. 323).

In seinem Geleitwort zur ersten Nummer der „Zeitschrift für den deutschen Unterricht" bemüht Hildebrand zur Darstellung seines eigenen Konzepts einer Volkserziehung durch Sprachbeobachtung einen Satz aus dem vielfach missbrauchten Fragment Schillers, das unter dem Titel „Deutsche Größe" posthum publiziert wurde. Sein Zitat lautet:

> „Die Sprache ist der Spiegel einer Nation, wenn wir in diesen Spiegel schauen, so kommt uns ein großes treffliches Bild von uns selbst daraus entgegen"[2] (Hildebrand, 1897, S. 5).

Dass Hildebrand darauf verzichtet, den Kontext des Satzes – die Imagination Deutschlands als Kultur-, nicht als politische Nation – in gebotener Deutlichkeit zu explizieren, sei angesichts des nationalen Grundtons der gesamten Zeitschrift hier nur als Randbemerkung notiert. Für Hildebrands Sprachbildungskonzept wichtiger scheint mir seine Interpretation zu sein, die die Kennzeichnung Meyers belegt:

> „Mit der Sprache ist aber auch der ganze Inhalt von Geist und Gemüth gegeben, soweit er in Worten zur Erscheinung und Gestaltung kommen kann, beim Einzelnen, wie bei der Nation, und Schiller hat bei jener Äußerung über die Sprache diesen Inhalt gewiß mit gemeint [...]" (ebd., S. 6).

Nicht unterschlagen werden soll, dass unter den von Hildebrand avisierten Gemütswerten deutscher Sprache der Humor eine durchaus prominente Rolle spielt, wie auch sein Konzept der Gemütserziehung nicht nur auf das zielt, was man nach 1870 gemeinhin mit dem Deutschen assoziieren mag, sondern die einzelne Person – die Seele – in den Blick nimmt und dass in dieser Perspektive Geschmacksbildung und Humorerziehung eine Verbindung eingehen.

4. Schüler Laube vermisst die Rezeption des Lehrers

Richard Laubes Werk zur Wirkungsgeschichte Hildebrands von 1903 wird in ihrem ersten Teil durch den Versuch bestimmt, die Sprachdidaktik Hildebrands nachzuzeichnen. Dieser Versuch geht mit einigen Fehlzeichnungen und ideologischen Forcierungen einher, die sich auch im Ton seines ansonsten zutreffenden Resümees wiederfinden:

---

2   In Schillers Manuskript lautet der nächste Satz übrigens: „Wir lernen das jugendlich Griechische und das modern Ideelle ausdrücken". Schiller, 1987, S. 475.

> „Dieses Ziel des deutschen Unterrichts ist das höchste nationale, nämlich die Wiedergeburt, Erhaltung und Veredelung und Stärkung des deutschen Volkstums im einzelnen und ganzen. [...] Der Weg dorthin ist – und das hat man gleichfalls ehedem nicht erkannt – einerseits eine tiefe, weite historische Auffassung der deutschen Nationalität durch den Schüler, erarbeitet durch geschichtlich und anschauend denkende Betrachtung der Entwicklung unserer Sprache; anderseits die möglichst kräftige, allseitige Entfaltung der Schülerindividualität durch die im deutschen Sprachunterricht recht gepflegte Selbsttätigkeit. [...] An den Lehrer des Deutschen aber werden in sprachwissenschaftlicher Beziehung die höchsten Anforderungen gestellt, wie sie vordem nicht geltend gemacht worden sind und auch heute noch nicht jedem einleuchten“ (Laube, 1903, S. 43).

Wie aber taxiert Laube die Einflüsse, die von Hildebrand ausgingen? Charakteristisch und in praxeologischer Hinsicht interessant ist zunächst sein Hinweis auf personale Wirkungen. Hildebrand habe als Hochschullehrer Hunderte von Männern ausgebildet, die nun in ganz Deutschland als Lehrkräfte an höheren Schulen wirkten. Seine vielfach bestätigte Wirkung habe sich aber nicht in ausführlichen Vorlesungsmitschriften manifestiert, da sein Primat des gesprochenen Wortes und seine Begabung, dieses zu führen, auch in der Rezeption Beachtung fand:

> „[...] so können nicht die toten Zeilen wohlgeordneter Hefte [...], sondern nur lebendige Persönlichkeiten die Quellen werden, welche das befruchtende Gewässer sinniger Sprachbetrachtung, wie deren Hildebrand pflegte, auf die dürre Heide der Schulpedanterie ergießen. Das aber gibt dem Einflusse Kraft und Dauer“ (ebd., S. 65).

Lässt diese Metaphorik, die ganz nach Art des Meisters *Einfluss* in fließende Stoffe zurückmetaphorisiert, die Idee einer ganz informellen, zwischenmenschlichen Wirkungsgeschichte aufkommen, so zeigen Laubes Hinweise auf institutionelle und mediale Wirkungsstätten, dass nicht nur Hunderte von Alumni und ihre Multiplikatorendienste in die Bilanz aufgenommen werden müssen. Vielmehr ist Hildebrand selbst führendes Mitglied von Organisationen gewesen, die zwischen Hochschul- und Gymnasialgermanistik vermittelten. Und er nahm erheblichen Einfluss auf die Zeitschrift seines Schülers Otto Lyon, aber wohl auch auf die „Zeitschrift für deutsche Philologie“ und andere Periodika. Nach 1888 häufen sich zudem publizistische Beiträge in deutschsprachigen Schulblättern, die affirmativ auf Hildebrands Sprachdidaktik eingehen und seine Arbeiten ausführlich zitieren. Zum Beleg legt Laube eine in der Tat beachtliche Liste von Beiträgen vor, die namentlich in den 1890er Jahren erschienen (ebd., S. 79). Es wundert nicht, dass es neben der Orientierung an Oralität insbesondere die kulturhistorischen Perspektiven sind, die vielerorts zustimmend aufgegriffen wurden. Dies gilt insbesondere für Hildebrands Kerngebiet, die Wortkunde mit ihrer Beachtung der Inhaltsseite. Für den Unterricht wird nicht nur eine Konzentration auf Wortfamilien vorgeschlagen, sondern bald auch eine Beschäftigung mit Sachgruppen. Damit verschiebt sich der Fokus: Nicht lexikalische Verwandtschaften, sondern die Inhalte oder Weltausschnitte selbst bestimmen den Sprachunterricht, der nolens volens sich immer mehr zum Sachunterricht ausdehnt. Beflügelt wird diese unter dem Gesichtspunkt fachlicher Wissensdisziplinierung nicht unproblematische Tendenz durch wörterkundliche Handbücher, die sich in semantische Gebiete gliedern, wie zum Beispiel „Haus und Familie" oder „Heerwesen" (ebd., S. 102). Dazu kommen Arbeiten über den Wortschatz literarischer Werke des Mittelalters, erläuternde Sammlungen von Sprichwörtern und Redensarten. Mit diesem Boom einhergeht allerdings eine Entwicklung, die Laube mit Recht als ein Konterkarieren der didaktischen Ansätze Hildebrands geißelt: wörterkundliche Lehrwerke und Materialien, die keinen Raum mehr für das propagierte entdeckende Beobachten selbsttätiger Lernender lassen. Und auch die Lehrer, fügt Laube an, würden durch diese sprachpädagogischen Fertigprodukte vom selbstständigen Erfassen sprachlicher Zusammenhänge abgebracht (ebd., S. 110). So fällt die Gesamtbilanz Laubes nicht ganz so euphorisch aus, wie man es von einem klaren Anhänger Hildebrands vielleicht hätte erwarten können. Zwar habe sein Projekt breiten Widerhall in deutschsprachigen Landen und gar in Frankreich gefunden, doch gelte dies nicht für sämtliche Facetten seines Werks und nicht alles sei richtig verstanden worden. Zudem weiß Laube als Realist um die Kluft zwischen didaktischer Publizistik und die Wirklichkeit empirischen Unterrichts. Diese ist natürlich auch für die Rezeptionsgeschichte nach 1903 in Anschlag zu bringen: Klaus Doderer zeigt in seiner kritischen Würdigung Hildebrands zudem, welch divergierende Ansätze sich nach 1945 auf den Ahnherrn Hildebrand beriefen und wie divers seine Wirkung mithin inhaltlich ausfiel (Doderer, 1969).

5. Mit Hildebrand Elementarschulunterricht machen: Ernst Linde

Einer, der Richard Laubes Anerkennung als richtiger Hildebrand-Adept und als Multiplikator seiner Didaktik auf der Elementarschule findet, ist der hier schon erwähnte Ernst Linde. 1925 zeigt er sich nach fast erfüllter Dienstzeit als Lehrer erstaunt darüber, wie wenig nach gut einem halben Jahrhundert in der Praxis seiner Kollegen von Hildebrands Anregungen angekommen sei. Dies solle sich mit dem Erscheinen seines Bandes „Geistesbildung durch Sprachbildung" ändern (Linde 1925). Tatsächlich ist seine Arbeit gerade wegen des zeitlichen Abstands zu Hildebrand sehr interessant, insofern sich auch die Frage stellt, wie dessen Projekt auf zeitgemäße Art reformuliert werden kann. Linde geht hierbei zunächst einmal von einer klaren Unterscheidung aus, die sich leicht als eine Differenzierung von Literacy- und Bildungsaspekten darstellen ließe. Der deutschsprachliche Unterricht verfolge demnach einerseits einen utilitaristischen Zweck, in dem er die Schüler dazu brächte, auf bildungssprachlicher Ebene bzw. im „gebildeten Umgangsdeutsch" zu interagieren. Andererseits bestehe der Bildungszweck darin, dass sich die Schüler die seelischen und sittlichen Werte, die den „Inhalt der Sprache und der nationalen Schriftwerke bilden, aneignen, um dadurch selbst über ihre rohe Naturanlage hinauszuwachsen ins Höhermenschliche hinein, sich in ihrem eigenen Persönlichkeitswert zu erfassen und zu steigern" (ebd., S. 1). Diese Kultivierungsaufgabe, deren Prämissen durch die Oppositionierung von Natur und Kultur etwas quer zu den Annahmen Hildebrands zu stehen scheinen, geht in die These auf, dass Sprachbildung „im hervorragendsten Sinne des Wortes Allgemeine Bildung" sei (ebd., S. 3). Inwiefern Spracherwerb und -bewusstheit allgemein bilden, erläutert Linde mit Feststellungen, die er selbst auf die „üblichen Teile der Psychologie" (ebd.) zurückführt. Zunächst führt er den Konnex von Sprache und Denken an, wobei er einerseits die Sprache als ein lexikalisches Ordnungssystem mit unterschiedlichen Abstraktionsgraden skizziert, Syntax als Denkmodus fasst und auf die Rolle binärer Strukturen etwa in der Morphologie hinweist. Dass die Sprache gleichwohl nicht logisch konstruiert ist, verunsichert Linde insofern nicht, als er darin nur den Widerschein der irrationalen Seiten des Menschen ausmacht. In die Nähe dieser rückt er die Gefühlswerte der Sprache, wenn etwa das Wort „Gänsebraten" sinnliche Lustgefühle auslöse, während „Wahrheit" höhere als sinnliche Lustempfinden evoziere. Ausführlicher, beispielsreicher und zuweilen verräterischer fallen seine spekulativen Hinweise auf die Funktion der Sprache ein, Phantasien zu transportieren:

> „Die Sprache ist eine Dichterin. Sie beseelt auch die unlebendigen Dinge, sie läßt uns Bilder über Bilder schauen, sie verfährt wie die Völker im Kindheitsalter, durchaus mythologisierend, personifizierend. […] Wenn ich sage: der Mut, dann steht der Mut schon beinahe vor mir als ein gewappneter, furchtloser Krieger, ebenso wenn ich die Demut nenne, dann habe ich die dunkle Vorstellung einer griseldisfrommen Frauengestalt" (ebd., S. 7).

Bildungswert habe die Sprache auch, weil sie sich beständig modifiziere, mithin lebe und weil sie, modern gesagt, durch ihre Variabilität dazu in der Lage sei, die Kultur des Sprechenden auszudrücken und individuelle wie soziale Stilbildungen ermögliche.

Wie die Sprache dergestalt „Abdruck des Seelenlebens" sei, fungiere sie auch als „Ausdruck der verschiedenen Volksseelen" und sei mithin das „Mittel der Erziehung des Deutschen zum Deutsch sein" (ebd., S. 19). Auch Linde zitiert in diesem Zusammenhang Schiller (sogar vollständiger) und leitet davon, gelinde gesagt, eigenwillig ab:

> „Wenn wir unser Deutsch pflegen, so pflegen wir unser Deutschtum. Es handelt sich dabei um eine nationale Angelegenheit erstens, um ein geistiges und – da sich der Geist den Körper baut – auch staatliches Dasein als Volk. Einige Winke, worauf sich diese Pflege der Muttersprache zu erstrecken hat, dürfen deshalb hier, wo es sich um die Einstellung des Deutschlehrers auf seinen Unterricht handelt, nicht fehlen" (ebd., S. 20f.)

Hier geht Linde über Hildebrand hinaus, dem eine normativ ausgerichtete Sprachpflege zwar insbesondere dann ein Anliegen ist, wenn es um den Kampf gegen die Fremdwörter oder auch das berüchtigte Journalistendeutsch geht, der aber daraus nicht explizit eine existentielle Staatsangelegenheit macht. Ebenfalls nicht zu finden bei Hildebrand ist eine dezidiert kinderpsychologische Betrachtung des frühen Spracherwerbs, die Linde vornehmlich auf der Basis der einschlägigen Studie von Clara und Wilhelm Stern (1907) vornimmt. War bei Hildebrand noch oft romantisierend von den kleinen Seelen die Rede, wird bei Linde auf eine systematische Beobachtung umgestellt, die etwa zeigt, wie sich kindliche Kognitionen erst langsam von konkreten zu abstrakteren Vorstellungen entwickeln und wie Kinder einer bestimmten Entwicklungsphase pädagogisch aussichtsreich zu adressieren sind.

Seiner Methodik genannten Elementardidaktik legt Linde die schon eingangs aufgeführte Distinktion utilitaristischer und bildungsorientierter Zwecke zugrunde und spricht erneut von einer Doppelaufgabe des Deutschunterrichts:

> „a) eine Bildungsaufgabe: Durch Einführung in den Inhalt der Sprache soll der Geist des Schülers mit dem Geiste seines deutschen Volkes vermählt, seine Persönlichkeit im volklich-menschheitlichen Sinne gebildet, geformt werden (die materielle Aufgabe);

> b) eine Fertigkeitsaufgabe: Die Form der Sprache soll dem Schüler zum Eigentum gemacht werden, über das er praktisch frei verfügen kann (die formale Aufgabe)" (Linde, 1925, S. 39).

Beide Aufgaben griffen ineinander und verwüchsen etwa im Leseunterricht. Nominell fügen sich solcher Dualismus (formal/material) und seine Vermittlung in kurrente Unterscheidungen bildungstheoretischer Diskurse (Klafki, 1964), sind aber mit den hier verhandelten Problemlagen nicht deckungsgleich.

Entscheidender ist indessen, was tatsächlich als materiell und formal gefasst ist, ist doch die Rede vom Inhalt der Sprache zunächst einmal wenig distinktiv, um nicht zu sagen: ausgreifend, da ja, wie zuvor nahegelegt, alles menschlich Denkbare Inhalt sprachlicher Äußerungen werden könne. Was Linde hier darstellend ins Feld führt, knüpft unmittelbar an Postulate Hildebrands an, in denen es darum geht, sich sprachlichen Phänomenen von der Inhaltsseite zu nähern und nicht etwa über phonetische oder morphologische Aspekte. Wie in der wörterkundlichen Erarbeitung von Sachgruppen sollen die Lernenden stattdessen etwa mit sinnverwandten Ausdrücken konfrontiert werden und dabei zunehmend spezifische Bedeutungsnuancen oder stilistische Eigenschaften erarbeiten. In all den Finten für den Sprachunterricht, die den Ansprüchen einer Unterrichtsmethodik des Faches gerecht werden, geht es aber um eins: Keine sprachliche Form – de facto handelt es sich zumeist um Wörter und Idiome – soll ohne anschauliche Betrachtung des Signifikats oder „Begriffs" behandelt werden. Kein Hai schwimmt durch einen Satz, ohne dass die Lehrkraft die Vorstellungen von der „Hyäne des

Meeres" abruft (Linde, 1925, S. 40). Wo diese Vorstellungen nicht präsent seien, das mentale Lexikon also versagt, sei es am Lehrer, die bezeichnete Sache zu demonstrieren, als Gegenstände mit in den Unterricht zu bringen oder, wo nicht möglich, sie in Abbildungen oder qua Mienenspiel zu präsentieren. Bei abstrakten Sachverhalten, wo auch die Skizze versagt, komme die Lehrkraft nicht um eine Erklärung herum. Doch auch diese sei im kindlichen Umfeld nur wirksam, wo auf trockene Definitionen verzichtet wird. Statt derer empfiehlt Linde emphatisch, durch erzählte Geschichten zu erklären, was zum Beispiel mit ,Versuchung' gemeint sein kann, oder durch die Darbietung einer Sage Eindrücke vom Wesen einer Sagenerzählung und des Sagenhaften zu vermitteln. Wie stark dieser Drift auf die Wortinhalte gerät, verdeutlicht die Formulierung eines Eingeständnisses:

> „Am schwersten zu verinhaltlichen sind die sogenannten Formwörter oder Partikeln [...] einfach, weil sie keinen Inhalt haben" (ebd., S. 46).

Sieht Ernst Linde hier nur eine Chance, das Inhaltlose durch den Gebrauch, also in actu, zu „verinhaltlichen", so ist er sich doch sicher, dass letztlich alles von der Sprachauffassung der Lehrkraft abhänge. Er spricht hier von der notwendigen „Auffassung vom terminologischen Charakter der Sprache" (ebd., S. 46, Herv. i.O.). Dies klingt weit pedantischer, als es gemeint ist. Im Kern nämlich geht es ihm um eine kindgerechte Adressierung, um die Vergewisserung, dass Wörter Termini sind, deswegen Verstehensvoraussetzungen implizieren und nicht aus sich heraus Anschauungen evozieren. Wie bei Hildebrand zählen auch die Dialekte zu den Unterrichtsinhalten, wobei hier der Übergang zur historischen oder etymologischen Betrachtung fließend ist, wenn etwa Deandl, Deern, Dirndl betrachtet und mit dem 1925 recht eindeutigen Wort Dirne verglichen werden (ebd., S. 52). Sprachgeschichtlich bieten sich für Linde wie für Hildebrand in Eigennamen und idiomatischen Redensraten Gelegenheiten, die Kinder mit Kulturgeschichtlichem zu konfrontieren.

Die „Sprachlehre" soll hingegen nicht zu den Inhalten gerechnet werden. Terminologien werden hier konsequent hintangestellt, die Grammatik „im Dienste des praktischen Gebrauchs der Muttersprache" situiert (ebd., S. 91, Herv. i.O.), und wesentlich gehe es darum, „das Sprachgefühl zu bilden" (ebd., S. 90, Herv. i.O.) während aus der Perspektive des Praktikers vor einer Überschätzung der Regeln und des Regelwissens gewarnt wird.

Natürlich muss man konzedieren, dass Lindes Arbeit als Ratgeber für den Elementarschullehrer dienen soll, und an sie nicht Maßstäbe wie an einen theoretischen Aufriss oder einer umfassenden Sprachdidaktik anlegen. Gleichwohl fällt auf, dass die Dualität von Inhalt und Form ihres Bildungskonzepts in fachlicher Perspektive stark auf die eher methodische Konsequenz hinausläuft, explikative Instruktionen zugunsten eines *learning by doing* zu vermeiden, wenn es um den Erwerb sprachlicher Fertigkeiten geht, während die sprachvermittelte „Geistesbildung" vorrangig auf ein lexikalisch-idiomatisches Wissen zielt, das sich in starkem Maße als Weltwissen bzw. kulturhistorisches Wissen entpuppt. Dass auch jenes Wissen namentlich in der Elementarschule auf Anschauung und kasuistische Einbettung angewiesen ist, hat, wie gesehen, wiederum unterrichtsmethodische Konsequenzen.

6. Innere Sprach- und Geistesbildung: Walther Seidemann und Leo Weisgerber

Von einer derartigen Fixierung auf kulturkundliche Stoffe will sich der Studienrat Walther Seidemann mit seiner 1927 erschienenen Didaktik „Der Deutschunterricht als innere Sprachbildung" dezidiert absetzen (Seidemann, 1927). Zwar beruft auch er sich auf Rudolf Hildebrand, der „der gemütvolle Führer zu allem, was Sprachleben heißt" (ebd., S. 28), sei, liest ihn indes gegen den Strich. Seidemanns Strategie nämlich ist es, zunächst zwei widerstreitende Vereinseitigungstendenzen der Sprachdidaktik zu reklamieren, um dann seine eigene Option für eine „innere Sprachbildung" als produktive Vermittlung beider Tendenzen herauszustellen. Auf eine pedantische Fokussierung sprachlicher Formen sei in der jüngeren Vergangenheit mit dem reinen Abheben auf sprachliche Inhalte, mit der Verwandlung von Sprach- in Sachstunden geantwortet worden: „Die Überbewertung des Stoffes hat die Vernachlässigung der Form zur Folge" (ebd., S. 10). Stattdessen müssten „Sprachgebilde" Gegenstand des Deutschunterrichts sein. Was das sein soll, klärt er bestenfalls ex negativo, rückt aber dann ohnehin den bei Humboldt aufgelesenen Begriff der „inneren Sprachform" ins Zentrum. Darunter will er die „geistig-sinnlichen Wechselbeziehungen zwischen Inhalt und Form" verstehen, die sich sowohl in der Wortproduktion wie in der -rezeption vollzögen (ebd., S. 15). Wie sich diese Verknüpfung in einem „Erlebnis" vollziehen soll, deutet Seidemann in einer Reihe von Beispielen und thetischen Aussagen bestenfalls an, um dann terminologiegenealogisch bei Humboldt zu landen. Nun fällt der Begriff der „inneren Sprachform" bei Humboldt zwar frequent, gilt aber schon vor 1927 mit guten Gründen in der Sprachwissenschaft als völlig undefiniert und unklar. Insofern verwundert es nicht, dass Seidemann einräumt, dass es Humboldt in seinem „kühnen Drange" und „Ringen" leider versäumt habe, eine Begriffsbestimmung vorzunehmen. Deshalb gelte es, die „Synthesis zwischen Laut und Gedanke" aus dem Gesamtwerk Humboldts irgendwie abzuleiten. Dass dies Seidemann gelingt, wird man wohl nicht behaupten können, will man sich nicht mit Paraphrasen wie „geistig-sinnliches Gepräge" oder „Vermittlerin zwischen Natur und Geist" begnügen (ebd., S. 22).

Ähnlich wie mit Humboldt verfährt Seidemann auch mit Hildebrand, wenn er bei diesem Indizien dafür finden will, dass es „ein neues Drittes" gebe. Dies sei aber, mit Blick „auf die Verläufe der Schöpfungsakte" „noch zu sehr ins Unbewußte getaucht" (ebd., S. 29). Dass es Seidemann selbst gelänge, Klarheit in die Vorgänge zu bringen, die er als innere Sprachhandlung oder -form abhandelt, wird man nach der strapaziösen Lektüre seiner Schrift nicht behaupten können. Ganz oft wechselt er nur Metaphern, um dem berühmten Mittelding zwischen Laut und Gedanke durch eine redundante Suggestion näher zu kommen. Auch in unterrichtspraktischer Sicht ist in dieser Manier nicht viel zu gewinnen, sieht man einmal von neuen Leitbegriffen ab. So soll die richtige Sprachlehre erwartungsgemäß dem Zergliedern entsagen, stattdessen möge der Schüler sich „sprachbildnerisch versuchen" (ebd., S. 92), „sprachliches Erzeugen" erleben in einem „sprachschöpferischen Unterricht" mit einer „aufbauenden Sprachbehandlung" (ebd., S. 93). Der richtige Unterricht suche „hinter die Formen zu gelangen, oder noch besser: in ihr eigenstes Innere". Seine Sprachlehre „fühlt der Sprache an den Puls und spürt sein lebendiges Klopfen" (ebd., S. 95). Was sich in solcher immer wieder neu aufgebauten Metaphorik nachhaltig macht, ist die Vorstellung vom Kind, das mehr und Genaueres sagen will, als die einfachen Sätze seiner Sprachkompetenz es ausdrücken lassen, und von einem Unterricht, in dem es dem Kind von sich heraus gelingt, die Limitationen zu erweitern, zu komplexeren Sätzen und präzisierenden Präfixen zu gelangen. Wie das aber passieren soll, bleibt bestenfalls vage oder im Rahmen der bereits von Hildebrand aufgestellten Doktrin, auf der kindlichen Sprachentwicklung oder der „Kindessprache" aufzubauen. Dass die Umsetzung dieser Doktrin zu einem stofforientierten Unterricht geführt habe, sei allerdings wieder einmal einer Fehlrezeption geschuldet; übersehen worden sei, dass Hildebrand den richtungsweisenden „Gedanken des inneren Spracherlebnisses" immerhin gestreift habe (ebd., S. 98). Auch wenn es Seidemann nicht gelingt, hinreichend präzise zu explizieren, wie seine Zentralbegriffe in einem Sprachmodell zu lokalisieren sind, kann von einem gelegentlichen Streifen bei ihm keine Rede sein. Alle Bereiche des Deutschunterrichts werden bei ihm als Schöpfungserlebnisse deklariert, was beim „sprachschaffenden Aufsatz" (ebd., S. 110ff.) sicher noch plausibler ist als bei der „Rechtschreibung von innen her" (ebd., S. 103ff).

„Muttersprache und Geistesbildung" – unter diesem Titel erschien 1929 die erste Monographie Leo Weisgerbers (Weisgerber, 1929), dessen inhaltsbezogene Grammatik bzw. energetische Sprachwissenschaft in den Jahren nach 1945 die Germanistik erheblich prägte und die im Deutschunterricht zum Teil bis heute noch ihre Spuren hinterlassen hat (Wortfelder). Anders als in späteren Schriften[3] bezieht sich Weisgerber 1929 auf den Strukturalismus Saussures, dem er immerhin eine relationalistische Erklärung („Prinzip der gegenseitigen Abgrenzung") für die semantische Ausdifferenzierung von Begriffen abgewinnt (ebd., S. 57f.). Zentral ist aber bereits 1929 sein Versuch, zu bestimmen, wie Muttersprache als distinkte gesellschaftliche Erkenntnisform fungieren kann. In diesem Zusammenhang liefert nun Weisgerber eine an Humboldt anschließende Definition der „inneren Sprachform", die im Vergleich zu Seidemann geradezu schulmeisterlich nüchtern ausfällt:

---

3   Vgl. die Literaturhinweise in: Kämper-van den Boogaart (2015).

„Wir verstehen unter der inneren Form einer Sprache die Gesamtheit der Inhalte
dieser Sprache, also alles, was in dem begrifflichen Aufbau des Wortschatzes und
dem Inhalt der syntaktischen Formen einer Sprache an gestalteter Erkenntnis nie-
dergelegt ist. […] Jeder Mensch, der in eine Sprache hineinwächst, muß sich deren Art, die Welt der Erscheinungen und des Geistes zu begreifen, aneignen und
so verarbeiten alle Angehörigen einer Sprachgemeinschaft ihre Erlebnisse gemäß
der inneren Form ihrer Muttersprache und denken und handeln entsprechend"
(ebd., S. 86).

Motiviert wird dieses Konzept, wonach eine Muttersprache stets auch eine Welt-
anschauung impliziere, durch eine Reihe sprachvergleichender Beispiele Weisgerbers, die insbesondere auf die bereits zuvor traktierten Differenzen der Farbwör-
ter und der Wörter für Verwandtschaftsbeziehungen eingehen, aber ebenso andere Aspekte streifen. Auf Hildebrand geht Weisgerber explizit ein, wenn er seine
Schlussfolgerungen für den Muttersprachenunterricht formuliert. Auch er rühmt
Hildebrand als den meisterhaften Gelehrten und Erzieher, der fast alle Verbesserungen des Deutschunterrichts verantworte (ebd., S. 134) und unterstreicht
Hildebrands Primat des Sprachinhalts, der mit Weisgerbers eigenem Ansatz im
Grundsatz zusammenfalle. Allerdings sei die Wirkung, die von Hildebrand in
dieser Richtung ausgegangen sei, fehlgelaufen, nämlich in die Identifikation der
Sprachinhalte mit einer historischen Genealogie der Wörter. Von dieser Histori-
sierung, die sich bei Hildebrand selbst ja durchaus finden lässt, will Weisgerber
sich zugunsten einer präsentischeren Sicht auf sprachliche Begriffe als Determinanten der „inneren Sprachform" lösen. Dies geschieht nicht zuletzt aus einem
praktischen Grund: Die ständige kulturgeschichtliche Belehrung sei im Unterricht
nicht zu leisten und treffe auch die kindliche Begriffswelt nicht. Gleichwohl verfügt Weisgerbers Kritik nicht über eine handhabbare Alternative, sondern beschreibt eher ein Desiderat sprachwissenschaftlicher und -didaktischer Forschung,
das auch Linde und Seidemann noch nicht ausfüllen könnten (ebd., S. 136). Von
diesem Desiderat ist letztlich auch die Beziehung zwischen Fremdsprachen- und
Muttersprachunterricht betroffen. Weisgerber nämlich deutet die Chancen an, die
aus kontrastiver Sprachbetrachtung erwüchsen, muss aber erneut einräumen, dass
die Sprachwissenschaften den Lehrkräften noch nicht genug bieten könnten. Zudem warnt er davor, die Muttersprache nur als Fenster auf die geistige Ordnung
der Sprachgemeinschaft aufzufassen:

„[…] mit der Muttersprache soll nicht bloß ein Weg zu den Geistesschätzen
deutscher Kultur erschlossen werden, sie soll in erster Linie selbst als vornehmste
Kulturschöpfung im Menschen lebendig werden, ihm die Grundlage für all sein
Handeln und Denken liefern" (ebd., S. 138).

7.   Schluss

Was im idealistischen Pathos solcher Zuschreibung aufscheint, bestimmte tatsächlich wichtige Konturen eines Deutschunterrichts, der sich als muttersprachliche Bildung auffassen wollte und dabei mehr an Bildung *durch* Muttersprache als an Bildung *zur* Muttersprache denkt. Dass daraus recht umstandslos deutschkundliche Postulate wie „Deutsch lernen, um deutsch zu denken und zu empfinden" abgeleitet werden konnten, ist bekannt. Schon deswegen ist es verständlich, dass wir einen derartigen Rekurs auf die Familiensprache eher meiden. Stimmte allerdings, was Weisgerber und anderen seit Hildebrand gewiss war, ginge es im deutschen Sprachunterricht auch heute nicht nur um das Instrumentelle einer Bildungssprache, sondern um die Enkulturation in eine distinkte Sprachgemeinschaft, die in der Sprache sich und die Welt in gemeinsamen Schemata wahrnimmt (vgl. Ivo 1977, S. 62f.).

Nicht von einer distinkten oder muttersprachlichen Sprachgemeinschaft handeln die KMK-Bildungsstandards für das Fach Deutsch auf der Primarstufe, wenn dessen Bildungsbeitrag taxiert wird:

> „Sprache ist Träger von Sinn und Überlieferung, Schlüssel zum Welt- und Selbstverständnis und Mittel zwischenmenschlicher Verständigung."

Aus der Sicht der Hildebrand- und Weisgerber-Schule evoziert eine solche Formulierung neben Zustimmung Nachfragen: *Wessen Sinn? Wessen Überlieferung? Wessen Weltverständnis?* Die Autorinnen und Autoren der Standards vermeiden Antworten auf diese Fragen. Verständlicherweise betonen sie lieber pragmatische Zwecke gesteigerter Sprachkompetenzen in der Unterrichtssprache Deutsch. Diese sollten erworben werden, damit die Schülerinnen und Schüler „in gegenwärtigen und zukünftigen Lebenssituationen handlungsfähig sind" (KMK 2004, S. 6). Diesem hochgradig konsensuellen und instrumentellen Erwerbsziel werden kulturelle Aspekte an die Seite gestellt, indem von interkultureller Erziehung gesprochen und der Gedanke nachhaltig gemacht wird, dass Kinder mit anderen Familiensprachen und „anderen sprachlichen Erfahrungen" hier von Nutzen sein könnten. Im Prinzip scheinen diese allerdings sehr allgemein gehaltenen Perspektiven den Stationen meiner Lektüren nicht allzu fern zu sein, denkt man nur an den Konnex von Sprache und kulturellen Schemata. Allerdings sind heutige Deutschdidaktikerinnen und -didaktiker, – nicht nur, was den Wortlaut angeht – weit davon entfernt, nationaler Geistesbildung zu huldigen. Abgesehen von der vertrauten Frage, wie Lehrkräfte das alles wissen sollen, was sich hinter der wohlfeilen Gleichung, dass Sprache Kultur sei – nämlich im Vollzug sprachlicher Handlungen an kulturellen Inhalten – verbirgt, stellt sich gleichwohl die Frage, wohin kulturell integriert wird, wenn es letztlich doch um die Konzentration auf die deutsche Sprache als Unterrichtsmedium geht.

Literatur

Bredel, Ursula (2013). *Sprachbetrachtung und Grammatikunterricht.* (2. Aufl.) Paderborn u.a.: Schöningh.

Doderer, Klaus (1969). Kritische Bemerkungen zu Rudolf Hildebrands Schrift „Vom deutschen Sprachunterricht in der Schule und von deutscher Bildung überhaupt. In Wilhelm L. Höffe, (Hrsg.), *Sprachpädagogik Literaturpädagogik.* Festschrift für Hans Schoerer (S. 16–25). Frankfurt/M u.a.: Diesterweg.

Elschenbroich, Adalbert (1972). Hildebrand, Rudolf. In *Neue Deutsche Biographie 9,* 124–126. http://www.deutsche-biographie.de/pnd118774425.html

Fiebig, Nils & Waldmann, Friederike (Hrsg.). (2010). *Richard M. Meyer. Germanist zwischen Goethe, Nietzsche und George.* Göttingen: Wallstein.

Gardt, Andreas (1999). *Geschichte der Sprachwissenschaft in Deutschland. Vom Mittelalter bis ins 20. Jahrhundert.* Berlin/New York: De Gruyter.

Grimm, Jacob (1819). *Deutsche Grammatik.* Göttingen: Dieterichsche Buchhandlung.

Helbig, Gerhard (1974). *Geschichte der neueren Sprachwissenschaft.* Reinbek: Rowohlt.

Hildebrand, Rudolf (1897). *Beiträge zum deutschen Unterricht.* Aus Otto Lyon's Zeitschrift für den deutschen Unterricht. Leipzig: Teubner.

Hildebrand, Rudolf (1917). *Vom deutschen Sprachunterricht in der Schule und von deutscher Erziehung und Bildung überhaupt.* Jubelausgabe. Leipzig: Klinkhardt.

Hildebrand, Rudolf (1947). *Vom deutschen Sprachunterricht in der Schule und von deutscher Erziehung und Bildung überhaupt.* Berlin/Leipzig: Volk und Wissen.

Ivo, Hubert (1977): *Zur Wissenschaftlichkeit der Didaktik der deutschen Sprache und Literatur.* Frankfurt/M u.a.: Diesterweg.

Kämper-van den Boogaart, Michael (2010). Geschichte des Lese- und Literaturunterrichts. In Michael Kämper-van den Boogaart & Kaspar H. Spinner (Hrsg.), *Deutschunterricht in Theorie und Praxis* (DTP Bd. 11/1) (S. 3–83). Baltmannsweiler: Schneider Verlag Hohengehren.

Kämper-van den Boogaart, Michael (2015). Fachdidaktik in Theorien: Zwei Beispiele aus der alten Bundesrepublik. In Hartmut Jonas & Marina Kreisel (Hrsg.), *Fachdidaktik Deutsch – Rückblicke und Ausblicke* (Gesellschaft und Erziehung. Historische und systematische Perspektiven, Bd.16) (S. 121–140). Frankfurt/M.: Peter Lang.

Karg, Ina (2016). Die Rolle der Sprache in Bildungstheorien und Vermittlungspraxis. In Jörg Kilian, Birgit Brouër & Dina Lüttenberg (Hrsg.). (2016). *Handbuch Sprache in der Bildung* (HSW, Bd. 21) (S. 229–252). Berlin/Boston: De Gruyter.

Kilian, Jörg, Brouër, Birgit & Lüttenberg, Dina (Hrsg.). (2016). *Handbuch Sprache in der Bildung* (HSW, Bd. 21). Berlin/Boston: De Gruyter.

Klafki, Wolfgang (1964*). Das pädagogische Problem des Elementaren und die Theorie der kategorialen Bildung.* 4. Aufl. Weinheim: Beltz.

KMK (Ständige Konferenz der Kultusminister der Länder in der Bundesrepublik Deutschland) (2004). *Beschlüsse der Kultusministerkonferenz. Bildungsstandards im Fach Deutsch für den Primarbereich (Jahrgangsstufe 4).* Verfügbar unter https://www.kmk.org/fileadmin/Dateien/veroeffentlichungen_beschluesse/2004/2004_10_15-Bildungsstandards-Deutsch-Primar.pdf [14.02.2017].

Kopp, Detlef (1994). (Deutsche) Philologie und Erziehungssystem. In Jürgen Fohrmann & Wilhelm Voßkamp (Hrsg.), *Wissenschaftsgeschichte der Germanistik im 19. Jahrhundert* (S. 669–741). Stuttgart/Weimar: Metzler.

Laube, Richard (1903). *Rudolf Hildebrand und seine Schule. Ein Beitrag zur Geschichte des deutschsprachlichen Unterrichts in der 2. Hälfte des 19. Jahrhunderts.* Leipzig: Brandstetter.

Linde, Ernst (1925). *Geistesbildung durch Sprachbildung. Auch eine Methodik des Deutschunterrichts.* Leipzig: Klinkhardt.

Matthias, Adolf (1907). *Geschichte des deutschen Unterrichts.* München: Beck.

Meyer, Richard M. (1905). Hildebrand, Rudolf. In *Allgemeine Deutsche Biographie.* http://www.deutsche-biographie.de/pnd118774425.html

Raumer, Rudolf von (2015): Der Unterricht im Deutschen. In: Ders.: *Gesammelte sprachwissenschaftliche Schriften* (S. 204–212). Cambridge: Cambridge University Press.

Schiller, Friedrich (1987). *Sämtliche Werke.* Bd. 1. München: Hanser.

Seidemann, Walther (1927). *Der Deutschunterricht als innere Sprachbildung.* Leipzig: Quelle & Meyer.

Seemüller, Joseph (1888*): Der deutsche Sprachunterricht am Obergymnasium. Abwehr und Fürwort.* Wien: Alfred Hölder. Stern, Clara & Stern, Wilhelm (1907). *Die Kindersprache. Eine psychologische und sprachtheoretische Untersuchung.* Leipzig: Verlag von Johann Ambrosius Barth.

Steinthal, Haymann (1855). *Grammatik, Logik und Psychologie.* Berlin.

Viëtor, Wilhelm (1902): *Die Methodik des neusprachlichen Unterrichts. Ein geschichtlicher Überblick in 4 Vorträgen.* Leipzig: Teubner.

Weisgerber, Leo (1929). *Muttersprache und Geistesbildung.* Göttingen: Vandenhoeck & Ruprecht.

Thorsten Roelcke

Fachsprachliche Pluralität als gesellschaftliche Herausforderung

1. Einführung

Die fachliche Kommunikation wird im Alltag wie im Beruf immer komplexer und erhöht damit die kommunikativen Anforderungen, die an die sprachlich handelnden Personen gestellt werden, beträchtlich. Dies gilt nicht allein für Personen, für die das Deutsche die Erstsprache darstellt, sondern auch und besonders für solche, die das Deutsche als eine fremde Fachsprache – sei es nun als Zweit- oder als Fremdsprache – erwerben. In dem vorliegenden Beitrag werden zunächst die Aktualität von Fachsprachen im Alltag sowie deren Dynamisierung, Differenzierung und Dezentralisierung im Beruf skizziert, um dann die seit Kurzem wieder wachsende Bedeutung des Deutschen als fachlicher Fremdsprache zu umreißen. Angesichts dieser fachfremdsprachlichen Pluralität im Deutschen wird im Weiteren ein funktionaler Ansatz präsentiert, der künftig die sprachwissenschaftliche Erforschung und die sprachdidaktische Vermittlung des Deutschen als fremder Fachsprache im Sinne einer durchgängigen sprachlichen Bildung unterstützen soll.

2. Fachsprachen im Alltag

„Die deutsche Sprache zur Jahrtausendwende" (Eichhoff-Cyrus & Hoberg, 2000) zeichnet sich durch eine „zunehmende ,Verfachlichung' unseres Alltags und unserer Sprache" (Fluck, 2000, S. 89) aus. Diese Tendenz, die bereits seit den 1970er Jahren zu beobachten ist (vgl. Moser, 1974, S. 534–596), betrifft vor allem die Bereiche Wissenschaft, Technik und Institutionen (vgl. Steger, 1988) und umfasst insbesondere den Wortschatz (die folgenden Beispiele sind Kniffka & Roelcke, 2016, S. 14 entnommen):

- *Wissenschaft* – zum Beispiel Humanmedizin (*Antibiotikum*, *Bypass*, *Compliance*), Atomphysik (*Elektron*, *Halbwertszeit*, *Kernspaltung*) oder Lebensmittelchemie (*Ascorbinsäure*, *Konservierungsstoff*, *Nährwert*);
- *Technik* – etwa Kraftfahrzeugbau (*Antiblockiersystem*, *Cabriolet*, *Hybridantrieb*), Elektrotechnik (*Halbleiter*, *Starkstrom*, *Widerstand*) oder Neue Medien (*E-Mail*, *Hypertext*, *Internet*);
- *Institutionen* – wie Banken (*Bundeszentralbank*, *Hedgefonds*, *Kontokorrentkredit*), Recht (*Jugendschutz*, *Justizvollzugsanstalt*, *Strafmaß*) und Verwaltung (*Agentur für Arbeit*, *Einkommensteuerjahresausgleich*, *Schulpflicht*).

Abgesehen von einzelnen Wörtern oder Termini, die in der Kommunikation des Alltags Verwendung finden, treten hier auch zunehmend ganze Fachtexte in Erscheinung, die sich nicht allein durch einen eigenen Wortschatz, sondern auch hinsichtlich der Ausschöpfung grammatischer Mittel und ihres strukturellen Aufbaus von anderen Texten unterscheiden. Um auch hier einige Beispiele zu nennen (vgl. ebd., S. 14f.):

- *Wissenschaft* – Arzt-Patienten-Gespräch, Beipackzettel zu einem Medikament, Meteorologische Prognose (Wetterbericht);
- *Technik* – Bauzeichnung für ein Einfamilienhaus, Bedienungsanleitung für eine Feuerungsanlage, Technische Beschreibung eines Kraftfahrzeugs;
- *Institutionen* – Bescheid über Einkommensteuerjahresausgleich, Bürgerliches Gesetzbuch, Zeugnis der Allgemeinen Hochschulreife.

Wird die horizontale Gliederung von Fachsprachen nach einzelnen fachlichen Bereichen dem Modell wirtschaftlicher Sektoren unterstellt (vgl. Roelcke, 2014, S. 158–160), wird deutlich, dass hier in starkem Maße Wortschatz und Texte aus dem sog. Quartären Sektor betroffen sind, welcher die *Verarbeitung von Informationen* – etwa in moderner Kommunikationstechnologie, im Beratungswesen oder in Erziehung und Bildung – umfasst.

Letztlich zeigen die genannten Beispiele, dass die alltägliche Kommunikation durch die Verwendung von spezifischem Wortschatz und durch den Einsatz ganzer Texte aus Wissenschaft, Technik und Institutionen – auch und besonders in Bezug auf die Verarbeitung von Informationen – fachsprachlichen Einflüssen unterliegt. Diese Tendenz bringt zahlreiche Herausforderungen für die Kommunikation im Alltag mit sich, auf die im Sprach- und Sachunterricht von Schülerinnen und Schülern an allgemeinbildenden und beruflichen Schulen zu reagieren ist und eine entsprechende didaktische wie pädagogische Kompetenz der Lehrkräfte verlangt.

3. Fachsprachen im Beruf

Im Bereich der beruflichen Kommunikation sind ebenfalls mehrere Entwicklungen zu erkennen, welche den Gebrauch von Fachsprachen unter neuartige Bedingungen stellen, die zu bewältigen sind. Diese Entwicklungen lassen sich als Dynamisierung, Differenzierung und Dezentralisierung charakterisieren (vgl. Roelcke, 2013, S. 321f.; Kniffka & Roelcke, 2016, S. 15–17). Die folgenden Beispiele beziehen sich auf die Verordnung über die Berufsausbildung zum Kraftfahrzeugmechatroniker und zur Kraftfahrzeugmechatronikerin (Juni 2013).

Die *Dynamisierung* fachlicher Kommunikation ist die Konsequenz einer immer rascher fortschreitenden Entwicklung einzelner fachlicher Bereiche und Berufe. Im Falle der Kraftfahrzeugmechatronik schlägt sich diese Dynamisierung in einer neuen Gliederung und Gestaltung bestehender Ausbildungsverordnungen nieder, in der neben dem sachlichen und sprachlichen Bereich der Mechanik insbesondere auch derjenige der Elektronik zunehmend Berücksichtigung findet und zu einem Außer-Kraft-Treten älterer Verordnungen führt (vgl. ebd., S. 1581).

Eng mit der Dynamisierung der fachlichen Kommunikation ist deren *Differenzierung* verbunden. Sie besteht darin, dass einzelne fachliche Bereiche in mehrere verschiedene Bereiche aufgeteilt werden, die sowohl sachlich als auch sprachlich eine stärkere Spezialisierung aufweisen. Im Falle der Kraftfahrzeugmechatronikerin bzw. des Kraftfahrzeugmechatronikers handelt es sich hier um einen Ausbildungsberuf, der auf denjenigen des Kraftfahrzeugmechanikers aus dem Jahr 1957 zurückgeht und derzeit fünf Ausbildungsschwerpunkte zur Wahl stellt: „1. Personenwagentechnik, 2. Nutzfahrzeugtechnik, 3. Motorradtechnik, 4. System- und Hochvolttechnik oder 5. Karosserietechnik" (ebd., S. 1578).

Die *Dezentralisierung* fachlicher Kommunikation schließlich ist das Ergebnis einer Zunahme an Bedeutung, die neben den genuin fachlichen Inhalten auch weitere berufsbezogene Aspekte einnehmen – zu denken ist hier an solche von Recht und Verwaltung oder der Elektronischen Datenverarbeitung bzw. der Verarbeitung von Informationen. Solche sach- und sprachbezogenen Kenntnisse und Kompetenzen finden sich in der derzeit geltenden Ausbildungsverordnung unter „Integrative Fertigkeiten, Kenntnisse und Fähigkeiten" und umfassen: „1. Berufsbildung, Arbeits- und Tarifrecht, 2. Aufbau und Organisation des Ausbildungsbetriebs, 3. Sicherheit und Gesundheitsschutz bei der Arbeit, 4. Umweltschutz, 5. Planen und Vorbereiten von Arbeitsabläufen sowie Kontrollieren und Bewerten von Arbeitsergebnissen, 6. Betriebliche und technische Kommunikation, 7. Durchführen von qualitätssichernden Maßnahmen" (ebd.).

Dynamisierung, Differenzierung und Dezentralisierung sind Erscheinungen, die nicht allein in der beruflichen Kommunikation innerhalb des Kraftfahrzeughandwerks zu beobachten sind. Sie finden sich ebenso im akademischen Bereich, etwa in der Kommunikation von Ärzten und medizinischem Fachpersonal (vgl. zur Übersicht zuletzt etwa Busch & Spranz-Fogasy, 2015): So sind hier zum Teil rasante Entwicklungen, insbesondere auch im Bereich der Medizintechnik, zu beobachten, die eine wachsende Dynamik der Kommunikation mit sich bringen und Ärzte wie medizinisches Fachpersonal vor neue Herausforderungen stellen. Diesen Herausforderungen wird bisweilen mit einer weiteren Spezialisierung innerhalb des Faches und einer entsprechenden Differenzierung der Kommunikation begegnet, welche oft mit einer Dezentralisierung einhergeht, im Falle der Medizintechnik vor allem hinsichtlich technischer Kommunikation, aber auch in Bezug auf Recht und Verwaltung.

Die zunehmende Dynamisierung, Differenzierung und Dezentralisierung fachlicher Kommunikation bringt erhebliche Herausforderungen für die fachliche Kommunikation in ganz unterschiedlichen beruflichen und fachlichen Bereichen mit sich. Auf diese spezifischen Herausforderungen kann im fachbezogenen

Sach- und Sprachunterricht der Sekundarstufe an Schulen sowie in der berufsspezifischen Ausbildung nicht hinreichend vorbereitet werden. Entsprechendes gilt auch für die fachspezifische Ausbildung von Studierenden an Universitäten und anderen Hochschulen. Eine Lösung dieses Problems verspricht daher die Vermittlung einer „allgemeinen einzelsprachlichen Fachkompetenz" (Roelcke, 2010, S. 159; zur Diskussion verwandter Konzepte wie Bildungssprache oder Cognitive Academic Language Proficiency, CALP vgl. Kniffka & Roelcke, 2016, S. 41–58). Diese Vermittlung verlangt indessen neben einer fachspezifischen Sach- und Sprachkompetenz der betreffenden Lehrkräfte im Besonderen auch eine entsprechende didaktische wie pädagogische Kompetenz hinsichtlich einer Vermittlung von Fachsprachen und deren kommunikativen Bedingungen im Allgemeinen.

4. Deutsch als fremde Fachsprache

„I need German in my life" (Fandrych & Sedlaczek, 2012): Nach einigen Jahrzehnten, in denen das Deutsche als Fremdsprache insbesondere auch in Wissenschaft, Technik und Institutionen an internationaler Bedeutung gegenüber dem Englischen verloren hat (vgl. Ammon, 2015), ist nun eine Tendenz zu erkennen, nach der sich das Deutsche neben bzw. nach dem Englischen erneut als internationale Sprache zu etablieren beginnt. Hierfür kann eine ganze Reihe an Gründen angeführt werden, darunter zum Beispiel die folgenden:

- Der deutsche Sprachraum ist mit einer Gesamteinwohnerzahl von knapp 100 Mio. in Deutschland, Österreich, Liechtenstein und der Schweiz ein relativ großer und starker *Wirtschaftsraum inmitten Europas* und zum Teil innerhalb der Europäischen Union, der auch als Sonderwirtschaftsraum gegenüber dem nordatlantischen oder dem pazifischen Raum gefragt ist. Die Bundesrepublik Deutschland gehört für zahlreiche Länder zu den wichtigsten Handelspartnern; die großen Metropolen sind für Wissenschaftler und Kulturschaffende unterschiedlichster Provenienz von hoher Attraktivität.
- Die breite Akzeptanz und Beherrschung des Englischen als internationaler Lingua franca im Zeitalter der Globalisierung schafft Raum für den Erwerb weiterer Fremdsprachen: Die nahezu weltweite Verbreitung des Englischen als erste Fremdsprache öffnet inzwischen einen Raum für den *Erwerb weiterer Fremdsprachen*, deren Mehrwert nicht allein in Wissenschaft, Technik und Institutionen sowie im wirtschaftlichen Bereich, sondern durchaus auch im kulturellen Bereich zu sehen ist. Die weitgehende Globalisierung des Englischen schafft nunmehr also Raum für eine erneute Verbreitung des Deutschen als Fremd- bzw. als Tertiärsprache.
- Mit diesen beiden Tendenzen ist eine weitere, dritte Tendenz verbunden: Das Deutsche gilt nach wie vor als eine Sprache, deren Erwerb zum einen eine vielfältige und wie auch immer bedeutsame Kultur erschließt und zum ande-

ren dem *Nachweis persönlicher Bildung* und intellektueller Fähigkeiten dient. Das noch immer weit verbreitete Urteil, das Deutsche sei eine Sprache, deren Erwerb zugleich anspruchsvoll wie auch erstrebenswert ist, stützt auch den Erwerb des Deutschen als Fremdsprache im Allgemeinen und als fachlicher Fremdsprache im Besonderen.

Zu diesen und anderen Gründen, aus denen das Deutsche als eine fachliche Fremd- bzw. Tertiärsprache mehr oder weniger aus freien Stücken erlernt wird, gesellen sich auch weitere, die einen Erwerb des Deutschen als fachlicher Fremdsprache nahezu zwingend erforderlich machen und dabei bisweilen an einen Zweitspracherwerb gekoppelt sind. Hierzu zählen insbesondere *Einwanderungsbewegungen und Flüchtlingsströme*, von denen wiederum urbane Metropolen wie die Bundeshauptstadt Berlin in ganz besonderer Weise betroffen sind. Zur Migration in der Bundesrepublik Deutschland heißt es in einer Pressemitteilung des Statistischen Bundesamtes vom August 2015:

> Im Jahr 2014 hatten rund 16,4 Millionen Menschen in Deutschland einen Migrationshintergrund. Wie das Statistische Bundesamt (Destatis) auf Basis des Mikrozensus 2014 weiter mitteilt, entsprach dies einem Anteil von 20,3 % an der Gesamtbevölkerung und einem Zuwachs gegenüber dem Vorjahr von 3,0 %. Die Mehrheit der Personen mit Migrationshintergrund hatte einen deutschen Pass (56,0 %). Selbst in der Gruppe der Zugewanderten lag der Anteil bei 46,1 %. Gegenüber 2011 ist die Zahl der Personen mit Migrationshintergrund um gut 1,5 Millionen Menschen angestiegen (+ 10,3 %). Dies ist vor allem auf die wachsende Zahl der Zuwanderer zurückzuführen: 10,9 Millionen Zuwanderer lebten 2014 in Deutschland. Das sind 1 Million oder 10,6 % mehr als im Jahr 2011 und gleichzeitig der höchste Stand seit Beginn der Erhebung im Jahr 2005. Die Bevölkerung ohne Migrationshintergrund ging dagegen seit 2011 um 885 000 zurück (– 1,4 %).

Zu den Kompetenzen in der deutschen Sprache heißt es dabei weiter:

> Fast die Hälfte der seit 1960 Zugewanderten schätzten ihre Deutschkenntnisse als fließend (35,8 %) oder sogar muttersprachlich ein (11,4 %). Dabei schätzten sich Zuwanderer erwartungsgemäß deutlicher besser ein, je länger sie in Deutschland lebten. 19,4 % machten keine Angaben zu ihren Sprachkompetenzen.

Nicht in Betracht gezogen werden hierbei fachsprachliche Kenntnisse und Kompetenzen, obwohl viele Zuwanderer genau diese benötigen, um Kommunikation im Alltag und im Beruf bewältigen zu können. Entsprechendes gilt für die hohe Zahl an Geflüchteten, die für das 2015 (noch inoffiziell) auf über 1 Millionen zu schätzen ist: Nach Angaben des Bundesamtes für Migration und Flüchtlinge wurden im Jahr 2014 insgesamt 202.834 Asylanträge (Erst- und Folgeanträge) gestellt; im Jahr 2015 waren es bereits 476.649.

Eine aktuelle Studie des Mercator-Instituts (Massumi & von Drewitz et al., 2015, S. 6) fasst die Zahlen hinsichtlich zugewanderter Kinder und Jugendlicher im Alter zwischen sechs und 18 Jahren wie folgt zusammen:

> Seit 2006 hat sich die Anzahl von 22.207 auf 99.472 im Jahr 2014 mehr als vervierfacht. [...]. Im Verhältnis zur Gesamtheit der Gleichaltrigen beträgt der Anteil zugezogener ausländischer Kinder und Jugendlicher bundesweit 1,02 Prozent. In den einzelnen Bundesländern liegt der Anteil zwischen 0,56 und 1,79 Prozent (Stand 2014). Bei der Betrachtung der Altersverteilung fällt auf, dass die Gruppe der 18-jährigen vergleichsweise größer ist als die anderen Altersgruppen. Im Jahr 2014 kam die Mehrheit (59 Prozent) aus europäischen Staaten. Betrachtet man die Herkunftsländer im Einzelnen, so fällt insbesondere das vom Bürgerkrieg betroffene Syrien ins Auge: Der Anteil syrischer Zugezogener zwischen sechs und 18 Jahren ist deutlich gestiegen (von 1.402 im Jahr 2012 auf 12.723 im Jahr 2014). Auch insgesamt zeigt sich in der ersten Jahreshälfte 2015 bundesweit mit 33.289 geflüchteten Kindern und Jugendlichen dieses Alters, die einen Asylerstantrag stellen, ein deutlicher Anstieg. Im Vergleich wurden in der ersten Jahreshälfte 2014 für 19.986 Kinder und Jugendliche Asylerstanträge gestellt.

Für den Großraum Berlin und Brandenburg ist dem Nachrichtendienst von rbb-online nach von den folgenden Zahlen und Fakten zum Thema „Flüchtlinge" auszugehen (Februar 2016):

> Im Jahr 2015 sind nach Auskunft der Sozialverwaltung 79.034 Flüchtlinge in Berlin angekommen. 54.325 blieben in Berlin. (Stand: 07.01.2016)
>
> Das Bundesamt für Migration und Flüchtlinge (Bamf) entschied 2015 über 2 von 5 in Berlin gestellten Asylanträgen positiv: Von 13.814 Fällen wurde 6.034 Menschen Schutzstatus gewährt. (Stand: 19.01.2016)
>
> Für das kommende Jahr wagt die Berliner Verwaltung keine Schätzung. Es gebe dafür derzeit keine verlässlichen Prognosen, heißt es dazu aus der Sozialverwaltung. (Stand: 07.01.2016)
>
> In Brandenburg kamen 2015 laut Innenministerium rund 47.000 Flüchtlinge an. Doch nicht alle blieben – 28.128 nahm das Land auf. (Stand: 09.01.2016)
>
> Für 2016 rechnet das Innenministerium vorläufig mit 55.000 Neuankömmlingen, von denen rund 40.000 bleiben. (12.01.2016)

Die genannten Tendenzen hinsichtlich eines Erwerbs des Deutschen als einer fachlichen Fremd- bzw. Tertiärsprache sowie der demographische Befund in Bezug auf aktuelle Einwanderungsbewegungen und Flüchtlingsströme lassen deutlich werden, dass es einen stark wachsenden und dabei breit gefächerten Bedarf hinsichtlich des Erwerbs des Deutschen als einer fachlichen Fremdsprache gibt. Dieser Bedarf ist insbesondere in politischen, wirtschaftlichen und kulturellen

Ballungszentren offensichtlich und stellt eine erhebliche Herausforderung für urbane Metropolen dar.[1]

5. Allgemeine Fachsprachenkompetenz

Um ein kurzes Zwischenfazit zu ziehen: Fachsprachliche Pluralität bestimmt die Kommunikation im Alltag und im Beruf in zunehmendem Maße: So finden sich zum einen in vielen Texten des Alltags Fachwörter aus Wissenschaft, Technik und Institutionen; zum anderen werden auch ganze Texte aus diesen Bereichen mehr und mehr rezipiert. Die fachsprachliche Kommunikation im Beruf zeichnet sich im Weiteren durch eine zunehmende Dynamisierung, Differenzierung und Dezentralisierung aus; dies gilt für Ausbildungsberufe ebenso wie für akademische Tätigkeiten.

Auch die Bereiche Deutsch als Fremd- und Deutsch als Zweitsprache spiegeln diese wachsende Bedeutung von Fachsprachen wider: Dies zeigt sich unter anderem angesichts eines steigenden Interesses am deutschen Wirtschaftsraum im Ausland, einer erhöhten Bereitschaft, die deutsche Sprache nach dem Erwerb des Englischen als sog. Tertiärsprache zu erwerben, sowie der ungebrochenen Neigung, sich mit der deutschen Sprache und Kultur persönlich auseinanderzusetzen. Im Weiteren erhöhen die Einwanderungsbewegungen und Flüchtlingsströme den Bedarf an Kenntnissen und Kompetenzen in der deutschen Sprache im Allgemeinen und solchen in deren Fachsprachen im Besonderen.

All diese Tendenzen stellen nun die Kommunikation vor allem in urbanen Metropolen vor besondere Herausforderungen, da hier das Aufkommen und die Verflechtung fachlicher Texte im Alltag und im Beruf sowie die kulturelle und sprachliche Pluralität besonders hoch erscheinen (was im Einzelnen noch genauer zu untersuchen wäre). Eine Antwort auf die genannten Herausforderungen fach- und fremdsprachlicher Pluralität stellen politische Forderungen und didaktische Ansätze einer sog. durchgängigen sprachlichen Bildung dar.

Um dem Pluralitätsproblem dabei selbst hinreichend begegnen zu können, empfiehlt sich ein Ansatz, der eine möglichst hohe Flexibilität der allgemeinen wie besonderen fachsprachlichen Kompetenzen ermöglicht. Nach Roelcke (2015, S. 16; vgl. Abb. 1) lässt sich das fachsprachliche Pluralitätsproblem in drei Dimensionen beschreiben:

---

1 Die Zahlen, die in diesem Abschnitt angegeben werden, unterliegen starken Änderungen, die sich bereits bis zur Drucklegung des vorliegenden Beitrags ergeben haben. Der jeweils aktuelle Stand ist indessen über die einschlägigen Seiten und Materialien des Statistischen Bundesamtes oder des Mercator-Instituts leicht zu eruieren (vgl. zuletzt Brüggemann & Nikolai, 2016; v. Dewitz, Massumi & Grießbach, 2016).

- Die Fachsprachen des Deutschen differieren horizontal in verschiedenen Fächern bzw. Disziplinen und vertikal auf diversen Kommunikationsebenen; hinzu treten hier zahlreiche Textsorten und mediale Unterschiede.
- Ihre Charakteristika liegen sowohl auf den Ebenen der Lexik und der Grammatik als auch auf derjenigen des Textes; im Weiteren bestehen Besonderheiten im Verhältnis von Text und Bild.
- Sofern Deutsch nicht Erstsprache ist, steht die Ausgangssprache der Lernenden in einem eigenen fachkulturellen Kontext, der sich von demjenigen des Deutschen (als Fremdsprache) unterscheidet; Entsprechendes gilt schließlich für das Englische als Fach- bzw. Fachfremdsprache.

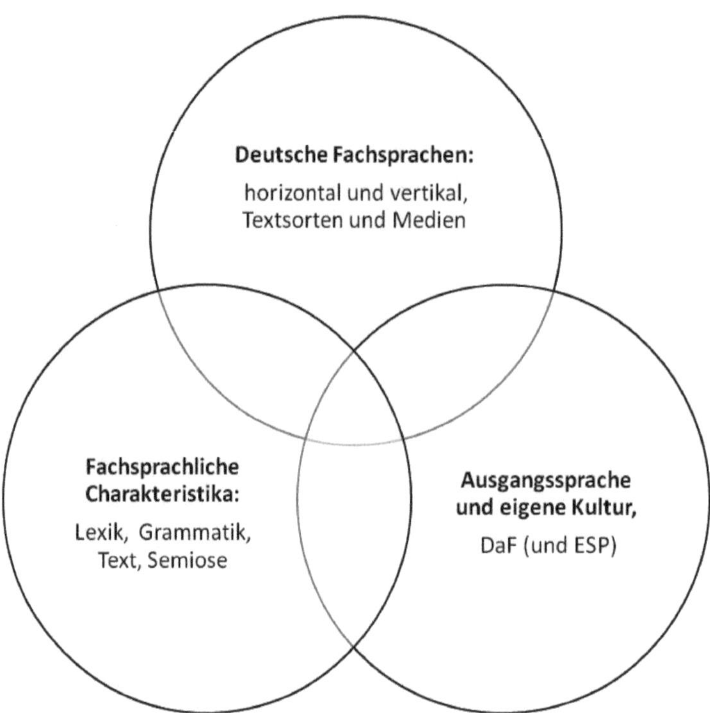

Abbildung 1:   Deutsch als Fachfremdsprache: Dimensionen des Pluralitätsproblems (nach Roelcke 2015, S. 16)

Ein linguistischer und didaktischer Ansatz, der eine gezielte Berücksichtigung der zahlreichen fachsprachlichen Erscheinungen des Deutschen sowie denjenigen anderer Sprachen und Kulturen ermöglicht, besteht in der Fokussierung fachkommunikativer Funktionen. Denn diese sind unmittelbar abhängig von einzelnen fachlichen Kulturen und bilden somit die Voraussetzung für die Auswahl und Gewichtung bestimmter sprachlicher Erscheinungen innerhalb einzelner Varietäten und Texte. Zu solchen Funktion gehören unter anderem (in Klammern jeweils formale Repräsentationen der deutschen Fachsprachen):

- Differenzierung durch Erweiterung des lexikalischen Inventars (zum Beispiel durch Definitionen, Wortbildungen oder Entlehnungen);
- Erhöhung von Anonymität bzw. Steigerung der Objektivität (etwa durch Nominalstil oder Passivformen);
- Erhöhung der Deutlichkeit bzw. Exaktheit oder Explizitheit (beispielsweise durch den Einsatz von Abbildungen, Attributen, Definitionen, Tabellen und Textgliederungen);
- Steigerung von sprachlicher Ökonomie bzw. kommunikativer Effizienz (etwa mit Hilfe von Abbildungen, Definitionen, Formeln, Tabellen, Textgliederung und Wortbildungen).

Eine Fachsprachenlinguistik und -didaktik, die an solchen fachkommunikativen Funktionen ansetzt und aus diesen entsprechende sprachstrukturelle Repräsentationen ableitet, hat letztlich mindestens sechs Fragestellungen zu beantworten (vgl. Roelcke, 2015, S. 21f.). Drei davon sind allgemeiner Natur:

1. *Welche (universellen und spezifischen) fachkommunikativen Funktionen sind überhaupt zu unterscheiden?*
2. *Welche sprachlichen Elemente und Strukturen werden zur Erfüllung dieser Funktionen eingesetzt?*
3. *Welche dieser Funktionen sind mit Blick auf die Heterogenität fachsprachlicher Kommunikation für einzelne Fächer, Ebenen, Textsorten und Medien jeweils charakteristisch?*

Drei weitere Fragestellungen beziehen sich auf den fachsprachlichen Kontrast:

4. *Welche (universellen oder spezifischen) Gemeinsamkeiten und Unterschiede zeigen die wissenschaftlichen Kulturen und fachkommunikativen Funktionen verschiedener Einzelsprachen?*
5. *Wie werden einzelne fachkommunikative Funktionen in den einzelnen Sprachen jeweils formal repräsentiert?*
6. *Welche Gemeinsamkeiten und Unterschiede zeigen die wissenschaftlichen Kulturen und fachkommunikativen Funktionen der diversen Einzelsprachen in ihrer spezifischen Differenzierung nach Fächern, Ebenen, Textsorten und Medien?*

Sprachreflexive und sprachkontrastive Ansätze sind in der Fremdsprachendidaktik in den vergangenen Jahren oder Jahrzehnten vor dem Hintergrund handlungs- und interaktionsorientierter Ansätze ein wenig aus der Mode gekommen. In der Didaktik fachlicher Fremdsprachen haben sie indessen noch eine wichtige Rolle zu spielen. Hierfür sind mindestens zwei Gründe anzuführen: Zum einen stellt der Gebrauch von Fachsprache oft einen Prozess dar, der sowohl von Nutzerinnen und Nutzern einer fachlichen Erst- wie auch von solchen einer fachlichen

Fremdsprache sehr bewusst vollzogen wird und somit auch für Lernende von hoher Relevanz ist. Zum anderen sind solche reflexiven und kontrastiven Gesichtspunkte für Lehrende von großer Bedeutung, da sie diesen wichtige Rückschlüsse über den Kenntnis- und Kompetenzstand der Lernenden und somit einen individuell gepassten Unterricht erlauben.

6. Fazit

Fachsprachliche Pluralität bestimmt die Kommunikation im Alltag und im Beruf in zunehmendem Maße: So finden sich zum einen in vielen Texten des Alltags Fachwörter aus Wissenschaft, Technik und Institutionen; zum anderen werden auch ganze Texte aus diesen Bereichen mehr und mehr rezipiert. Die fachsprachliche Kommunikation im Beruf zeichnet sich im Weiteren durch eine zunehmende Dynamisierung, Differenzierung und Dezentralisierung aus; dies gilt für Ausbildungsberufe ebenso wie für akademische Tätigkeiten.

Auch die Bereiche Deutsch als Fremd- und Deutsch als Zweitsprache spiegeln diese wachsende Bedeutung von Fachsprachen wider: Dies zeigt sich unter anderem angesichts eines steigenden Interesses am deutschen Wirtschaftsraum im Ausland, einer erhöhten Bereitschaft, die deutsche Sprache nach dem Erwerb des Englischen als sog. Tertiärsprache zu erwerben, sowie der ungebrochenen Neigung, sich mit der deutschen Sprache und Kultur persönlich auseinanderzusetzen. Im Weiteren erhöhen die Einwanderungsbewegungen und Flüchtlingsströme den Bedarf an Kenntnissen und Kompetenzen in der deutschen Sprache im Allgemeinen und solchen in deren Fachsprachen im Besonderen.

Diese und weitere Tendenzen sind insbesondere auch in urbanen Metropolen wie der Bundeshauptstadt Berlin zu beobachten. Vor diesem Hintergrund sind auch die diversen Ansätze und Bestrebungen hinsichtlich einer durchgängigen sprachlichen Bildung von großer Bedeutung. Diese zielen neben spezifischen fachsprachlichen Kompetenzen letztlich auf die Ausbildung und Entwicklung einer allgemeinen fachsprachlichen Kompetenz ab und müssen daher einen sprachsensiblen (und sprachreflexiven) Unterricht in allen Fächern, also den Sprach- und den Sachfächern, in sämtlichen Schularten und Klassenstufen umfassen.

Literatur

Ammon, Ulrich (2015). *Die Stellung der deutschen Sprache in der Welt.* Berlin, München Boston: de Gruyter.

Brüggemann, Christian & Nikolai, Rita (2016). *Das Comeback einer Organisationsform: Vorbereitungsklassen für neu zugewanderte Kinder und Jugendliche.* Berlin: Friedrich-Ebert-Stiftung. http://library.fes.de/pdf-files/studienfoerderung/12406.pdf

Bundesamt für Migration und Flüchtlinge: Aktuelle Zahlen zu Asyl (Januar 2016): https://www.bamf.de/SharedDocs/Anlagen/DE/Downloads/Infothek/Statistik/Asyl/statistik-anlage-teil-4-aktuelle-zahlen-zu-asyl.pdf?__blob=publicationFile

Busch, Albert & Spranz-Fogasy, Thomas (2015). Sprache in der Medizin. In Ekkehard Felder & Andreas Gardt (Hrsg.), *Handbuch Sprache und Wissen* (S. 335–357). Berlin; Boston: de Gruyter.

Eichhoff-Cyrus, Karin M. & Hoberg, Rudolf (Hrsg.). (2000). *Die deutsche Sprache zur Jahrtausendwende. Sprachkultur oder Sprachverfall?* Mannheim: Dudenverlag.

Fandrych, Christian & Sedlaczek, Betina (2012). *„I need German in my life". Eine empirische Studie zur Sprachsituation in englischsprachigen Studiengängen in Deutschland.* Unter Mitarbeit von Erwin Tschirner und Beate Reinhold. Tübingen: Stauffenburg.

Fluck, Hans-Rüdiger (2000). Fachsprachen: Zur Funktion, Verwendung und Beschreibung eines wichtigen Kommunikationsmittels in unserer Gesellschaft. In Karin Eichhoff-Cyrus & Rudolf Hoberg (Hrsg.), *Die deutsche Sprache zur Jahrtausendwende. Sprachkultur oder Sprachverfall?* (S. 89–106). Mannheim: Dudenverlag.

Kniffka, Gabriele & Roelcke, Thorsten (2016). *Fachsprachenvermittlung im Unterricht.* Paderborn: Schöningh.

Massumi, Mona & von Dewitz, Nora et al. (2015). Neu zugewanderte Kinder und Jugendliche im Deutschen Schulsystem. Bestandsaufnahme und Empfehlungen. Hrsg. vom Mercator-Institut für Sprachförderung und Deutsch als Zweitsprache und vom Zentrum für LehrerInnenbildung der Universität zu Köln. Köln. http://www.mercator-institut-sprachfoerderung.de/fileadmin/Redaktion/PDF/Publikationen/MI_ZfL_Studie_Zugewanderte_im_deutschen_Schulsystem_final_screen.pdf

Moser, Hugo (1974). Neuere und neueste Zeit. Von den 80er Jahren des 19. Jahrhunderts zur Gegenwart. In Friedrich Maurer & Heinz Rupp (Hrsg.), *Deutsche Wortgeschichte* (3., neu bearbeitete Aufl.), Bd. II (S. 529–645). Berlin, New York: de Gruyter.

rbb-online: Thema – Flüchtlinge in Berlin und Brandenburg: Zahlen und Fakten (Februar 2016): https://www.rbb-online.de/politik/thema/fluechtlinge/hintergrund/zahlen-und-fakten-fluechtlinge-in-berlin-und-brandenburg.htmlRoelcke, Thorsten (2010). *Fachsprachen* (3. neu bearbeitete Aufl.). Berlin: Schmidt.

Roelcke, Thorsten (2013). Fachsprachendidaktik in Haupt- und Realschulen – ein Weg der Ausbildungsvorbereitung? In Christian Efing (Hrsg.), *Ausbildungsvorbereitung im Deutschunterricht der Sekundarstufe I. Die sprachlich-kommunikativen Facetten von „Ausbildungsfähigkeit"* (S. 319–341). Frankfurt: Lang.

Roelcke, Thorsten (2014). Zur Gliederung von Fachsprache und Fachkommunikation. *Fachsprache. International Journal of Specialized Communication, 36,* S. 154–178.

Roelcke, Thorsten (2015). Deutsch als fremde Wissenschaftssprache: Wege aus dem Pluralitätsproblem. In Antje Dohrn & Andreas Kraft (Hrsg.), *Fachsprache Deutsch – international und interdisziplinär* (S. 15–30). Hamburg: Kovač.

Statistisches Bundesamt: Pressemitteilung (August 2015): https://www.destatis.de/DE/PresseService/Presse/Pressemitteilungen/2015/08/PD15_277_122.html;jsessionid=EB9BA55D3A6590CD9C7D0BB48AD76653.cae2

Steger, Hugo (1988). Erscheinungsformen der deutschen Sprache. Alltagssprache – Fachsprache – Standardsprache – Dialekt und andere Gliederungstermini. *Deutsche Sprache, 16,* S. 289–319.

Verordnung über die Berufsausbildung zum Kraftfahrzeugmechatroniker und zur Kraftfahrzeugmechatronikerin. Vom 14. Juni 2013. *Bundesgesetzblatt, Jahrgang 2013, Teil I,*

Nr. 29, ausgegeben zu Bonn am 20. Juni 2013 (S. 1578–1595); https://www.bibb.de/tools/berufesuche/index.php/regulation/kraftfahrzeugmechatroniker2013.pdf

von Dewitz, Nora, Massumi, Mona & Grießbach, Johanna (2016). *Neu zugewanderte Kinder, Jugendliche und junge Erwachsene. Entwicklungen im Jahr 2015.* Köln: Mercator-Institut für Sprachförderung und Deutsch als Zweitsprache, Zentrum für LehrerInnenbildung der Universität zu Köln. http://www.mercator-institut-sprachfoerderung.de/fileadmin/Redaktion/PDF/Publikationen/MI_ZfL_Neu_zugewanderte_Kinder_Jugendliche_jungeErwachsene_final_screen.pdf

Kristina Peuschel & Matthias Sieberkrob

Der erweiterte Blick: Studentische Perspektiven auf fachlich-sprachliches Lernen in den gesellschaftswissenschaftlichen Fächern

1. Einleitung

Die Umsetzung von Sprachbildung als Querschnittsaufgabe aller Schulfächer ist seit einigen Jahren „ein brennendes bildungs- und forschungspolitisches Thema" (Becker-Mrotzek, Schramm, Thürmann & Vollmer, 2013, S. 7). Neben fachübergreifenden Aspekten und Fragen nach der Sprachlichkeit des fachlichen Lernens stehen verstärkt die Kompetenzen von (angehenden) Lehrkräften in Bezug auf DaZ-Förderung sowie Sprachbildung aller Schülerinnen und Schüler im Fokus (z.B. Köker et al., 2015; Döll, Hägi & Settinieri, 2017). Der folgende Beitrag präsentiert studentische Perspektiven auf *Sprache im Fach* im Kontext einer Lehrveranstaltung *Deutsch als Zweitsprache für Studierende der gesellschaftswissenschaftlichen Fächer* für M.Ed.-Studierende der Freien Universität Berlin. Die in einem Gruppeninterview erhobenen und qualitativ ausgewerteten Reflexionen der Studierenden geben einen Einblick in studentische Denkweisen zum Umgang mit sprachlicher Heterogenität im Fachunterricht, sie werden zusammenfassend mit ausgewählten Aspekten des *European Core Curriculum for Mainstreamed Second Language – Teacher Education* (EUCIM-TE, Roth, 2012) in Beziehung gesetzt.

2. Sprache im Fach im Berliner Lehramtsstudium

In der Berliner Lehrkräftebildung, in der bereits zwischen 2007 und 2015 der Besuch zweier DaZ-Module (BA, MA) obligatorisch für alle Lehramtsstudierenden war, ist mit der Perspektive der Sprachbildung in allen Fächern (Senatsverwaltung, 2015, S. 4–12) ein weiterer Aspekt in die Lehramtsausbildung integriert worden. Er wird in Berlin so gestaltet, dass sich Studierende in den jetzt *DaZ/ Sprachbildung* genannten Modulen und in den Fachdidaktiken der fachdidaktischen Lehre aller Fächer mit Sprachbildung auseinandersetzen sollen.[1] Durch die Diskussion über die Integration von geflüchteten Kindern und Jugendlichen in

---

1   Im Berliner Lehramtsstudium waren von 2007 bis 2015 zwei DaZ-Module im Umfang von zusammen sechs Leistungspunkten zu absolvieren, jeweils eines im Bachelor und im Master. Seit dem Wintersemester 2015/2016 sind DaZ-/Sprachbildungsmodule im Umfang von zehn Leistungspunkten zu absolvieren, davon jeweils fünf im Bachelor und Master. Im Master ist von den fünf Leistungspunkten jeweils ein Leistungspunkt pro Fach in die fachdidaktischen Lehrveranstaltungen integriert.

das deutschsprachige Bildungssystem weiter angeregt, wird die Entwicklung und Förderung sprachlicher, v.a. bildungssprachlicher Kompetenzen als Aufgabe aller Lehrkräfte in allen Fächern und damit auch aller Fachdidaktiken verstanden (z.B. Benholz, Frank & Gürsoy, 2015; Beese et al., 2014; Arias & Faltis, 2013) und curricular verankert (Baumann & Becker-Mrotzek, 2014).

Auf Grundlage der Qualifikationsziele der aktuellen Berliner DaZ/Sprachbildungsmodule (Jostes, 2015) sowie des Basiscurriculums Sprachbildung im aktuellen Berliner Rahmenlehrplan (Senatsverwaltung, 2015, S. 4–12) wird derzeit eine schulfachspezifische Ausrichtung der Thematik *Sprache im Fach* gefordert und entwickelt. Ausgehend von Fragen nach der Verbindung von fachlichem und sprachlichem Lernen wird in der universitären Lehre erarbeitet, dass jegliche Fachinhalte an Sprache geknüpft sind, Schülerinnen und Schüler fachtypische Textsorten[2] rezipieren, die DaZ- und sprachbildungsspezifische sprachliche Herausforderungen stellen. Dabei nimmt die Präsentation und Diskussion von sprachdidaktischen Methoden für die Gestaltung eines sprachsensiblen bzw. sprachbildenden Fachunterrichts großen Raum ein. Lehramtsstudierende der Berliner Universitäten erhalten die Gelegenheit, sich inmitten dieses Spannungsfeldes bildungspolitischer Setzungen und konkreter Inhalte der akademischen Lehre zu positionieren und sich mit Wissensbeständen zur breiten Thematik *Sprache im Fach* auseinanderzusetzen. Was genau Lehramtsstudierende jedoch über diese für sie neuen Anforderungen und Inhalte denken und wie es ihnen gelingt, a) sie zu erkennen und b) Ideen dazu zu entwickeln, wie diese in der beruflichen Praxis zu meistern sind, ist bislang noch nicht untersucht worden. Beiden Aspekten wendet sich daher die Analyse des durchgeführten Gruppeninterviews zu.

3. Studentische Reflexionen im Lehramtsstudium

Für die vorliegende Studie wurden Studierende interviewt und zur Reflexion über die Inhalte einer fachgruppenspezifischen DaZ-Übung angeregt. Reflexionen gelten als Bindeglied zwischen Theorie und Praxis und somit als Mittler zwischen „Fakten- und Theoriewissen einerseits und autobiografischem Wissen bzw. erfahrungsbasiertem Wissen andererseits" (Böcker, 2015, S. 219). Roth (2012, S. 101) verweist auf die Rolle der Reflexion bei der Ausbildung von Fähigkeiten, mit denen Wissen in Handlungen und Handlungsmöglichkeiten übersetzt werden kann. Bisher geben nur wenige Studien Einblick in studentische Gedankenwelten, Reflexionen und Einstellungen zu den hier fokussierten Themenbereichen der DaZ-Förderung sowie der fachspezifischen Sprachbildung. In Ricart Brede (in Vorb.) wird deutlich, dass sich Lehramtsstudierende mehrheitlich (eher) weniger gut auf den Unterricht im sprachlich und kulturell heterogenen Klassenzimmer vorbereitet fühlen bei gleichzeitig hoher Relevanz, die sowohl den universitären

---

2   Hierbei wird ein weiter Textsortenbegriff zugrunde gelegt. Vgl. Ehlich, 2010, S. 531–550.

Ausbildungsangeboten und Lehrveranstaltungen als auch der schulischen Praxis als Lernorten zugewiesen wird. Wissensbestände im Bereich Sprache sowie Möglichkeiten ihrer Förderung werden besonders häufig von den Studierenden angeführt, um sich auf die Arbeit im sprachlich und kulturell heterogenen Klassenzimmer vorbereitet zu fühlen. Döll, Hägi und Settinieri (2017) haben studentische Perspektiven im und auf das Modul *Deutsch für Schülerinnen und Schüler mit Zuwanderungsgeschichte* an der Universität Paderborn erhoben und Einstellungen zu Mehrsprachigkeit, Mehrkulturalität und Aspekten der Professionalisierung erfasst. Die Studie zeigt schulform- und fächerspezifische Unterschiede in Bezug auf das Interesse der Studierenden an den Inhalten ebenso wie Unterschiede in der Bewertung der Relevanz des Moduls. Zudem werden in den DaZ-Biographien der Studierenden Belege für die Entwicklung einer „reflexive(n) Haltung im Sinne des migrationspädagogischen Paradigmas" (ebd., S. 211) gesucht. Allerdings scheint der monolinguale Habitus auf Studierendenseite zu überwiegen und die „wertschätzende Anerkennung von Mehrsprachigkeit und der Einbezug von Migrationssprachen in Bildungsprozesse zeichnen sich kaum ab" (ebd, S. 212). Zwei Ergebnisse der Auswertung sind für unseren Beitrag besonders interessant: einerseits der Wunsch der Studierenden nach einer stärkeren Verankerung von DaZ-Themen in den Fachdidaktiken, andererseits der Wunsch nach mehr Praxisorientierung (ebd., S. 211). Beide Studien zeigen auf unterschiedliche Weise, was Studierende denken und was sie für die spätere Unterrichtspraxis glauben zu brauchen. Die hier vorliegende Untersuchung kann an dieser Stelle anschließen und für eine gesellschaftswissenschaftliche Fächergruppe mit einer deutlich kleineren Stichprobe detailliertere Aussagen zu spezifischen Inhalten und methodisch-didaktischen Reflexionen machen (vgl. Kapitel 5).

4. Methodisches Vorgehen

Die Datenerhebung erfolgte mittels eines leitfadengestützten Gruppeninterviews mit zwölf Studierenden. Die zugehörige Lehrveranstaltung hatte einen Umfang von 12 Präsenzeinheiten (Blockveranstaltungen an drei Nachmittag). Die Teilnahme an der Gruppendiskussion erfolgte freiwillig. Das Interview fand in der abschließenden Sitzung statt und wurde ausdrücklich nicht als Teil der aktiven Teilnahme bewertet. Alle Studierenden waren im dritten Semester des *Master of Education* und studierten mindestens ein gesellschaftswissenschaftliches Unterrichtsfach (Politik, Ethik, Geschichte, Religion).

Da studentische Reflexionen bislang eher selten im Fokus empirischer Studien bezüglich Fragen zum Thema *Sprache im Fach* standen, wurde für die vorliegende Studie ein qualitatives Design gewählt, um sich den individuellen wie auch gruppenbezogenen Reflexionen nähern zu können. Die zentrale Fragestellung war dabei: Wie reflektieren Studierende für das Lehramt an Sekundarschulen über das

Thema *Sprache und Fach*? Von genauerem Interesse war dabei einerseits, worüber die Studierenden reflektieren (Inhalt) und andererseits, in welcher Form sie über die Inhalte reflektieren. Hierdurch werden Erkenntnisse darüber gewonnen, was die Studierenden bezüglich des Themas in der zweiten Hälfte ihres Lehramtsmaster-Studiums bewegt. Das Gruppeninterview wurde zu Beginn des Jahres 2015 an der Freien Universität Berlin durchgeführt und dauerte 55 Minuten.

Das Gruppeninterview ermöglichte, auch spontan auf angesprochene Themen zu reagieren. Bei der Auswertung und induktiven Kategorienbildung wurden so auch Aspekte identifiziert, die im Leitfaden nicht antizipiert waren. Es wurde darauf geachtet, die Studierenden möglichst ausgiebig zu Wort kommen und miteinander diskutieren zu lassen, der Interviewer[3] hielt sich weitgehend zurück. Das Interview wurde in der zweiten Hälfte der vierten Sitzung des Seminars durchgeführt. In den dreieinhalb vorangegangenen Seminarsitzungen wurden in Gruppen und an Stationen folgende Themen behandelt: (1) Unterschiede zwischen *while-reading*-Aktivitäten und expliziter Spracharbeit, (2) unterschiedliche *post-reading*-Aktivitäten für Schülerinnen und Schüler mit Deutsch als Erst- oder Zweitsprache, (3) didaktischer Umgang mit komplexen Texten und (4) Zusammenhänge zwischen Klassenstufen, unterschiedlichen sprachlichen Herausforderungen und entsprechenden methodischen Ansätze. Die Studierenden absolvierten dabei jeweils drei der vier Stationen. Die Leitfragen des Interviews orientierten sich an diesen Themenbereichen, wobei zunächst jeweils von der Gruppe, die eine Station als letzte bearbeitete, nach einer Zusammenfassung der Ergebnisse sowie nach offen gebliebenen Fragen gefragt wurde. Im Anschluss hieran ergänzten die anderen Studierenden ihre Ergebnisse. Hieraus ergaben sich in der Regel Diskussionspunkte. Im Einzelfall wurden seitens des Interviewers Diskrepanzen zwischen den Antworten herausgestellt, um so die Diskussion neu zu entfachen.

Mittels qualitativer Inhaltsanalyse (Mayring, 2015) war es Ziel, aus dem Material strukturierte Auswertungsaspekte zu entwickeln (induktive Kategorienbildung). Die Analyse des Datenmaterials folgte dem von Mayring (ebd., S. 70) entwickelten Ablaufmodell einer zusammenfassenden Inhaltsanalyse.

5. Ergebnisse

Es wurden drei Hauptkategorien identifiziert, in denen die Studierenden über die Thematik *Sprache im Fach* reflektierten:
1. *Rolle von Sprache und Fach abwägen* – Äußerungen mit Reflexionen über das Verhältnis von Sprache und Sprachunterricht zu Fachinhalten und Fachunterricht (Ankerbeispiel: „Also vor allem finde ich, dass es ja weiterhin Fachunter-

---

3 Das Interview führte Matthias Sieberkrob. Kristina Peuschel leitete das Seminar. Die Vorbereitungen auf das Interview (Leitfragen, Organisation) erfolgten gemeinsam.

richt ist, den man macht und der jetzt nicht den Deutschunterricht ersetzen soll“).

2. *Überlegungen zu Methodik ‚Sprache im Fach‘* – Äußerungen mit Reflexionen zur Umsetzung in die Unterrichtspraxis und Kommentaren zu konkreten sprachlich-fachlichen Themen (Ankerbeispiel: „Also ich würde finden, dass es sich da fast angeboten hätte diese Wortfeldarbeit vorher zu machen“).

3. *Bezüge zur allgemeinen Unterrichtsgestaltung* – Äußerungen mit Reflexionen über allgemeine Bezüge zu größeren didaktischen, erziehungswissenschaftlichen und pädagogischen Themen (Ankerbeispiel: „dass aber ansonsten diese Differenzierung, vor allem eben auch durch die traditionelle Binnendifferenzierung, durch die verschiedene Leistungen eigentlich auch schon viel mit abgedeckt wird“).

Die Ergebnisse der Datenanalyse werden in den Kapiteln 5.1 bis 5.3 beschrieben und interpretiert. Doppelkodierungen waren möglich, weil in der Gruppendiskussion häufig allgemeinere Bezüge zum Fach mit Beispielen der unterrichtlichen Praxis verdeutlicht wurden. Wenn beispielsweise diskutiert wird, wie sich an einer fachspezifischen Aufgabe (z.B. Pro-Kontra-Debatte im Politikunterricht) alle Schülerinnen und Schüler beteiligen können, kann die Passage Äußerungen zu allen drei Kategorien enthalten, die entsprechend kodiert wurden. Daher kommt es in der Darstellung zum Teil zu inhaltlichen Überschneidungen, die jedoch gut die Gruppenreflexion abbilden, in der durch die Bezugnahmen der Studierenden untereinander Vorstellungen und Erfahrungen verschiedener Personen miteinander verknüpft werden.

5.1 Ergebnisse in der Kategorie Rolle von Sprache und Fach abwägen

In der Hauptkategorie *Rolle von Sprache und Fach abwägen* wurden insgesamt 26 Kodierungen vorgenommen, von denen sich 18 auf die Unterkategorien *Bezug zum eigenen Fach herstellen*, *Positionierung zur Sprache im Fach* und *Reflexion über Sprachgebrauch im Unterricht* verteilen. In der Hauptkategorie stellen die Studentinnen und Studenten die Bedeutung des fachlichen Lernens heraus: Ziel sprachlicher Bildung ist es, das fachliche Lernen zu unterstützen („Fachunterricht (…) [soll] jetzt nicht den Deutschunterricht ersetzen“). Zentral ist hierbei, sprachliche Bildung an fachlichen Lernzielen oder den Spezifika des Unterrichtsmaterials auszurichten. Dazu gehört auch, Texte, die als zu kompliziert gelten, zu vermeiden bzw. die Notwendigkeit, sich als Fachlehrkraft Wissen über fachrelevante Textsorten anzueignen („(…) dann muss man (…) sich (…) Textsortenwissen (…) aneignen, sonst funktioniert das nicht. Ich glaube, dazu sind wir so ein bisschen in Politik auch verdonnert“). Beim Abwägen der Rolle von Sprache und Fach werden Unsicherheiten bzgl. der konkreten Umsetzung sowie spezifischer Methoden deutlich. Werden Ideen zur methodischen und didaktischen Gestaltung sprachlich bildenden Fachunterrichts benannt, äußern die Studierenden auch potentielle Überforderungen: „Ich habe jetzt immer noch den Eindruck, oh Gott, ich muss eigentlich alles abdecken und das möglichst inhaltlich." Sehr geringe sprachliche Kompetenzen von Schülerinnen und Schülern werden als großes Problem für den Fachunterricht angesehen. Aus Erfahrungen des Hospitationspraktikums berichten die Studierenden von eher weniger sprachbildenden lehrerseitigen Strategien (Lehrkräfte sagen „Inhalte" vor, um den Unterricht am Laufen zu halten).

In der Unterkategorie *Bezug zum eigenen Fach herstellen* stellen die Studierenden eine Diskrepanz fest zwischen dem vorwiegend mündlichen Unterrichtsgeschehen in den gesellschaftswissenschaftlichen Schulfächern im Gegensatz zum Fokus auf Schriftlichkeit im universitären DaZ-Modul. Mündliches Sprachhandeln wird auf Grund der alltagssprachlichen Realisierung als weitgehend unproblematisch erachtet. Allerdings sehen die Studierenden die Herausforderung, bildungssprachlich orientierten mündlichen Sprachgebrauch der Schülerinnen und Schüler zu unterstützen, z.B. im Fach Politik/Sozialkunde bei häufig eingesetzten Formaten wie der Talkshow oder Pro-Kontra-Debatten. Hier würden ebenso wie im Schriftlichen sprachliche Scaffolds benötigt. Der häufig hohe Redeanteil der Lehrkräfte in gesellschaftswissenschaftlichen Fächern würde den fachlichen Kompetenzerwerb geradezu verhindern. Um Schülerinnen und Schüler zu mehr Redebeiträgen zu ermutigen, könne der Unterricht hierarchiefrei(er) gestaltet werden:

> „Es ist natürlich (…) extrem schlimm (…), wenn Politikunterricht (…) so funktioniert, dass der Lehrer eigentlich redet und nicht die Schülerinnen und Schüler, weil ja eigentlich gerade im Politikunterricht, der auch handlungs- und urteilsorientiert arbeiten sollte, genau das nicht der Fall sein soll."

In den *Reflexionen über Sprachgebrauch im Unterricht* thematisieren die Studierenden in der Gruppendiskussion verschiedene Aspekte von Mündlichkeit und Schriftlichkeit im Fachunterricht der gesellschaftswissenschaftlichen Fächer. Schriftliches Sprachhandeln wird als schwieriger erachtet, dennoch erfordert mündliches Sprachhandeln in bestimmten Situationen „schon bestimmte sprachliche Sachen". Hier wird der Umgang mit Schülerinnen und Schülern, die Deutsch als Zweitsprache erlernen, spezifisch diskutiert. Es fehlt den Studierenden an Erfahrung und guten Praxisbeispielen, was Unsicherheiten zur Folge hat, wie die speziellen Bedürfnisse der DaZ-Lernenden im Fachunterricht befriedigt werden können und welche bzw. wie viel Unterstützung die Fachlehrkräfte geben können.

5.2 Ergebnisse in der Kategorie Überlegungen zur Methodik ‚Sprache im Fach'

In der Hauptkategorie *Überlegungen zu Methodik ‚Sprache im Fach'* wurden insgesamt 55 Kodierungen vorgenommen. Reflexionen über die Umsetzung sprachlich-fachlichen Lehrens und Lernens, über Methoden, Hilfestellungen, Prinzipien und Prozesse sowie Reflexionen über Vor- und Nachteile von Spracharbeit im Fachunterricht wurden hier kodiert. Fachlich gebundene Spracharbeit wird von den Studierenden als wichtig gesetzt (siehe oben). Dementsprechend werden konkrete Unterrichtsaktivitäten dahingehend reflektiert, ob sie fachliches und sprachliches Potential haben („Und wenn ich sage, markiere alle Formulierungen oder Wörter die Begründungen einleiten (...) und dann kommt danach die Begründung, und dass ich das inhaltlich dann auch gleich mit bearbeite, finde ich sinnvoll"). Die beiden am häufigsten angesprochenen Themenbereiche innerhalb der Kategorie Überlegungen zu Methodik „Sprache im Fach" sind

1. *Reflexionen, die das Lesen fokussieren* und
2. *Reflexionen, die sich auf die Unterstützung mündlicher Interaktion beziehen.*

Zu 1) gehören Maßnahmen zur Unterstützung von Textrezeptionsprozessen, wobei mehrfach vorbereitende und begleitende Wortschatzarbeit benannt wird („einfach nur (...) so 'ne Art Wortfeldanalyse machen (...) dann hat man den Text eigentlich relativ gut im Griff"). Die Studierenden analysieren und antizipieren sprachliche Herausforderungen in Texten („wir haben Genitivattribute als Problem identifiziert, dann haben wir komplexe Satzstrukturen identifiziert und aber auch diese Textebene, die (...) mit Begriffen gearbeitet hat, die politisch aufgeladen waren"). Über die Art und Weise der prozessorientierten Unterstützung von Textrezeption durch geeignete Aufgabenstellungen herrscht noch Unsicherheit („aber es ging ja um Verfahren, es ging um verschiedene Schritte. Man hätte das irgendwie aufteilen lassen können. Weiß ich nicht, Überschriften finden, keine Ahnung").

Wie bereits im vorhergehenden Abschnitt deutlich geworden ist, sind 2) die *Reflexionen, die sich auf die Unterstützung mündlicher Interaktion beziehen*, stark von Unsicherheiten geprägt. Trotz des Bewusstseins für die Unterschiede der Unterstützung für mündliche und schriftliche Aktivitäten im Fach werden Ideen zum Umgang mit mündlichen Aufgabenstellungen stark problematisiert:

> „Ähm aber das find ich jetzt relativ schwierig, wenn man so ne, was ja grade im Politikunterricht oft der Fall ist, wenn man dann eine kontroverse Diskussion darüber führen möchte und pro und kontra, entweder sei es jetzt in 'ner Rollendiskussion oder 'ner offenen Diskussion. Da find ich, hab ich jetzt zum Beispiel spontan noch keine so ganz krassen Ideen. Ich mein, selbst da kann man vielleicht mit 'ner Folie bestimmte sprachliche Argumentationshilfen anwerfen, aber ich glaube, dass sich da Schüler, die sprachlich überfordert sind, dann einfach komplett eher rausnehmen und habe ich noch keine wirklich gute Lösung, fällt mir jetzt noch nicht ein."

Anknüpfend an die Diskussion um die Redezeit von Lehrkräften werden mit Blick auf das methodische Repertoire für die Unterstützung mündlicher Interaktion verschiedenen Sozialformen benannt, die differenzierte Möglichkeiten der mündlichen Interaktion bieten („Naja vielleicht ist es da auch besser, dass man das erst so in Kleingruppen macht oder in Partnerarbeit, dass sie gezwungen sind tatsächlich zu reden"). Am Beispiel der Talkshow als Pro-Kontra-Debatte werden in der Gruppendiskussion gemeinsam Ideen zur Unterstützung entwickelt. Schülerinnen und Schülern sollen im Klassenraum Hilfsmittel für das Durchführen von Diskussionen haben (Ordner mit Redemitteln, Plakate), Lehrkräfte sollen den sprachlichen Herausforderungen mündlicher fachspezifischer Aufgaben besondere Aufmerksamkeit widmen. Dabei sei es nicht ausreichend, die notwendigen Redemittel bereitzustellen. Schülerinnen und Schüler müssten bei der Erarbeitung mündlicher Äußerungen begleitet werden, z.B. durch heranführendes Vorlesen oder das gemeinsame Erarbeiten fachspezifischer und bildungssprachlicher Elemente. Zur mündlichen Unterrichtsbeteiligung aller Schülerinnen und Schüler wurden Beobachtungen aus dem Praktikum herangezogen, die auf andere Fächer übertragen werden könnten:

> „Da habe ich gesehen, dass viele Lehrer an der Schule, wo ich jetzt gerade bin, warten, bis die Hälfte der Klasse sich meldet. Und erst dann dürfen die reden, alle nacheinander, die nehmen sich auch gegenseitig dran. Und erst, wenn die alle fertig sind, also auch mit über Kreuz und dann nochmal was sagen, dann sagt der Lehrer was. Das finde ich ein relativ spannendes Prinzip. Der Schuss kann für Neulinge spontan nach hinten losgehen. Aber es scheint auf Dauer zu funktionieren."

Auch Methoden des mündlichen Scaffolding werden benannt, um mündlich sprachlich bildend vorzugehen, so das Reformulieren, Rückfragen sowie Auffordern zur Umformulierung.

Neben dem Fokus *Lesen* und dem Fokus *Unterrichtsinteraktion* benennen die Studierenden Möglichkeiten der Unterstützung von Textproduktion, so z.B. textsortenspezifische Formulierungs-, Sprach- und Strukturierungshilfen. Es wird abgewogen, ob z.B. explizite Grammatikarbeit bei schwierigen Texten punktuell sinnvoll sei, auch wenn diese stets an die Inhalte und Materialien des Fachunterrichts gebunden sein sollte. Individualisierte Unterstützung zur Bearbeitung komplexer Aufgaben, die Formulierung von Aufgabenstellungen und insbesondere die Rolle von Binnendifferenzierung für die sprachliche Unterstützung und als Mittel zur individuellen Diagnose werden in die methodische Reflexion eingebracht.

5.3 Ergebnisse in der Kategorie Bezüge zur allgemeinen Unterrichtsgestaltung

Von den insgesamt 24 Kodierungen in der Kategorie *Bezüge zur allgemeinen Unterrichtsgestaltung* entfallen 13 Kodierungen auf die Hauptkategorie. Die weiteren zwölf Kodierungen konnten einer der Subkategorien *Reflexion über Zuschreibung(en)*, *Reflexion* über *individuelle Merkmale* oder *Kooperation im Kollegium* zugeordnet werden.

Die Studentinnen und Studenten sehen das Potential für Sprachbildung in der Binnendifferenzierung unter Beachtung der sprachlichen Kompetenzen von Schülerinnen und Schülern. Es werden Möglichkeiten von hierarchiefreien Unterrichtsarrangements sowie die Erhöhung des Redeanteils von Schülerinnen und Schülern mit geringen sprachlichen Kompetenzen diskutiert. Die Äußerungen offenbaren Ausschnitte aus dem Selbst- und Rollenverständnis der Studierenden in Bezug auf ihren zukünftigen Beruf („ich sehe mich halt dann in der Position (…) als Debattenanstoßerin, als irgendwie ja bewertende Instanz, ob richtig oder falsch, wahr oder nicht"). Wechselnde Sozialformen und sprachförderliche Elemente der Unterrichtsgestaltung werden von den Studierenden in der Schulpraxis wenig beobachtet und somit als unrealistisch wahrgenommen. Dennoch diskutieren die Studentinnen und Studenten Vor- und Nachteile beispielsweise von Sitzkreisen oder der Erarbeitung von Gesprächsregeln durch die Klasse. Ebenso werden die Diagnosekompetenzen der Lehrkräfte thematisiert („Nach Klassenstufe, das da irgendwie zu trennen, das funktioniert nicht. (…) man muss eine gute Diagnosefähigkeit haben"). In den *Reflexionen* über *Zuschreibung(en)* wird herausgestellt, dass weder das Erlernen von Deutsch als zweiter Sprache gleichzusetzen ist mit einem allgemeinen Kompetenzniveau noch die sprachlichen Kompetenzen von Schülerinnen und Schülern einer Klassenstufe zugeordnet werden könnten. Mit Bezug auf aktuelle Migrationsbewegungen wird darauf verwiesen, dass es im Extremfall „auch Leute mit sehr dollen sprachlichen Problemen in einer sehr hohen Klassenstufe" geben kann. In den *Reflexionen über individuelle Merkmale* wird problematisiert, dass den in der Fächergruppe Gesellschaftswissenschaften häufig vorkommenden Diskussionen im Unterricht die Problematik der sprachlichen Überforderung einzelner Schülerinnen und Schüler inhärent ist und diese sich „dann einfach komplett eher rausnehmen" würden. Andererseits wurde festgestellt, dass nicht alles, was als Stolperstein gilt, auch für alle Schülerinnen und Schüler eine Herausforderung sei. Die Subkategorie *Kooperation im Kollegium* benennt einerseits mangelnde Kooperationsbereitschaft und andererseits die nicht zu bewältigende Herausforderung als einzelne Lehrkraft eine hohe Anzahl an Schülerinnen und Schülern im Erwerb des Deutschen als Zweitsprache zu unterstützen. Hiervon ausgehend wird die Hoffnung geäußert: „Wenn jeder ein bisschen DaZ macht, dann ist das ja auch gut" – und zwar insbesondere, wenn die Lehrkräfte ihre einzelnen Aktivitäten aufeinander abstimmen würden. Kooperationen im Kollegium könnten sich verbessern, wenn mehr Lehrkräfte Deutsch als Zweitsprache als Bestandteil des Studiums hätten: „ich vermute, dass das so mit unserer Generation, die DaZ auch (…) in der Uni hat, das (…) dann auch wirklich möglich wird."

6. Zusammenfassung der Ergebnisse und Bezüge zu EUCIM-TE

Im folgenden Abschnitt sollen ausgewählte Aspekte der Ergebnisse der Gruppendiskussion in Bezug zu EUCIM-TE gesetzt werden, das als ein wichtiges Referenzdokument häufig zur Beschreibung von Lehrkompetenzen angehender Schullehrkräfte im Bereich Sprachbildung und Zweitspracherwerbsförderung herangezogen wird. Zudem spielen die Reflexionen der Studierenden für den Bereich Sprachbildung hier explizit eine Rolle (Roth, 2012, S. 101; vgl. Kap. 3)[4].

Wie in EUCIM-TE gefordert (ebd., S. 104), lassen die Studierenden in der Gruppendiskussion grundsätzlich ein Zusammendenken fachlichen und sprachlichen Lernens erkennen (vgl. Kap. 5.1) sowie auch ein funktionales Verständnis von Sprache, eingebettet in soziale Handlungen. Grammatik- und Wortschatzarbeit waren für die Studierenden i.d.R. nur relevant, wenn Fachrelevanz erkannt wurde, z.B. beim Aufbau von Fachkonzepten im Politikunterricht. Reflexionen zur Forderung, „herkunftssprachliche Kompetenzen als Ressourcen im Prozess des Aufbaus der Bildungssprache anzuerkennen und so weit wie möglich einzubeziehen" (ebd., S. 102), lassen sich in den Daten nicht erkennen. Ihr Blick auf andere Sprachen im Fachunterricht als Deutsch fokussierte eher hiermit verbundene Probleme, aufgrund derer Verzögerungen im Unterrichtverlauf antizipiert wurden. Die interviewten Studierenden zeigten in der Kategorie *Überlegungen zur Methodik ‚Sprache im Fach'* Ansätze, die in Anlehnung EUCIM-TE im Bereich der Didaktik und Methodik des inklusiven bildungssprachlichen Lernens und Lehrens als „Einstellung zum sprachlichen Lernen, die sprachliches und fachliches Lernen als einen gemeinsamen Prozess auffasst" (ebd., S. 104), interpretiert werden können. Studierende und Lehrkräfte sollen laut EUCIM-TE „über ein fundiertes Wissen von als erfolgreich und effektiv bekannten Methoden und didaktischen Arrangements in den Bereichen Textproduktion, Lesen, Reflexion über Sprache" verfügen (ebd., S. 105). Anhand der hier analysierten Daten kann keine Aussage darüber getroffen werden, ob das zur Sprache gebrachte Wissen fundiert ist. Es lässt sich hingegen gut aus den Daten ablesen, dass die Studierenden „Methoden nicht als insulare Elemente des Unterrichts" betrachten (ebd., S. 105). Sie versuchen sprachsensiblen, sprachbildenden und sprachförderlichen

---

4 Reflexion als „eine theoretisch und ethisch fundierte habitualisierte Reflexion" wird in EUCIM-TE mit Einstellung gleichgesetzt. Der Erwerb von Einstellungen gilt dabei als Produkt der Lehrkräftebildung und muss „an jedem einzelnen Gegenstand immer wieder reflexiv geprüft und ggf. neu ausgerichtet werden" (Roth, 2012, 101).

Fachunterricht als Gesamtarrangement zu denken, allerdings fehlen ihnen hierfür sowohl Best-Practice-Beispiele als auch eigene Unterrichtserfahrungen. Diese wäre jedoch die Voraussetzung dafür, fachliche und sprachliche Ziele und Kompetenzen zu verschränken, Lernvoraussetzungen und Lernbedürfnisse in die Planung einfließen zu lassen oder sich in der konkreten Unterrichtsorganisation und Unterrichtsdurchführung so zu verhalten, dass fachliche und sprachliche Ziele erreicht werden können (ebd., S. 105).

Die Kategorie *Bezüge zur Unterrichtsgestaltung* kann in Beziehung gesetzt werden zu den EUCIM-TE-Modulen *Didaktik und Methodik des inklusiven bildungssprachlichen Lernens und Lehrens* sowie *Bildungssprache und Schulorganisation*. So beziehen die Studierenden durchaus „die Bedeutung des Alters und des sprachlichen Entwicklungsstands als Kriterien für Auswahl und Einsatz von Methoden" (ebd., S. 105) in ihre Überlegungen mit ein. Dem Anspruch auf eine Methodenauswahl vor dem „Hintergrund der Lernvoraussetzungen und -bedürfnisse von Schülerinnen und Schülern" (ebd., S. 105) sowie auf das Geben der nötigen Lernzeit (ebd., S. 105) werden die Studierenden scheinbar zumindest im Ansatz gerecht, beachtet man ihre Überlegungen zu Themen wie Binnendifferenzierung nach Sprachkompetenzen, hierarchiefreiere Unterrichtsansätze und verstärkt partizipativen Unterrichtsarrangements wie Gruppenarbeiten. Gleichwohl bleiben diese Gedanken eher unkonkret. Die in EUCIM-TE formulierte Forderung nach verstärkter Kooperation von Sprach- und Fachlehrkräften (ebd., S. 107) scheint auch den Studierenden wichtig zu sein. Sie beklagen diesbezüglich mangelnde Kooperationsmöglichkeiten an den Praktikumsschulen, hegen aber auch Hoffnungen auf Besserung in der Zukunft. Dabei lässt sich erahnen, dass sie durchaus in der Lage sind, das sprachliche Curriculum einer Schule „im Rahmen ihrer Praktika (…) zu beobachten und zu analysieren" (ebd., S. 107) – wenn auch mit eher nüchternen Einschätzungen.

7. Fazit und Ausblick

Ziel des Beitrags war es, auf empirischer Basis studentische Perspektiven auf die Thematik *Sprache im Fach* im Master of Education zu elizitieren, zu analysieren und zu präsentieren. Durch das gewählte Vorgehen der Inhaltsanalyse einer Gruppendiskussion am Ende einer fächergruppenspezifischen DaZ-Übung wurde deutlich, dass sich Studierende reflektierend mit Wissenselementen der akademischen Lehre auseinandersetzen, diese mit autobiografischem und erfahrungsbasiertem Wissen in Beziehung setzen und beginnen, Lösungsideen für die vermuteten Probleme der Zukunft des bildungssprachförderlichen Unterrichts (Petersen & Tajmel, 2015, S. 96) unter der besonderen Perspektive der DaZ-Förderung zu entwickeln. Hierbei sind insbesondere das Abwägen der Rolle von Sprache im jeweiligen Schulfach (Kategorie 1), Methoden und Techniken zur Umsetzung sprachlich bildenden Fachunterrichts (Kategorie 2) sowie Bezüge zu weiteren pädagogischen, didaktischen und erziehungswissenschaftlichen Wissensbeständen (Kategorie 3) von Bedeutung. Inwieweit die hier vorgestellten Reflexionen Rückschlüsse auf Einstellungen zulassen (Ricart Brede, in Vorb.; Döll, Hägi-Mead & Settinieri, 2017) oder diese handlungsleitend für die eigene zukünftige Unterrichtspraxis werden, muss in weiterführenden Untersuchungen ermittelt werden. Hierfür kann stärker auf vorhandene bzw. entstehende Kompetenzmodelle eingegangen werden, um die induktiv entwickelten Kategorien zu prüfen und zu erweitern.

Literatur

Arias, Beatriz M. & Faltis, Christian J. (Hrsg.). (2013). *Academic Language in Second Language Learning*. Charlotte, NC: Information Age Publishing.

Baumann, Barbara & Becker-Mrotzek, Michael (2014). *Sprachförderung und Deutsch als Zweitsprache an deutschen Schulen: Was leistet die Lehrerbildung? Überblick, Analysen und Handlungsempfehlungen*. Köln: Mercator-Institut für Sprachförderung und Deutsch als Zweitsprache. Verfügbar unter: http://www.mercator-institut-sprachfoerderung.de/fileadmin/user_upload/Mercator-Institut_Was_leistet_die_Lehrerbildung_03.pdf [15.07.2017].

Becker-Mrotzek, Michael; Schramm, Karen; Thürmann, Eike & Vollmer, Helmut J. (2013). Sprache im Fach: Einleitung. In Dies. (Hrsg.), *Sprache im Fach. Sprachlichkeit und fachliches Lernen* (S. 7–13). Münster, New York: Waxmann.

Beese, Melanie; Benholz, Claudia; Chlosta, Christoph; Gürsoy, Erkan; Hinrichs, Beatrix; Niederhaus, Constanze & Oleschko, Sven (2014). *Sprachbildung in allen Fächern*. München: Klett-Langenscheidt.

Benholz, Claudia; Frank, Magnus & Gürsoy, Erkan (Hrsg.). (2015). *Deutsch als Zweitsprache in allen Fächern. Konzepte für Lehrerbildung und Unterricht*. Stuttgart: Fillibach bei Klett.

Böcker, Jessica (2015). Reflektieren in universitären Lehrveranstaltungen – das Beispiel des Lehr-Lern-Projekts im Studienfach „Sprachlehrforschung". In Jessica Böcker & Anette Stauch (Hrsg., unter Mitarbeit von Annette Berndt, Lena Heine, Rüdiger Grotjahn, Astrid Reich & Enke Spänkuch), *Konzepte aus der Sprachlehrforschung – Impulse für die Praxis. Festschrift für Karin Kleppin* (S. 213–236). Frankfurt a. M.: Peter Lang.

Döll, Marion; Hägi-Mead, Sara & Settinieri, Julia (2017): „Ob ich mich auf eine sprachlich heterogene Klasse vorbereitet fühle? – Etwas!" – Studentische Perspektiven auf DaZ und das DaZ-Modul (StuPaDaZ) an der Universität Paderborn. In Michael Becker-Mrotzek, Peter Rosenberg, Christoph Schroeder & Annika Witte (Hrsg.), *Deutsch als Zweitsprache in der Lehrerbildung* (S. 203–215) Münster, New York: Waxmann.

Ehlich, Konrad (2010). *Sprache und sprachliches Handeln, Bd. 3: Diskurs – Narration – Text – Schrift*. Berlin: de Gruyter.

Jostes, Brigitte (Koord., unter Mitarbeit von Torsten Andreas, Anke Börsel, Daniela Caspari, Cornelia Chmiel, Annkathrin Darsow, András Horváth, Simone Knab, Alexander Lohse, Beate Lütke, Jennifer Paetsch, Inger Petersen, Kristina Peuschel, Julia Schallenberg & Matthias Sieberkrob) (2015). *Sprachbildung / Deutsch als Zweitsprache in der Berliner Lehrkräftebildung: Eine Bestandsaufnahme.* Verfügbar unter: http://edocs.fu-berlin.de/docs/servlets/MCRFileNodeServlet/FUDOCS_derivate_000000008446/160408_SprachenBildenChancen_InteraktivesPDF.pdf;jsessionid=D1D9465D68C54547DD273378F2816FB2?hosts= [14.7.2017].

Köker, Anne; Rosenbrock-Agyei, Sonja; Ohm, Udo; Carlson, Sonja A.; Ehmke, Timo; Hammer, Svenja; Koch-Priewe, Barbara & Schulze, Nina (2015). DaZKom – Ein Modell von Lehrerkompetenz im Bereich Deutsch als Zweitsprache. In Barbara Koch-Priewe, Anne Köker, Jürgen Seifried & Eveline Wuttke (Hrsg.), *Kompetenzen von Lehramtsstudierenden und angehenden ErzieherInnen* (S. 177–205). Bad Heilbrunn: Klinkhardt.

Mayring, Philipp (2015). *Qualitative Inhaltsanalyse. Grundlagen und Techniken* (12., überarb. Aufl.). Weinheim, Basel: Beltz.

Petersen, Inger & Tajmel, Tanja (2015). Bildungssprache als Lernmedium und Lernziel des Fachunterrichts. In Rudolf Leiprecht & Anja Steinbach (Hrsg.), *Schule in der Migrationsgesellschaft*, Band 2 (S. 84–111). Schwalbach/Ts.: Debus Pädagogik Verlag.

Ricart Brede, Julia (in Vorb.). „Kann man überhaupt vorbereitet sein?" Zur Vorbereitung angehender Lehrkräfte für das kulturell diverse und mehrsprachige Klassenzimmer (Arbeitstitel). In Diana Maak & Julia Ricart Brede (Hrsg.), *DaZ und Mehrsprachigkeit in Ausbildung und Unterricht* (Reihe: Mehrsprachigkeit). Münster: Waxmann.

Roth, Hans-Joachim (zusammen mit Bainski, Christiane; Brandenburger, Anja & Duarte, Joana) (2012). Inclusive Academic Language Training – Das europäische Kerncurriculum zur durchgängigen bildungssprachlichen Förderung (EUCIM-TE), In Elmar Winters-Ohle, Bettina Seip & Bernd Ralle (Hrsg.), *Lehrer für Schüler mit Migrationsgeschichte – Sprachliche Kompetenz im Kontext internationaler Konzepte der Lehrerbildung* (S. 93–113). Münster, New York: Waxmann.

Senatsverwaltung für Bildung, Jugend und Familie Berlin & Ministerium für Bildung, Jugend und Sport des Landes Brandenburg (Hrsg.). (2015). *Rahmenlehrplan Jahrgangsstufen 1-10. Teil B: Fachübergreifende Kompetenzentwicklung.* Verfügbar unter: http://bildungsserver.berlin-brandenburg.de/fileadmin/bbb/unterricht/rahmenlehrplaene/Rahmenlehrplanprojekt/amtliche_Fassung/Teil_B_2015_11_10_WEB.pdf [15.07.2017].

Brigitte Jostes

„Mehrsprachigkeit", „Deutsch als Zweitsprache", „Sprachbildung" und „Sprachförderung": Begriffliche Klärungen

1. Einleitung[1]

Diskurse über die Zusammenhänge von Migration, Bildung und Mehrsprachigkeit sind nicht selten affektiv und politisch aufgeladen. Dies stellt eine Herausforderung (nicht nur) für die Lehrkräftebildung im Bereich Sprachbildung, Sprachförderung und Deutsch als Zweitsprache (DaZ) dar. Eine systematische Reflexion zentraler Begriffe scheint geeignet, Sachlichkeit zu befördern, unterschiedliche Zugänge oder auch echte Kontroversen aufzuzeigen.[2] Im vorliegenden Beitrag werden die Begriffe „Mehrsprachigkeit", „Deutsch als Zweitsprache", „Sprachbildung" und „Sprachförderung" in ihren aktuellen Verwendungen systematisch analysiert.

Hierzu ist es notwendig, zunächst den sprachlich-gesellschaftlichen Hintergrund zu skizzieren, auf den sich diese bildungsbezogenen Begriffe beziehen. Im ersten Abschnitt wird hierfür Deutschland als migratorischer Kommunikationsraum modelliert und dabei auf die interne Heterogenität des Deutschen fokussiert. Begriffe wie „Bildungssprache", „Fachsprache" etc. werden hier nicht ausführlich problematisiert, es werden jedoch einschlägige Literaturhinweise gegeben. Vor dem Hintergrund dieser Ausführungen werden die Kriterien verständlich, die den unterschiedlichen Verwendungen des Begriffs „Mehrsprachigkeit" zugrunde liegen. Diese werden im zweiten Abschnitt aufgezeigt und für einen Definitionsvorschlag genutzt, der begriffliche Standardannahmen – die gerade im interdisziplinären Dialog problematisch werden können – explizit macht. Daran anschließend werden im dritten Abschnitt die Begriffe „Deutsch als Zweitsprache", „Sprachbildung" und „Sprachförderung" in ihrer gegenwärtigen Verwendung, die maßgeblich durch die „Expertise Bildung durch Sprache und Schrift (BISS)" (Schneider et al., 2012) geprägt ist, im Hinblick auf implizite Kriterien wie Zielgruppe, Art der Umsetzung, Ziele und Zuständigkeit analysiert. Diese Analyse mündet nicht in einen weiteren Definitionsvorschlag, sondern in der These, dass die bislang in didaktischer Hinsicht noch offenen Bezüge zwischen

---

1 Für die ausgesprochen hilfreichen Rückmeldungen zu diesem Beitrag danke ich Daniela Caspari und Inger Petersen.

2 So konstatiert Heidi Rösch für den Gesamtkomplex der sprachlichen Bildung in der Migrationsgesellschaft, dass es sich bei den scheinbar gegensätzlichen Zugängen von Deutsch als Zweitsprache einerseits und Mehrsprachigkeit andererseits um unterschiedliche, aber nicht gegensätzliche Zugänge handele (Rösch, 2016, S. 292).

„Sprachbildung" und „Sprachförderung" geeignet sind, disziplinenübergreifende Forschungen – insbesondere zwischen den Fachdidaktiken und Deutsch als Zweitsprache – anzuregen. Vor dem Hintergrund, dass diese Begriffe eingebettet sind in aktuelle Diskussionen zur Umsetzung von Inklusion, in denen ein weiter Heterogenitätsbegriff nicht nur sonderpädagogischen Sprachförderbedarf, sondern auch Förderbedarf in Deutsch als Zweitsprache umfassen kann, wird Akteuren der Lehrkräftebildung daher empfohlen, die inhaltlichen Vorstellungen hinter diesen zentralen Begriffen gemeinsam zu definieren (vgl. Baumann & Becker-Mrotzek 2014, S. 47f.).[3]

2. Sprachen und Varietäten im Kommunikationsraum Deutschland[4]

Die in der romanistischen Sprachwissenschaft verbreitete Unterscheidung von konzeptioneller Mündlichkeit (Nähesprache) und konzeptioneller Schriftlichkeit (Distanzsprache) von Peter Koch und Wulf Oesterreicher (1985) ist durch ihre inhaltliche Nähe zur Unterscheidung von BICS (Basic Interpersonal Communicative Skills) und CALP (Cognitive Academic Language Proficiency) (Cummins 1979; 2008) mittlerweile über Romanistik und Sprachwissenschaft hinaus bekannt. Im Folgenden wird der darauf fußende Vorschlag von Wulf Oesterreicher (1995) aufgenommen, das Modell des einzelsprachlichen Varietätenraums, dem als Pole die universalistisch modellierten Kommunikationsbedingungen der Nähe einerseits und der Distanz andererseits zugrunde liegen, auf einen mehrsprachigen Kommunikationsraum zu übertragen.[5] Für Deutschland als migratorischer Kommunikationsraum kann hierfür ein Vorbild aufgegriffen werden, das von Thomas Krefeld (2004, S. 35) in diesem theoretischen Rahmen entworfen wurde.

---

3   Auf die Problematik der verschiedenen Abgrenzungen zwischen „Sprachbildung" und „Sprachförderung" wird mittlerweile vielfach verwiesen, hierzu exemplarisch: „Die Grenzen der Begrifflichkeiten sind jedoch fließend und oft wenig konturiert: Sie werden synonym verwendet oder auch in Kombination, wie etwa in „Sprachbildung und Sprachförderung" im Unterricht" (Benholz & Mavruk, 2016, S. 217).

4   Die Bezeichnung „deutscher Kommunikationsraum" wäre missverständlich, da hiermit auch der gesamte deutschsprachige Raum gemeint sein könnte. Im Folgenden wird aber nur der sprachlich-gesellschaftliche Hintergrund für Fragen der sprachlichen Bildung in Deutschland skizziert, ohne auf Unterschiede und Parallelen zur sprachlichen Gliederung Österreichs, der Schweiz etc. einzugehen. Dieser Fokus ist somit funktional motiviert und steht in keinerlei Widerspruch etwa zum „DACH(L)-Prinzip" der DaZ-DaF-Didaktik, das für die Anerkennung der Diversität im deutschsprachigen Sprachraum steht.

5   „In allen Fällen kann das Modell – gerade weil es auf dem ‚universalistischen' Nähe/Distanz-Kontinuum beruht – mit leichten Modifikationen gute Dienste leisten: Es handelt sich dann aber natürlich nicht mehr um die Modellierung eines einzelsprachlichen Varietätenraums, sondern um die Modellierung eines Kommunikationsraums mit den in ihm verwendeten Sprachen und Varietäten" (Oesterreicher, 1995, S. 9f.).

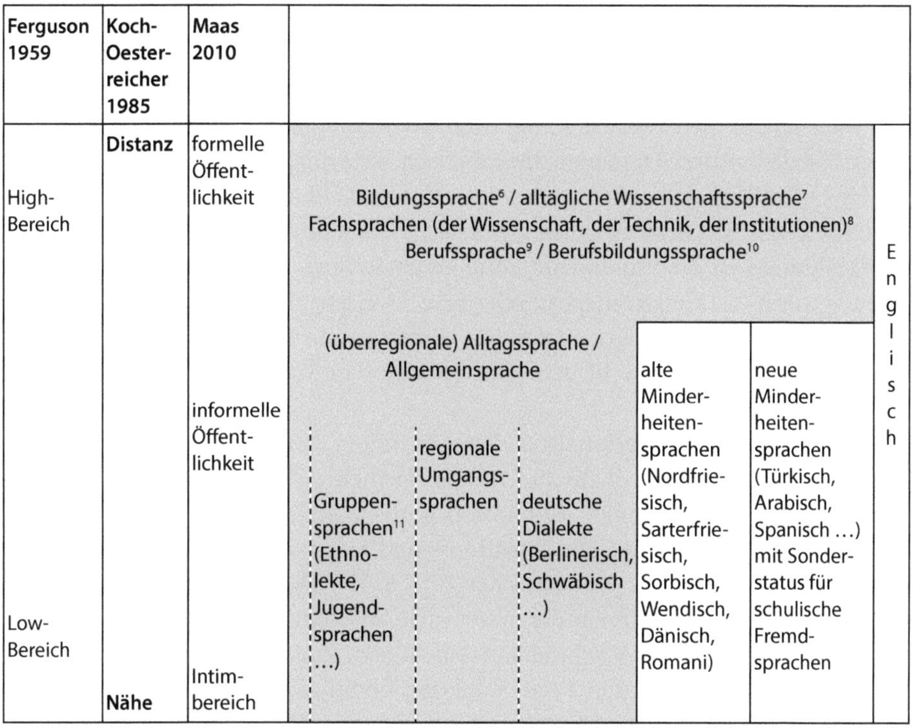

<table>
<tr>
<td>Ferguson 1959</td>
<td>Koch-Oester-reicher 1985</td>
<td>Maas 2010</td>
<td colspan="5"></td>
</tr>
<tr>
<td rowspan="2">High-Bereich</td>
<td>Distanz</td>
<td>formelle Öffent-lichkeit</td>
<td colspan="5">Bildungssprache[6] / alltägliche Wissenschaftssprache[7]
Fachsprachen (der Wissenschaft, der Technik, der Institutionen)[8]
Berufssprache[9] / Berufsbildungssprache[10]</td>
</tr>
<tr>
<td>informelle Öffent-lichkeit</td>
<td colspan="3">(überregionale) Alltagssprache / Allgemeinsprache</td>
<td rowspan="2">alte Minder-heiten-sprachen (Nordfrie-sisch, Sarterfrie-sisch, Sorbisch, Wendisch, Dänisch, Romani)</td>
<td rowspan="2">neue Minder-heiten-sprachen (Türkisch, Arabisch, Spanisch …) mit Sonder-status für schulische Fremd-sprachen</td>
<td rowspan="3">E n g l i s c h</td>
</tr>
<tr>
<td rowspan="2">Low-Bereich</td>
<td></td>
<td></td>
<td>Gruppen-sprachen[11] (Ethno-lekte, Jugend-sprachen …)</td>
<td>regionale Umgangs-sprachen</td>
<td>deutsche Dialekte (Berlinerisch, Schwäbisch …)</td>
</tr>
<tr>
<td>Nähe</td>
<td>Intim-bereich</td>
<td colspan="5"></td>
</tr>
</table>

Abbildung 1: Vereinfachte Darstellung der funktionalen Verteilung von Sprachen und Varietäten des Deutschen (grau unterlegt) in Deutschland

Generell wird in der Sprachwissenschaft der Begriff „Domäne" verwendet, um Bereiche im Leben einer Sprachgemeinschaft zu bezeichnen, in denen sprachlich gehandelt wird und die von spezifischen Umgebungsbedingungen, Rollenbeziehungen und Themenbereichen gekennzeichnet sind. Da die Pole von Nähe und Distanz in soziolinguistischer Perspektive mit der Unterscheidung von Low-Be-

---

6 Zum Begriff „Bildungssprache" vgl. Berendes, Dragon, Heppt & Stanat (2013), Gantefort (2013), Gogolin (2010), Feilke (2012), Riebling (2013), insbesondere Morek & Heller (2012). Inwiefern das Konstrukt „Bildungssprache" tatsächlich als ein Register im sprachwissenschaftlichen Sinne angesehen werden kann, wird nach wie vor diskutiert.

7 Zum Begriff der „alltäglichen Wissenschaftssprache" vgl. Ehlich (1999).

8 Zum Begriff „Fachsprache" vgl. Fluck (2000), Kniffka & Roelcke (2016). Fachsprachen im Allgemeinen werden traditionell zu den Gruppensprachen (Soziolekten) gezählt, s. Fußnote 11.

9 Zum Begriff „Berufssprache" vgl. Efing (2014).

10 Zum Begriff „Berufsbildungssprache" vgl. Kimmelmann (2010).

11 Die Einordnung von Gruppensprachen (Soziolekten) ist in dieser Darstellung problematisch, da die jeweiligen Kommunikationsbedingungen (wie Grad der Öffentlichkeit) berücksichtigt werden müssten, s. auch Fußnote 13. Die Diskussion um den Status des Kiezdeutschen (als Dialekt, Soziolekt oder Register) (Wiese, 2012) machte z.B. deutlich, dass es sich hier um eine Sprachvarietät handelt, der man in nähesprachlichen Verwendungskontexten begegnet.

reich (für Domänen wie z.B. das Familienleben) und High-Bereich (für Domänen wie z.B. die Wissenschaften) korrelieren, hat Krefeld diese traditionelle Unterscheidung von Charles Ferguson (1959) gewählt. In dem hier präsentierten Modell wird zudem die Unterscheidung nach Utz Maas (2010) zwischen den von ihm unterschiedenen drei Domänen Intimbereich, informelle Öffentlichkeit und formeller Öffentlichkeit eingefügt, da diese Unterscheidung in der DaZ-Forschung weit verbreitet ist (siehe beispielhaft Maar, Schroeder & Mayr, in diesem Band). In Abbildung 1 ist die funktionale Verteilung von Sprachen und Varietäten inklusive Registern (als funktionsspezifische Sprechweisen) des Deutschen in Deutschland so vereinfacht skizziert, wie sie als Hintergrund für Begriffe und Fragen der sprachlichen Bildung, die in den folgenden Abschnitten behandelt werden, von Bedeutung ist.

Sprachstrukturelle Merkmale der so genannten „Bildungssprache" (wie syntaktische Komplexität, lexikalische Differenziertheit etc.) sind funktional im Hinblick auf die entsprechenden Kommunikationsbedingungen (wie Öffentlichkeit, Fremdheit, keine Emotionalität, Situations- und Handlungsentbindung, physische Distanz etc., vgl. Koch & Oesterreicher 2011, S. 13). Diese Zusammenhänge werden insbesondere im Rahmen der systemisch-funktionalen Grammatik nach Michael Halliday detailliert beschrieben (siehe hierzu Zydatiß, in diesem Band). Die kognitive (oder auch epistemische) Funktion bildungssprachlicher Kompetenzen für das fachliche Lernen steht hiermit in engem Zusammenhang: Wenn situations- und handlungsentbundene Kommunikation in sprachstruktureller Hinsicht lexikalische Differenziertheit fordert, so steht diese mit einer kognitiven Differenzierung der Begriffe oder Konzepte in Wechselbeziehung. Die Funktionalität der jeweiligen Strukturen gilt ebenso für alle Varietäten der anderen Sprachen, deren interne Heterogenität und funktionale Verteilung im Kommunikationsraum Deutschland hier nicht genauer abgebildet werden. Deutlich wird aber, dass Varietäten anderer Sprachen als der deutschen Sprache (mit der Sonderstellung des Englischen als Lingua franca im öffentlichen Raum sowie als Sprache von Wissenschaft und Wirtschaft) in Deutschland keine implementierten Funktionen am Pol der Distanz bzw. in der formellen Öffentlichkeit zukommen.[12]

Wie distanzsprachlich verwendete Varietäten sprachstrukturelle Merkmale aufweisen, die für die Kommunikationsbedingungen der Distanz funktional sind, sind die Merkmale der nähesprachlich verwendeten Varietäten funktional für Kommunikationsbedingungen der Nähe (wie Privatheit, Vertrautheit, Emotio-

---

12 In migrationspädagogischer Perspektive formuliert hierzu Inci Dirim: „Wichtig ist, festzuhalten, dass auch gemischte Sprachen immer funktional sind und es lediglich eine politische Entscheidung ist, dass nur der monolinguale Code als ‚richtig' und legitim gilt. Diese Tatsache sollte jedoch nicht so gedeutet werden, dass es in Programmen der Sprachförderung nicht wichtig wäre, den nationalsprachlichen monolingualen Sprachcode zu berücksichtigen: Normen und nationalsprachliche Sprachenkategorien lassen sich nicht einfach über Bord werfen und erfüllen wichtige Funktionen (Dirim, 2016, S. 317).

nalität, Situations- und Handlungseinbindung, physische Nähe etc., vgl. Koch & Oesterreicher 1985; 2011, S. 13). Durch ihre Verknüpfung mit sozial markierten Domänen der Kommunikationsgemeinschaft kommt allen Sprachen und Varietäten über die kognitiven und kommunikativen Funktionen hinaus eine sozial-symbolische Funktion zu, wie sie insbesondere von Bourdieu (1982; 2001) aus soziologischer Perspektive beschrieben wurde und gegenwärtig zum Beispiel in Bezug auf den Status des Kiezdeutschen (Wiese 2012) oder auf den Status der Migrantensprachen (Fürstenau & Niedrig, 2011; Mecheril, 2015) thematisiert wird. Für Fragen der sprachlichen Bildung in Migrationsgesellschaften ist ein Bewusstsein von der Unterschiedlichkeit dieser Funktionen von besonderer Bedeutung. Dies hat bereits die Analyse der historischen soziolinguistischen Debatte um die so genannten Defizit- und Differenzhypothesen von Basil Bernstein (1964) und William Labov (1966) durch Peter Koch und Wulf Oesterreicher gezeigt.[13]

3.   „Mehrsprachigkeit"

Aus den unterschiedlichen sozial-symbolischen Funktionen einzelner Sprachen und Varietäten resultiert die unterschiedliche gesellschaftliche Bewertung mehrsprachiger Kompetenzen, auf die Hans-Jürgen Krumm (2013) pointiert mit den Begriffen „Elitemehrsprachigkeit" einerseits und „Armutsmehrsprachigkeit" andererseits verweist. Mit dieser Unterscheidung macht er eine Wertungsdifferenz sichtbar, die durch die gegenwärtig im Bildungsdiskurs zu beobachtende positive Konnotierung des Begriffs „Mehrsprachigkeit" allzu oft überdeckt wird.[14] So weist auch Jürgen Gerhards (2010) in seiner Studie zur europäischen Mehrsprachigkeit, in welcher er das Konzept des „transnationalen sprachlichen Kapitals" einführt, dem Englischen aufgrund des größeren Kommunikationswertes einen höheren Kapitalwert als allen anderen Sprachen zu.

Wenn eingangs auf die Empfehlung verwiesen wurde, „gemeinsam die inhaltlichen Vorstellungen hinter diesen zentralen Begriffen zu definieren" (vgl. Baumann & Becker-Mrotzek 2014, S. 47f.), so ist der Begriff der „Mehrsprachigkeit"

---

13 „Die Soziolinguistik löste in den sechziger und siebziger Jahren erregte Diskussionen über schichtenspezifischen Sprachgebrauch, Sprachbarrieren, Chancengleichheit etc. aus. Erst im Nachhinein ist deutlich geworden, dass es auch hier vorwiegend um Probleme konzeptioneller Mündlichkeit und Schriftlichkeit geht. So wird etwa die von Bernstein entwickelte so genannte Defizithypothese (Gegensatz zwischen einem *restricted code* der Unterschichtsprecher und einem *elaborated code* der Mittelschichtsprecher) erst aus der universalen Sicht des Nähesprechens vs. Distanzsprechens völlig verständlich. Es ist sinnlos, dagegen die so genannte Differenzhypothese Labovs auszuspielen (Vollwertigkeit auch niedrig bewerteter Varietäten), da diese auf die diastratische Variation innerhalb der Einzelsprache zielt" (Koch & Oesterreicher, 2011, S. 26).

14 Zum historischen Wandel der Einstellungen zu Ein- und Mehrsprachigkeit siehe Jostes (2009).

in besonderer Weise geeignet, Möglichkeiten und Grenzen der Umsetzbarkeit dieser Empfehlung aufzuzeigen: Unabhängig von den historisch wandelbaren Konnotierungen ist „Mehrsprachigkeit" ein mehrfach mehrdeutiger Begriff, mit dem ganz unterschiedliche Phänomene bezeichnet werden.

In der Absicht, begrifflich bedingte Verständigungsschwierigkeiten zu minimieren, werden daher zunächst die Kriterien identifiziert, nach denen verschiedene Bedeutungen oder Verwendungsweisen von „Mehrsprachigkeit" unterschieden werden können. Zugleich wird dabei eine analytische Hierarchisierung dieser Kriterien im Hinblick auf Fragen der sprachlichen Bildung erstellt. Zugrunde liegt dabei der Gedanke, dass es allgemeinere und speziellere Unterscheidungskriterien gibt, wobei für die jeweils allgemeineren häufig eine Art Standardannahmen gelten, die nicht explizit gemacht werden. Solche Standardannahmen sind in kommunikativer Hinsicht ökonomisch: So wäre es völlig unökonomisch, in einem Expertengespräch über Transferphänomene im doppelten Erstspracherwerb bei Verwendung des Begriffs „Mehrsprachigkeit" immer wieder explizit zu machen, dass damit nicht die sprachliche Vielfalt (gesellschaftliche Mehrsprachigkeit) gemeint ist. Problematisch werden diese Standardannahmen indes in der interdisziplinären Kommunikation sowie in der Kommunikation zwischen Wissenschaft, Politik und Öffentlichkeit. „Hierarchisierung der Kriterien" bezieht sich hier also nicht auf die Bedeutung für Fragen der sprachlichen Bildung, sondern auf den Grad der Allgemeinheit. So wird das für Fragen der Bildung so zentrale Kriterium des Erwerbskontextes ganz nach hinten gestellt und hierzu werden keine Standardannahmen vorgeschlagen. Die ermittelten Kriterien zur Unterscheidung von Verwendungsweisen des Begriffs „Mehrsprachigkeit" werden hier vorangestellt, die Erläuterungen hierzu folgen:

Kriterien:
1. individuell vs. gesellschaftlich / territorial / institutionell
2. Formen / Umfang der Sprachkompetenz
3. Zugehörigkeit der Idiome zu verschiedenen oder einer Einzelsprache
4. Art des Erwerbskontextes

Ein bekannter Ansatz zur Unterscheidung der Verwendungsweisen des Begriffs, auf den hier zurückgegriffen wurde, stammt von Claudia Riehl (2014). Sie unterscheidet vier „Typen" von Mehrsprachigkeit nach den Kriterien: Art des Erwerbs, gesellschaftliche Bedingungen, Kompetenz, Sprachkonstellationen (vgl. Riehl 2014, S. 11f.). Will man diese Kriterien im Hinblick darauf analytisch hierarchisieren, wie sie für Fragen der sprachliche Bildung funktional sind, bietet es sich an, das Kriterium der „gesellschaftlichen Bedingungen" zu Unterscheidungszwecken an die erste Stelle zu setzen (Kriterium 1). Denn mit Bezug auf Lüdi (1996) fasst Riehl unter diesem Kriterium die Unterscheidungen zwischen „individuell",

„gesellschaftlich" und „institutionell", die übergeordnet sind. Dies zeigt ihr erstes Kriterium (Art des Erwerbs), das sich auf individuelle Mehrsprachigkeit bezieht.[15]

Da hinsichtlich des Kriteriums der Kompetenz (Kriterium 2) nicht nur Formen (wie z.B. *compound, coordinative* und *subordinative bilingualism* nach Weinreich, 1953) unterschieden werden, sondern insbesondere der Umfang der Kompetenz ein Kriterium ist, durch das die Verwendung des Begriffs bestimmt wird, ist es sinnvoll, diesen zu ergänzen. Hierbei bezieht sich Umfang erstens auf die Anzahl der Sprachen im sprachlichen Repertoire des Sprechers. So wird der Begriff „Mehrsprachigkeit" etwa von Bausch (2003) von „Zweisprachigkeit" abgegrenzt und ausschließlich auf sprachliche Kompetenzen bezogen, über die ein Sprecher in mehr als zwei Sprachen verfügt.[16] Hinsichtlich des Umfangs der Sprachkompetenzen in den jeweiligen Sprachen kann die Verwendung des Begriffs zweitens entweder auf voll entwickelte Kompetenzen in mindestens zwei Sprachen eingeschränkt oder auf lebensweltlich relevante Kompetenzen (z.B. Oksaar, 2003; Tracy, 2008)[17] ausgeweitet oder sogar auf rudimentäre Kompetenzen, die in einer zweiten Sprache vorhanden sind, ausgeweitet verwendet werden, wie dies Wandruszka (1979) in programmatischer Absicht getan hat. In der hier vorgestellten Definition werden als Standardannahme Kompetenzen in mindestens zwei Sprachen vorgeschlagen, die nicht voll entwickelt (im Sinne des so genannten „muttersprachlichen" Niveaus) sein müssen.

Ebenfalls auf Wandruszka geht die Unterscheidung von „äußerer" und „innerer" Mehrsprachigkeit zurück, die Riehl unter dem Kriterium „Sprachkonstellationen" verhandelt und sich auf den Status der beteiligten Sprachen – oder,

---

15 Zur Differenzierung der beiden Dimensionen hat der Europarat die begriffliche Unterscheidung von „Mehrsprachigkeit" (engl. *plurilingualism*, franz. *plurilinguisme*) für die individuelle und „Vielsprachigkeit" (engl.) *multilingualism*, franz. *multilinguisme* für die gesellschaftliche Dimension eingeführt (vgl. Trim, North & Coste 2001, S. 17). Diese Unterscheidung hat sich zwar im Französischen, jedoch nicht im deutschen Forschungskontext durchgesetzt (vgl. Hu, 2016, S. 12). Auch die Europäische Union hat diesen Vorschlag nicht aufgenommen und verwendet in der Regel „Mehrsprachigkeit" (engl. *multilingualism*) für die individuelle und „sprachliche Vielfalt" (engl. *linguistic diversity*) für die gesellschaftliche bzw. institutionelle Dimension.

16 „Hinzu kommt oftmals, dass die Begriffe Zwei- und Mehrsprachigkeit im unterrichtsmethodischen und curricularen sowie vor allem auch im sprachenpolitischen Kontext noch immer synonym gebraucht werden, obwohl spätestens seit Weinreich (1976) feststeht, dass sich echte Mehrsprachigkeit mit dem Erwerb einer dritten modernen Sprache bzw. mit dem Lernen einer zweiten Fremdsprache auszuformen beginnt. Der Begriff Mehrsprachigkeit meint folglich quantitativ und qualitativ etwas anderes als Zweisprachigkeit" (Bausch, 2003, S. 439). Dem gegenüber kann der englische Begriff *bilingualism* auch auf Kompetenzen in mehr als zwei Sprachen bezogen werden (vgl. Oksaar, 2003, S. 26).

17 „Es handelt sich um eine variable kommunikative Kompetenz in mehr als einer Sprache" (Oksaar, 2003, S. 31). „Menschen dürfen als mehrsprachig gelten, wenn sie zwei (oder mehr) sprachliche Wissenssysteme so weit erworben haben, dass sie mit monolingualen SprecherInnen in beiden Sprachen problemlos kommunizieren können" (Tracy, 2008, S. 51).

neutraler gesagt, der beteiligten Idiome – beziehen. Denn ob ein sprachliches Idiom als „Varietät" oder aber als „Sprache" bezeichnet wird und damit Sprachstatus erhält, hängt bekanntlich nur zum Teil von sprachinternen Kriterien und zum großen Teil von sprachexternen Kriterien wie gesellschaftlichen und politischen Entwicklungen und Entscheidungen ab. Insofern erscheint es sinnvoll, im Hinblick auf die Sprachenkonstellation das Kriterium als „Zugehörigkeit der Idiome zu verschiedenen oder zu einer Einzelsprache" (Kriterium 3) zu präzisieren. Ebenfalls ist es sinnvoll, dieses Kriterium analytisch über das für Fragen der sprachlichen Bildung so zentrale Kriterium der „Art des Erwerbskontextes" (Kriterium 4) zu stellen, da „Mehrsprachigkeit" in der Regel im Sinne von „äußerer" Mehrsprachigkeit verwendet wird. Mit Blick auf Abschnitt 1 bedeutet dies: Für die standardmäßige Verwendung des Begriffs „Mehrsprachigkeit" ist es unerheblich, welchen Status die Varietäten der beteiligten Sprachen besitzen (z.B. maghrebinisches Arabisch und ein regionales Deutsch). Gehören die Varietäten, die das sprachliche Repertoire einer Sprechers oder einer Sprecherin bilden, aber zu einer Einzelsprache (wie Schwäbisch und Standarddeutsch), so fällt diese Konstellation nicht unter die standardmäßige Verwendung des Begriffs „Mehrsprachigkeit" und wird bei Bedarf explizit gemacht.

Als häufiger Ursprung für Missverständnisse erweist sich das Kriterium der Art des Erwerbskontextes (Kriterium 4), da insbesondere in der Öffentlichkeit vielfach lebensweltlich erworbene Sprachkenntnisse die unbewusste Standardannahme für die Verwendung des Begriffs darstellen. Im Sinne einer lebensweltlich erworbenen Zweisprachigkeit, die mit weitreichenden Kompetenzen in zwei Sprachen einhergeht, wird auch häufig das Adjektiv „bilingual" in Bezug auf Personen verwendet. Für die Kommunikation über Fragen der sprachlichen Bildung ist es zwar oft sowieso unerlässlich, die Erwerbskontexte zu spezifizieren (z.B. lebensweltlich vs. institutionell), wichtig zur Vermeidung von Verständigungsproblemen ist aber ein gemeinsames Bewusstsein darüber, dass hinsichtlich dieses Kriteriums hier keine Standardannahmen getroffen werden und dass diese bei Bedarf explizit gemacht werden. Dies gilt auch für die weiteren Aspekte der Erwerbskontexte (simultaner oder sukzessiver Erwerb, früher oder später Zweitspracherwerb, Erwerb als L1, L2 oder L3).

Auf der Grundlage dieser Überlegungen wird folgender Definitionsvorschlag für „Mehrsprachigkeit" für Fragen der sprachlichen Bildung gemacht:

Mehrsprachigkeit (engl. *multilingualism*) bezeichnet den Umstand, dass eine Person (Kriterium 1) über Kompetenzen in mindestens zwei Sprachen in gegebenenfalls unterschiedlich weit entwickeltem Umfang (Kriterium 2) verfügt. Wir sprechen von „sprachlicher Vielfalt", „Vielsprachigkeit" (engl. *linguistic diversity*) oder explizit von „gesellschaftlicher", „territorialer" oder „institutioneller" Mehrsprachigkeit, wenn wir nicht von Personen, sondern von Gesellschaften, Territorien oder Institutionen sprechen.

Mehrsprachigkeit bezeichnet das Verfügen über sprachliche Idiome, die verschiedenen Einzelsprachen (Kriterium 3) zugeordnet werden („sprachenübergreifende" oder „äußere Mehrsprachigkeit"). Das Verfügen über Kompetenzen in mehr als einer Varietät einer Einzelsprache bezeichnen wir bei Bedarf explizit als „innere Mehrsprachigkeit".

Die Erwerbskontexte (Kriterium 4) können lebensweltlich oder institutionell sein; die Sprachen können simultan oder sukzessiv, als Kind oder als Erwachsener erworben worden sein, wir spezifizieren nach Bedarf.

Die Reflexion der Kriterien sowie die Verwendung der darauf gründenden Arbeitsdefinition bei gleichzeitiger Bezugnahme auf die vereinfachte Übersicht zur funktionalen Verteilung von Sprachen und deutschen Varietäten aus Abschnitt 1 hat sich in meiner universitären Lehre bewährt und zur schnellen Versachlichung der häufig affektiv aufgeladenen Thematik beigetragen. In Verbindung mit der Vermittlung zentraler Ergebnisse zur Rolle von sozioökonomisch und zweitsprachlich bedingten Zusammenhängen zwischen Sprachkompetenzen und Bildungserfolg (z.B. Stanat, 2006) sowie Einblicke in grundlegende bildungssoziologische Fragestellungen (z.B. Drucks, 2015) können vor diesem Hintergrund bildungsbezogene Konzepte von „Deutsch als Zweitsprache", „Sprachbildung" und „Sprachförderung" verortet und im Gesamtkomplex von Maßnahmen für eine (mehr-)sprachige Bildung verortet werden. Dem Modell der vorgenommenen kriteriengeleiteten Analyse der Verwendungsweisen von „Mehrsprachigkeit" folgend, werden im nächsten Abschnitt die Begriffe „Deutsch als Zweitsprache", „Sprachbildung" und „Sprachförderung" analysiert.

4. „Deutsch als Zweitsprache", „Sprachbildung" und „Sprachförderung"

4.1 „Deutsch als Zweitsprache"

Die Bezeichnung „Deutsch als Zweitsprache (DaZ)" kann sich nach Barkowski (2010, S. 49f.) auf drei verschiedene „Ausschnitte des fachlichen Kontinuums Deutsch als Zweitsprache" beziehen. Erstens die sprachlichen Äußerungen von Sprechern, die das Deutsche (z.B. ab dem dritten Lebensjahr) nach einer anderen Erstsprache erworben haben (Ausschnitt 1). In Bezug auf die Lehrkräftebildung bedeutet dies, dass z.B. eine Kenntnis von typischen lernersprachlichen Struktu-ren und Erwerbsphasen sowie insgesamt eine wertschätzende Haltung gegenüber zweitsprachlichen Äußerungen von Schülerinnen und Schülern notwendig ist. Insbesondere Vertreter/-innen der Migrationspädagogik betonen die Bedeutung der Haltung gegenüber zweitsprachlichen Äußerungen (z.B. Dirim & Pokitsch, 2017). Zweitens das Unterrichtsfach (und auch das didaktische Prinzip, vgl. Rösch 2010), das die Förderung des Erwerbs von DaZ betreibt (Ausschnitt 2). Drit-tens das wissenschaftliche Fach, das traditionell und institutionell eng mit dem Fach „Deutsch als Fremdsprache" verbunden ist (Ausschnitt 3).[18] Im Dreiklang der Begriffe „Sprachbildung" und „Sprachförderung" bezieht sich „DaZ" auf das Handeln der Lehrkräfte (als Fach bzw. didaktisches Prinzip, Ausschnitt 2) sowie auf die Lehrkräftebildung durch das wissenschaftliche Fach DaZ (Ausschnitt 3) in Verbindung mit weiteren inhaltlich involvierten wissenschaftlichen Fächern (wie die Fachdidaktiken).

4.2 „Sprachliche Bildung", „Sprachbildung", „Sprachförderung"

Während nun die Verbindung „sprachliche Bildung" analog zu „kultureller Bil-dung" etc. ganz allgemein zur Bezeichnung aller Formen der Bildung im Bereich der Sprachen und durch Sprachen verwendet wird (hierzu ausführlicher Ab-schnitt 4), verweist der Begriff „Sprachbildung" gegenwärtig eindeutig auf seine Herkunft aus dem Diskurs des Projekts „Förderung von Kindern mit Migrations-hintergrund (FörMig)".[19] „Sprachbildung" fokussiert hier auf die bildungssprach-lichen Kompetenzen in der deutschen Sprache, wobei zugleich die lebensweltlich erworbene Mehrsprachigkeit der Schülerinnen und Schüler mit Migrationshinter-grund wertgeschätzt und als Ressource für Bildungsprozesse genutzt werden soll (vgl. Gogolin & Lange, 2011).

---

18 Zur Geschichte des Faches DaZ siehe Oomen-Welke (2017).

19 Dies bedeutet nicht, das der Begriff „Sprachbildung" nicht schon früher verwendet wurde, siehe beispielsweise den Beitrag von Kämper-van den Boogaart (in diesem Band).

Zunächst wurde im Projekt FörMig der Ausdruck „durchgängige Sprachförderung" geprägt, der verdeutlichen sollte: Sprachförderung muss planvoll sowohl über die gesamte Bildungsbiographie hinweg (vertikal) als auch durch die Schulfächer und außerschulischen Lebensbereiche hindurch (horizontal) gestaltet sein. Um zu unterstreichen, dass es sich hierbei um eine Aufgabe handelt, die nicht allein „additiv" (als zusätzlicher Förderunterricht) gestaltet sein kann, wurde „Sprachförderung" ab 2007 durch „Sprachbildung" ersetzt. „Durchgängige Sprachbildung" verweist so auf eine Aufgabe, die den Unterricht in allen Fächern betrifft.[20]

Losgelöst vom Bezug zum Bildungsdiskurs würde das Kompositum „Sprachbildung" analog zu „Lautbildung", „Wortbildung", „Satzbildung" etc. im Sinne von „das Bilden, Formen, Schaffen von Sprache" bzw. der „Gestalt von Sprache" interpretiert. Erst im Kontext des Bildungsdiskurses (mit seinen Komposita wie „Menschenrechtsbildung" oder „Demokratiebildung") sowie des spezifischen Diskurses der Sprachförderung wird das Verständnis umgelenkt auf die Bedeutung ‚Bildung in und durch Sprache(n)'. Unterstützt wird dies Verständnis durch die gleichzeitige Lancierung des Begriffs „Bildungssprache". Anlass war erstens die Erkenntnis aus den PISA-Studien, dass geringere schulische Leistungen, die sprachlich bedingt sind, insbesondere soziokulturell begründet sind. Nicht nur Kinder mit Deutsch als Zweitsprache sind somit Adressaten von „Sprachbildung". Zweitens sollte der insbesondere durch Habermas (1981) bekannte Begriff „Bildungssprache" in Verbindung mit dem Gegenbegriff „Alltagssprache" auf die interne Heterogenität des Deutschen im Allgemeinen sowie auf die spezifischen sprachlichen Anforderungen der Bildung im Besonderen verweisen und bildungsbezogene Forschungen hierzu anregen.

4.3 Unterscheidungen im Projekt „Bildung durch Sprache und Schrift" (BISS)

Spätestens seit 2012 verbreitet sich mit dem Projekt „Bildung durch Sprache und Schrift" (BISS) aber eine wirkungsmächtige Unterscheidung, für die die Begriffe „sprachliche Bildung" und „Sprachförderung" einander gegenübergestellt wur-

---

20 Dass hier tatsächlich ein Austausch vorgenommen wurde, zeigen die folgenden Belege, in denen die Protagonisten des FörMig-Programms sich selbst zitieren:
(1) „Sprachförderung, wie sie in FörMig-Projekten neu verstanden und erprobt werden soll, konzentriert sich auf schul- und bildungsrelevante sprachliche Fähigkeiten von Kindern und Jugendlichen mit Migrationshintergrund" (Programmträger FörMig 2006:1, Hervorhebung B.J.).
(2) „Sprach[bildung], wie sie in FörMig-Projekten neu verstanden und erprobt werden soll, konzentriert sich auf schul- und bildungsrelevante sprachliche Fähigkeiten von Kindern und Jugendlichen mit Migrationshintergrund (Programmträger FörMig 2006, zitiert in Gogolin & Lange 2011, S. 118, Hervorhebung B.J.).

den, wie dies bereits im Rahmen der Weiterbildungsinitiative Frühpädagogische Fachkräfte WIFF (Deutsches Jugendinstitut e.V., 2011, S 71) getan wurde. Bei der Verbreitung dieser Unterscheidung – u.a. in dem ab 2017 wirksamen Berliner Rahmenlehrplan[21] – wird häufig der bereits implementierte, von FörMig eingeführte Begriff der „Sprachbildung" für „sprachliche Bildung" eingesetzt und nun der „Sprachförderung" gegenübergestellt. Nicht nur aus diesen widersprüchlichen Importen – einmal „Sprachbildung" als Ersatz und einmal in Gegenüberstellung zu „Sprachförderung" – ergeben sich begriffliche Schwierigkeiten. Dem Modell der kriteriengeleiteten Analyse folgend, wie sie in Abschnitt 2 für den Begriff „Mehrsprachigkeit" durchgeführt wurde, werden im Folgenden die BISS-Definitionen analysiert, um diese Schwierigkeiten aufzuzeigen. Die Definitionen aus der BISS-Studie lauten:

> **„Sprachliche Bildung** ist Aufgabe der Bildungsinstitutionen für *alle Kinder und Jugendliche*. Sie erfolgt *alltagsintegriert*, aber nicht beiläufig, sondern *gezielt*. Sprachliche Bildung bezeichnet alle durch das Bildungssystem *systematisch angeregten Sprachentwicklungsprozesse* und ist *allgemeine Aufgabe im Elementarbereich und des Unterrichts in allen Fächern*. Die Erzieherin oder Lehrperson greift geeignete Situationen auf, plant und gestaltet sprachlich bildende Kontexte und integriert sprachliche Förderstrategien in das Sprachangebot für alle Kinder und Jugendlichen.

> **Sprachförderung** bezeichnet in Abgrenzung zur sprachlichen Bildung *gezielte Fördermaßnahmen*, die sich insbesondere an *Kinder und Jugendliche mit besonderen Schwierigkeiten oder Entwicklungsverzögerungen* richten, die *diagnostisch ermittelt* wurden. Die Maßnahmen können in der Schule *unterrichtsintegriert oder additiv* erfolgen. Sprachförderung ist häufig ausgerichtet *auf bestimmte Adressatengruppen* und basiert auf *spezifischen sprachdidaktischen Konzepten und Ansätzen, die den besonderen Förderbedarf* berücksichtigen, wie z.B. *Kinder mit Deutsch als Zweitsprache*. Sprachförderung erfolgt *oftmals in der Kleingruppe*, aber nicht zwingend, und hat *kompensatorische Ziele*. Dabei bezeichnet **Sprachförderung** in Abgrenzung zur Lese- und Schreibförderung die Förderung der *allgemeinen sprachlichen Fähigkeiten*, etwa des Wortschatzes oder der Grammatik. Diese Fähigkeiten werden sowohl im Mündlichen als auch im Schriftlichen benötigt. **Lese-** und **Schreib**förderung bezeichnet in Abgrenzung zur Sprach-

---

21 „Schulische Sprachbildung bezeichnet systematisch angeregte Sprachentwicklungsprozesse aller Schülerinnen und Schüler und ist allgemeine Aufgabe des Unterrichts in allen Fächern. Sie erfolgt nicht beiläufig, sondern gezielt, indem die Lehrkraft geeignete Situationen aufgreift, sprachlich bildende Kontexte plant und gestaltet. Hierzu gehört auch die Vermittlung von Strategien, die das Hör- und Leseverstehen sowie das Verfassen von Texten unterstützen.
Während Sprachbildung grundsätzlich integrativer Bestandteil jedes Unterrichts sein soll, meint Sprachförderung eine diagnosegestützte und gezielte Weiterentwicklung der Sprachkompetenz einzelner Schülerinnen und Schüler" (SenBJW, 2015, S. 12).

förderung die gezielte Förderung der handlungsbezogenen Fähigkeiten des Lesens und Schreibens.

Sprachtherapie wird nur bei Vorliegen eines *diagnostisch abgesicherten klinischen Befundes* eingesetzt. Die diagnostische Abklärung und die Therapie *gehören nicht zu den Aufgaben von Erzieherinnen und Lehrkräften*, sondern sind Aufgabe von Fachleuten (Kinderärztinnen, Sprachtherapeuten, Logopädinnen)" (Schneider et al., 2012, S. 23, Kursivierungen B.J.).

In der Expertise wird kein fester Oberbegriff festgelegt, es wird aber auf die häufige Verwendung von „Sprachförderung" als Überbegriff für „sprachliche Bildung" und „Sprachförderung" im hier definierten Sinne verwiesen (Schneider et al., 2012, S. 24). Um die Systematik der begrifflichen Unterscheidungen zu veranschaulichen, werden in Abbildung 2 die impliziten Kriterien dieser Begriffsunterscheidungen nach BISS explizit gemacht:

	Oberbegriff: nicht festgelegt, Hinweis auf Sprachförderung		
	sprachliche Bildung	**Sprachförderung**	**Sprachtherapie**
Zielgruppe	alle Kinder und Jugendliche	Kinder und Jugendliche mit besonderen Schwierigkeiten oder Entwicklungsverzögerungen, die diagnostisch ermittelt wurden; bestimmte Adressatengruppen mit besonderem Förderbedarf, z.B. Kinder mit Deutsch als Zweitsprache	diagnostisch abgesicherter klinischer Befund
Art der Umsetzung	alltagsintegriert, gezielt	unterrichtsintegriert oder additiv; basiert auf spezifischen sprachdidaktischen Konzepten und Ansätzen, die den besonderen Förderbedarf berücksichtigen; oftmals in der Kleingruppe	
Beschreibung / Ziele	systematisch angeregte Sprachentwicklungsprozesse	gezielte Fördermaßnahmen; Förderung der allgemeinen sprachlichen Fähigkeiten; kompensatorische Ziele	
Zuständigkeit	allgemeine Aufgabe im Elementarbereich und des Unterrichts in allen Fächern		nicht Aufgabe von Erzieherinnen und Lehrkräften

Abbildung: 2   Analyse der BISS-Definitionen

Als oberstes Kriterium zur Unterscheidung aller drei Begriffe erscheint hier das Kriterium der Zielgruppe: Während sich „sprachliche Bildung" an alle Kinder und Jugendlichen richtet, stellen die Zielgruppen für „Sprachförderung" und „Sprachtherapie" Untergruppen dieser gesamten Zielgruppe von sprachlicher Bildung dar, die sich durch besondere Schwierigkeiten und einen damit verbundenen Förderbedarf auszeichnen, der „diagnostisch" ermittelt wurde. Obgleich inhaltliche Überschneidungen zwischen sonderpädagogischer Sprachförderung und Sprachtherapie vorhanden sind, wird hier wie in der Expertise selbst nicht weiter auf Sprachtherapie eingegangen: Wie das Kriterium der Zuständigkeit zeigt, ist Sprachtherapie nicht Aufgabe des pädagogischen Personals.[22]

In Abbildung 3 wird diese Beziehung zwischen „sprachlicher Bildung" und „Sprachförderung", die im Hinblick auf die Zielgruppen ein Verhältnis vom Ganzen zu einem Teil darstellt, noch einmal systematisch mit möglichen Untergruppen dargestellt. Dies geschieht erstens in der Absicht, den hohen Stellenwert des – keineswegs eindeutigen – Kriteriums des „diagnostizierten Förderbedarfs", durch das die Zielgruppen hier unterschieden werden, zu verdeutlichen. Wird doch der Begriff „Diagnose" keineswegs ausschließlich zur Feststellung eines „Förderbedarfs" verwendet, der mit einem offiziellen Status und damit gegebenenfalls verbundenen Nachteilsausgleichen verknüpft ist. So sieht auch das für Sprachbildung wegweisende didaktische Modell des Scaffolding (Gibbons, 2002) die Diagnose (sowohl der sprachlichen Anforderungen als auch der sprachlichen Kompetenzen der Schülerinnen und Schüler) vor, auf deren Grundlage angepasste Unterstützungsangebote (unter dem Stichwort „Förderung" im Rahmen von Sprachbildung) entwickelt werden. Zweitens wird mit der Abbildung die Absicht verfolgt, die Frage nach DaZ-spezifischen Kompetenzen im Gesamtkonzept von Sprachbildung für die Lehrkräftebildung genauer situieren zu können.[23] Da der Fokus des Projekts „Sprachen – Bilden – Chancen" auf der Aus- und Weiterbildung von Lehrkräften im Bereich Sprachbildung/DaZ für den Unterricht in allen Fächern liegt (hier: Kriterium Zuständigkeit), soll die Darstellung drittens die Heterogenität der sprachlichen Voraussetzungen deutlich machen, der im inklusiven Regelunterricht mit Differenzierung und Unterstützungsangeboten begegnet werden soll.

---

22 Zu Abgrenzung und Zusammenwirken von sonderpädagogischer Sprachförderung und Sprachtherapie vgl. Langen-Müller & Maihack (2007).

23 Auf die Gefahr, dass mit den Bezeichnungen „durchgängige Sprachbildung" etc., die sich an alle richten, benachteiligte Gruppen keine Berücksichtigung finden, weist Heidi Rösch hin: „Doch wie so oft, wenn von allen die Rede ist, werden unter diesem Label [Language across the curriculum, sprachsensibler Fachunterricht oder durchgängige Sprachbildung, B.J.] benachteiligte Gruppen in dem Sinne gleich behandelt, dass ihre spezifischen Bedürfnisse keine explizite Berücksichtigung finden und eine Orientierung an den eher Privilegierten stattfindet. Deshalb plädiere ich dafür, auch im sprachsensiblen Fachunterricht DaZ-Aspekte explizit aufzunehmen" (Rösch, 2016, S. 294).
Im Gegensatz zu den BISS-Unterscheidungen und der entsprechenden Formulierungen im neuen Berliner Rahmenlehrplan verweist die Berliner Lehramtszugangsverordnung (LZVO) darauf, dass Sprachbildung Deutsch als Zeitsprache umfasst: „(1) Der […] Bereich Sprachbildung umfasst die Vermittlung pädagogisch-didaktischer Basisqualifikationen, die die angehenden Lehrkräfte befähigt, die Entwicklung von Sprachkompetenzen der Schülerinnen und Schüler in der deutschen Sprache auf bildungssprachlichem Niveau zu fördern, sowie Grundlagen der Diagnostik und Beratung. Sprachbildung beinhaltet Deutsch als Zweitsprache und Maßnahmen gegen Analphabetismus."

Adressaten von **sprachlicher Bildung**				
alle Schülerinnen und Schüler, unabhängig von ihren Erstsprachen und Förderbedarfen				
Schülerinnen und Schüler **ohne** „diagnostizierten" Sprachförderbedarf, mit **Deutsch als Erst- oder Zweitsprache**, mit unterschiedlich entwickelten Sprachkompetenzen	Schülerinnen und Schüler **mit „diagnostiziertem"** Sprachförderbedarf → zugleich Adressaten von **Sprachförderung** (unterrichtsintegriert oder additiv)			
	Schüler/-innen mit **Deutsch als Erstsprache** (sonderpäd. Förderbedarf)	Schüler/-innen mit **Deutsch als Erstsprache** (soziokulturell bedingter Förderbedarf)	Schüler/-innen mit **Deutsch als Zweitsprache**	
			Schüler/-innen mit Deutsch als Zweitsprache (bedingt durch mangelnde Erwerbsgelegenheiten)	Schüler/-innen mit Deutsch als Zweitsprache als Seiteneinsteiger nach Übergang in Regelklassen
		ggf. zzgl. sonderpäd. FB	*ggf. zzgl. sonderpäd. FB*	*ggf. zzgl. sonderpäd. FB*

Abbildung 3:   Zuordnung von Zielgruppen zu den BISS-Definitionen

Es wird deutlich, dass sich ausgehend vom Kriterium der Zielgruppe, wie es im BISS-Projekt ins Zentrum gestellt wurde, differenzierte sprachliche Unterstützungsangebote als ein Merkmal von „Sprachbildung" einerseits und unterrichtsintegrierte „Sprachförderung" andererseits kaum voneinander unterscheiden lassen. Für die Lehrkräftebildung stellt sich damit die Frage, wie viel Sprachförderkompetenz und damit auch DaZ-Kompetenz im Gesamtkomplex von Sprachbildung (die bei BISS „sprachliche Bildung" heißt) enthalten sein kann.

Doch zunächst soll das Kriterium „Art der Umsetzung" näher betrachtet werden. Wenn hier zum Begriff der „sprachlichen Bildung" das Stichwort „alltagsintegriert" genannt wird, ist dies dem Umstand geschuldet, dass sich die BISS-Studie nicht nur auf den schulischen Bereich, sondern auch auf den Elementarbereich bezieht. Zu ergänzen für den schulischen Bereich wäre sicher „unterrichtsintegriert", da in Bezug auf Sprachförderung darauf verwiesen wird, dass diese sowohl unterrichtsintegriert als auch additiv erfolgen kann. Diese Unterscheidungen beziehen sich auf die Organisationsform, und tatsächlich wird „Sprachförderung" im schulischen Bereich häufig zur Bezeichnung additiver Maßnahmen verwendet.[24]

---

24 „Sprachbildung nimmt im Vergleich zur → Sprachförderung die umfassendere Perspektive ein. Während Sprachförderung oft als additive Interventionsmaßnahme verstanden wird, bezieht sich Sprachbildung auf die Schaffung eines grundsätzlichen Bildungszugangs zur Sprache und geht über das einzelne Fach und über die einzelne Bildungsinstitution hinaus" (Beese, u.a. 2014, S. 175).

4.4   „Sprachförderung" als „spezielle Form der Sprachbildung"

Ein Verständnis von „Sprachförderung" jedoch, das durch das Kriterium „additiv" im Hinblick auf die Organisationsform charakterisiert wäre, würde den Motiven für die moderne Begriffsbildung (beginnend mit FörMig) zuwiderlaufen. So wurde von Morris-Lange; Wagner und Altinay (2016) in einer leicht abgewandelten Form der BISS-Unterscheidungen mit ausschließlichem Bezug auf die schulische Bildung noch einmal betont, dass „Sprachförderung" auch im Regelunterricht erfolgen könne, und präzisiert, dass sie „eine spezielle Form der Sprachbildung" darstelle:

> **Sprachbildung** (bzw. sprachliche Bildung) ist als ein Oberbegriff zu verstehen, der alle Formen von gezielter Sprachentwicklung umfasst. Sprachbildung zielt darauf ab, die Sprachkompetenz aller Schülerinnen und Schüler zu verbessern, unabhängig davon, ob sie in Deutschland aufgewachsen oder neu zugewandert sind. Sprachbildung findet im Sprach- und Fachunterricht statt, z.B. indem die Lehrkraft gezielte Rückfragen stellt, Testaufgaben für alle Schulkinder verständlich formuliert, bei Formulierungen hilft und genügend Zeit für die Diskussion einräumt.

> **Sprachförderung** bezeichnet eine spezielle Form von Sprachbildung. Zielgruppe sind Kinder und Jugendliche mit sprachlichen Schwierigkeiten, z.B. Geflüchtete, die Deutsch als Zweitsprache erlernen. Sprachförderung erfolgt sowohl im Regelunterricht als auch in gezielten Förderstunden (Schneider et al. 2012: 23).

> **Bildungssprache** bzw. die Entwicklung bildungssprachlicher Kompetenzen ist ein Ziel von Sprachbildung und Sprachförderung. Bei Bildungssprache handelt es sich um ein formales Sprachrepertoire, das über die Alltagssprache hinausgeht und dessen Beherrschung für den schulischen Erfolg essenziell ist. Hierzu zählen u.a. ein großer Wortschatz mit viel Fachvokabular und die Beherrschung komplexer sprachlicher Handlungsmuster wie z.B. das Halten eines Referats. Während Kinder aus deutschsprachigen bildungsnahen Elternhäusern im familiären Alltag genügend bildungssprachliche Kompetenzen erwerben, sind sozial benachteiligte Gleichaltrige mit und ohne Migrationshintergrund stärker darauf angewiesen, dass Bildungssprache in der Schule vermittelt wird. Dies ist bislang aber nur teilweise der Fall (vgl. Gogolin 2009: 268–271; Tajmel 2012: 9). (Morris-Lange et al., 2016, S. 9).

Als „spezielle Form der Sprachbildung" für Schülerinnen und Schüler mit sprachlichen Schwierigkeiten müsste unterrichtsintegrierte Sprachförderung also spezifische didaktische Merkmale oder Prinzipien aufweisen, die sich von Merkmalen eines sprachbildenden Unterrichts, wie sie in oben stehender Definition genannt werden (Testaufgaben verständlich formulieren etc.) oder z.B. bei Gogolin et al., 2011) als Qualitätsmerkmale eines sprachbildenden Unterrichts zusammengefasst werden, unterscheiden bzw. einzelne von ihnen stärker fokussieren. In didaktischer Perspektive wäre hier die Frage zentral, inwieweit die „Entwicklung bildungssprachlicher Kompetenzen" – als Ziel sowohl von „Sprachbildung" und „Sprachförderung" – in das fachliche Lernen integriert ist – ein Aspekt, der nicht zwingend mit der Organisationsform verbunden ist. Hierauf hatte bereits Heidi Rösch in Bezug auf Deutsch als Zweitsprache mit ihrem Begriffspaar „Lehrgangsprinzip" vs. „Integrationsprinzip" verwiesen, wobei sich der Begriff „Integration" auf die Verbindung von DaZ-Förderung mit fachlichem Lernen bezieht. Zwar gäbe es eine Affinität zwischen den Organisationsformen und den von ihr gegenübergestellten Prinzipien (wie DaZ-Kurse nach Lehrgangsprinzip einerseits und DaZ im Fachunterricht nach Integrationsprinzip andererseits), die Organisationsformen legten „die konkrete Gestaltung der Sprachförderangebote [...] aber keinesfalls fest" (Rösch, 2010, S. 457f.). In diesem Sinne wären additive fachliche Förderkurse mit DaZ-Bezug dem Integrationsprinzip zuzuordnen.

Zur Frage nach den Bezügen zwischen sprachlichem und fachlichem Lernen in „Sprachbildung" und „Sprachförderung" ließe sich mit Bezug auf Gogolin et al. (2011, S. 10) und das dort formulierte Qualitätsmerkmal 5 („Die Lehrkräfte unterstützen die Schülerinnen und Schüler in ihren individuellen Sprachbildungsprozessen") folgende These formulieren: Während bei „Sprachbildung" als allgemeinem didaktischen Prinzip die sprachliche Unterstützung des fachlichen Lernens im Zentrum steht, fokussiert „Sprachförderung" (als spezielle Form von „Sprachbildung") die individuellen sprachlichen Voraussetzungen der Schülerinnen und Schüler und nimmt fachliches Lernen auch zum Anlass für individuell abgestimmtes sprachliches Lernen bei sprachlichen Schwierigkeiten.[25] Eine daran anschließende These (die im Projekt „Sprachen – Bilden – Chancen" diskutiert wurde) könnte lauten, dass „Sprachbildung" in der hier verhandelten Abgrenzung in didaktischer Hinsicht eher dem Prinzip des *Focus on Meaning* folge, während „Sprachförderung" (ggf. in Form von nur kurzzeitig in den Unterricht eingebundenen Unterstützungsmaßnahmen) dem Prinzip des *Focus on Form* zuzuordnen wäre (vgl. Rösch, 2011, S. 74).[26]

Die mit BISS eingeführte Unterscheidung von „Sprachbildung" (bzw. dort „sprachliche Bildung") und „Sprachförderung" wie auch die daran anschließende Spezifizierung von „Sprachförderung" als „besonderer Form von Sprachbildung" hat (nicht nur im Projekt „Sprachen – Bilden – Chancen") zu zahlreichen Diskussionen über deren Sinnhaftigkeit geführt. Im Lichte des aktuellen bildungspolitischen Diskurses (in dem ein gemeinsamer Unterricht, der die heterogenen sprachlichen Voraussetzungen der Schülerschaft berücksichtigt, ein zentrales Ziel darstellt, ohne additive Maßnahmen prinzipiell auszuschließen) und mit Blick

---

25 Ähnlich formuliert es auch Martina Rost-Roth (2017, S. 71): „Während die Sprachförderung davon ausgeht, dass sprachliche Aspekte gezielt und explizit fokussiert werden, setzt Sprachbildung voraus, dass Fachunterricht und Unterrichtskommunikation selbst als förderlich für sprachliche Entwicklung gestaltet werden".
26 Diese These wurde von Daniela Caspari formuliert.

auf die Lehrkräftebildung zeigt sich jedoch der Mehrwert dieses eingeführten Begriffspaars, wenn es um die Entwicklung bildungssprachlicher Kompetenzen als Aufgabe aller Fächer geht: Ähnlich wie die bildungs- und forschungspolitisch motivierte Lancierung des Begriffs „Bildungssprache" durch FörMig hat dieses Begriffspaar das Potenzial, die notwendige wissenschaftliche Auseinandersetzung zwischen den Fachdidaktiken einerseits und den sprachenbezogenen Disziplinen andererseits (wie DaZ und Linguistik) anzuregen. Diese Notwendigkeit zeigt sich ganz aktuell, da einerseits mit der Ausweitung von DaZ zu „Sprachbildung" (als Aufgabe aller Fächer für alle Schüler/-innen) in der Lehrkräftebildung eine verstärkte Anbindung von Sprachbildung an die fachdidaktische Ausbildung stattgefunden hat. Gleichzeitig wird andererseits mit der aktuellen Zuwanderungssituation gefragt, inwiefern das Konzept der fachintegrierten Sprachbildung überhaupt den Bedürfnissen von Schülerinnen und Schülern mit spezifischen sprachlichen Schwierigkeiten (z.B. der Seiteneinsteiger) gerecht wird. „Sprachförderung" als „spezielle Form der Sprachbildung", die auch im Regelunterricht stattfindet, kann die Entwicklung von und Qualifizierung für Unterstützungsmaßnahmen für Schülerinnen und Schüler mit sprachlichen Schwierigkeiten anregen, ohne hinter das Ziel eines gemeinsamen Unterrichts für eine heterogene Schülerschaft zurückzufallen, in dem „Sprachbildung" als didaktisches Prinzip das fachliche Lernen in allen Fächern unterstützt. Offen bleibt gegenwärtig die Frage, inwiefern in der Lehrkräftebildung zweitsprachlich oder soziokulturell veranlasste „Sprachförderung" (wie sie hier thematisiert wurde) in ihren Unterschieden zu und Überschneidungen mit sonderpädagogisch veranlasster Sprachförderung in Verbindung gebracht werden kann. Diese Reflexion der Zusammenhänge zwischen den beiden großen Querschnittsthemen der Lehrkräftebildung – Sprachbildung und Inklusion – stellt ein klares Desiderat der Forschung dar.

Auch Becker-Mrotzeck und Roth (2017) plädieren dafür, an der in der BISS-Studie (Schneider et al., 2012) formulierten Unterscheidung festzuhalten.[27] Sie heben in diesem Zusammenhang hervor, dass eine kompetenzorientierte Grundhaltung keinen Verzicht darauf bedeute, von „Rückständen, Defiziten oder Entwicklungsverzögerungen" zu sprechen:

> „Damit verbunden ist, auch von sprachlichen Defiziten und darauf reagierender Sprachförderung zu sprechen, wenn das empirisch gegeben ist. Eine kompetenzorientierte Grundhaltung zeichnet sich nicht etwa dadurch aus, darauf zu verzichten, von Rückständen, Defiziten oder Entwicklungsverzögerungen zu sprechen, sondern differenziert zu Kompetenzen *und* Defiziten sowie Übergangsphänomenen – soweit möglich diagnostisch gestützt – Stellung zu nehmen und davon ausgehend effektive Maßnahmen zur sprachlichen Bildung und Förderung zu entscheiden: Das ist als durchgängiges Prinzip in den Kita-Alltag bzw. Un-

---

27 Wie oben gezeigt, wird in BISS-Studie zwar von „sprachlicher Bildung" in Gegenüberstellung zu „Sprachförderung" gesprochen, wie in Morris-Lange et. al. (2016) und auch dem Berliner Rahmenlehrplan wird „sprachliche Bildung" in diesem Sine aber häufig durch „Sprachbildung" ersetzt.

terricht zu integrieren, und bei Bedarf auch spezifischer und in Kleingruppen (Becker-Mrotzek & Roth, 2017, 18).

5. Fazit

Im Gegensatz zu „Sprachförderung" können mit dem Begriff „sprachliche Bildung" Prozesse und Maßnahmen, aber zugleich auch deren Ergebnis bzw. angestrebtes Ziel bezeichnet werden. Mit (individueller) „Mehrsprachigkeit" wird ebenfalls das Ergebnis von sprachlichen Aneignungsprozessen bezeichnet. Modelle sprachlicher Bildung (als angestrebtes Ziel) ohne eine (mehr oder wendiger umfassend entwickelte) Mehrsprachigkeit würden gegenwärtig zu Recht weithin als indiskutabel gelten. Entwickelte bildungssprachliche Kompetenzen in der Standardvarietät des (bundesdeutschen) Hochdeutschen (mit ihrer Funktion als Instruktionssprache), die als Ziel von „Sprachbildung" und „Sprachförderung" im gegenwärtigen deutschen Bildungsdiskurs im Fokus stehen, sind somit nur ein Bestandteil einer sprachlichen Bildung im Allgemeinen: Fremdsprachenkenntnisse, gegebenenfalls herkunftssprachliche Kenntnisse, Sprachbewusstheit, Registerkompetenz, kommunikative Kompetenzen, interkulturelle Kompetenzen etc. stellen weitere zentrale Aspekte gegenwärtiger (impliziter oder expliziter) Modelle einer sprachlichen Bildung dar.[28] Diese Kompetenzen stehen im Fokus weiterer Maßnahmen sprachlicher Bildung (wie Fremdsprachenunterricht, herkunftssprachlicher Unterricht, Mehrsprachigkeitdidaktik, Didaktik der Sprachenvielfalt etc.). Einen Vorschlag für die Einordnung von „durchgängiger Sprachbildung/ sprachsensiblem Fachunterricht" in ein Gesamtpanorama von Maßnahmen „sprachlicher Bildung" mit ihren jeweiligen Zielen macht Heidi Rösch (2016). Daniela Caspari (in diesem Band) zeigt die Problematik auf, Sprachbildung im Fremdsprachenunterricht zu verankern, wenn diese auf das Ziel des Erwerbs bildungssprachlicher Kompetenzen im Deutschen eingegrenzt wird. Dieses Beispiel macht deutlich, wie wichtig die jeweilige Präzisierung der Ziele sprachlicher Bildungsmaßnahmen ist, um deren Ineinanderwirken (auch zusammen mit den zukünftigen oder bereits tätigen) Lehrkräften reflektieren zu können.

Wenn in diesem Beitrag für die Begriffe „Sprachbildung" und „Sprachförderung" nur die Problematik und keine klare Abgrenzung aufgezeigt werden konnte, so scheint dies durchaus intendiert zu sein: Herausgefordert wird mit diesem didaktisch noch zu füllenden Begriffspaar die Diskussion zwischen allen beteiligten Disziplinen über Konzepte einer Sprachbildung im Fach, bei der die sprachlichen Voraussetzungen aller (auch derer mit sprachlichen Schwierigkeiten) Berücksichtigung finden.

---

28 Die historische Wandelbarkeit sowie die Auseinandersetzung um (meist implizite) Modelle sprachlicher Bildung zeigt Jürgen Trabant (2001) am Beispiel der *Questione della Lingua* im 16. Jahrhundert.

Literatur

Barkowski, Hans (2010). Deutsch als Zweitsprache (DaZ). In Hans Barkowski & Hans-Jürgen Krumm (Hrsg.), *Fachlexikon Deutsch als Fremd- und Zweitsprache* (S. 49–51). Tübingen, Basel: Francke.

Baumann, Barbara & Becker-Mrotzek, Michael (2014). *Sprachförderung und Deutsch als Zweitsprache an deutschen Schulen. Was leistet die Lehrerbildung?* Mercator-Institut.

Bausch, Karl-Richard (2003). Zwei und Mehrsprachigkeit. In Karl-Richard Bausch, Herbert Christ & Hans-Jürgen Krumm (Hrsg.), *Handbuch Fremdsprachenunterricht* (S. 439–445). Tübingen: Francke.

Becker-Mrotzek, Michael & Roth, Hans-Joachim (2017). Sprachliche Bildung – Grundlegende Begriffe und Konzepte. In Michael Becker-Mrotzek & Hans-Joachim Roth (Hrsg.), *Sprachliche Bildung – Grundlagen und Handlungsfelder* (S. 11–36). Münster: Waxmann.

Beese, Melanie; Benholz, Claudia; Chlosta, Christoph; Gürsoy, Erkan; Hinrichs, Beatrix; Niederhaus, Constanze & Oleschko, Sven (2014). *Sprachbildung in allen Fächern* (Deutsch lehren lernen, Bd. 16). München: Klett-Langenscheidt.

Benholz, Claudia & Mavruk, Gülşah (2016). Sprachförderung in der Unterrichtssprache. In Eva Burwitz-Melzer, Grit Melhorn, Claudia Riemer, Karl-Richard Bausch & Hans-Jürgen Krumm (Hrsg.), *Handbuch Fremdsprachenunterricht* (S. 217–221). Tübingen: Francke.

Berendes, Karin; Dragon, Nina; Heppt, Birgit & Stanat, Petra (2013). Hürde Bildungssprache? Eine Annäherung an das Konzept „Bildungssprache" unter Einbezug aktueller empirischer Forschungsergebnisse. In Angelika Redder & Sabine Weinert (Hrsg.), *Sprachförderung und Sprachdiagnostik. Interdisziplinäre Perspektiven* (S. 17–41). Münster: Waxmann.

Bernstein, Basil (1964). Elaborated and restricted codes. Their social origins and some consequences. *American Anthroplogist, 66,* 55–69.

Bourdieu, Pierre (1982). *Ce que parler veut dire. L'economie des échanges linguistiques.* Paris: Fayard.

Bourdieu, Pierre (2001). *Langage et pouvoir symbolique.* Paris: Fayard.

Caspari, Daniela (2017). Durchgängige Sprachbildung – der Beitrag des Fremdsprachenunterrichts. In Brigitte Jostes, Daniela Caspari & Beate Lütke (Hrsg.), *Sprachen – Bilden – Chancen. Sprachbildung in Didaktik und Lehrkräftebildung* (S. 201–216). Münster: Waxmann.

Cummins, Jim (1979). Cognitive/academic language proficiency, linguistic interdependence, the optimum age question and some other matters. *Working Papers on Bilingualism, 19,* 198–205.

Cummins, Jim (2008). BICS and CALP. Empirical and theoretical status of the distinction. In Patricia A. Duff & Nacy H. Hornberger (Hrsg.), *Encyclopedia of Language and Education* (Bd. 2, S. 71–83). New York: Springer Science.

Deutsches Jugendinstitut e.V. (Hrsg.) (2011), *Sprachliche Bildung. Grundlagen für die kompetnezorientierte Weiterbildung. Ein Wegweiser der Weiterbildungsinitiative Frühpädagogische Fachkräfte (WIFF).* München.

Dirim, Inci (2016). Sprachverhältnisse. In Paul Mecheril (Hrsg.), *Handbuch Migrationspädagogik* (S. 311–325). Weinheim/Basel: Beltz.

Dirim, Inci & Pokitsch, Doris (2017). Migrationspädagogische Zugänge zu „Deutsch als Zweitsprache". In Michael Becker-Mrotzek & Hans-Joachim Roth (Hrsg.), *Sprachliche Bildung – Grundlagen und Handlungsfelder* (S. 95–108). Münster: Waxmann.

Drucks, Stephan (2015). Ungleichheitsbezogene Bildungssoziologie trifft Sprachbildung – drei Semester Lernerfolg auf allen Seiten. In Claudia Benholz, Magnus Frank, & Erkan Gürsoy (Hrsg.), *Deutsch als Zweitsprache in allen Fächern* (S. 253–265). Stuttgart: Fillibach.

Efing, Christian (2014). Berufssprache & Co.: Berufsrelevante Register in der Fremdsprache. Ein varietätenlinguistischer Zugang zum berufsbezogenen DaF-Unterricht. *Info DaF, 4* (Themenreihe „Vermittlung von Fachsprachen"), 415–441.

Ehlich, Konrad (1999). Alltägliche Wissenschaftssprache. *Info DaF, 26,* 3–24.

Feilke, Helmuth (2012). Bildungssprachliche Kompetenzen. fördern und entwickeln. *Praxis Deutsch,233,* 4–13.

Ferguson, Charles (1959). Diglossia. *Word, 15,* 325–340.

Fluck, Hans-Rüdiger (2000). Fachsprachen. Zur Funktion, Verwendung und Beschreibung eines wichtigen Kommunikationsmittels in unserer Gesellschaft. In Karin Eichhoff-Cyrus & Rudolf Hoberg (Hrsg.), *Die deutsche Sprache zur Jahrtausendwende. Sprachkultur oder Sprachverfall?* (S. 89–106). Mannheim: Dudenverlag.

Fürstenau, Sara & Niedrig, Heike (2011). Die kultursoziologische Perspektive Pierre Bourdieus. Schule als sprachlicher Markt. In Sara Fürstenau & Mechthild Gomolla (Hrsg.), *Migration und schulischer Wandel. Mehrsprachigkeit* (S. 69–87). Wiesbaden: VS Verlag.

Gantefort, Christoph (2013). „Bildungssprache" – Merkmale und Fähigkeiten im sprachtheoretischen Kontext. In Ingrid Gogolin, Imke Lange, Ute Michel & Hans H. Reich (Hrsg.), *Herausforderung Bildungssprache – und wie man sie meistert* (S. 71–105). Münster: Waxmann.

Gerhards, Jürgen (2010). *Mehrsprachigkeit im Vereinten Europa. Transnationales sprachliches Kapital als Ressource in einer globalisierten Welt.* Wiesbaden: Verlag für Sozialwissenschaften.

Gibbons, Pauline (2002). *Scaffolding Language, Scaffolding Learning. Teaching Second Language Learners in the Mainstream Classroom.* Portsmouth, NH: Heinemann.

Gogolin, Ingrid (2010). Was ist Bildungssprache? *Grundschule Deutsch, 2010* (4), 4–5.

Gogolin, Ingrid & Lange, Imke (2011). Bildungssprache und durchgängige Sprachbildung. In Sara Fürstenau & Mechthild Gomolla (Hrsg.), *Migration und schulischer Wandel. Mehrsprachigkeit* (S. 107–127). Wiesbaden: VS Verlag.

Gogolin, Ingrid; Lange, Imke; Hawighorst, Britta; Bainski, Christiane; Heintze, Andreas; Rutten, Sabine & Wiebke Saalmann in Zusammenarbeit mit der FörMig-AG Durchgängige Sprachbildung (2011): *Durchgängige Sprachbildung. Qualitätsmerkmale für den Unterricht.* Münster: Waxmann.

Habermas, Jürgen (1981). *Umgangssprache, Wissenschaftssprache, Bildungssprache* (Kleine politische Schriften I-IV). Frankfurt am Main: Suhrkamp.

Hu, Adelheid (2016). Mehrsprachigkeit. In Eva Burwitz-Melzer, Grit Melhorn, Claudia Riemer, Karl-Richard Bausch &Hans-Jürgen Krumm (Hrsg.). *Handbuch Fremdsprachenunterricht* (S. 10–15). Tübingen: Francke.

Jostes, Brigitte (2009). Einsprachigkeit. Skizze eines unpopulären Forschungsprogramms. In Markus Messling & Ute Tintemann (Hrsg.), *„Der Mensch ist nur Mensch durch Sprache". Zur Sprachlichkeit des Menschen* (S. 183–202), Paderborn: Fink.

Kämper-van den Boogaart, Michael (2017). Rudolf Hildebrand: Ein historisches Konzept von Sprachbildung im Deutschunterricht. In Brigitte Jostes, Daniela Caspari & Beate Lütke (Hrsg.), *Sprachen – Bilden – Chancen. Sprachbildung in Didaktik und Lehrkräftebildung* (S. 59–76). Münster: Waxmann.

Kimmelmann, Nicole (2010). *Cultural Diversity als Herausforderung der beruflichen Bildung. Standards für die Aus- und Weiterbildung von pädagogischen Professionals als Bestandteil des Diversity Management.* Aachen: Shaker.

Kniffka, Gabriele & Roelcke, Thorsten (2016). *Fachsprachenvermittlung im Unterricht.* Paderborn: UTB; Schöningh.

Koch, Peter & Oesterreicher, Wulf (1985). Sprache der Nähe – Sprache der Distanz. Mündlichkeit und Schriftlichkeit im Spannungsfeld von Sprachtheorie und Sprachgeschichte. *Romanistisches Jahrbuch, 36*, 15–43.

Koch, Peter & Oesterreicher, Wulf (2011). *Gesprochene Sprache in der Romania: Französisch, Italienisch, Spanisch* (2. Aufl.). Tübingen: Niemeyer.

Krefeld, Thomas (2004). *Einführung in die Migrationslinguistik. Von der Germania italiana in die Romania multipla.* Tübingen: Narr.

Krumm, Hans-Jürgen (2013), *Elite- oder Armutsmehrsprachigkeit: Herausforderungen für das österreichische Bildungswesen.* Abschlussvortrag der Tagung „Mehrsprachigkeit und Professionalisierung in pädagogischen Berufen. Interdisziplinäre Zugänge zu aktuellen Herausforderungen im Bildungsbereich". Wien 28.2.–1.3.2013.

Labov, William (1966). *The Social Stratification of English in New York City.* Washington, D.C.

Langen-Müller, Ulrike & Maihack, Volker (2007). *Früh genug – aber wie? Sprachförderung auf Erlass oder Sprachtherapie auf Rezept?* Köln: ProLog.

Lüdi, Georges (1996). Mehrsprachigkeit. In Hans Goebl, Peter H. Nelde, Zdenek Starý & Wolfgang Pöckl (Hrsg), *Kontaktlinguistik. Ein internationales Handbuch zeitgenössischer Forschung* (S. 233–245). Berlin & New York: de Gruyter.

Maar, Verena; Schroeder, Christoph & Mayr, Katharina (2017). Sprachbildung und Deutsch als Zweitsprache (DaZ) – Perspektiven in Brandenburg. In Brigitte Jostes, Daniela Caspari & Beate Lütke (Hrsg.), *Sprachen – Bilden – Chancen. Sprachbildung in Didaktik und Lehrkräftebildung* (S. 33–46). Münster: Waxmann.

Morris-Lange, Simon; Wagner, Katarina & Altinay, Lale (2016). *Lehrerbildung in der Einwanderungsgesellschaf. Qualifizierung für den Normalfall Vielfalt. Policy Brief des SVR-Forschungsbereichs und des Mercator-Instituts für Sprachförderung und Deutsch als Zweitsprache.* Verfügbar unter https://www.svr-migration.de/wp-content/uploads/2016/09/Policy_Brief_Lehrerfortbildung_2016.pdf [27.04.2017].

Maas, Utz (2010). Literat und orat. Grundbegriffe der Analyse geschriebener und gesprochener Sprache. *Grazer Linguistische Studien, 73*, 21–150.

Mecheril, Paul (2015). Das Anliegen der Migrationspädagogik. In Rudolf Leiprecht & Anja Steinbach (Hrsg.), *Schule in der Migrationsgesellschaft – Ein Handbuch* (S. 25–53). Schwalbach/Ts.: Debus Pädagogik.

Morek, Miriam & Heller, Vivien (2012). Bildungssprache – Kommunikative, epistemische, soziale und interaktive Aspekte ihres Gebrauchs. *Zeitschrift für angewandte Linguistik, (57)*, 67–101.

Oesterreicher, Wulf (1995). Die Architektur romanischer Sprachen im Vergleich. Eine Programmskizze. In Wolfgang Dahmen, Günter Holtus, Johannes Kramer, Michael Metzeltin, Wolfgang Schweickard & Otto Winkelmann (Hrsg.), *Konvergenz und Divergenz in den romanischen Sprachen* (S. 3–21). Tübingen: Narr.

Oksaar, Els (2003). *Zweitspracherwerb. Wege zur Mehrsprachigkeit und zur interkulturellen Verständigung.* Stuttgart: Kohlhammer.

Oomen-Welke, Ingelore (2017). Zur Geschichte der DaZ-Forschung. In Michael Becker-Mrotzek & Hans-Joachim Roth (Hrsg.), *Sprachliche Bildung – Grundlagen und Handlungsfelder* (S. 55–75). Münster: Waxmann.

Programmträger FörMig (2006). *Was ist durchgängige Sprachförderung? Eine Handreichung des Programmträgers BLK-Programm FörMig.*

Riel, Claudia (2014). *Mehrsprachigkeit. Eine Einführung.* Darmstadt: Wissenschaftliche Buchgesellschaft.

Riebling, Linda (2013). Heuristik der Bildungssprache. In Ingrid Gogolin, Imke Lange, Ute Michel & Hans H. Reich (Hrsg.), *Herausforderung Bildungssprache – und wie man sie meistert.* S. 106–153). Münster: Waxmann.

Rösch, Heidi (2010). Sprachförderkurs DaZ oder Lernbegleitung? In Bernt Ahrenholz & Ingelore Oomen-Welke (Hrsg.), *Deutsch als Zweitsprache* (Handbuch zur Didaktik der deutschen Sprache und Literatur in elf Bänden, Bd. 9, 2. Aufl., S. 457–466). Baltmannsweiler: Schneider Verlag Hohengehren.

Rösch, Heidi (2011). *Deutsch als Zweit- und Fremdsprache.* Berlin: Akademie Verlag.

Rösch, Heidi (2016). Sprachliche Bildung in der Migrationsgesellschaft. In Anke Wegner & Dirim (Hrsg.), *Mehrsprachigkeit und Bildungsgerechtigkeit. Erkundungen einer didaktischen Perspektive* (S. 287–302). Budrich: Opladen.

Rost-Roth, Martina (2017). Lehrprofessionalität (nicht nur) für Deutsch als Zweitsprache – Sprachbezogene und interaktive Kompetenzen für Sprachförderung, Sprachbildung und sprachsensiblen Fachunterricht. In Beate Lütke, Inger Petersen & Tanja Tajmel (Hrsg.), *Fachintegrierte Sprachbildung* (S. 69–97). Berlin, Boston: de Gruyter.

Schneider, Wolfgang; Baumert, Jürgen; Becker-Mrotzek, Michael; Hasselhorn, Marcus; Kammermeyer, Gisela; Rauschenbach, Thomas; Roßbach, Hans-Günther; Roth, Hans-Joachim; Rothweiler, Monika & Stanat, Petra (2012). *Expertise „Bildung durch Sprache und Schrift" (BISS).* Verfügbar unter https://www.bmbf.de/files/BISS_Expertise.pdf## [15.07.2015].

Senatsverwaltung für Bildung, Jugend und Familie Berlin & Ministerium für Bildung, Jugend und Sport des Landes Brandenburg (Hrsg.). (2015). *Rahmenlehrplan Jahrgangsstufen 1-10. Teil B: Fachübergreifende Kompetenzentwicklung.* Verfügbar unter: http://bildungsserver.berlin-brandenburg.de/fileadmin/bbb/unterricht/rahmenlehrplaene/Rahmenlehrplanprojekt/amtliche_Fassung/Teil_B_2015_11_10_WEB.pdf [15.07.2017].

LZVO = Verordnung über den Zugang zu Lehrämtern (Lehramtszugangsverordnung – LZVO) vom 30. Juni 2014. GVBL 2014, 242.

Stanat, Petra (2006). Disparitäten im schulischen Erfolg: Forschungsstand zur Rolle des Migrationshintergrunds. *Unterrichtswissenschaft, 36* (2), 98–134.

Trabant, Jürgen (2001). Über Ruhm, coolness und Wahrheit und andere Fragen der europäischen Sprach-Kultur. In Deutscher Hochschulverband (Hrsg.), *Glanzlichter der Wissenschaft. Ein Almanach* (S. 141–152). Stuttgart: Lucius und Lucius.

Tracy, Rosemarie (2008). *Wie Kinder Sprachen lernen. Und wie man sie dabei unterstützen kann.* Tübingen: Francke.

Trim, John; North, Brian & Daniel Coste (2001). *Gemeinsamer europäischer Referenzrahmen für Sprachen: lernen, lehren, beurteilen.* Berlin u.a.: Langenscheidt.

Wandruszka, Mario (1979). *Die Mehrsprachigkeit des Menschen*. München: Piper.

Weinreich, Uriel (1953). *Languages in Contact. Findings and Problems*. New York: Linguistic Circle of New York.

Wiese, Heike (2012). *Kiezdeutsch. Ein neuer Dialekt entsteht*. München: Beck.

Zydatiß, Wolfgang (2017). Der Beitrag des fremdsprachigen Sachfachunterrichts (CLIL): Eine funktional-linguistische Begründung für eine gezielte sprachliche Förderung auch im deutschsprachigen Fachunterricht. In Brigitte Jostes, Daniela Caspari & Beate Lütke (Hrsg.), *Sprachen – Bilden – Chancen. Sprachbildung in Didaktik und Lehrkräftebildung* (S. 165–176). Münster: Waxmann.

Jennifer Paetsch, Fränze Sophie Wagner & Annkathrin Darsow

Prädiktoren der Zufriedenheit von Lehramtsstudierenden mit den Berliner Deutsch-als-Zweitsprache-Modulen: Ansatzpunkte für Veränderungsmaßnahmen in der Hochschullehre

1. Einleitung[1]

In ihrer universitären Ausbildung werden angehende Lehrkräfte aller Fächer in Berlin auf die sprachliche Heterogenität in der Schule vorbereitet (Lütke, Wagner, Darsow, Börsel, Jostes & Paetsch, 2016). Sie sollen im Rahmen ihres Studiums grundlegende Kenntnisse und Fähigkeiten erwerben, um Sprachförderung bzw. Sprachbildung im Unterricht umsetzen zu können. Der Studienerfolg im Bereich Sprachförderung bzw. Sprachbildung im Rahmen des Lehramtsstudiums bestimmt sich dabei nicht nur durch den Wissenserwerb, sondern auch durch Erfahrungen, die eine positive Einstellung zu diesen Themen begünstigen (vgl. Hammer, Fischer & Koch-Priewe, 2016). Bei der Frage, wie das Lehrangebot in diesem Bereich verbessert werden könnte, ist die Zufriedenheit mit der Lehre deshalb ein wichtiger Indikator für die Hochschulen. Wenn die Studierenden bereits in ihrer universitären Ausbildung positive Erfahrungen mit den Themen sprachliche Vielfalt, Sprachbildung und kulturelle Diversität machen und sie sich auf die Herausforderungen in der Praxis gut vorbereitet fühlen, steigt voraussichtlich die Wahrscheinlichkeit, dass sie sich in diesem Themenfeld in ihrer beruflichen Praxis engagieren werden.

Die allgemeine Studienzufriedenheit stellt neben dem Wissens- und Kompetenzerwerb von Studierenden ein wichtiges Erfolgskriterium für die Hochschullehre dar. So konnte in empirischen Studien gezeigt werden, dass Studierende, die mit ihrem Studium zufrieden sind, eine geringere Studienabbruchneigung berichten als Studierende, die mit ihrem Studium weniger zufrieden bzw. unzufrieden sind (z.B. Blüthmann, Thiel & Wolfgramm, 2011; Meulemann, 1991). Auch die Wahrscheinlichkeit, das Studium mit einem Abschluss zu beenden, steigt mit zunehmender Zufriedenheit der Studierenden (z.B. Meulemann, 1991).

Seit der Bologna-Reform hat der Wettbewerb zwischen den Universitäten zunehmend an Bedeutung gewonnen. Universitäten stehen vor der Herausforderung, möglichst viele Schulabgänger anzuwerben und einen hohen Prozentsatz an Studierenden mit erfolgreichem Hochschulabschluss vorzuweisen. Für die Universitäten ist die Studienzufriedenheit deshalb ein wichtiger Indikator, mit dem

---

1 Die Autorinnen danken den Gutachterinnen Prof. Dr. Felicitas Thiel und Dr. Irmela Blüthmann (Freie Universität Berlin) für ihre wertvollen Hinweise.

sie sich zukünftigen Studierenden empfehlen können. Der Studienzufriedenheit und den ihr zugrundeliegenden bedingenden Faktoren kommt deshalb im Rahmen der Qualitätssicherung an Hochschulen eine wichtige Rolle zu.

Untersuchungen zur *allgemeinen* Studienzufriedenheit, die sich auf das Studium an einer Hochschule (bzw. eines Studienganges) beziehen, zielen darauf ab, Informationen über das Wohlbefinden von Studierenden in einem für sie zentralen Lebensbereich über einen längeren Lebensabschnitt zu generieren. Studien, die die Zufriedenheit der Studierenden mit einzelnen Lehrveranstaltungen zum Gegenstand haben, erlauben hierüber keine Aussagen. Vielmehr wird in solchen Untersuchungen die Zufriedenheit mit einzelnen Veranstaltungen oder Studienbereichen als ein wichtiger Evaluationsindikator betrachtet (z.B. Westermann, Spies, Heise & Wollburg-Claar, 1998), aus dessen Bedingungsfaktoren konkrete Hinweise für die Optimierung der ausgewählten Lehrveranstaltungen abgeleitet werden können (Ulrich, 2013).

Der vorliegende Beitrag knüpft hier an und verfolgt das Ziel, die Zufriedenheit der Studierenden mit den Deutsch-als-Zweitsprache (DaZ)-Modulen im Bachelor und im Master an den drei Berliner Universitäten, Humboldt-Universität zu Berlin, Freie Universität Berlin und Technische Universität Berlin, zu untersuchen. Insbesondere sollen wichtige Prädiktoren der Zufriedenheit identifiziert werden, um daraus Optimierungsansätze für die zukünftige Gestaltung der Module bzw. der Lehrveranstaltungen abzuleiten. Dabei werden subjektive Einschätzungen der Studierenden zu Merkmalen der DaZ-Module (z.B. zur Qualität der Lehre) sowie individuelle Merkmale der Studierenden (z.B. Interesse am Thema) als Prädiktoren berücksichtigt. Weiterhin werden Ergebnisse aus einer offenen Befragung und aus qualitativen Interviews mit Studierenden für die Interpretation der Ergebnisse und zur Ableitung von Handlungsempfehlungen herangezogen.

2. Theoretischer Hintergrund

2.1 Definition von Studien- und Modulzufriedenheit

Für die vorliegende Untersuchung der Zufriedenheit mit den DaZ-Modulen wurde an Theorien und empirische Befunde der Studienzufriedenheitsforschung angeknüpft, die im Folgenden kurz dargestellt werden. In der Literatur finden sich verschiedene Definitionen von Studienzufriedenheit. So definieren Westermann, Heise, Spies und Trautwein (1996) Studienzufriedenheit in Anlehnung an Definitionen zur Arbeitszufriedenheit (z.B. Kristof, 1996). Demnach ist Zufriedenheit maßgeblich bestimmt durch die Passung zwischen den Fähigkeiten (oder Bedürfnissen) einer Person und den Anforderungen (oder Angeboten) der Umwelt (Spies, Westermann, Heise & Schiffler, 1996). Westermann et al. (1996) definieren Studienzufriedenheit dabei als *Einstellung einer Person zu ihrem Studium*. Dabei beruht die Einstellung (d.h. der Grad der positiven oder negativen Bewertung eines Objektes) auf den Überzeugungen, die eine Person zu einem Objekt (z.B. Studium) hat (vgl. Fishbein & Ajzen, 1975). Die Zufriedenheit mit einem Objekt kann erfasst werden, indem Personen eine globale Bewertung des Objektes abgeben. Darüber hinaus ist es auch möglich, nach den Bewertungen zu einzelnen Eigenschaften des Objektes zu fragen und daraus die Zufriedenheit mit dem Objekt abzuleiten (vgl. Westermann et al., 1996); Voraussetzung hierfür ist, dass relevante Eigenschaften und ihre Bedeutung für die Zufriedenheit bekannt sind.

In der Literatur finden sich auch Definitionen von Studienzufriedenheit, die sich an der Forschung zur Kundenzufriedenheit orientieren (z.B. Appleton-Knapp, & Krentler, 2006; Athiyaman, 1997; Schwaiger, 2003; Voss, 2007). Anders als in der Definition als Einstellung setzt die Zufriedenheit in diesen Definitionen konkrete Erfahrungen mit dem Objekt (hier: Studium) voraus. Das Ausmaß der Zufriedenheit bestimmt sich nach diesem theoretischen Ansatz aus den Erfahrungen einer Person, die diese mit dem Studium gemacht und den Erwartungen, die diese Person an das Studium gestellt hat. Diese Definition von Studienzufriedenheit berücksichtigt jedoch weder, dass es auch negative Erwartungen geben kann (z.B. „Diese Klausur werde ich nicht schaffen", Blüthmann, 2012, S. 279) noch, dass viele Studierende vor Beginn des Studiums oder vor Besuch einer Veranstaltung noch keine konkreten Vorstellungen ihrer Erwartungen ausgebildet haben. Zudem konnten Appelton-Knapp und Krentler (2006) in ihrer Untersuchung zeigen, dass bestehende Erwartungen an die wahrgenommenen Bedingungen angepasst wurden. Die Autoren fanden eine Diskrepanz zwischen den Erwartungen, die Studierende vor Besuch eines Kurses angaben, und den Erwartungen, von denen die Studierenden nach dem Kurs angegeben haben, sie vor dem Kurs gehabt zu haben („biased recall", S. 261). Vor diesem Hintergrund erscheint eine Definition von Studienzufriedenheit durch den Grad der Übereinstimmung von Erwartung und Erfahrung nicht hinreichend (vgl. Blüthmann, 2012).

Für die vorliegende Untersuchung wird deshalb auf die Definition von Studienzufriedenheit als Einstellung (vgl. Westermann et al., 1996) zurückgegriffen und auf die Modulzufriedenheit übertragen. Die Modulzufriedenheit ist demnach die Einstellung der Studierenden (d.h. der Grad der positiven oder negativen Bewertung) zum jeweils besuchten DaZ-Modul. Für die Erfassung der Modulzufriedenheit erscheint eine globale subjektive Einschätzung (anstatt der Bewertung wichtiger Einzelmerkmale) als angemessen (vgl. Westermann et al., 1996), da die Bedeutung verschiedener Moduleigenschaften für die Modulzufriedenheit nicht bekannt ist. Zudem ermöglicht eine globale Erfassung der Zufriedenheit, dass nicht nur die kognitive Komponente von Einstellungen berücksichtigt wird, sondern vielmehr auch affektive und motivationale Komponenten (vgl. Blüthmann, 2012).

2.2 Prädiktoren von Studien- bzw. Modulzufriedenheit

Zur Frage, welche Einflussgrößen für die Studienzufriedenheit relevant sein können, bietet das theoretische Modell zur Erklärung von Studienerfolg von Thiel, Blüthmann, Lepa und Ficzko (2006) Anhaltspunkte. Studienerfolg wird in diesem Modell nicht nur durch den Erwerb des Fachwissens bestimmt, sondern darüber hinaus auch durch die Studienzufriedenheit. Entsprechend dazu wird in der Forschung zur Lehrevaluation der Studienerfolg (dort bezogen auf eine Lehrveranstaltung) nicht allein durch den Wissenserwerb bestimmt, sondern auch durch die Zufriedenheit mit den besuchten Veranstaltungen (vgl. Ulrich, 2013; Schmidt & Loßnitzer, 2010).

Als potenzielle Prädiktoren der Studienzufriedenheit werden in dem Modell von Thiel et al. (2006) verschiedene Prozess- und Strukturmerkmale des Studiums, individuelle Eingangsvoraussetzungen der Studierenden, individuelle Merkmale des Lernprozesses und des Studierverhaltens, sowie die Lebensbedingungen der Studierenden angenommen. Viele der in dem theoretischen Modell von Thiel et al. (2006) postulierten Prädiktoren der allgemeinen Studienzufriedenheit lassen sich auch auf die Modulzufriedenheit übertragen. Mögliche Prädiktoren wären hier Struktur- und Prozessmerkmale des spezifischen Moduls (z.B. Aufbau des Moduls, Qualität der Lehre in den Veranstaltungen des Moduls), Modul-relevante Eingangsvoraussetzungen der Studierenden (z.B. Vorwissen in dem entsprechenden Themenbereich) und individuelle Merkmale des Lernprozesses und des Studierverhaltens bezogen auf ein Modul. Die Lebensbedingungen der Studierenden hingegen sind als allgemeiner Einflussfaktor eher im Hinblick auf das gesamte Studium von Bedeutung.

Für einige der theoretisch postulierten Prädiktoren von Studienzufriedenheit liegen Ergebnisse aus empirischen Untersuchungen vor. Die Ergebnisse dieser Studien zeigen, dass verschiedene individuelle Eingangsvoraussetzungen der Studierenden signifikant mit der Studienzufriedenheit zusammenhängen. Beispielsweise wurden Zusammenhänge für das Interesse am Studienfach, der Informiertheit der Studierenden vor Studienbeginn über Studieninhalte, -bedingungen und -anforderungen nachgewiesen (z.B. Schiefele & Jacob-Ebbinghaus, 2006; Voss, 2007). Weiterhin konnten Wiers-Jenssen, Stensaker und Grogaard (2002) in ihrer Studie zeigen, dass die subjektive Einschätzung eigener Leistungen positiv mit der Studienzufriedenheit korreliert. In der Studie von Blüthmann (2012) klärte zudem die individuelle Lernmotivation und das subjektiv eingeschätzte erworbene Fachwissen Varianz in der Zufriedenheit der Studierenden auf.

Darüber hinaus erwiesen sich in empirischen Studien auch studienbezogene Merkmale als bedeutsame Prädiktoren von Studienzufriedenheit. So konnten in verschiedenen Untersuchungen Zusammenhänge zwischen der Zufriedenheit und der wahrgenommenen Lehrqualität (z.B. Blüthmann, 2012; Elliott & Shin, 2002; Schwaiger, 2003; Wiers-Jenssen et al., 2002), der wahrgenommenen Qualität der

Betreuung durch die Lehrenden (Schwaiger, 2003; Voss, 2007; Wiers-Jenssen et al., 2002) und die Bewertung des Aufbaus der Module bzw. des Studiengangs (Blüthmann, 2012; Wiers-Jenssen et al., 2002) nachgewiesen werden. Weiterhin erwies sich in einer Studie von Heise, Westermann, Spies & Schiffler (1997) neben dem Interesse auch die praktisch-methodische Orientierung des Studiums als signifikanter Prädiktor für Studienzufriedenheit.

Die dargestellten Befunde beziehen sich auf Untersuchungen von Studienzufriedenheit, ein Konstrukt, dass das Wohlbefinden von Studierenden in einem zentralen Lebensbereich hoher Relevanz und von längerer Dauer abbildet. Modulzufriedenheit betrifft hingegen nur einen kleineren Ausschnitt des Studiums und erlaubt keine Aussage über das allgemeine Wohlbefinden der Studierenden. Es ist deshalb unklar, inwieweit sich die Befunde auf die Modulzufriedenheit übertragen lassen. In Studien zur Lehrveranstaltungsevaluation, in denen Bewertungen einzelner Veranstaltungen im Fokus stehen, erwiesen sich, ähnlich zu den Befunden aus der Studienzufriedenheitsforschung, das Interesse, der selbsteingeschätzte Kompetenzerwerb und die Rahmenbedingungen der Veranstaltungen (z.B. Raum, Ausstattung) als bedeutsame Prädiktoren für die studentischen Bewertungen (z.B. Berger & Schleußner, 2003; Spiel & Gössler, 2000), wohingegen sich für Merkmale der Lehrpersonen (z.B. Status, Geschlecht, Alter) keine statistisch bedeutsamen Effekte nachweisen ließen (Staufenbiel, Seppelfricke & Rickers, 2015).

Prädiktoren der Studienzufriedenheit bezogen auf das Lehramtsstudium wurden bislang nur in sehr wenigen Studien untersucht (z.B. Künsting & Lipowsky, 2011; Zaunbauer, Brouër, Schmidt & Möller, 2015). Aus den Ergebnissen dieser Studien lassen sich in Hinblick auf mögliche Prädiktoren der Zufriedenheit mit einem DaZ-Modul jedoch keine weiteren Hinweise ableiten.

3. Forschungsfragen

Für die Beurteilung des Studienerfolgs im Bereich Sprachförderung bzw. Sprachbildung im Rahmen des Lehramtsstudiums ist nicht nur der Wissenserwerb der Studierenden in diesem Themenbereich als relevanter Indikator anzusehen. Vielmehr ist auch die Zufriedenheit mit der entsprechenden Lehre ein wichtiger Faktor, den es zu berücksichtigen gilt, möchte man das Lehrangebot verbessern. Studierende sollen während ihrer universitären Ausbildung positive Erfahrungen mit den Themen sprachliche Vielfalt, Sprachbildung und kulturelle Diversität machen und sich auf die Herausforderungen in der Praxis gut vorbereitet fühlen. Im Rahmen der Evaluation der Berliner DaZ-Module im Projekt *Sprachen – Bilden – Chancen: Innovationen für das Berliner Lehramt*[2] (Lütke et al., 2016) wurde

---

2 Das Projekt wurde gefördert vom Mercator-Institut für Sprachförderung und Deutsch als Zweitsprache der Universität zu Köln.

deshalb unter anderem die Zufriedenheit der Studierenden mit den Berliner DaZ-Modulen untersucht.

Ziel des vorliegenden Beitrages ist es, wichtige Prädiktoren der Modulzufriedenheit bezogen auf die Berliner DaZ-Module zu identifizieren und daraus Verbesserungsansätze für die zukünftige Gestaltung des Moduls bzw. der Lehrveranstaltungen abzuleiten. Dabei wurden subjektive Einschätzungen der Studierenden zu Merkmalen der DaZ-Module und der besuchten Veranstaltungen (z.B. Qualität der Lehre) sowie individuelle Merkmale der Studierenden (z.B. Interesse am Thema) als Prädiktoren berücksichtigt.

Aufgrund theoretischer Überlegungen und bisheriger Befunde aus der Forschung zur Studienzufriedenheit und zur Lehrevaluation wurde erwartet, dass eine höhere Zufriedenheit mit den DaZ-Modulen im Bachelor und im Master mit einer positiveren subjektiven Beurteilung der studienbezogenen Merkmale *Qualität der Lehre in den DaZ-Modulen, strukturelle Ausgestaltung der Module, Praxisbezug der Module* einhergeht.

Weiterhin wurde für individuelle Merkmale der Studierenden erwartet, dass die Zufriedenheit mit den DaZ-Modulen (Bachelor und Master) positiv mit der *selbst wahrgenommenen Angemessenheit des Anforderungsniveaus*, mit *dem Fachinteresse*, mit der *Motivation* und mit dem *selbst wahrgenommenen erworbenen Fachwissen* zusammenhängt. Das *selbst berichtete Vorwissen* zum Thema Sprachbildung/DaZ wurde in den Analysen zusätzlich als Kontrollvariable berücksichtigt.

Um weitere Prädiktoren für die Zufriedenheit mit den DaZ-Modulen zu identifizieren und konkrete Hinweise für Verbesserungsvorschläge zu erhalten, wurde zusätzlich eine offene schriftliche Befragung der Studierenden durchgeführt sowie Studierende im Rahmen von Interviews nach ihrer Zufriedenheit und Verbesserungsvorschlägen gefragt.

4.   Methode

4.1   Untersuchungsdesign

Die Daten wurden im Rahmen des Projektes *Sprachen – Bilden – Chancen: Innovationen für das Berliner Lehramt* (Lütke et al, 2016) erhoben und sind Teil einer umfassenderen Evaluation der Berliner DaZ-Module (für das Evaluationskonzept siehe Darsow, Wagner & Paetsch, 2017). Die Datenerhebung fand nach dem Besuch des Bachelor- bzw. Mastermoduls im Bereich Deutsch als Zweitsprache am Ende des Sommersemesters im Juli 2015 statt.

Die Berliner DaZ-Module, die Gegenstand der vorliegenden Untersuchung sind, setzten sich im Erhebungszeitraum aus je einem Modul im Bachelor und im Master zusammen, die aus je zwei Lehrveranstaltungen bestanden und je 3

ECTS umfassten[3]. Die Qualifikationsziele der Modulbeschreibungen an den drei Standorten (Humboldt Universität zu Berlin, Freie Universität Berlin, Technische Universität Berlin) stimmten überein. Die Umsetzung der Module unterschied sich an den drei Standorten bspw. bezüglich der angebotenen Lehrveranstaltungsformen (Darsow & Wagner, 2015). Die Bachelorstudierenden besuchten an der Freien Universität eine Vorlesung und eine Übung, während die Studierenden an der Humboldt Universität und der Technischen Universität ein Seminar und eine Übung besuchten. An allen drei Standorten wurden im Master-Modul ein Seminar und eine fachspezifische Übung angeboten (vgl. ebd., S. 2f).

4.2 Stichprobe

Der Fragebogen zur Bewertung der besuchten Veranstaltung (in der die Erhebung stattfand) und zur Bewertung des gesamten DaZ-Moduls wurde im Rahmen der *Posterhebung* der Evaluation (d.h. in der letzten Sitzung des Semesters) gemeinsam mit den DaZ-spezifischen Kompetenzen erfasst. An der Befragung haben insgesamt 268 Lehramtsstudierende aus unterschiedlichen Fachrichtungen der drei Berliner Universitäten teilgenommen. Es handelt sich um keine repräsentative Stichprobe; die Teilnahme an der Untersuchung war freiwillig. In Drop-Out-Analysen hat sich gezeigt, dass sich Studierende, die am Prätest[4] teilgenommen haben (n = 439) in Bezug auf Vorwissen, Fachsemester und Studienfach nicht systematisch von der Gruppe der Studierenden des Posttestes (n = 268) unterschieden. Der Anteil weiblicher Teilnehmerinnen betrug 72 %. Der Anteil an Bachelorstudierenden lag bei 67 %. Da der Großteil der Studierenden beide Lehrveranstaltungen des jeweiligen Moduls in einem Semester belegt, ist davon auszugehen, dass die meisten Studierenden aus dem Bachelor das Bachelor-Modul zum Zeitpunkt der Befragung bis auf die Erbringung der Modulabschlussprüfung (MAP) abgeschlossen haben. Die restlichen 33 % sind Studierende im Master, bei denen davon auszugehen ist, dass die meisten die Veranstaltungen des DaZ-Moduls sowohl im Bachelor als auch im Master bis auf die Erbringung der MAP (im Master) absolviert haben. Von den Studierenden gaben 83 % an, ihre Erstsprache sei *nur Deutsch*, 6 % gaben an, *Deutsch und eine andere* Erstsprache zu haben, 11 % gaben an, *eine andere Erstsprache als Deutsch* zu haben.

---

3   Seit dem Wintersemester 2015/16 umfassen die DaZ-Module insgesamt 10 ECTS und tragen den Namen *Sprachbildungsmodule*.
4   Die Daten des Prätestes, der zu Beginn des Semesters stattfand, sind nicht Gegenstand der vorliegenden Untersuchung.

4.3 Instrumente

Eingesetzt wurde ein Fragebogen, für dessen Konstruktion sich vor allem an dem von Thiel und Blüthmann (2009) entwickelten Fragebogen orientiert wurde. Dieser Fragebogen beruht auf dem bereits skizzierten theoretischen Modell und wurde zur Beurteilung von Studienbedingungen in Bachelorstudiengängen entwickelt. Für die vorliegende Untersuchung wurde der Fragebogen adaptiert, sodass er die Zufriedenheit mit den DaZ-Modulen bzw. den besuchten Veranstaltungen in den Modulen erfasst. Hierzu wurden geeignete Skalen bzw. einzelne Fragen aus dem von Thiel und Blüthmann (2009) entwickelten Instrument entnommen und durch Umformulierung auf den Untersuchungsgegenstand *Berliner DaZ-Module* angepasst. Die Zufriedenheit mit dem DaZ-Modul wurde mit einem Item als Globalbewertung erfasst. Die eingesetzten Skalen und die zugehörigen Fragebogenitems sind Tabelle 1 zu entnehmen. Die Reliabilitäten der gebildeten Skalen wurden getrennt für Bachelor- und Masterstudierende berechnet (vgl. Tabelle 1). Mit Ausnahme der Skala Praxisbezug/Nutzbarkeit im Bachelor ($\alpha_{Bachelor}= 0,48$) zeigen die Skalen eine zufriedenstellende bis sehr gute Reliabilität ($\alpha=0,66$ bis $\alpha=0,86$).

Tabelle 1

Wortlaut des Items	Bachelor			Master			Vergleich	
	α	*M*	*SD*	α	*M*	*SD*	*t*	*p*
Skala *Zufriedenheit mit dem Modul* (Antwortskala: 1=Trifft voll und ganz zu bis 4=Trifft überhaupt nicht zu)	-	2,01	0,68	-	1,87	0,74	1,55	0,12
Im Allgemeinen bin ich mit dem DaZ-Modul zufrieden.								
Skala *Lehrqualität der Veranstaltung* (Antwortskala: 1=Trifft voll und ganz zu bis 4=Trifft überhaupt nicht zu)	0,86	1,78	0,54	0,80	1,49	0,39	4,98	≤0,01
Die Lernziele der Veranstaltung wurden deutlich.								
Der Seminaraufbau hatte einen klar erkennbaren und nachvollziehbaren roten Faden.								
Die Vermittlung der Inhalte erfolgte systematisch und gut verständlich.								
Die Lehrveranstaltung trägt dazu bei, dass ich grundlegende Sachverhalte zum behandelten Thema wiedergeben kann.								
Der Praxisbezug der Lehrveranstaltung wurde deutlich gemacht.								
Die/der Lehrende…								
… fördert eine aktive Mitarbeit der Studierenden.								

Wortlaut des Items	Bachelor			Master			Vergleich	
	α	M	SD	α	M	SD	t	p
… sorgt für eine gute und konstruktive Arbeitsatmosphäre.								
… geht auf Fragen und Anmerkungen der Studierenden angemessen ein.								
Skala *Anforderungsniveau* (*Antwortskala: 1=Trifft voll und ganz zu bis 4=Trifft überhaupt nicht zu*)	-	1,95	0,77	-	1,69	0,79	2,51	0,01
Diesem Anforderungsniveau konnte ich persönlich gut gerecht werden.								
Skala *Lernmotivation Veranstaltung* (*Antwortskala: 1=Trifft voll und ganz zu bis 4=Trifft überhaupt nicht zu*)	0,78	2,40	0,58	0,76	2,27	0,57	1.84	0,07
Ich habe mich in den Sitzungen aktiv eingebracht.								
Ich habe mich auf die Seminarsitzungen gut vorbereitet.								
Ich habe die Inhalte der Sitzungen nachgearbeitet.								
Ich habe die Angebote der Lehrperson (Texte, Materialien, Sprechstunde, etc.) genutzt.								
Ich bin mit meinem Engagement im Seminar zufrieden.								
Skala *Strukturelle Ausgestaltung des Moduls* (*Antwortskala: 1=Sehr gut zu bis 5=Sehr schlecht*)	0,75	2,21	0,66	0,84	2,24	0,80	-0,34	0,73
Aufbau und Struktur des gesamten Moduls								
Inhaltliche Breite des Lehrangebots								
Skala *Fachinteresse* (*Antwortskala: 1=Sehr stark bis 4=Überhaupt nicht*)	-	2,30	0,75	-	1,95	0,76	3,44	≤0,01
Wie stark ist Ihr Interesse an dem Themengebiet des DaZ-Moduls ausgeprägt?								
Skala *Vorwissen* (*Antwortskala: 1=Trifft voll und ganz zu bis 4=Trifft überhaupt nicht zu*)	-	2,99	0,72	-	2,76	0,74	2,49	0,01
Ich verfügte bereits vor dem Lehrveranstaltungsbesuch über umfangreiches Wissen zu den behandelten Themengebieten.								
Skala *Erwerb von Fachwissen* (*Antwortskala: 1=Trifft voll und ganz zu bis 4=Trifft überhaupt nicht zu*)	0,73	2,11	0,48	0,76	2,18	0,52	-1,00	0,32

Wortlaut des Items	Bachelor			Master			Vergleich	
	α	M	SD	α	M	SD	t	p
Ich habe gut strukturiertes Wissen zu grundlegenden Konzepten und Theorien im Bereich DaZ erworben.								
Ich habe einen breiten Überblick über wesentliche Fragestellungen und Themengebiete im Bereich DaZ erworben.								
Ich kenne ausgewählte aktuelle Forschungsbefunde im Bereich DaZ.								
Ich kenne Verfahren zur Überprüfung von sprachlichen Kompetenzen.								
Skala *Praxisbezug/Nutzbarkeit* (*Antwortskala: 1= Sehr gut/Trifft voll zu bis 5=Sehr schlecht/Trifft überhaupt nicht zu*)	0,48	2,15	0,67	0,66	1,87	0,82	2,78	0,01
Ich werde das erworbene Wissen gut für meine Tätigkeit als Lehrkraft nutzen können.								
Verknüpfung von Theorie und Praxis								

Anmerkungen. α = Reliabilität (Cronbach's alpha); M = Mittelwert; SD = Standardabweichung; t = Prüfwert des T-Tests; p = probability.

Ergänzend wurden die Studierenden in zwei offenen Fragen gebeten anzugeben, was ihnen besonders gut gefallen hat bzw. was aus ihrer Sicht am DaZ-Modul verbessert werden könnte. Im Rahmen der Interviews wurden sie gebeten, Aspekte, die ihnen in den DaZ-Modulen gefehlt haben oder die sie positiv in Erinnerung haben, zu beschreiben und daran anknüpfend Verbesserungsvorschläge zu formulieren.

5. Ergebnisse der quantitativen Befragung

In Tabelle 1 sind die Mittelwerte und Standardabweichungen der verwendeten Skalen getrennt für Bachelor- und Masterstudierende dargestellt. Für jede Skala wurden Mittelwert-Indizes[5] berechnet, die in die Analysen eingingen. Die Zufriedenheit mit dem DaZ-Modul wurde als Globalurteil mit folgendem Item erfasst: *Im Allgemeinen bin ich mit dem DaZ-Modul zufrieden* ($M_{Bachelor}$ = 2,01; $SD_{Bachelor}$ = 0,68; M_{Master} = 1,87; SD_{Master} = 0,74). Die Beurteilung durch die Studierenden erfolgte anhand einer 4-stufigen Antwortskala (1=*Trifft voll und ganz zu* bis 4=*Trifft überhaupt nicht zu*). Es lässt sich feststellen, dass die Studierenden durchschnitt-

---

5 Die Mittelwert-Indizes wurden aus den Mittelwerten der jeweiligen Skalenitems berechnet.

lich mit dem DaZ-Modul zufrieden waren.[6] Die Antworthäufigkeiten zeigen zudem, dass 80 % der Studierenden angaben, dass sie zufrieden bzw. eher zufrieden waren. Die Mittelwerte der Bachelor- und Master-Studierenden unterschieden sich nicht signifikant voneinander (vgl. Tabelle 1).

Die Überprüfung der Fragestellungen erfolgte anhand einer multiplen linearen Regression, die es ermöglicht, das Kriterium *Modulzufriedenheit* durch mehrere Prädiktoren vorherzusagen. Die Analysen wurden nicht für Bachelor- und Masterstudierende getrennt durchgeführt, da keine Unterschiede in den Zusammenhängen für die beiden Gruppen erwartet wurden; die Modulzugehörigkeit (Bachelor vs. Master) wurde jedoch zur Kontrolle als Prädiktor berücksichtigt.[7] In einem ersten Schritt wurden die bivariaten Korrelationen der Variablen berechnet. Diese sind Tabelle 2 zu entnehmen. Außer dem Vorwissen (Kontrollvariable) korrelieren alle Skalen erwartungsgemäß signifikant mit der Zufriedenheit im DaZ-Modul. Zudem lässt sich feststellen, dass auch die Skalen fast alle signifikant miteinander zusammenhängen.

Tabelle 2:   Inter-Korrelationen der Variablen

		1.	2.	3.	4.	5.	6.	7.	8.
1.	Zufriedenheit Modul								
2.	Lehrqualität Veranstaltung	**0,65**							
3.	Anforderungsniveau	**0,43**	**0,38**						
4.	Lernmotivation Veranstaltung	**0,39**	**0,43**	**0,17**					
5.	Strukturelle Ausgestaltung Modul	**0,61**	**0,58**	**0,37**	**0,35**				
6.	Fachinteresse	**0,37**	**0,29**	0,07	**0,40**	**0,28**			
7.	Vorwissen	0,06	0,09	-0,02	0,06	0,01	0,10		
8.	Erwerb von Fachwissen	**0,47**	**0,51**	**0,28**	**0,39**	**0,47**	**0,31**	-0,02	
9.	Praxisbezug Modul	**0,65**	0.57	**0,32**	**0,39**	**0,52**	**0,38**	0,11	**0,51**

Anmerkungen. Alle Korrelationen, die **fett** gedruckt sind, sind auf dem 0.01-Niveau signifikant.

---

6   Dies lässt sich aus den Mittelwerten des Globalurteils ableiten, denn diese entsprechen der Antwortkategorie „trifft zu".

7   Da die untersuchten Studierenden das DaZ-Modul an verschiedenen Berliner Universitäten absolviert haben, wurden alle Analysen auch unter Einbezug der Universitätszugehörigkeit als (dummy-codierte) Kontrollvariablen durchgeführt. Es zeigten sich keinerlei Effekte.

Aufgrund der Multikollinearitäten[8] wurden die Prädiktoren in 5 Schritten in das finale Regressionsmodell aufgenommen. Die standardisierten Kennwerte aller 5 Modelle sind in Tabelle 3 abgebildet. In Modell 1 wurde die *Modulzugehörigkeit* (Bachelor vs. Master), die Bewertung der *Lehrqualität der Veranstaltung* und die Bewertung der *strukturellen Ausgestaltung des Moduls* als Prädiktoren der Zufriedenheit mit dem DaZ-Modul aufgenommen. Die Ergebnisse zeigen, dass sich die Bachelor- und Masterstudierenden in ihrer Zufriedenheitseinschätzung auch nach Einbezug der subjektiven Einschätzungen der Lehrqualität und der Struktur des Moduls nicht signifikant voneinander unterscheiden. Erwartungsgemäß zeigten sich signifikante Zusammenhänge zwischen der Einschätzung der Lehrqualität und der strukturellen Ausgestaltung des Moduls mit der Zufriedenheit der Studierenden. In Modell 2 wurde die Einschätzung des *Praxisbezugs/der Nutzbarkeit* als weiterer Prädiktor in das Modell aufgenommen. Erwartungsgemäß ist die Einschätzung des Praxisbezuges/Nutzbarkeit ein weiterer signifikanter Prädiktor der Zufriedenheit der Studierenden. In Modell 3 bis 5 wurden individuelle Merkmale der Studierenden in das Modell aufgenommen. Die Ergebnisse des Modells 3 zeigen, dass die subjektive *Angemessenheit des Anforderungsniveaus* ein signifikanter Prädiktor der Zufriedenheit ist. Erwartungsgemäß ist auch das *Fachinteresse* (siehe Modell 4) ein relevanter Prädiktor. Für die *Lernmotivation* in der besuchten Veranstaltung, den selbst eingeschätzten *Erwerb von Fachwissen* und das angegebene *Vorwissen* konnten hingegen keine signifikanten Zusammenhänge mit der Zufriedenheit der Studierenden festgestellt werden (Modell 5). Für diese Variablen lässt sich demzufolge kein *zusätzlicher* Effekt, der über die anderen im Modell bereits berücksichtigen Variablen hinausgeht, feststellen.

Zusammenfassend lässt sich anhand des finalen Modells 5 sagen, dass die erwarteten Zusammenhänge zwischen der Zufriedenheit des DaZ-Moduls und den studienbezogenen Merkmalen für alle berücksichtigten Variablen bestätigt werden konnten: Qualität der Lehre im DaZ-Modul (β =0,27), strukturelle Ausgestaltung des Moduls (β = 0,21) und Praxisbezug/Nutzbarkeit (β =0,31). Für die individuellen Merkmale der Studierenden ließen sich zudem signifikante Zusammenhänge für die Angemessenheit des Anforderungsniveaus (β =0,16) und das Fachinteresse (β = 0,12) feststellen. Für die Motivation und das selbst wahrgenommene erworbene Fachwissen konnten hingegen keine zusätzlichen Effekte nachgewiesen werden. Anhand des Vergleichs der Varianzaufklärung[9] von Modell 2, in dem nur studienbezogene Merkmale als Prädiktoren aufgenommen wurden (R^2 = 0,58) und der Varianzaufklärung von Modell 5, in dem zusätzlich individuelle Merk-

---

8   Unter Multikollinearität versteht man die wechselseitige Abhängigkeit der berücksichtigten Variablen (Bortz, 2005). Multikollinearität erschwert die Interpretation der b-Gewichte der multiplen Regression, weshalb im Folgenden die Prädiktoren schrittweise in das Modell aufgenommen werden.

9   Der prozentuale Anteil aufgeklärter Varianz gibt Auskunft darüber, wie gut die einbezogenen unabhängigen Variablen insgesamt geeignet sind, die abhängige Variable vorherzusagen.

male der Studierenden als Prädiktoren enthalten sind (R^2 = 0,62), lässt sich feststellen, dass die Berücksichtigung individueller Merkmale der Studierenden nur wenig zusätzliche Varianz in der Zufriedenheit mit dem DaZ-Modul aufklärt. Gleichzeitig reduzieren sich die Regressionskoeffizienten der studienbezogenen Merkmale nach Einbezug der individuellen Merkmale kaum (vgl. Modell 2 und Modell 5 in Tabelle 3).

Tabelle 3: Ergebnisse der Regressionsanalysen für die Zufriedenheit mit dem DaZ-Modul

Prädikator	Modell 1 β	Modell 1 p	Modell 2 β	Modell 2 p	Modell 3 β	Modell 3 p	Modell 4 β	Modell 4 p	Modell 5 β	Modell 5 p
Art der Lehrveranstaltung (BA oder MA)	0,02	0,69	0,04	0,34	0,06	0,20	0,08	0,09	0,08	0,09
Lehrqualität der Veranstaltung	**0,45**	≤0,01	**0,33**	≤0,01	**0,29**	≤0,01	**0,27**	≤0,01	**0,27**	≤0,01
Strukturelle Ausgestaltung des Moduls	**0,35**	≤0,01	**0,24**	≤0,01	**0,21**	≤0,01	**0,20**	≤0,01	**0,21**	≤0,01
Praxisbezug/Nutzbarkeit			**0,34**	≤0,01	**0,33**	≤0,01	**0,31**	≤0,01	**0,31**	≤0,01
Anforderungsniveau					**0,15**	≤0,01	**0,15**	≤0,01	**0,16**	≤0,01
Fachinteresse							**0,12**	0,02	**0,12**	0,02
Lernmotivation Veranstaltung							0,01	0,78	0,01	0,80
Erwerb von Fachwissen									-0,01	0,88
Vorwissen									-0,01	0,78
R^2	0,50		0,58		0,60		0,62		0,62	

Anmerkungen. **fett**: signifikante Partialregressionskoeffizienten ($p < 0,5$); Modell 2 enthält nur studienbezogene Prädiktoren, individuelle Merkmale der Studierenden werden in den Modellen 3–5 zusätzlich aufgenommen.

6. Ergebnisse aus offenen Fragen und Interviews

Im Folgenden werden die Ergebnisse einer offenen Befragung zusammenfassend dargestellt. Ziel ist es zu beurteilen, inwieweit sich die Befunde der dargestellten Analysen anhand der Angaben der Studierenden bestätigen lassen und ob sich weitere Prädiktoren für die Zufriedenheit der Studierenden finden. Darüber hinaus werden Ergebnisse aus qualitativen Interviews, die im Rahmen der Gesamtevaluation durchgeführt wurden, ausschnitthaft dargestellt und zur Illustration der relevanten Prädiktoren herangezogen. Die Ergebnisse sollen dazu beitragen, Handlungsempfehlungen zur Steigerung der Zufriedenheit mit den DaZ-Modulen aus der Untersuchung abzuleiten.

6.1 Offene Befragung: Positive Aspekte und Verbesserungsvorschläge

Die Studierenden wurden in dem eingesetzten Fragebogen anhand zweier offener Fragen gebeten anzugeben, was ihnen besonders gut gefallen hat und was aus ihrer Sicht an den DaZ-Modulen verbessert werden könnte. Die Angaben der Studierenden wurden zu Kategorien zusammengefasst. In den Tabellen 4 und 5 sind die Kategorien mit den jeweiligen absoluten Häufigkeiten der Nennung dargestellt. Besonders häufig haben die Studierenden den Praxisbezug der Module sowie die Atmosphäre im Seminar positiv hervorgehoben (Tabelle 4). Außerdem wurden aktive und abwechslungsreiche Lernformen sowie der Methoden- und Materialeinsatz als positive Punkte genannt. Darüber hinaus wurden Aspekte der Themenwahl (z.B. Breite, Inhalt, Sinnhaftigkeit) sowie die Struktur der Module genannt. Nur sehr wenige Studierende gaben den Bezug zum eigenen Fach als positiven Aspekt an. Das Muster in der Häufigkeit der Nennungen positiver Aspekte der DaZ-Module unterscheidet sich dabei nur geringfügig zwischen Bachelor- und Masterstudierenden: Von den Masterstudierenden wurde besonders häufig der Praxisbezug genannt, gefolgt von der Atmosphäre im Seminar. Von den Bachelorstudierenden wurde besonders häufig die Atmosphäre im Seminar genannt, der Praxisbezug hingegen etwas weniger häufig.

Tabelle 4:   Was hat Ihnen am DaZ-Modul besonders gut gefallen?

Von den Studierenden genannte Aspekte	Häufigkeit
Praxisbezug, Fallbeispiele, Texte von Lernenden analysieren	62
Atmosphäre im Seminar, freundliche/r bzw. engagierter, gut vorbereiteter, kompetenter Dozent/in	42
Aktivierung, verschiedene Lehrformen, z.B. Diskussionen, Präsentationen, Gruppenarbeit	23
Methoden und Materialien kennen lernen/entwickeln	10
Vermittlung von theoretischem Wissen (z.B. zum Spracherwerb), Bezug zu Wissenschaft und Forschung	10
Inhalte bzw. Themen waren gut/interessant/spannend/wichtig	9
Breite des Themas	8
Vermittlung von Wissen über die deutsche Sprache	7
Strukturiertheit, Aufbau des Moduls	7
Sensibilisierung für das Thema	6
Wissen über Erstsprachen der Lernenden	3
Bezug zum Fach	3
Betonung der Sinnhaftigkeit: Warum DaZ/Sprachbildung?	2

Bei den Verbesserungsvorschlägen gaben die Studierenden häufig einen noch stärkeren Praxisbezug an (Tabelle 5). Die Verbesserung der Strukturierung einzelner Veranstaltungen sowie der Organisation der Module wurde ebenso häufig genannt wie die Verbesserung der Lehre (insbesondere durch andere Lehr-/Lernformen). Änderungen an den behandelten Inhalten wurden nur von wenigen Studierenden vorgeschlagen (z.B. weniger Grammatik, stärkerer Bezug zum eigenen Fach oder spezielle Ausrichtung auf Lernende mit Deutsch als Zweitsprache). Das Muster in der Häufigkeit der Nennungen verbesserungswürdiger Aspekte der DaZ-Module unterscheidet sich dabei zwischen Bachelor- und Masterstudierenden: Von den Bachelorstudierenden wird mit Abstand am häufigsten der Wunsch nach mehr Praxisbezug genannt, gefolgt von der Gewichtung und der Struktur des Moduls. Von den Masterstudierenden wird hingegen eine bessere Didaktik genauso häufig genannt wie der Praxisbezug, gefolgt von der Struktur des Moduls.

Tabelle 5:   Was könnte am DaZ-Modul/an den DaZ-Modulen verbessert werden?

Von den Studierenden genannte Aspekte	Häufigkeit
Stärkerer Bezug zur Praxis, Beispiele, Unterrichtsmaterialien, allg. anwendungsorientierter	39
Bessere bzw. andere Strukturierung der Veranstaltung (betrifft auch die allg. Organisation des Moduls)	21
Bessere Didaktik des/der Dozenten/in, andere Lehrformen (betrifft die allg. Gestaltung der Lehrveranstaltung)	21
Stärkere bzw. andere Gewichtung des Moduls (z.B. mehr Zeit oder mehr Credits)	15
Rahmenbedingungen günstiger gestalten (Raumgröße, Uhrzeit, Anzahl der Studierenden)	10
Mehr Bezug zum Fach	10
Mehr Input, Fachliteratur, Theorie, eventuell Niveau anheben	6
Weniger Grammatik, weniger mit Besonderheiten der deutschen Sprache beschäftigen	5
Mehr deutsche Grammatik (wiederholen)	4
Stärkerer DaZ-Bezug	3
Themen/Inhalte sollten interessanter aufbereitet werden	2
Sinnhaftigkeit sollte deutlicher gemacht werden	2
Kritischerer Umgang mit den Inhalten/Themen	2
Thema ausweiten (z.B. allg. Sprachförderung)	2

Die Ergebnisse der offenen Befragungen stimmen insgesamt gut mit den dargestellten quantitativen Befunden überein, in denen vor allem die Qualität der Lehre, die strukturelle Ausgestaltung des Moduls und der Praxisbezug Varianz in der Zufriedenheit der Studierenden aufklärte. Unterschiede in den Angaben der Bachelor- und Masterstudierenden lassen vermuten, dass der Praxisbezug im Mastermodul von den Studierenden stärker wahrgenommen wird als im Bachelormodul und dass die eingesetzten didaktischen Methoden im Bachelormodul besser bewertet werden als im Mastermodul.

6.2 Interviews

Ziel der Interviews war es, vertiefende und ergänzende Hinweise darüber zu erhalten, welche Aspekte aus Sicht der Studierenden zu einer Verbesserung der DaZ-Module beitragen könnten und welche Aspekte positiv bzw. negativ bewertet werden. Interviews haben im Gegensatz zur offenen Befragung der Studierenden im Rahmen des Fragebogens den Vorteil einer größeren Befragungstiefe, sodass die teilweise vagen Antworten der offenen Befragung durch die Ergebnisse aus den Interviews veranschaulicht werden können. Die in den Interviews generierten kontextgebundenen Rückmeldungen zur Zufriedenheit sind insbesondere zur Ableitung von Empfehlungen für die zukünftige Gestaltung der Module hilfreich. Befragt wurde eine Teilstichprobe (n=20) der oben beschriebenen Gesamtstichprobe. Elf der Befragten befanden sich zum Zeitpunkt der Befragung im Bachelor-Studium, neun im Master-Studium. Die Befragten studierten an den drei beteiligten Universitäten, ihre Fächerkombinationen decken eine breite Palette an Fachrichtungen ab.

Die Interviews wurden vollständig transkribiert, dabei wurden in Anlehnung an Dresing & Pehl (2015) einfache Transkriptionsregeln verwendet. Anschließend wurden sie nach dem Vorgehen der Qualitativen Inhaltsanalyse (inhaltliche Strukturierung) (Mayring, 2010) mit Hilfe des Programms MAXQDA ausgewertet. Im Folgenden werden die Ergebnisse dieser Auswertung ausschnitthaft aufgegriffen, indem gezielt diejenigen Bereiche aus der qualitativen Auswertung herausgegriffen werden, die in der vorliegenden Untersuchung als Prädiktoren der Modulzufriedenheit bestätigt werden konnten. Ziel ist es dabei, Informationen zu den studienbezogenen Prädiktoren zu generieren und Verbesserungsvorschläge aus den Aussagen der Studierenden abzuleiten.

Qualität der Lehre

Als positive Aspekte der Lehrqualität von Lehrveranstaltungen der DaZ-Module wurden von den Interviewten eine ausreichende Strukturierung, eine persönliche Ansprache der Studierenden, eine angenehme Atmosphäre, die freundliche Einbindung in die Lehrveranstaltung und eine eigenaktive Rolle der Studierenden beschrieben. Lehrende wurden für ihr Engagement, ausreichende Wiederholungen, reichhaltige Wissensvermittlung, abwechslungsreiche und gute Beispiele, die Einbindung von Videos und Anekdoten in die Lehrveranstaltung sowie die Herstellung von Praxisbezügen auf der Basis eigener Erfahrungen als Lehrkraft gelobt. Als positiv und aktivierend wurden bspw. Lehr-Lernformen wie Gruppenarbeit, Mini-Referate und Stationenlernen beschrieben sowie eine Perspektivwechsel-Übung, bei der ein Teil einer Sitzung in einer Sprache, die die meisten Anwesenden nicht beherrschen, abgehalten wird. Es wurde jedoch auch angemerkt, dass der Einsatz von didaktischen Methoden in den Veranstaltungen gezielt und begründet erfolgen sollte. Außerdem wurden zur Verfügung gestellte Materialien wie Zusammenfassungen zentraler Inhalte, Literatur und Hinweise auf Internetquellen als hilfreich hervorgehoben.

Empfehlungen der Studierenden zur Verbesserung der Qualität der Lehre bezogen sich bspw. auf Lehrveranstaltungen, die nach Wahrnehmung der Interviewten zu dicht mit Inhalten gefüllt waren oder die fast ausschließlich aus Referaten von Studierenden bestanden. Hier wurde der Wunsch nach mehr (fachlicher und strukturierender) Präsenz der Lehrperson geäußert, bspw. durch die fachliche Ergänzung und Zusammenfassung von Referaten sowie durch klare Vorgaben zum Vortragsstil bei Referaten.

Strukturelle Ausgestaltung der Module[10]

Mehrere interviewte Studierende wünschten sich eine Vergrößerung des Umfangs und eine stärkere Gewichtung der DaZ-Module in der Lehrkräfteausbildung, um Inhalte vertiefen zu können und die Lücke zwischen Bachelor- und Master-Modul zu verkleinern, bspw. durch ein größeres Lehrangebot, mehr Leistungspunkte oder einen eigenen Lehrstuhl für DaZ. Eine Person schlug vor, DaZ als eigene Fachrichtung anzubieten, sodass angehende Lehrkräfte sich in diesem Bereich spezialisieren können.

Die Abstimmung der Inhalte der Lehrveranstaltungen innerhalb der Module sowie der beiden Module aufeinander wurde teils positiv, teils negativ bewertet. Fach- und themenspezifische Lehrveranstaltungsangebote (z.B. zum Umgang mit Lehrbuchtexten) wurden meist positiv hervorgehoben. Mehrere der interviewten Studierenden wünschten sich eine noch stärker fachspezifische Struktur der Module, durch die aus ihrer Sicht bspw. die heterogenen Vorwissensbestände der Studierenden besser berücksichtigt werden könnten und eine stärkere Verknüpfung mit den Fachdidaktiken möglich wäre.

Es gab jedoch auch Interviewte, die sich für eine gemeinsame, fachübergreifende Auseinandersetzung mit der Thematik aussprachen oder eine Vereinheitlichung der Lehrveranstaltungen im Master anregten, um Lücken bzw. Nachteile bei einzelnen Studierenden durch eingeschränkte Wahlmöglichkeiten aufgrund des eigenen Stundenplans zu verhindern.

Weitere kritische Rückmeldungen bezogen sich bspw. auf eine zu große Seminargruppe, eine nicht ausreichende Vielfalt im Angebot der fachspezifischen Lehrveranstaltungen und die Form der Klausur als Modulabschlussprüfung im Bachelor-Modul. Als Alternative wurde hier von einer Person die Erstellung eines Beobachtungsprotokolls im Rahmen des Praktikums und die anschließende wissenschaftliche Auswertung dieses Protokolls vorgeschlagen.

---

10 Zur Struktur der Module siehe Abschnitt 4.1 sowie Darsow & Wagner (2015).

Praxisbezug/Nutzbarkeit

Am Praxisbezug des Master-Moduls wurden konkret die Vermittlung und das Einüben von Verfahren und Maßnahmen der Unterrichtsvorbereitung und -gestaltung gelobt, wie bspw. die sprachliche Entlastung von Texten, die sprachsensible Gestaltung von Arbeitsblättern und Aufgabenstellungen, das Erstellen von Paralleltexten und das ressourcenorientierte Korrigieren. Auch die Arbeit mit authentischen Texten von Schülerinnen und Schülern wurde von einzelnen Studierenden des Bachelor- und Master-Moduls positiv hervorgehoben.

Wenn sich Bachelor- oder Masterstudierende im Rahmen der Interviews mehr Praxisbezug in den Lehrveranstaltungen wünschten, wurde v.a. das Aufzeigen von Beispiel-Wegen zur Umsetzung der gelernten Theorien in der Praxis bzw. im Fachunterricht sowie mehr Fallbeispiele, Hospitationen und Praxiserfahrungen an Schulen vorgeschlagen. Eine Person sprach sich allerdings auch dagegen aus, im Studium hypothetische Situationen bezogen auf die bald anstehende Zukunft (als Lehrkraft) durchzuspielen, sondern wünschte sich praxisbezogene Hilfestellungen im Referendariat.

Die dargestellten Auszüge der Ergebnisse der Interviewstudie stimmen mit den Ergebnissen aus der Fragebogenerhebung weitgehend überein und können diese sinnvoll um Rückmeldungen und Vorschläge aus Sicht der Studierenden ergänzen.

Über die dargestellten Ergebnisse hinaus spielten in den Interviews in Bezug auf die Zufriedenheit der Studierenden die fachlichen Inhalte der Module eine hervorgehobene Rolle, die oft als positive Aspekte der Module genannt wurden und für die teils Erweiterungsvorschläge gemacht wurden. Als verbesserungswürdig wurden diesbezüglich eher als unnötig wahrgenommene Wiederholungen als konkrete Inhalte benannt.

7.　Diskussion und Ableitung von Empfehlungen

Im vorliegenden Beitrag wurde die Zufriedenheit der Studierenden mit den DaZ-Modulen untersucht. Auf der Grundlage des theoretischen Modells zum Studienerfolg von Thiel et al. (2006) und bisheriger empirischer Befunde aus der Studienzufriedenheits- und Lehrveranstaltungsevaluationsforschung wurde erwartet, dass subjektive Einschätzungen der Studierenden zu Merkmalen der DaZ-Module bzw. der besuchten Veranstaltungen sowie individuelle Merkmale der Studierenden signifikante Prädiktoren der Modulzufriedenheit sind. Ergebnisse aus einer offenen Befragung und aus Interviews mit Studierenden wurden zusätzlich herangezogen, um konkrete Hinweise für Handlungsempfehlungen ableiten zu können.

Insgesamt gab die überwiegende Mehrheit der Studierenden an, mit dem DaZ-Modul zufrieden zu sein. Wie die Ergebnisse der linearen multiplen Regression zeigen, hingen die studienbezogenen Merkmale (Qualität der Lehre im DaZ-

Modul, strukturelle Ausgestaltung des Moduls, Praxisbezug) erwartungsgemäß signifikant mit der Zufriedenheit der Studierenden im DaZ-Modul zusammen. Hingegen hatten von den individuellen Merkmalen nur die Einschätzung der Angemessenheit des Anforderungsniveaus und das Fachinteresse, nicht jedoch die Motivation und das selbst wahrgenommene erworbene Fachwissen einen zusätzlichen signifikanten Effekt auf die Zufriedenheit mit den DaZ-Modulen. Die Ergebnisse der Studie von Blüthmann (2012), in der die individuelle Lernmotivation und das subjektiv eingeschätzte erworbene Fachwissen signifikant Varianz in der Studienzufriedenheit der Studierenden aufklärten, lassen sich demzufolge nicht für die Zufriedenheit mit dem DaZ-Modul bestätigen. Dies könnte auf Unterschiede in den untersuchten Konstrukten (Studien- vs. Modulzufriedenheit) zurückzuführen sein.

Die Varianzaufklärung der multiplen Regression durch die studienbezogenen Merkmale betrug $R^2 = 0,58$ und erhöhte sich durch die zusätzliche Aufnahme individueller Merkmale der Studierenden nur wenig ($R^2 = 0,62$). Insgesamt scheinen die in der vorliegenden Untersuchung berücksichtigten individuellen Merkmale der Studierenden also eher eine geringe (zusätzliche) Bedeutung für die Zufriedenheit mit dem DaZ-Modul zu haben.

Durch die Ergebnisse der offenen schriftlichen Befragung konnte die hohe Bedeutung eines starken Praxisbezugs, einer guten Strukturierung einzelner Veranstaltungen (bzw. der Organisation des gesamten Moduls) und der Qualität der Lehre für die Modulzufriedenheit der Studierenden bestätigt werden. Darüber hinaus konnten mit den Ergebnissen aus den qualitativen Interviews beispielhaft Ansatzpunkte für die Verbesserung der Qualität der Lehre, der strukturellen Ausgestaltung der Module und die Erhöhung des Praxisbezugs/der Nutzbarkeit aus Sicht der Studierenden aufgezeigt werden.

Einschränkend ist zu berücksichtigen, dass es sich bei dem Untersuchungsdesign um eine Querschnittsstudie handelt. Die dargestellten Zusammenhänge sind aus theoretischer Sicht in der angenommenen Wirkrichtung zwar plausibel, dennoch wären längsschnittliche Interventionsstudien notwendig, um belastbare Aussagen über Wirksamkeit der Prädiktoren zu generieren. Durch die qualitativen Ergebnisse der vorliegenden Untersuchung konnten wichtige Aspekte der Befunde jedoch bekräftigt werden.

Aus den Ergebnissen der vorliegenden Untersuchung lassen sich einige Handlungsempfehlungen zur Steigerung der Modulzufriedenheit der Studierenden und zur Verbesserung der DaZ-Module an den drei untersuchten Berliner Universitäten ableiten, die im Folgenden anhand der sich als relevant erwiesenen Prädiktoren ausgeführt werden.

Verbesserung der Qualität der Lehre im DaZ-Modul. Von den Studierenden wurde in den qualitativen Befragungen angegeben, dass die Veranstaltungen durch den Einbezug abwechslungsreicherer Lehr-/Lernformen profitieren können. Die Dozentinnen und Dozenten der jeweiligen Universitäten könnten daher prüfen, welche Lehr-/Lernformen bereits häufig, und welche eher seltener eingesetzt werden, um Veränderungspotenziale aufzudecken.

Struktur der Veranstaltungen und der Module überprüfen. Für den Aufbau und die Struktur der DaZ-Module könnte eine Optimierung sowohl in Hinblick auf die Struktur einzelner Lehrveranstaltungen als auch in Hinblick auf die Struktur der gesamten Module positive Auswirkungen auf die Zufriedenheit der Studierenden haben. Außerdem ist zu prüfen, inwieweit es tatsächlich gelingt, den Studierenden die Modulstruktur und die Struktur einzelner Veranstaltungen deutlich zu machen. Hier könnten auch Methoden zur Herstellung des Zusammenhangs zwischen den Inhalten der Veranstaltungen bzw. einzelner Sitzungen eingesetzt werden (z.B. Advanced Organizer, vgl. Schneider & Mustafic, 2015). Eine enge Kooperation der Dozentinnen und Dozenten bei der Planung und Gestaltung ihrer Lehrveranstaltungen wäre eine Voraussetzung für strukturelle Anpassungen und die Herstellung von Kohärenz.

Praxisbezug für die Studierenden explizit sichtbar machen. Ein wichtiger Prädiktor für die Zufriedenheit der Studierenden stellt der von ihnen wahrgenommene Praxisbezug dar. In den qualitativen Befragungen gaben die Studierenden an, dass die Veranstaltungen durch den Einsatz von authentischen Materialien (z.B. Transkripte, Videos), durch Hospitationen, durch eigene Projekte, durch Exkursionen, durch konkrete Tipps und Verhaltensweisen für den Unterricht in sprachlich heterogenen Klassen sowie durch mehr anwendungsorientierte Übungsaufgaben und Fallbeispiele verbessert werden könnten. Insbesondere im Mastermodul wird der Praxisbezug von den Studierenden bereits positiv hervorgehoben. Potential für einen noch stärkeren Praxisbezug bietet die Einführung des Praxissemesters in der Berliner Lehrkräftebildung.

Individuelle Merkmale der Studierenden berücksichtigen. Als relevante Prädiktoren der Zufriedenheit konnten die eingeschätzte Passung des Anforderungsniveaus zu den eigenen Fähigkeiten und das Interesse am Thema identifiziert werden. Eine Möglichkeit, das Anforderungsniveau an die Studierenden anzupassen, bestünde im Angebot von mehr fachspezifischen oder stärker binnendifferenzierenden Lehrveranstaltungen, da Studierende, die Deutsch, Grundschulpädagogik oder eine Fremdsprache studieren, wesentlich mehr *DaZ-relevante* Lerngelegenheiten in ihrem Studium berichten als Studierende anderer Fächer (Wagner, Paetsch & Darsow, 2016). Auch die systematische Erfassung des Vorwissens in den einzelnen Veranstaltungen könnte hilfreich sein, um die Inhalte ggf. anzupassen.

Die in diesem Beitrag aufgeführten Vorschläge, die aus den Ergebnissen der Evaluation der Berliner Module abgeleitet wurden, können nicht nur Anhaltspunkte für mögliche Optimierungsmaßnahmen zur Steigerung der Zufriedenheit mit den Berliner DaZ- bzw. Sprachbildungsmodulen liefern, sondern als Anregung auch von anderen Standorten genutzt werden. Die Ergebnisse sind zwar nicht ohne weiteres auf andere Standorte übertragbar, in Anlehnung an Befunde zur Studienzufriedenheit ist jedoch davon auszugehen, dass die Prädiktoren der

Zufriedenheit mit den Berliner Modulen auch für andere Standorte Gültigkeit besitzen. Insgesamt war die Zufriedenheit der Studierenden mit dem DaZ-Modul in Berlin bereits sehr hoch. Inwieweit Veränderungsmaßnahmen tatsächlich zu einer Steigerung der Zufriedenheit beitragen können, müsste in weiteren Studien überprüft werden. Eine wichtige Voraussetzung für die Umsetzung von Optimierungsmaßnahmen ist die Kooperation und Kommunikation der Modulverantwortlichen und der Dozentinnen und Dozenten an den jeweiligen Universitäten. Die vorgeschlagenen Maßnahmen können nur erfolgreich umgesetzt werden, wenn alle Beteiligten gemeinsame Ziele verfolgen.

Literatur

Appleton-Knapp, Sara L. & Krentler, Kathleen L. (2006). Measuring Student Expectations and their Effects on Satisfaction: The Importance of Managing Student Expectation. *Journal of Marketing Education, 28*(3), 251–264.

Athiyaman, Adee (1997). Linking student satisfaction and service quality perceptions: the case of university education. *European Journal of Marketing, 31*(7), 528–540.

Berger, Uwe & Schleußner, Christine (2003). Hängen Ergebnisse einer Lehrveranstaltungs-Evaluation von der Häufigkeit des Veranstaltungsbesuches ab? *Zeitschrift für Pädagogische Psychologie, 17*, 125–131.

Blüthmann, Irmela (2012). Individuelle und studienbezogene Einflussfaktoren auf die Zufriedenheit von Bachelorstudierenden. *Zeitschrift für Erziehungswissenschaft, 15*, 273–303.

Blüthmann, Irmela; Thiel, Felicitas & Wolfgramm, Christine (2011). Abbruchtendenzen in den Bachelorstudiengängen. Individuelle Schwierigkeiten oder mangelhafte Studienbedingungen? *Die Hochschule, 20*(1), 110–126.

Bortz, Jürgen (2005). *Statistik für Human- und Sozialwissenschaftler* (6. Aufl.). Berlin, Heidelberg: Springer.

Darsow, Annkathrin & Wagner, Fränze S. (2015). *Die DaZ-Module an den drei Berliner Universitäten. Ein Überblick.* Verfügbar unter: http://www.sprachen-bilden-chancen.de/ [13.07.2017].

Darsow, Annkathrin; Wagner, Fränze S. & Paetsch, Jennifer (2017). Konzept für die empirische Untersuchung der Berliner DaZ-Module. In Michael Becker-Mrotzek; Peter Rosenberg; Christoph Schroeder & Annika Witte (Hrsg.), *DaZ in der Lehrerbildung – Modelle und* Handlungsfelder (S. 187–202). Münster: Waxmann.

Dresing, Thorsten & Pehl, Thorsten (2015). *Praxisbuch Interview, Transkription & Analyse. Anleitungen und Regelsysteme für qualitativ Forschende* (6. Aufl.).Verfügbar unter: www.audiotranskription.de/praxisbuch [21.07.16].

Elliott, Kevin M. & Shin, Dooyoung (2002). Student Satisfaction: An alternative approach to assessing this important concept. *Journal of Higher Education Policy and Management, 24*(2), 197–209.

Fishbein, Martin & Ajzen, Icek (1975). *Belief, Attitude, Intention, and Behavior: An Introduction to Theory and Research. Reading.* MA: Addison-Wesley.

Hammer, Svenja; Fischer, Nele; Koch-Priewe, Barbara (2016). Überzeugungen von Lehramtsstudierenden zu Mehrsprachigkeit in der Schule. In Barbara Koch-Priewe &

Marianne Krüger-Potratz (Hrsg.), *Qualifizierung für sprachliche Bildung. Programme und Projekte zur Professionalisierung von Lehrkräften und pädagogischen Fachkräften* (S. 147–171). Münster, New York: Waxmann.

Heise, Elke; Westermann, Rainer; Spies, Kordelia & Schiffler, Angelina (1997). Studieninteresse und berufliche Orientierungen als Determinanten der Studienzufriedenheit. *Zeitschrift für Pädagogische Psychologie, 11,* 123–132.

Kristof, Amy L. (1996). Person-organization fit: An integrative review of its conceptualizations, measurement, and implications. *Personnel Psychology, 49,* 1–49.

Künsting, Josef & Lipowsky, Frank (2011). Studienwahlmotivation und Persönlichkeitseigenschaften als Prädiktoren für Zufriedenheit und Strategienutzung im Lehramtsstudium. *Zeitschrift für Pädagogische Psychologie, 25*(2), 105–114.

Lütke, Beate; Wagner, Fränze S.; Darsow, Annkathrin; Börsel, Anke; Jostes, Brigitte; Paetsch, Jennifer (2016). DaZ und Sprachbildung in der Berliner Lehrkräftebildung. *Die Deutsche Schule. Beiheft 13,* 23–34.

Mayring, Philipp (2010). *Qualitative Inhaltsanalyse. Grundlagen und Techniken* (11., aktualisierte und überarbeitete Auflage). Weinheim/Basel: Springer.

Meulemann, Heiner (1991). Zufriedenheit und Erfolg in der Bildungslaufbahn. Ein Längsschnitt vom Gymnasium bis zum Studienabschluss. *Zeitschrift für Sozialisationsforschung und Bildungssoziologie, 11,* 215–238.

Schiefele, Ulrich & Jacob-Ebbinghaus, Luzia (2006). Lernermerkmale und Lehrqualität als Bedingungen der Studienzufriedenheit. *Zeitschrift für Pädagogische Psychologie, 20*(3), 199–212.

Schmidt, Boris& Loßnitzer, Tim (2010). Lehrveranstaltungsevaluation: State of the art, ein Definitionsvorschlag und Entwicklungslinien. *Zeitschrift für Evaluation, 9,* 49–72.

Schneider, Michael & Mustafic, M. (2015). *Gute Hochschullehre: Eine evidentbasierte Orientierungshilfe.* Berlin/Heidelberg: Springer.

Schwaiger, Manfred (2003). Der Student als Kunde. Eine empirische Analyse der Zufriedenheit Münchner BWL-Studenten mit ihrem Studium. *Beiträge zur Hochschulforschung, 25*(1), 31–62.

Spiel, Christiane & Gössler, P. Martin (2000). Zum Einfluß von Biasvariablen auf die Bewertung universitärer Lehre durch Studierende. *Zeitschrift für Pädagogische Psychologie, 14,* 38–47.

Spies, Kordelia; Westermann, Rainer; Heise, Elke & Schiffler, Angelina (1996). Diskrepanzen zwischen Bedürfnissen und Angeboten im Studium und ihre Beziehungen zur Studienzufriedenheit. *Empirische Pädagogik, 10*(4), 377–409.

Staufenbiel, Thomas; Seppelfricke, Thomas & Rickers, Judith (2015). Prädiktoren studentischer Lehrveranstaltungsevaluationen. *Diagnostica, 62,* 44–59.

Thiel, Felicitas & Blüthmann, Irmela (2009). *Ergebnisse der Evaluation der lehrerbildenden Studiengänge an der Freien Universität Berlin. Sommersemester 2009.* Verfügbar unter: http://www.ewi-psy.fu-berlin.de/einrichtungen/arbeitsbereiche/schulentwicklungsforschung/downloads/Lehramtsmasterbefragung_2009.pdf?1310986750 [21.07.16].

Thiel, Felicitas; Blüthmann, Irmela; Lepa, Steffen & Ficzko, Markus (2006). *Ergebnisse der Befragung der Studierenden in den Bachelorstudiengängen an der Freien Universität Berlin.* Berlin: Freie Universität.

Ulrich, Immanuel (2013). *Strategisches Qualitätsmanagement in der Hochschullehre. Theoriegeleitete Workshops für Lehrende zur Förderung kompetenzorientierter Lehre.* Wiesbaden: Springer.

Voss, Rödiger (2007). *Studienzufriedenheit. Analyse der Erwartungen von Studierenden.* Köln: Josef EUL Verlag.

Wagner, Fränze S.; Paetsch, Jennifer & Darsow, Annkathrin (2016). *Universitäre Lerngelegenheiten und Kompetenzen von angehenden Lehrkräften im Bereich Deutsch als Zweitsprache.* Tagungsbeitrag GEBF, Berlin.

Westermann, Rainer; Heise, Elke; Spies, Kordelia & Trautwein, Ulrich (1996). Identifikation und Erfassung von Komponenten der Studienzufriedenheit. *Psychologie in Erziehung und Unterricht, 43,* 1–22.

Westermann, Rainer; Spies, Kordelia; Heise, Elke & Wollburg-Claar, Stefan (1998). Bewertung von Lehrveranstaltungen und Studienbedingungen durch Studierende: Theorieorientierte Entwicklung von Fragebögen. *Empirische Pädagogik, 12,* 133–166.

Wiers-Jenssen, Jannecke; Stensaker, Björn & Grogaard, Jens B. (2002). Student Satisfaction: Towards an empirical deconstruction of the concept. *Quality in Higher Education, 8 (2),* 183–195.

Zaunbauer, Anna Chr. M.; Brouër, Birgit; Schmidt, Astrid & Möller, Jens (2015). Kleine Veränderung – großer Gewinn? Effekte struktureller Veränderungen in der gymnasialen Lehrerausbildung. *Beiträge zur Hochschulforschung, 37*(4), 36–50.

Annkathrin Darsow

Behandelte Themen in den Berliner Deutsch-als-Zweitsprache-Modulen: Befragung der Lehrenden zum implementierten Curriculum

1. Einleitung

In Berlin ist der Besuch der Deutsch-als-Zweitsprache-Module (DaZ-Module) seit 2007 für alle Lehramtsstudierenden der Freien Universität (FU), der Humboldt-Universität zu Berlin (HU) und der Technischen Universität (TU) verpflichtend. Mit Inkrafttreten der neuen Studien- und Prüfungsordnungen der Berliner Lehramtsstudiengänge im Wintersemester 2015/16 wurden die DaZ-Module von den Sprachbildungsmodulen abgelöst. Hierdurch erhöht sich die Anzahl der zu erwerbenden Leistungspunkte (LP) von sechs LP auf zehn LP, erweitern sich die Inhalte und Zielgruppen der Schülerschaft von mehrsprachigen Schülerinnen und Schülern auf alle Schülerinnen und Schüler und wird im Master-Modul ein Teil der Lehre in die verschiedenen Fachdidaktiken integriert (Lütke & Börsel, 2017). Die neuen Sprachbildungsmodule werden aktuell inhaltlich ausgestaltet. Im vorliegenden Beitrag wird näher auf die ehemaligen DaZ-Module eingegangen, die die Ausgangsbasis für die Sprachbildungsmodule darstellen.

Die ehemaligen Bachelor- und Master-Module im Bereich DaZ (nähere Informationen bei Darsow & Wagner, 2015; Jostes, 2015) bauten aufeinander auf und zielten darauf ab, grundlegende Kompetenzen im Bereich Sprachförderung und Sprachbildung im (Fach-)Unterricht zu vermitteln. Die zu vermittelnden Inhalte und Qualifikationsziele, das „intendierte Curriculum" (Travers, 1993: 4; McDonnell, 1995: 306), waren in den Modulbeschreibungen festgelegt. Sie stimmten an den drei Universitäten überein. Im Bachelor-Modul sollte Grundlagenwissen in zentralen Bereichen vermittelt werden (v.a. Theorien zum Erwerb des Deutschen als Zweitsprache; Prinzipien der Sprachaneignung und des Sprachgebrauchs; strukturelle Besonderheiten der deutschen Sprache und ausgewählter Minderheitensprachen; Grundlagen der Sprachstandsdiagnostik; DaZ als didaktisches Prinzip in allen Unterrichtsfächern vs. DaZ in der Lehrgangsvariante; kritische Betrachtung von DaZ- und Fachunterrichtsmaterialien; Verfahren der Textentlastung und Lesestrategien, Korrektur- und Feedbackverfahren). Im Master-Modul sollten die Kenntnisse erweitert werden (z.B. Beurteilung und Anwendung von Diagnoseverfahren in ausgewählten Sprachaneignungsphasen; Berücksichtigung von Mehrsprachigkeit im Unterricht; Verknüpfung von sprachlichem und fachlichem Lernen; Analyse von Lehr-Lernmaterialien des Fachunterrichts und sprachdidaktische Aufbereitung; Realisierung und Reflexion von Lehr- und Lernprozessen für sprachlich heterogene Lerngruppen unter besonderer Berücksichtigung von Binnendifferenzierung, Sprachlernprogression und Entfaltung von Sprachbewusstheit).

Im Rahmen des Projektes *Sprachen – Bilden – Chancen: Innovationen für das Berliner Lehramt* wurden die ehemaligen DaZ-Module evaluiert, um Anhaltspunkte zu gewinnen, in welchen Bereichen die Vermittlung von Kenntnissen und Fähigkeiten bereits gut gelungen ist und in welchen Bereichen Verbesserungen vorgenommen werden könnten (vgl. Lütke, Wagner, Darsow, Börsel, Jostes & Paetsch, 2016). Hieraus sollten Hinweise für die Weiterentwicklung der neuen Sprachbildungsmodule abgeleitet werden (vgl. Darsow, Wagner & Paetsch, 2017).

Die Evaluation war so angelegt, dass verschiedene curriculare Ebenen abgedeckt und miteinander in Beziehung gesetzt wurden. Im Vordergrund stand die Untersuchung des erreichten Curriculums, also inwiefern die Vermittlung von Wissen und Kompetenzen im Rahmen der Lehre gelungen ist. Erstens wurde mit Hilfe einer Kurzversion des Kompetenztests „DaZKom" (Köker, Rosenbrock-Agyei, Ohm, Carlson, Ehmke, Hammer, Koch-Priewe & Schulze, 2015) in einem Prä-Post-Test-Design bei 180 Studierenden aus dem Bachelor- und Master-Modul der Wissenszuwachs gemessen. Die curriculare Validität, also die Passung zwischen dem Test und den Modulbeschreibungen sowie der umgesetzten Lehre, wurde geprüft (Wagner & Paetsch, eingereicht). Zweitens wurde anhand von 49 Modulabschlussprüfungen von 60 Studierenden untersucht, inwiefern die Studierenden im Rahmen der Lehre dazu befähigt wurden, die sprachlichen Anforderungen von Unterrichtsmaterialien zu analysieren und diese sprachsensibel aufzubereiten (Darsow & Lütke, eingereicht). Drittens wurden die professionellen Überzeugungen von Studierenden im Bereich DaZ im Hinblick auf die Bedeutung von Sprache im Fach anhand von 30 qualitativen Interviews herausgearbeitet (Wagner, 2016). Um weitere Anhaltspunkte für die Weiterentwicklung zu gewinnen, wurden die Studierenden zur Zufriedenheit mit den DaZ-Modulen befragt. Einerseits wurde ein Fragebogen eingesetzt, den 268 Studierende ausfüllten, andererseits wurden 20 Studierende im Rahmen der qualitativen Interviews befragt (Paetsch, Wagner & Darsow, 2017). Des Weiteren wurden die Dozentinnen und Dozenten zu den in den Lehrveranstaltungen behandelten Themen und Inhalten befragt.

Mit der zuletzt genannten Untersuchung, der Befragung der Dozentinnen und Dozenten zur umgesetzten Lehre (dem implementierten Curriculum), wurden drei Zielsetzungen verfolgt: Erstens sollte die Befragung einen näheren Einblick in die beiden DaZ-Module geben, um die Evaluationsergebnisse besser interpretieren zu können. Da das intendierte und implementierte Curriculum nicht zwangsläufig deckungsgleich sind, sollte erhoben werden, welche Themen die Dozentinnen und Dozenten tatsächlich behandelt haben und welche Aspekte konkret behandelt worden sind. Im Gegensatz zu Gesprächen über die Module, die mit ausgewählten Dozentinnen und Dozenten im Projektverlauf eher informell geführt worden sind, erlaubt eine systematische Befragung einen Einblick in die Lehre vieler Dozentinnen und Dozenten. Zweitens sollten aus der Befragung Empfehlungen für die Weiterentwicklung der Module abgeleitet werden, bspw. wie mit uneinheitlichen Relevanzsetzungen seitens der Lehrenden innerhalb eines Moduls umgegangen werden soll. Drittens ist die Befragung zur eingeschätzten Relevanz der Themen und ihrer Behandlung in den Lehrveranstaltungen von allgemeinem Interesse. Durch die Befragung können Einschätzungen und Erfahrungen der Lehrenden in der Vermittlung einzelner Themen erfasst werden. Diese können in die Diskussion um ein mögliches Curriculum im Bereich Sprachbildung/DaZ einfließen.

Im vorliegenden Beitrag wird die Befragung der Dozentinnen und Dozenten zu den behandelten Themen in den Lehrveranstaltungen in den Berliner Bachelor- und Master-Modulen vorgestellt.

2. Die Lehrenden in den Berliner DaZ-Modulen

Die Lehre in den ehemaligen DaZ-Modulen wurde von Lehrkräften für besondere Aufgaben (LfbAs), wissenschaftlichen Mitarbeiterinnen und Mitarbeitern und Lehrbeauftragten durchgeführt. LfbAs und wissenschaftliche Mitarbeiterinnen und Mitarbeiter sind an der Universität angestellt und führen die Lehre im Rahmen ihres Arbeitsverhältnisses durch. Lehrbeauftragte stehen nicht in einem Beschäftigungsverhältnis mit der Universität, sondern sind freiberuflich tätig. Im Wintersemester 2015/16 und dem vorausgehenden Sommersemester 2015 waren an den drei Berliner Universitäten FU, HU und TU insgesamt 27 Dozentinnen und Dozenten tätig. Bei der Anzahl an Dozentinnen und Dozenten zeigten sich Universitätsspezifika. An der HU war die Anzahl an Lehrenden deutlich höher als an den beiden anderen Standorten. An der HU lehrten in den beiden Semestern insgesamt 19 verschiedene Dozentinnen und Dozenten. An der FU waren sieben Dozentinnen und Dozenten in die Lehre eingebunden, an der TU gab es drei Dozentinnen. Zehn der 27 Dozentinnen und Dozenten waren als LfBAs oder wissenschaftliche Mitarbeiterinnen und Mitarbeiter tätig, die anderen hatten mindestens an einem der drei Standorte einen Lehrauftrag.

3. Durchführung der Befragung

Die Befragung zu den behandelten Themen in den DaZ-Modulen und zur Einschätzung ihrer Relevanz erfolgte mittels eines selbst erstellten Fragebogens. Eine erste Fassung des Fragebogens wurde im Wintersemester 2014/15 entwickelt und pilotiert. Von den Befragten wurde zurückgemeldet, dass die in der ersten Fassung sehr umfangreiche Liste an möglichen Themen, die hätte behandelt werden können, den Dozentinnen und Dozenten suggeriere, dass im Idealfall all diese

Themen in der Lehre vermittelt werden müssten. Dies war als Botschaft nicht intendiert und bei einem Umfang der Lehre von drei bis vier Semesterwochenstunden (SWS) pro Modul auch nicht möglich. Aus diesem Grund wurde der Fragebogen in der Haupterhebung offener gestaltet. Außerdem erhielten die Lehrenden die Möglichkeit, einerseits die Umsetzung in der Lehre zu beschreiben und andererseits die Wichtigkeit des Themas einzuschätzen. Hierdurch konnten die Dozentinnen und Dozenten ausdrücken, dass sie zwar durchaus die Wichtigkeit einiger Themen sehen, diese jedoch aus verschiedenen Gründen in der Lehre evtl. nicht aufgreifen konnten.

Die Themenbereiche wurden aus den alten sowie neuen Modulbeschreibungen (gültig seit Wintersemester 2015/16) abgeleitet. Die Befragung erfolgte im Wintersemester 2015/16 in schriftlicher und anonymisierter Form, die Teilnahme war freiwillig. Die Möglichkeit, Veranstaltungspläne einzureichen, wurde nur von zwei Lehrenden wahrgenommen. Die Pläne wurden verwendet, um die Angaben im Fragenbogen zu vervollständigen bzw. um die Vollständigkeit zu überprüfen.

An der Befragung nahmen 18 Dozentinnen und Dozenten teil (weiblich n=9, männlich n=8, keine Angabe n=1)[1]. Die Rücklaufquote beträgt damit 66,66 %. Von den 18 Befragten arbeiteten 13 Personen als Lehrbeauftragte und vier Personen als LfbA bzw. wissenschaftliche/-r Mitarbeiter/-in (fehlende Werte n=1). Zehn Dozentinnen und Dozenten lehrten seit bis zu zwei Jahren in den DaZ-Modulen, zwei Personen arbeiteten seit drei bis vier Jahren in den Modulen, die sechs übrigen Dozentinnen und Dozenten seit der Einführung der Module, d.h. seit sieben bis acht Jahren. Die befragten Dozentinnen und Dozenten haben bis auf eine Person Deutsch als Erstsprache erworben. 13 Personen haben keinen Migrationshintergrund, d.h. sie selbst und auch ihre Eltern sind in Deutschland geboren. Bei zwei Personen ist mindestens ein Elternteil im Ausland geboren (zweite Generation), drei weitere Dozentinnen und Dozenten sind selbst im Ausland geboren (erste Generation; das Geburtsland wurde nicht erfasst). 14 Dozentinnen und Dozenten haben ein Lehramt bzw. Fächer mit Lehramtsoption studiert, wobei viele Deutsch studierten (n=9). Zehn Dozentinnen und Dozenten haben das Referendariat mit dem 2. Staatsexamen abgeschlossen. Diese zehn Personen haben anschließend unterschiedlich lange an einer Schule gearbeitet (2 Lehrende 1–2 Jahre, 3 Lehrende 5–6 Jahre, 3 Lehrende 15–35 Jahre; fehlende Werte n=2). Einige Lehrende sind noch heute hauptberuflich im Schuldienst tätig, sie arbeiten nebenberuflich als Lehrbeauftragte. Von den vier anderen Dozentinnen und Dozenten, die kein Lehramtsstudium abgeschlossen haben, haben drei Personen u.a. Deutsch als Fremdsprache studiert, zwei Personen nannten außerdem das Fach Linguistik.

Die Lehrenden wurden gebeten, im Fragebogen Angaben zu den Inhalten ihrer Lehrveranstaltungen zu machen und sich hierbei am Sommersemester 2015 zu

---

1 Wir danken allen Dozentinnen und Dozenten, die an der Befragung teilgenommen haben!

orientieren, da in diesem Semester die Daten für die Evaluation erhoben worden sind. Sie hatten die Möglichkeit, sich in Abhängigkeit von ihrer Lehrerfahrung entweder auf eine oder zwei Lehrveranstaltungsformen des Bachelor- oder Master-Moduls zu beziehen. Von den 18 Dozentinnen und Dozenten machten sechs Personen Angaben zu den Inhalten des Bachelor-Moduls. Alle sechs Personen gingen auf die Inhalte des Seminars (bzw. an einem Standort auf die Inhalte der Vorlesung) ein, zwei Personen haben zusätzlich die Inhalte der Übung beschrieben. Die anderen zwölf Personen haben Angaben zu den Inhalten der Master-Veranstaltungen gemacht. Hier beschrieben alle zwölf Personen die Inhalte der Übung, drei Personen gingen überdies auf die Inhalte des Seminars ein. Bei der Interpretation der Ergebnisse muss folglich berücksichtigt werden, dass die Bachelor-Übung und das Master-Seminar nur unzureichend abgebildet sind.

Der Fragebogen enthielt zunächst zwei offene Fragen. Die Dozentinnen und Dozenten wurden zum einen gefragt, welche die für sie fünf wichtigsten Inhaltsbereiche und/oder Kompetenzbereiche sind, die sie den Studierenden im DaZ-Modul vermitteln möchten. Zum anderen wurde erfragt, welche Inhaltsbereiche und/oder Kompetenzbereiche, die sie im DaZ-Modul vermitteln oder in der Vergangenheit behandelt haben, sie zukünftig gerne nicht mehr thematisieren würden. Der zweite Teil des Fragebogens deckte 16 Themenbereiche ab: Bildungserfolg und Sprachkompetenz, Sprache im jeweiligen Fachunterricht, sprachliche Vielfalt/Variation, grammatische Besonderheiten der deutschen Sprache, Theorien und Hypothesen zum Zweitspracherwerb, Prinzipien der Sprachaneignung, Unterscheidung von Sprachaneignungskontexten (DaM – DaZ – DaF), Verlaufsformen des Spracherwerbs, Diagnostik, Sprachförderung und Sprachbildung, Schriftspracherwerb, Unterrichtsinteraktion, Feedbackverfahren zur Korrektur von Fehlern, grammatische Besonderheiten von Herkunfts-/Minderheitensprachen, Umgang mit sprachlicher Heterogenität der Schülerinnen und Schüler und Kommunikation in der Familie und außerhalb der Schule. Die Dozentinnen und Dozenten wurden bei jedem Themenblock in zwei geschlossenen Fragen danach gefragt, wie intensiv sie das jeweilige Thema behandelt haben und wie wichtig ihnen die Behandlung des Themas im DaZ-Modul war. Die Beantwortung erfolgte jeweils auf einer vierstufigen Antwortskala (von „gar nicht" bis „in mehreren Sitzungen" und von „überhaupt nicht wichtig" bis „sehr wichtig"). Die Dozentinnen und Dozenten, die das jeweilige Thema in mindestens einem Teil einer Sitzung behandelt hatten, wurden gebeten, nähere Angaben zu machen. Bei einigen Themenbereichen wurden weitere Fragen ergänzt. Die Dozentinnen und Dozenten hatten außerdem die Möglichkeit, nicht aufgeführte Themenbereiche zu ergänzen. Im Folgenden werden ausgewählte Ergebnisse der Befragung zu den vermittelten Inhalten präsentiert.

4. Ergebnisse

Bei der Auswertung der beiden offenen Items zu den wichtigsten Inhaltsbereichen und den Bereichen, die die Dozentinnen und Dozenten zukünftig gerne nicht mehr thematisieren würden, zeigten sich keine durchgängigen Muster. Die Dozentinnen und Dozenten gaben bei den für sie wichtigsten Inhaltsbereichen Themen an, die sich größtenteils in den alten Modulbeschreibungen wiederfinden. Darüber hinaus wurden vermehrt fachdidaktische Aspekte genannt (z.B. sprachliche Anforderungen verschiedener Fächer und Klassenstufen; Fachsprache), die sich in den neuen Modulbeschreibungen wiederfinden. Weiterhin wurde mehrfach genannt, dass der Sensibilisierung der Bachelor-Studierenden für das Thema DaZ Raum gegeben werden sollte. Die zweite Frage nach den Themen, die die Lehrenden gerne nicht mehr behandeln würden, wurde lediglich von der Hälfte der Dozentinnen und Dozenten beantwortet. Einige Dozentinnen und Dozenten aus dem Bachelor-Modul würden gerne Spracherwerbstheorien und Erwerbssequenzen in geringerem Maße behandeln. Ebenfalls wurden die PISA-Ergebnisse und allgemein bildungspolitische Punkte genannt. Einige weitere Themenbereiche wurden von nur jeweils einer Person genannt. Insgesamt deuten die Antworten nicht darauf hin, dass sich eine deutliche Mehrheit der Lehrenden für einen Themenbereich besonders stark macht oder ihn klar ablehnt. Die Antworten verdeutlichen eher die Vielfalt der Meinungen unter den Lehrenden.

Bei der folgenden Darstellung der Ergebnisse zu den 16 verschiedenen Themenblöcken werden ausgewählte Ergebnisse berichtet. Alle befragten Dozentinnen und Dozenten gaben an, dass es ziemlich oder sehr wichtig sei, die *sprachliche Vielfalt/Variation* zu behandeln. Zehn der Lehrenden haben das Thema in mehreren Sitzungen behandelt, sechs in einer ganzen Sitzung und zwei in einem Teil einer Sitzung. Unterschiede zwischen den Lehrenden des Bachelor- und Master-Moduls zeigen sich nicht. Lehrende beider Module gaben an, sich mit den Themen Mündlichkeit vs. Schriftlichkeit, Alltagssprache vs. Bildungssprache/ Fachsprache und dem Konzept des Registers beschäftigt zu haben. Darüber hinaus haben jeweils zwei Dozentinnen und Dozenten des Bachelor-Moduls in der Lehrveranstaltung sogenanntes „Kiez-Deutsch" und die Themen Codeswitching und Codemixing thematisiert. Eine Lehrkraft im Master-Modul hat sich allgemein mit Ethnolekten und Soziolekten befasst.

Weiterhin schätzten 16 der befragten Lehrenden es als ziemlich oder sehr wichtig ein, auf *grammatische Besonderheiten der deutschen Sprache* einzugehen, nur zwei Lehrende fanden dies weniger wichtig. 17 Dozentinnen und Dozenten gaben an, das Thema in der Lehre aufgegriffen zu haben, von ihnen haben es sechs in mehreren Sitzungen thematisiert, sieben in einer ganzen Sitzung und vier in einem Teil einer Sitzung. Dabei zeigen sich erneut keine Unterschiede zwischen den Lehrenden des Bachelor- und Master-Moduls. Behandelt wurden verschiedene grammatische Bereiche. Mehrfach genannt wurden die Bereiche Syntax

(Verbstellung, trennbare Verben, Verbklammer) und Satzgefüge, Passiv, Komposita, Nominalisierungen und die Nominalflexion. Zahlreiche andere Phänomene wurden von jeweils einer Person genannt.

Die Lehrenden schätzten die Bedeutung der Thematisierung von *Theorien und Hypothesen zum Zweitspracherwerb* unterschiedlich ein. Drei Lehrende aus dem Bachelor-Modul und acht Lehrende aus dem Master-Modul finden das Thema ziemlich oder sehr wichtig, zwei Lehrende aus dem Bachelor-Modul und vier Lehrende aus dem Master-Modul halten es für weniger oder überhaupt nicht wichtig (fehlende Werte n=1). Im Bachelor-Modul thematisierten alle Dozentinnen und Dozenten Theorien und Hypothesen des Zweitspracherwerbs in einer oder mehreren Sitzungen, was u.a. darauf zurückzuführen ist, dass deren Kenntnis in der Modulabschlussprüfung überprüft wurde und die Lehrenden die Studierenden entsprechend vorbereiteten. Im Master-Modul griff die Hälfte der Lehrenden das Thema erneut auf, die anderen Lehrenden gingen nicht mehr darauf ein. Während sich einige Lehrende auf ausgewählte Theorien und Hypothesen konzentrierten, thematisierten andere eine hohe Anzahl. Die Befragten gaben als vermittelte Theorien und Hypothesen die Interlanguage-Hypothese, die Kontrastivhypothese, die Identitätshypothese, den Interaktionismus, den Nativismus, den Kognitivismus, die Monitorhypothese und die Interdependenzhypothese an. Weitere sieben Theorien und Hypothesen wurden jeweils einmal genannt. Fünf Lehrende gaben an, bei allen behandelten Theorien und Hypothesen mit den Studierenden diskutiert und reflektiert zu haben, was sich aus ihnen für die Sprachförderung bzw. Sprachbildung ableiten lässt. Weitere acht Lehrende haben dies bei einem Teil der Theorien und Hypothesen gemacht, vier jedoch gar nicht (fehlende Werte n=1).

Die Wichtigkeit der Behandlung von *Prinzipien der Sprachaneignung* schätzten die Lehrenden unterschiedlich ein. Von den 18 Befragten hielten es fünf für sehr wichtig, sechs für ziemlich wichtig, fünf für weniger wichtig und eine/r für überhaupt nicht wichtig (fehlende Werte n=1). Die Hälfte der Dozentinnen und Dozenten aus dem Bachelor-Modul ist in einem Teil einer Sitzung hierauf eingegangen, die anderen in mehreren Sitzungen. Allerdings hat auch mehr als die Hälfte der Lehrenden im Master-Modul das Thema wieder aufgegriffen. Drei Dozentinnen und Dozenten thematisierten Prinzipien der Sprachaneignung in einem Teil einer Sitzung, zwei in einer ganzen Sitzung und zwei in mehreren Sitzungen. Behandelt wurden die Bereiche Hypothesenbildung, Monitoring, Transfer, Übergeneralisierung, Fossilierung sowie die Bedeutung von Strategien (Sprachlernstrategien, Lesestrategien).

Darüber hinaus wurden die Dozentinnen und Dozenten gefragt, wie wichtig es ihnen ist, die sprachlichen Handlungen oder andere *sprachliche Aspekte eines Faches* bzw. einer Fachgruppe in der Lehre zu thematisieren. Dies schätzten 16 Personen als ziemlich oder sehr wichtig ein, eine Lehrkraft aus dem Bachelor-Modul fand dies weniger wichtig (fehlende Werte n=1). Zwei Lehrende sind im

Master-Modul in einer ganzen Sitzung auf die sprachlichen Spezifika eines Faches bzw. einer Fächergruppe eingegangen, die anderen zehn Dozentinnen und Dozenten in mehreren Sitzungen. Auch die Dozentinnen und Dozenten aus dem Bachelor-Modul gaben an, sprachliche Aspekte bestimmter Fächer in der Lehre vermittelt zu haben. Von ihnen sind ebenfalls drei Lehrende in mehreren Sitzungen auf fachsprachliche Register eingegangen, die anderen drei Lehrenden in einem Teil einer Sitzung oder in einer ganzen Sitzung. Lehrende aus dem Bachelor-Modul führten bspw. an, bildungssprachliche Merkmale und sprachliche Schwierigkeiten von Lehrbuchtexten und Aufgaben oder fach- und bildungssprachliche Merkmale behandelt zu haben. Auch einige Lehrende des Master-Moduls nannten solche fächerübergreifenden Aspekte, andere gaben jedoch auch fachspezifische Punkte an (z.B. für ein Fach typische Sprachhandlungen).

16 Dozentinnen und Dozenten schätzten es als ziemlich oder sehr wichtig ein, das Thema der *Sprachstandsdiagnostik* zu behandeln. Eine Lehrkraft aus dem Bachelor-Modul wertete dies als weniger wichtig (fehlende Werte n=1). Im Bachelor-Modul behandelten alle befragten Lehrenden Verfahren der Sprachstandsdiagnostik, wobei die Intensität variiert. Zwei Lehrende sind hierauf in mehreren Sitzungen eingegangen, drei in einer ganzen Sitzung und eine Lehrkraft in einem Teil einer Sitzung. Im Master-Modul haben sieben der zwölf befragten Dozentinnen und Dozenten das Thema erneut aufgegriffen. Jeweils drei Lehrende haben Diagnoseverfahren in einem Teil oder in einer ganzen Sitzung behandelt, eine Lehrkraft sogar in mehreren Sitzungen. Behandelt wurden vor allem die Profilanalyse und der C-Test. Dies kann u.a. darauf zurückgeführt werden, dass diese beiden Verfahren im Bachelor-Modul an mindestens einem der drei Standorte im Rahmen der Modulabschlussprüfung abgefragt wurden und die Studierenden von den Lehrenden auf die Prüfung vorbereitet wurden. Darüber hinaus erklärten die Dozentinnen und Dozenten in späteren Gesprächen, dass sich die Profilanalyse eigne, um die Entwicklungsstufen im Bereich der Syntax zu thematisieren bzw. um linguistisches Wissen zu vermitteln. Weiterhin wurden Verfahren aus dem Elementarbereich (Havas, LiSe-DaZ) oder aus dem Schuleingangsbereich (z.B. LauBe) genannt, was u.a. in späteren Gesprächen durch die interessante Anlage der Verfahren (z.B. wegen der Berücksichtigung von Mehrsprachigkeit) erklärt wurde. Ferner wurden keine konkreten Verfahren, sondern Unterarten von Diagnoseverfahren genannt (z.B. Sprachproben/Fehleranalysen, Beobachtungen). In etwa der Hälfte der Fälle wurden die Diagnoseverfahren in der Lehrveranstaltung lediglich vorgestellt, die Umsetzung oder Auswertung jedoch nicht veranschaulicht oder geübt. Außerdem wurde die Eignung der Diagnoseverfahren zur Sprachstandsdiagnostik auch nur in etwa der Hälfte der Fälle mit den Studierenden diskutiert.

Erwartungsgemäß schätzte der Großteil der Dozentinnen und Dozenten die Behandlung *methodisch-didaktischer Ansätze* der Sprachförderung und Sprachbildung als ziemlich (n=1) oder sehr wichtig (n=14) ein. Allerdings gaben auch drei Lehrende an, dieses Thema weniger wichtig zu finden (Master n=2, Bachelor n=1). Von 13 Lehrenden wurde der Themenbereich in mehreren Sitzungen behandelt, von drei weiteren in einer ganzen Sitzung. Zwei Lehrende im Master-Modul sind nicht hierauf eingegangen. Die Lehrenden gaben an, verschiedene methodisch-didaktische Ansätze und Konzepte der Sprachförderung/Sprachbildung behandelt zu haben. Mehrfach genannt wurden der Ansatz des Scaffoldings bzw. das SIOP-Konzept, aber auch das Drei-Phasen-Modell der Textarbeit (mit *pre-, while-* und *post-reading activities*) und der Language-Awareness-Ansatz. Darüber hinaus wurde der Lernszenarien-Ansatz einmal angegeben. Ebenfalls wurde mehrfach auf bestimmte Autorinnen und Autoren bzw. Publikationen verwiesen, z.B. auf Heidi Rösch oder auf Josef Leisen. Andere Lehrende gaben an, welche sprachlichen Fertigkeiten sie in den Fokus genommen haben (z.B. Wortschatzarbeit, Arbeit mit Operatoren, Texterschließungsverfahren, Lesestrategien). Andere führten an, dass sie den Studierenden den Ansatz und die Leitlinien des sprachsensiblen Fachunterrichts oder die Qualitätsmerkmale nach FörMig vermittelt haben.

Die Lehrenden wurden ferner gefragt, inwiefern sie im Rahmen der Lehrveranstaltungen mit den Studierenden geübt haben, die *sprachlichen Anforderungen von Unterrichtsmaterialien/-themen* systematisch zu analysieren. Drei Lehrende aus dem Master-Modul gaben an, dies in bis zu drei Sitzungen gemacht zu haben, fünf Lehrende haben es in bis zu sechs Sitzungen thematisiert, drei Lehrende sogar in mehr als sechs Sitzungen (fehlende Werte n=1). Von den sechs befragten Lehrenden aus dem Bachelor-Modul gab lediglich eine Person an, dies nicht gemacht zu haben, vier Lehrende haben die sprachlichen Anforderungen in bis zu drei Sitzungen analysiert, eine Dozentin bzw. ein Dozent sogar in bis zu sechs Sitzungen.

Ein ähnliches Bild ergibt sich bei der Frage, wie intensiv die Dozentinnen und Dozenten mit den Studierenden geübt haben, *Unterrichtsmaterialien sprachsensibel aufzubereiten*. Im Master-Modul haben vier Lehrende dies in bis zu drei Sitzungen geübt, fünf Lehrende in bis zu sechs Sitzungen und die restlichen drei befragten Lehrenden in mehr als sechs Sitzungen. Im Bachelor-Modul gaben zwei Lehrende an, dies in bis zu drei Sitzungen geübt zu haben. Drei sind hierauf nicht eingegangen (fehlende Werte n=1). Etwa die Hälfte der Dozentinnen und Dozenten gab an, bei allen thematisierten Konzepten und Ansätzen mit den Studierenden reflektiert zu haben, inwiefern sich die Konzepte und Ansätze für die verschiedenen Schulstufen oder Zielgruppen eignen. Die meisten anderen machten dies bei einem Teil der Konzepte und Ansätze.

Die Mehrheit der befragten Lehrenden fand es außerdem wichtig, in den Lehrveranstaltungen die *Gestaltung von Unterrichtsinteraktionen* zu behandeln. Zehn Lehrende gaben an, dies sehr wichtig zu finden, fünf ziemlich wichtig und drei weniger wichtig. Acht Dozentinnen und Dozenten sind hierauf in mehreren Sitzungen eingegangen, drei in einer ganzen Sitzung, sechs in einem Teil einer Sitzung und nur eine/r gar nicht. Auch hier zeigt sich, dass das Thema sowohl im

Bachelor- als auch im Master-Modul von den Dozentinnen und Dozenten behandelt wurde. Sowohl die Lehrenden aus dem Bachelor- als auch aus dem Master-Modul nannten u.a. den Ansatz des Micro-Scaffoldings und Vorgehensweisen der Lehrkraft (z.B. Sprechanlässe schaffen, genug Antwortzeit geben, Sprechtempo anpassen). Weiterhin wurden von Lehrenden aus dem Bachelor- und dem Master-Modul die Formulierung von Arbeitsaufträgen und der Bereich der Fehlerkorrektur genannt.

Die Behandlung von *Feedbackverfahren* zur Korrektur von Fehlern wurde auch separat erfasst. 15 Lehrende gaben an, es ziemlich oder sehr wichtig zu finden, dass Feedbackverfahren behandelt werden, zwei Lehrende aus dem Master-Modul fanden es weniger wichtig (fehlende Werte n=1). Die Dozentinnen und Dozenten gaben an, hierauf unterschiedlich intensiv einzugehen. Zwei Lehrende aus dem Master-Modul behandelten Feedbackverfahren in mehreren Sitzungen, sieben Lehrende in einer ganzen Sitzung (Master n=3, Bachelor n=4), acht Lehrende in einem Teil einer Sitzung (Master n=6, Bachelor n=2) und eine Lehrkraft aus dem Master-Modul gar nicht. Auch hier fällt auf, dass das Thema sowohl im Bachelor- als auch im Master-Modul aufgegriffen wurde. Teilweise nannten die Dozentinnen und Dozenten aus dem Bachelor- und dem Master-Modul dieselben Aspekte, die sie behandelt haben (z.B. mündliche vs. schriftliche Verfahren, Zeitpunkt der Korrektur, Korrekturverfahren/-zeichen, Selbst-/Fremdkorrektur). Darüber hinaus gaben Lehrende beider Module an, Korrekturhinweise von Josef Leisen in der Lehrveranstaltung zu behandeln. Einzelne Dozentinnen und Dozenten aus dem Bachelor- und Master-Modul nannten verschiedene Korrekturarten (z.B. implizit vs. explizit, Reformulierungen) oder gaben an, mit den Studierenden über die Wirkung von Fehlerkorrektur diskutiert zu haben. Einige Lehrende führten aus, mit den Studierenden reflektiert zu haben, inwiefern Fehler auf den Sprachstand schließen lassen bzw. zum Spracherwerb dazugehören.

Ebenfalls empfand die deutliche Mehrheit der Lehrenden es als wichtig, die *sprachliche Heterogenität* der Schülerinnen und Schüler zu thematisieren. 14 Dozentinnen und Dozenten schätzten dies als ziemlich oder sehr wichtig ein, drei Lehrende als weniger wichtig (fehlende Werte n=1). Drei Lehrende aus dem Master-Modul gaben an, hierauf in mehreren Sitzungen einzugehen, jeweils drei Lehrende aus dem Bachelor- und Master-Modul thematisierten dies in einer ganzen Sitzung, sieben Lehrende in einem Teil einer Sitzung (Master n=4, Bachelor n=3), zwei Lehrende aus dem Master-Modul gar nicht. Die Lehrenden beschrieben u.a., dass sie in der Lehre thematisiert haben, wie die Herkunftssprachen von Schülerinnen und Schülern nichtdeutscher Familiensprache in den Unterricht einbezogen werden können und welche Rolle Herkunftssprachen im außerunterrichtlichen Bereich der Schule zukommen sollte. Ferner wurde angeführt, dass das Potenzial von Mehrsprachigen gesehen werden müsste. Eine Lehrkraft gab an, auf die unterschiedliche Reputation verschiedener Herkunftssprachen eingegangen zu sein.

5. Empfehlungen

Die schriftliche Befragung mittels Fragebogen gibt einen näheren Einblick in die tatsächlich umgesetzte Lehre in den Berliner DaZ-Modulen. Leider haben nicht alle Dozentinnen und Dozenten an der Befragung teilgenommen, wodurch zwei Lehrveranstaltungen nur unzureichend abgebildet werden konnten. Bei den offenen Items zur Umsetzung der behandelten Themen wäre es hilfreich gewesen, genauere Angaben als Stichpunkte zu haben, um klarer ersehen zu können, was die Befragten mit bestimmten Begriffen meinen. Dies hätte jedoch eher im Rahmen von Interviews, deren Auswertung sehr viel aufwändiger ist, erfasst werden können.

Die Befragung zeigt, dass die Lehrenden in den Lehrveranstaltungen, die je nach Standort drei bis vier SWS pro Modul umfassten, eine Vielzahl an Themen behandelt haben. Die Befragung verdeutlicht ebenfalls, dass die Lehrenden die in den alten und neuen Modulbeschreibungen festgelegten Inhalte und Ziele im Großen und Ganzen als relevant einschätzen und die in ihren Augen wichtigen Inhalte auch durch die Qualifikationsziele abgedeckt werden. Bei der Auswertung der offenen Fragen wurde deutlich, dass die Lehrenden die Themenbereiche teilweise unterschiedlich interpretiert haben, bspw. welche Aspekte unter die Themenfelder Diagnostik, sprachliche Variation oder Unterrichtsinteraktion fallen. Da die Fragen aus den Modulbeschreibungen abgeleitet worden sind, kann angenommen werden, dass einige Aspekte der Modulbeschreibungen von den Dozentinnen und Dozenten ebenfalls unterschiedlich verstanden werden. Die Bestimmung der wichtigsten sowie unwichtigsten Themen zeigt, dass die Lehrenden hier nicht übereinstimmen, sondern unterschiedliche Themenbereiche als besonders relevant einschätzen. Dies zeigte sich auch bei der Auswertung der Fragen zu 16 den Themenbereichen, bspw. bei den Theorien und Hypothesen zum Zweitspracherwerb. Des Weiteren macht die Befragung deutlich, dass viele Themen sowohl im Bachelor- als auch im Master-Modul behandelt wurden, bspw. die Analyse und sprachsensible Aufbereitung von Unterrichtsmaterialien oder Feedbackverfahren. Die stichpunktartigen Erläuterungen belegen, dass bei einigen Themen die Inhalte aus dem Bachelor-Modul wiederholt, bei anderen Themenfeldern die Inhalte vertieft und erweitert wurden, also neue Aspekte hinzukamen.

Im Projekt *Sprachen – Bilden – Chancen* (SBC) wurden mehrere Workshops mit Dozentinnen und Dozenten durchgeführt, bei denen die Ergebnisse der Evaluation der DaZ-Module präsentiert und diskutiert worden sind. Diese Treffen boten auch eine Gelegenheit für die Lehrenden, über die Inhalte und Qualifikationsziele der Module zu diskutieren. Ein regelmäßiger Austausch unter den Dozentinnen und Dozenten an den einzelnen Standorten und über die Standorte hinweg sollte beibehalten werden, da er es ermöglichen würde, über die konkrete inhaltliche Ausgestaltung der Module zu diskutieren. Aufgegriffen werden könnten Themen, bei denen die Dozentinnen und Dozenten die Relevanz unterschiedlich einschätzen oder die Themen unterschiedlich umgesetzt werden (z.B. im Bereich der Verfahren der Sprachstandsdiagnostik). Der unterschiedliche fachliche Hintergrund der Lehrenden dürfte bei den Diskussionen über die Inhalte der Lehre gewinnbringend sein. Eine Grundlage für die Diskussion könnte überdies das im Projekt SBC entwickelte phasenübergreifende Ausbildungskonzept für Sprachbildung/Deutsch als Zweitsprache in der Berliner Lehrkräftebildung sein, das einen Vorschlag für ein Rahmenmodell enthält. In dem Modell sind Kategorien angelegt und z.T. ausgefüllt, in welcher Phase der Lehrkräfteausbildung welche Inhalte in der Lehre aufgegriffen werden könnten (Jostes & Darsow, 2017). Um unnötige Wiederholungen zu vermeiden, sollten die behandelten Themen genauer abgesprochen werden. Die Lehrenden im Master-Modul sollten wissen, worauf sie aufbauen können und die Lehrenden im Bachelor-Modul sollten wissen, welche Inhalte erst später vermittelt werden. Von einer zu strengen Abstimmung sollte jedoch abgesehen werden, hierfür gehen die Einschätzungen der Dozentinnen und Dozenten zu sehr auseinander. Des Weiteren gelten natürlich die Freiheit der Lehre sowie die Eigenständigkeit der Institutionen. Ebenfalls muss berücksichtigt werden, dass Fachspezifka in einigen Lehrveranstaltungen durchaus gewollt sind. Ein regelmäßiger Austausch unter den Dozentinnen und Dozenten könnte ferner genutzt werden um zu diskutieren, ob in Zukunft bestimmte Schwerpunkte stärker gesetzt werden sollten. Dadurch könnten Themen intensiver behandelt werden, sodass die Studierenden in diesen Bereichen fundierteres Wissen erlangen. Dies würde jedoch bedeuten, dass aktuell vermittelte Themen gekürzt werden müssten. Die Befragung zeigt Bereiche auf, die nach Erfahrung mehrerer Dozentinnen und Dozenten weniger relevant sind.

Literatur

Darsow, Annkathrin & Lütke, Beate (eingereicht). Die Fähigkeit zur sprachsensiblen Materialaufbereitung von Lehramtsstudierenden. In Julia Ricard-Brede; Diana Maak & Enisa Pliska (Hrsg.), *Beiträge aus dem 12. Workshop Kinder und Jugendliche mit Migrationshintergrund.* Stuttgart: Fillibach bei Klett.

Darsow, Annkathrin & Wagner, Fränze Sophie. (2015). *Die DaZ-Module an den drei Berliner Universitäten. Ein Überblick.* Verfügbar unter: http://www.sprachen-bilden-chancen.de [18.07.2017].

Darsow, Annkathrin; Wagner, Fränze Sophie & Paetsch, Jennifer (2017). Konzept für die empirische Untersuchung der Berliner DaZ-Module. In Michael Becker-Mrotzek; Peter Rosenberg; Christoph Schroeder & Annika Witte (Hrsg.), *Deutsch als Zweitsprache in der Lehrerbildung* (S. 187–202). Münster u.a.: Waxmann.

Jostes, Brigitte (Koordination) (2015). *Sprachbildung/Deutsch als Zweitsprache in der Berliner Lehrkräftebildung: Eine Bestandsaufnahme.* Verfügbar unter: http://www.sprachen-bilden-chancen.de [18.07.2017].

Jostes, Brigitte & Darsow, Annkathrin (2017). Entwicklung eines phasenübergreifenden Ausbildungskonzepts für Sprachbildung/Deutsch als Zweitsprache in der Berliner

Lehrkräftebildung – Grundlegende Fragen und Vorgehen. In Brigitte Jostes; Daniela Caspari & Beate Lütke (Hrsg.), *Sprachen – Bilden – Chancen: Sprachbildung in Didaktik und Lehrkräftebildung* (S. 289–306). Münster: Waxmann.

Köker, Anne; Rosenbrock-Agyei, Sonja; Ohm, Udo; Carlson, Sonja A.; Ehmke, Timo; Hammer, Svenja; Koch-Priewe, Barbara & Schulze, Nina (2015). DaZKom – Ein Modell von Lehrerkompetenz im Bereich Deutsch als Zweitsprache. In Barbara Koch-Priewe; Anne Köker; Jürgen Seifried & Eveline Wuttke (Hrsg.), *Kompetenzerwerb an Hochschulen: Modellierung und Messung. Zur Professionalisierung angehender Lehrerinnen und Lehrer sowie frühpädagogischer Fachkräfte* (S. 177–205). Bad Heilbrunn: Klinkhardt.

Lütke, Beate & Börsel, Anke (2017). Deutsch als Zweitsprache in der Berliner Lehrkräftebildung. In Michael Becker-Mrotzek; Peter Rosenberg; Christoph Schroeder & Annika Witte (Hrsg.), *Deutsch als Zweitsprache in der Lehrerbildung* (S. 37–49). Münster u.a.: Waxmann.

Lütke, Beate; Wagner, Fränze Sophie; Darsow, Annkathrin; Börsel, Anke; Jostes, Brigitte & Paetsch, Jennifer (2016). DaZ und Sprachbildung in der Berliner Lehrkräftebildung. *Die Deutsche Schule*, 13, 23–34 .

McDonnell, Lorraine M. (1995). Opportunity to learn as a research concept and a policy instrument. *Educational Evaluation and Policy Analysis*, 17(3), 305–322.

Paetsch, Jennifer; Wagner, Fränze Sophie & Darsow, Annkathrin (2017). Prädiktoren der Zufriedenheit von Lehramtsstudierenden mit den Berliner Deutsch-als-Zweitsprache-Modulen: Ansatzpunkte für Veränderungsmaßnahmen in der Hochschullehre. In Brigitte Jostes; Daniela Caspari & Beate Lütke (Hrsg.), *Sprachen – Bilden – Chancen: Sprachbildung in Didaktik und Lehrkräftebildung* (S. 127–150). Münster: Waxmann.

Travers, Kenneth J. (1993). Overview of the Longitudinal Version of the Second International Mathematics Study. In Leigh Burstein (Hrsg.), *The IEA Study of Mathematics III: Students Growth and Classroom Processes* (S. 1–14). New York: Pergamon.

Wagner, Fränze Sophie (25.11.2016): *Unterrichtsbezogene Überzeugungen von Lehramtsstudierenden im Bereich Deutsch als Zweitsprache (DaZ)*, Vortrag auf der Tagung Sprache im Fachunterricht (Jena) am 25./26.11.2016.

Wagner, Fränze Sophie & Paetsch, Jennifer (eingereicht): Bewertung der curricularen Validität des Instrumentes DaZKom für die Deutsch-als-Zweitsprache-Module an Berliner Universitäten. In Timo Ehmke; Barbara Koch-Priewe; Anne Köker & Udo Ohm (Hrsg.), *Professionelle Kompetenzen angehender Lehrkräfte im Bereich Deutsch als Zweitsprache* (Arbeitstitel). Münster u.a.: Waxmann.

Wolfgang Zydatiß

Der Beitrag des fremdsprachigen Sachfachunterrichts (CLIL): Eine funktional-linguistische Begründung für eine gezielte sprachliche Förderung auch im deutschsprachigen Fachunterricht

Die auf Bildungssprache und durchgängige Sprachbildung fokussierte Diskussion kann viel von der bisherigen Entwicklung einer integrierten bilingualen Didaktik profitieren, wie sie sich in den vergangenen Jahren im Hinblick auf den fremdsprachigen Sachfachunterricht vollzogen hat. Im Sekundarbereich repräsentieren die bilingualen Züge, in denen mindestens zwei sogenannte Sachfächer in einer Fremdsprache unterrichtet werden, ein stark nachgefragtes curriculares Konzept. Die Grundidee ist im europäischen Kontext unter dem Begriff *content and language integrated learning* (= *CLIL*) übernommen worden; das heißt, es wird eine gezielte Verknüpfung des inhaltlichen und des sprachlichen Lernens angestrebt, die sowohl der jeweiligen Jahrgangsstufe des Fachunterrichts angemessen ist als auch der kumulativen Entwicklung der bildungssprachlichen Sprachverwendung in den verschiedenen curricularen Domänen gerecht wird. Die integrierte bilinguale Didaktik kann also als Vorläufer für eine durchgängige Sprachbildung im deutschsprachigen Sachfachunterricht gesehen werden – vorausgesetzt, ihre Vertreter gehen von einer funktional-linguistischen Fundierung der Beschreibung und didaktischen Modellierung des jeweils adäquaten akademischen Sprachgebrauchs aus. Die dafür konstitutiven Zusammenhänge werden im folgenden Beitrag erläutert.

1. Die pädagogisch-didaktische Herausforderung einer Integration des inhaltlichen und des sprachlichen Lernens

Bildung ist im deutschsprachigen pädagogisch-didaktischen Raum ein politmächtiges Konzept (vgl. die Begriffe „Bildungssprache" bei Gogolin, 2006 und „durchgängige Sprachbildung" bei Gogolin & Lange, 2010); zumal sich andauernde sprachbezogene Probleme im schulisch-unterrichtlichen Kontext als unübersehbar herausgestellt haben. Mit Pierre Bourdieu (1974) gesprochen stellt Bildungssprache (als diskursive, fach- oder domänenorientierte Literalität) zurzeit ein kulturelles Kapital dar, das – wie andere Güter auch – in sozialer Hinsicht unausgewogen verteilt ist. Unter den obwaltenden Umständen werden bildungssprachliche Kompetenzen zuallererst über familiäre Sozialisationsbedingungen weitergegeben (quasi vererbt), statt didaktisch-methodisch reflektiert in institutionellen Kontexten *qua* Unterricht entwickelt zu werden. Hierfür sind zwei didaktisch-linguistische Überlegungen anzustellen: Zum einen ist die fachbezogene Bildungssprache (im Englischen als *academic literacy* oder *language of schooling* bezeichnet) nicht gleichzusetzen mit der umgangssprachlichen Sprachverwendung (im Englischen werden dafür die Begriffe, *colloquial, vernacular* bzw. *commonsense* benutzt). Zum anderen muss das bildungssprachliche Lernen (parallel zum inhaltlichen Lernen) als zentrale didaktische Aufgabe einer jeden Lehrkraft gesehen werden, da es kein curriculares Lernen ohne sprachliches Lernen gibt (vgl. Halliday 1993). Nicht zuletzt aufgrund einer immer heterogener werdenden Schülerschaft ist der bildungssprachliche Sprachgebrauch lehrerseitig gezielt zu fördern (domänenübergreifend in einer systematisch-horizontalen wie in einer kumulativ-longitudinalen Perspektive über die verschiedenen Schulstufen und -formen). Insofern ist es an der Zeit, den Aspekt eines progressiven bildungssprachlich-fachbezogenen Lernens mit dem Blick auf die heutigen soziopolitischen Konstellationen und pädagogisch-didaktischen Herausforderungen zu implementieren, unabhängig davon, ob diese Lehr- und Lernprozesse in der Erst- oder Zweitsprache der Lernenden (also auf Deutsch) oder in einer Fremdsprache ablaufen. Berlin ist für diese Implementierung ein gutes Beispiel: Ab 2015 ist in der Lehrerbildung der ersten und zweiten Phase ein Modul DaZ / Bildungssprache verpflichtend.

Der Einsatz einer Fremdsprache für ein inhaltliches, fachbezogenes Lernen ist im deutschen Bildungswesen nicht selten. Der fremdsprachige Sachfachunterricht (für den seit dem Ende der 1960er Jahre die Bezeichnung ‚bilingualer Unterricht‘ geläufig ist) hat sich an deutschen Schulen als Erfolgsmodell herausgestellt (vgl. KMK, 2013, S. 30f).

Ein spezifisches Merkmal des bilingualen Unterrichts ist die Leitvorstellung, dass die gleichen curricular-fachlichen Lernziele wie für den deutschsprachigen Fachunterricht zugrunde gelegt werden. Der fremdsprachige Sachfachunterricht sollte dabei nicht für fremdsprachliche Kompetenzziele instrumentalisiert werden. Bilinguale Lerner, die mit dem Eintritt in die Orientierungs- oder Sekundarstufe in ausgewählten Fächern in einer Fremdsprache unterrichtet werden, müssen hinsichtlich ihrer inhaltsbezogenen Sprachrezeption und -produktion unterstützt werden, damit Einbußen beim Sachfachlernen vermieden werden. Von daher hat sich insbesondere in den letzten 15 Jahren in Deutschland so etwas wie eine ‚integrierte bilinguale Didaktik‘ entwickelt (vgl. dazu u.a. Wildhage & Otten, 2003; Zydatiß, 2007, S. 379–480, 2010; Hallet & Königs, 2013). Im europäischen Kontext formiert sich seit einigen Jahren mit ähnlichen Zielen der sogenannte *CLIL*-Ansatz. Eine gute, neuere Synopse dafür bieten Ana Llinares, Tom Morton und Rachel Whittaker (2012), die einen dezidiert funktional-linguistischen Ansatz auf der Basis von Michael A. K. Hallidays funktionaler Sprachtheorie und -beschreibung vertreten. Im Folgenden sollen die basalen Komponenten einer derartigen Fundierung zusammen mit einer passenden didaktischen Modellierung (die das inhaltliche und das sprachliche Lernen miteinander verbindet) präsentiert werden.

2. Distinktive Merkmale akademischer Sprache am Beispiel eines englischen Textes für den Biologieunterricht

Das nachfolgende Textbeispiel (Abb. 1) zur *scientific literacy* steht für viele vergleichbare bildungssprachliche Realisierungen der Sekundarstufe I.

> The biochemical processes in living cells always take place in a solution. A solution is made up of a solvent (the dissolving fluid) and a solute (the particles dissolved in the solvent). In living organisms, the solvent is water and the solution is called an aqueous solution. Living cells are separated from their surroundings by the partially permeable cell surface membrane. The contents of the cell, the cytoplasm, is one aqueous solution and the surroundings of the cell (eg. pond water) is another aqueous solution. If the two solutions do not have the same concentrations of various substances, molecules may move from one to the other by diffusion, if the membrane is permeable to these substances. – A partially permeable membrane will allow the diffusion of water molecules but not of glucose (the solute) molecules, if there is (for example) a weak glucose solution on the right and a strong glucose solution on the left. As a result water can move from the right, where there is a high concentration of water molecules, to the left, where there is a lower concentration of water molecules, by the process of diffusion. This diffusion of water is called osmosis, and will continue until a water equilibrium has been reached.
>
> [W. R. Pickering (2001). Complete Biology. Oxford. Oxford University Press, S. 25.]

Abbildung 1:   Textprobe zur *scientific literacy* im Fach Biologie (Thema: „Osmose")

Bildungssprachliches Lernen basiert über weite Strecken auf dem Input von Lehrbüchern (als Leitmedium des Unterrichts), die aus einer Mischung von darstellenden Texten und Quellentexten bestehen, in die kontinuierliche Fließtexte wie diskontinuierliche Texte eingehen (Karten, Graphiken, Statistiken, Diagramme, Karikaturen und dergleichen). Der Text der Abbildung 1 repräsentiert eine *scientific explanation*, also die Diskursform (bzw. das Genre) der naturwissenschaftlichen Erklärung. Die Sprachgebung dieser Textpassage ist definitiv anders als der Sprachgebrauch in der alltagssprachlichen Wechselrede zu primär persönlich relevanten und inhaltlich weniger anspruchsvollen Themen. Aber auch die mündliche Interaktion im Klassenzimmer hat einen stärker formalen und abstrakten

Charakter, denn dabei wird die Verarbeitung fachlicher Inhalte auf verschiedenen kognitiven Anforderungsebenen eingefordert und eingeübt. Die besonders auffallenden Merkmale, die gleichermaßen lexikalische und grammatische Spezifika wie objektsprachlich transportierte Denkhandlungen darstellen (was Vorlat 1989 als *salience* bezeichnet), sind in Abbildung 2 erfasst.

A. Lexikogrammatik

- Fachbegriffe (= *technical terms*) wie *diffusion, cytoplasm, molecule, membrane, osmosis*
- Wortfamilien wie *solution / solvent / solute / dissolve* und Wortbildung wie *in partially, permeable*
- Antonyme wie *weak / strong, right / left, high / low*
- semantische Konnektoren (= Konjunktionen und Satzadverbien) wie *if, where, until, but* bzw. *for example, as a result*
- verbale Strukturen wie das *timeless present*, das *agentless passive* oder Modalverben
- abstrakte Oberbegriffe (= disziplinenübergreifende sog. *'academic words'*) wie *process, particle, organism, contents, substance*
- vielfach erweiterte Nominalgruppen (= *extended NPs*: über *pre-* bzw. *post-modification*): z.B. *the dissolving fluid, an aqueous solution, the partially permeable cell surface membrane vs. the particles dissolved in the solvent*

B. Sprachlich transportierte Denkoperationen

- viele ineinander greifende Definitionen (= *interlocking definitions*): u.a. realisiert über *is called* (= *identifying expression*) und Erweiterungen in der Nominalgruppe
- Klassifikationen: z.B. als Beziehung von Teilen zum Ganzen (= *meronymy*) wie bei *solvent + solute = solution* oder als Über- bzw. Unterordnung (= *taxonomies*) wie bei *molecules* (*water, glucose* etc.)
- Ausdruck von Ursache und Wirkung (= *cause and effect*): eingeleitet durch die Konjunktion *if*; ferner über die Verbindung eines Satzadverbs (wie *as a result*) mit den Konsequenzen eines anderen Vorgangs bzw. über nominalisierte Prozesse, die über ein implizit kausatives Verb verknüpft werden (etwa: *allow* = ‚*cause to happen*')

Abbildung 2:   Eine funktional-stilistische Sachanalyse des „Osmose"-Textes

Ausdifferenziert lassen sich die bildungssprachlichen Charakteristika des Genres auf das texttypologisch distinktive Zusammenspiel von Häufigkeit (= *frequency*), struktureller Wiederholung (= *recurrence*) und funktionaler Auffälligkeit (= *conspicuousness*) der jeweiligen Redemittel zurückführen. Diese konzeptuell-akademische Sprachverwendung (= *academic language use*) ist nicht nur eine Frage des adäquaten Gebrauchs von Fachbegriffen, wie in Lehr-Lernkontexten nicht selten angenommen; sie geht darüber hinaus mit der Realisierung eines komplexen Sprachbaus von zunehmender syntaktischer Elaboriertheit und der Selektion eines lexikalisch dichten, abstrakten Vokabulars einher. Daneben bringt dieser Sprachgebrauch kognitive Operationen zum Ausdruck, die lexikogrammatisch realisiert werden. Die Spezies Mensch verfügt schließlich über das Instrumentarium des verbalen Denkens; und dieses kulturell-kognitive Werkzeug (Vygotsky, 1962, 1978) wird in sprachlich (d.h. generisch-diskursiv) vermittelter Form in soziohistorisch eingebetteten Situationen für inhaltliche Aussagen eingesetzt – sei es, dass etwas aus Texten gelernt wird (= die ‚heuristische' Teilfunktion der Sprache), oder dass über das textproduktive Schreiben subjektiv neue Einsichten gewonnen werden (= die ‚epistemische' Dimension der kognitiv-referentiellen Funktion von Sprache).

3. Basale Annahmen in Hallidays funktionaler Sprachtheorie und -beschreibung (Systemic Functional Linguistics: Register ←Meaning-Making→ Genre)

Da das menschliche Gehirn über eine Netzwerkstruktur verfügt, kann die kommunikative Sprachverwendung (ebenso wie das Wissensreservoir von Disziplinen und Individuen) nicht über lineare Algorithmen sowie rein formal-syntaktische (= ‚generative') Theorieentwürfe modelliert werden. Sprache-in-Gebrauch muss funktional angegangen werden. Nach meiner Einschätzung bietet hierfür die *Systemic Functional Linguistics* (= *SFL*) von Michael Halliday (1978, 1985 sowie Halliday & Matthiessen, 1999; Bloor & Bloor, 2013) die sachlich adäquateste und didaktisch ergiebigste Beschreibung natürlicher Sprachen, nicht zuletzt für das bildungssprachliche Lernen. Die linguistische Deskription der *SFL* macht transparent, was ein Sprecher bzw. Schreiber in semantischer Hinsicht auszudrücken vermag. Sprache wird als ein soziosemantisches System verstanden, dessen rezeptive oder produktive diskursive Anwendung zu Bedeutungskonstruktionen führt (= *construal of meanings*), die sich auf der sprachlichen Produktebene in Texten manifestieren. Kommunikativer Sprachgebrauch ist also ein soziokulturell eingebetteter diskursiver Prozess, der auf einen Zweck und bestimmte Adressaten hin ausgerichtet ist. Diskursives Handeln repräsentiert eine komplexe symbolisch-objektsprachliche Konfiguration, in die drei Metafunktionen von Sprache eingehen (Abb. 3 oben):

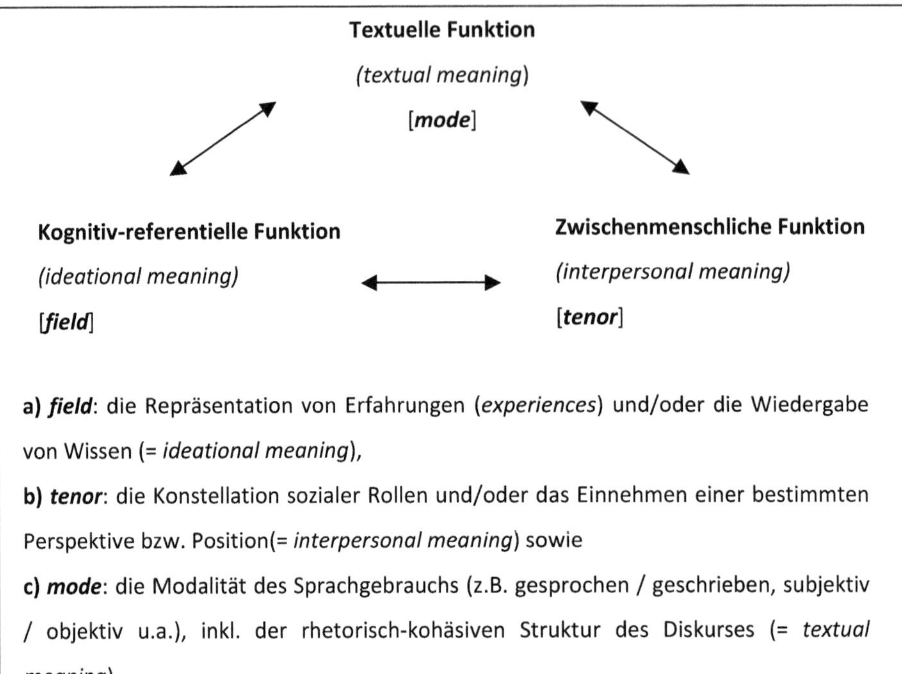

a) *field*: die Repräsentation von Erfahrungen (*experiences*) und/oder die Wiedergabe von Wissen (= *ideational meaning*),

b) *tenor*: die Konstellation sozialer Rollen und/oder das Einnehmen einer bestimmten Perspektive bzw. Position(= *interpersonal meaning*) sowie

c) *mode*: die Modalität des Sprachgebrauchs (z.B. gesprochen / geschrieben, subjektiv / objektiv u.a.), inkl. der rhetorisch-kohäsiven Struktur des Diskurses (= *textual meaning*).

Abbildung 3: Metafunktionen der Sprache (nach Halliday, 1985) – gespiegelt auf der generisch-diskursiven Ebene des situativen Sprachgebrauchs

Menschliche Erfahrungen werden einem bestimmten Handlungsfeld zugeordnet (= *field*), wobei sowohl die alltagssprachlichen als auch die wissenschaftlichen Konzepte ein Wissensrepertoire darstellen (= *knowledge*): z.B. „Fußballspielen", „Gartenarbeit" vs. „Sportwissenschaft" oder „Physische Geographie". Hierbei kann das Wissen über Fußball ein Allgemein- oder ein Spezialwissen sein (z.B. beim Fernsehzuschauer bzw. beim aktiven Sportler oder Trainer). Der Sportwissenschaftler wiederum hat noch einen anderen Zugriff auf das Handlungsfeld. Die Alltags- und die Wissenschaftssprache (folglich auch die Bildungssprache eines Schulfaches) beinhalten verschiedene Arten des ‚Sehens und Denkens' (sprich, der konzeptuellen Strukturierung und damit des Fachwissens). Die begriffliche Strukturierung lässt uns Menschen die ‚Dinge der Welt besser verstehen'. Da Schulfächer Lernende in eine Fachkultur einführen, hat das fachbezogene bildungssprachliche Lernen eine Doppelfunktion: die Vermittlung des didaktisch rekontextualisierten inhaltlichen Spezialwissens und die Ausbildung sprachlich-diskursiv transportierter Denkoperationen, mit denen ein Fach (bzw. die zugrunde liegende Disziplin) Ordnung, Bedeutungen und Wissen konstruiert. Von daher ist es wenig hilfreich, wenn im Falle der sogenannten Sachfächer weiterhin von nicht-sprachlichen Fächern geredet wird.

Komplexe sprachliche Konfigurationen (Abb. 3 oben) führen in einem disziplinär definierten Handlungsfeld zu einem bestimmten Register, wie etwa dem der Naturwissenschaften, der Anthropogeographie oder der Philosophie/Ethik. Auf der Ebene der kommunikativen Interaktionen des situativen Sprachgebrauchs kommt es dann zu diskursiv-funktionalen Spracheinheiten, die (als Prozess gesehen) generische Typen für spezifische, soziokulturell eingebundene Sprachverwendungskontexte bilden (= *genres: job interview, sermon, talk show, scientific explanation, historical challenge* etc.). Was deren interne Struktur (= *schematic structure* bzw. Textbauplan) und objektsprachliche Realisierung betrifft, so sind diese kohärent-kohäsiven Einheiten in einem gewissen Maße konventionalisiert (= *conventions*). Aus der Sicht einer spezifischen Diskursgemeinschaft (in Abb. 1 die der Biologen) entspricht dieser Sachverhalt gewissen sozialen Erwartungen an den Aufbau und den Stil des generischen Sprechens oder Schreibens (= *expectations*). Ein Register ist somit ein Netzwerk sprachlicher Ressourcen, die Bedeutungen konstruieren. In der konkreten Kommunikationssituation der Produktion eines Genres laufen die damit verbundenen Selektionsprozesse auf Wahlmöglichkeiten (= Optionen) in den objektsprachlichen Untersystemen (also den phonologischen, lexikalischen und grammatischen Teilsystemen, deshalb von Halliday *systemic* genannt) hinaus: im Textbeispiel der Biologen in Abbildung 1 z.B. Passiv vs. Aktiv, *timeless present* vs. *present progressive, an aequeous solution* vs. *a solution produced by water* usw. Ein kompetenter Sprecher oder Schreiber sollte die diesbezüglichen Optionen, aber auch die sozialen Konventionen und Erwartungen an ‚die Sprache' eines Genres kennen. Sprache (als semantisch-symbolisches System) ist im Kern keine inhaltsleere Struktur (= *an empty container*), in die nach Belieben irgendein Inhalt gegossen werden kann (= *the conduit metaphor of structural linguistics*). Konsequenterweise kann folglich auch inhaltlich-fachliches Lernen nicht vom sprachlichen Lernen getrennt konzeptualisiert werden (Halliday, 1993). Sprache-in-Gebrauch ist keine rein formale Hülle (sprich, kein linearer Algorithmus abstrakter Regeln). In funktional-linguistischer Hinsicht werden menschliche Erfahrung und menschliches Wissen in doppelter Weise enkodiert: Sie werden auf einer semantisch-inhaltlichen Ebene (= *stratum*) realisiert, das heißt, der Linguist konstruiert sie (= *construal*) als *Participants, Processes, Circumstances & Logical Relations* (für semantische Kategorien benutzt die *SFL* die Großschreibung). Beschränken wir uns auf die Schriftsprache, dann kommt es auf der Ausdrucksebene zur Repräsentation lexikogrammatischer Kategorien: *nominals, verbs, prepositional phrases, adverbial adjuncts & connectors*. Natürliche Sprachen verfügen über ein außergewöhnlich hohes Potential, die ‚Dinge dieser Welt' (= *field*) über nominale Kategorien zu ordnen. Das führt in bildungssprachlichen Registern zur Expandierung von Nominalphrasen über vor- bzw. nachgestellte Adjektive, Adverbien, Partizipien und/oder Präpositionalgruppen. Von daher ist der kontextgerechte Gebrauch von Substantiven, Nominalisierungen und erweiterten Nominalgruppen ein distinktives Merkmal bildungssprachlicher Kompetenzen (siehe die Punkte 1, 6 und 7 unter A in Abb. 2). Aus der Sicht einer Lehrkraft liegt hier allerdings auch ein nicht zu unterschätzendes Lernproblem für nicht wenige Schülerinnen und Schüler bei der Interpretation und Produktion eines fachbezogenen Genres vor, denn derartige Konstruktionen bilden häufig grammatische Metaphern (Halliday, 1985): Satzwertige Prozesse werden in quasi dinghafte Nominalisierungen überführt, was diese Ausdrucksweise kompakter und abstrakter, also semantisch weniger transparent macht (*non-congruent*); zumal wenn die Nominalgruppen über relationale oder (implizit) kausal verstandene Verben verbunden sind (*allow* = ‚let s.th. be done or happen' / ‚make s.th. possible'):

1. A partially permeable membrane will allow the diffusion of water molecules [but not of glucose molecules].

Wie bei der lexikalischen Metapher (z.B. *a fat salary / ein dickes Gehalt*) wird ein konkreter Ausdruck auf einen abstrakten Geltungsbereich übertragen. Da grammatische Metaphern in den Lehrbüchern aller Fächer (und aller Arbeitssprachen) mit der ausgehenden Sekundarstufe I zunehmen, muss das Phänomen zum einen bewusst gemacht werden, und zum anderen müssen die Lernenden Gelegenheiten bekommen, stärker transparente Paraphrasen zu produzieren, damit das Verständnis des Fachinhalts gesichert wird (indem z.B. die logischen Beziehungen zwischen den Prozessen explizit realisiert werden):

1'. When a cell has a surface membrane which lets molecules of a certain size pass, water (but not glucose) can spread into the surroundings of the cell.

Umgekehrt wird eine sprachlich sensible Lehrkraft (= *T*) eher alltagssprachliche Schüleräußerungen im Unterrichtsgespräch in eine bildungssprachlich adäquatere Form überführen und diese damit für den textproduktiven Gebrauch durch die Schüler (= *S*) in der Schriftsprache modellieren; etwa wenn im Geschichtsunterricht (Thema: Industrialisierung) eine generalisierende Schlussfolgerung – realisiert über eine erweiterte Nominalgruppe – ansteht (was Mohan & Beckett, 2003 als *functional recasts* bezeichnen):

2. *S*: Yes, because there was a lot of people in the countryside working, and they have no place for everybody, so they went to the cities and they went there.
    T: so that is, ehm, *the reason for the rebirth of the cities.*

Das Satzbeispiel 1 ist ferner unter dem Aspekt der textuellen Funktion von diskursiver Sprache interessant. Natürliche Sprachen verfügen über semantische Systeme, mit deren Hilfe ein Diskursgenre auf der Inhaltsebene organisiert werden kann. Halliday nennt hier die ‚thematische Progression' eines Textes (= *thematic progression*): Sätze werden auf einer Thema/Rhema-Basis strukturiert (= *theme /*

rheme). Jeder Satz hat somit einerseits einen Ausgangspunkt, mit syntaktischen Konsequenzen für die Wahl der Konstruktion, die in der jeweiligen Sprache nunmehr möglich ist. Andererseits müssen Sprecher (aber vor allem Schreiber) den Diskurs nach gegebener und nach neuer Information strukturieren (= *given / new information*), um Kohärenz zu erreichen (Abb. 4). Die neutrale (nichtmarkierte) Verteilung des Informationsgehalts einer satzbasierten Mitteilung ist die, dass die gegebene Information (also das, was beim Sprecher / Schreiber als dem Adressaten bekannt vorausgesetzt werden kann) der neuen Information vorausgeht (was für den Hörer bzw. Leser als neu bzw. besonders interessant gelten kann): *given information precedes new information.*

→ Living cells	are separated from their		by the partially permeable
	surroundings		cell surface membrane ↓
[given information]		**[new information]**	↓
↓ ← ←		***grammatical metaphor*** ← ← ← ←	
A permeable membrane	will allow	the diffusion of water molecules	→
		(but not of ...)	↓
[given information]		**[new information]**	↓
↓ ← ←		***grammatical metaphor*** ← ← ← ←	
The diffusion of water	is called	osmosis.	
[given information]		**[new information]**	

Abbildung 4: Informationsstruktur des „Osmose"-Textes

Die Didaktiken der Schulfächer (nicht zuletzt die Autoren der Lehrbuchtexte) verwenden normalerweise viel Sorgfalt auf die inhaltliche Progression, denn sie wollen die Lernenden in die themenspezifische, wissenschaftsfundierte Ordnung ihres Feldes einführen. Am Schluss der inhaltlichen Explikation steht ein Fachbegriff (hier: *Osmose*), der die Zusammenhänge synoptisch integriert. Wenn die fachlichen Relationen verstanden worden sind, kann das Phänomen (als nominale Kategorie ‚auf den Begriff gebracht') im Langzeitgedächtnis des Gehirns abgespeichert werden (psycholinguistisch: deklaratives Wissen = *frame*), um bei Bedarf für lebensweltliche Transferleistungen oder Argumentationen aktiviert werden zu können. Weiter oben wurde die gezielte Förderung des bildungssprachlichen Lernens nach einer horizontalen und einer vertikalen Perspektive differenziert (über die Begriffe ‚systematisch' und ‚kumulativ'). Dies ist in der Tat für die Unterrichtspraxis hoch relevant; denn die Bildungssprache unterliegt (über die diversen Schuljahre gesehen) einer Entwicklung, die sowohl für rezeptive als auch für produktive Sprachverarbeitungsprozesse didaktisch-methodisch aufzugreifen ist.

4. Bildungssprachliche Kompetenzen entwickeln sich im Laufe der Schulzeit

Im Sinne einer durchgängigen Sprachbildung ist zu berücksichtigen, dass die ontogenetische (= die individuelle) Entwicklung bildungssprachlicher Kompetenzen im Wesentlichen dem longitudinalen Dreischritt folgt, der deutschen Lehrkräften nicht zuletzt durch die drei Anforderungsbereiche der Oberstufenklausur bekannt ist: die deskriptive, explikative und evaluierende Darstellung eines inhaltlich-fachlichen Gegenstands. Während der vorfachliche Unterricht der Primarstufe und der Fachunterricht der Orientierungsstufe primär von der deskriptiven Makrofunktion der Texte und Aufgaben bestimmt werden (mit kognitiven Operationen wie ‚Beobachten, Sequenzieren und Beschreiben‘, ‚Gruppieren, Vergleichen und Klassifizieren‘), steht in der Sekundarstufe I die Makrofunktion der Erklärung im Vordergrund (mit sprachlich vermittelten Denkoperationen wie ‚Generieren und Testen von Hypothesen‘, ‚Aufzeigen von Kausal- und Wirkungsketten‘ bzw. von ‚Mittel/Zweck-Relationen‘ sowie ‚Begründungen & Generalisierungen‘. In der Sekundarstufe II erweitert sich das funktional-diskursive Spektrum zur Argumentation und persönlichen Evaluierung; indem Denkhandlungen der ‚evidenzbasierten Meinungsäußerung‘, der ‚faktoriell gewichteten Bewertung‘ sowie der ‚begründeten Entscheidung bei Konflikten oder alternativen Sichtweisen fachlicher Sachverhalte‘ in engagierter und sprachlich überzeugender Form zu verbalisieren sind. Parallel zum curricularen *knowledge path* sind von den Lernern andere Ausdruckspotentiale zu de- und zu enkodieren. Über die Schuljahre hinweg werden die neuen Wissensgebiete in kognitiv-diskursiver wie lexikogrammatisch unterschiedlicher Weise realisiert: Halliday nennt das *logogenesis* (= *the unfolding of the text itself*). Für derartige Leistungen brauchen die Schülerinnen und Schüler visuelle wie verbale Lerngerüste (*input & output scaffolding*, vgl. Zydatiß, 2007, 2010) sowie Unterstützung über gruppenbasierte Interaktionen (= *social scaffolding*). Dabei handelt es sich um Einsichten, die bereits Lev s. Vygotsky (1978) in seiner *Zone of Proximal Development* (= *ZPD*) verarbeitet hatte.

Ausgehend von Australien hat sich in der anglophonen Welt auf der Basis der funktionalen Sprachtheorie Hallidays eine *educational linguistics* entwickelt, die insbesondere von einem spezifischen Ansatz der fachbezogenen Schreiberziehung geprägt ist, dem *genre approach to writing* (vgl. bereits Cope & Kalantzis, 1993). Gerade in den klassischen Einwanderungsländern mit Englisch als Verkehrs- und Schulsprache hat man relativ früh erkannt, dass bildungssprachliche Kompetenzen einerseits einer onto- bzw. logogenetischen Entwicklung unterworfen sind, und dass diese Fähigkeiten andererseits vor allem schriftsprachlicher (= literaldiskursiver) Natur sind, die explizit und durchgängig nicht zuletzt über das generische Schreiben im Unterricht zu fördern sind (vgl. hierzu Hallet 2016, der gleichermaßen den fremdsprachlichen und den bilingualen Unterricht fokussiert). Die Schriftsprache ist laut Halliday eine Abstraktion zweiten Grades, deren bildungssprachliche Ausprägungen gerade in einer Wissensgesellschaft und -ökonomie gezielt zu entwickeln sind. Die Basiseinheiten des funktional-diskursiven Sprachgebrauchs sind die Genres – und nicht ein wie auch immer definierter abstrakter Satzbegriff.

Von daher ist es meines Erachtens auch für deutsche Schulen dringend nötig, das bildungssprachliche Lernen über das fachbezogene ‚generische Schreiben‘ im allgemein- und berufsbildenden Schulsystem durchgängig zu fördern. „Instruction leads development", wie Vygotsky (1978, passim) aus lern- und entwicklungspsychologischer Sicht wiederholt betont. Im Vergleich der Schulfächer (bzw. der zugrunde liegenden Disziplinen und gesellschaftlichen Handlungsfelder) stellt sich der domänenspezifische Sprachgebrauch als variabel dar; eine Variabilität, die sich mit dem konkreten Situations- und Adressatenbezug in der generischen Realisierung noch erhöht. Das lässt hinsichtlich der schülerseitigen Produktion von fachbezogenen Genres Raum für individuell-kreative Sprachverarbeitungsprozesse. Es ist also nicht zu befürchten, dass eine generische Schreiberziehung einen formelhaften, präskriptionsgeleiteten Fachunterricht nach sich zieht. Die resultierenden Textprodukte können unterschiedlich sein, aber die Grundprinzipien des Aufbaus, der Kohärenzstiftung, des Adressatenbezugs und der objektsprachlichen Realisierung eines bestimmten Genres sollten den Lernenden bewusst sein und Teil ihrer funktionalen bildungssprachlichen Kompetenzen werden. Es muss meiner Ansicht nach eine Komponente einer unterrichtlich zu vermittelnden Allgemeinen Bildung werden, die konzeptuell-diskursive Schriftlichkeit von Lernenden in einer generisch-akademischen Ausprägung gezielt (d.h. systematisch in allen Domänen sowie durchgängig-kumulativ auf allen Schulstufen und in allen Schulformen) zu fördern. Die Schule darf sich nicht länger auf das schülerseitige, gegebenenfalls im Elternhaus angelegte kulturelle Kapital (Bourdieu 1974) bildungssprachlicher Ausrichtung verlassen. Für die fachorientierte Logogenese dieser Fähigkeiten sind didaktisch-methodische Unterstützungssysteme notwendig, die sich jedoch nicht allein auf lexikalische Hilfen beschränken dürfen. Die grammatischen, generischen, kognitiven und sozialen Dimensionen derartiger Lerngerüste (= *scaffolding*) sind ebenfalls zu berücksichtigen. Hallidays funktionale Sprachtheorie bietet dafür einen linguistisch fundierten, zusammenhängenden und didaktisch tragfähigen Beschreibungsrahmen, der im Genreansatz einer fachbezogenen Schreiberziehung und dem dafür geltenden *Teaching / Learning Cycle* eine methodische Umsetzung erfahren hat. Vygotskys soziokulturelle Theorie liefert zusätzliche lern- und entwicklungspsychologische Argumente: Die Synthese aus beiden Theoriegebäuden dürfte die Implementation einer Durchgängigen Sprachbildung begünstigen.

Literatur

Bloor, Thomas & Bloor, Meriel (2013). *The functional analysis of English* (3. Aufl.). Oxford & New York: Routledge.

Bourdieu, Pierre (1974). *Zur Soziologie der symbolischen Formen*. Frankfurt/M.: Suhrkamp.

Cope, Bill & Kalantzis, Mary (1993). *The powers of literacy. A genre approach to teaching writing*. London: Falmer Press.

Gogolin, Ingrid (2006). Bilingualität und die Bildungssprache der Schule. In Paul Mecheril & Thomas Quehl (Hrsg.), *Die Macht der Sprachen. Englische Perspektiven auf die mehrsprachige Schule* (S. 79–85). Münster: Waxmann.

Gogolin, Ingrid & Lange, Imke (2010). Bildungssprache und Durchgängige Sprachbildung. In Sara Fürstenau & Mechthild Gomolla (Hrsg.), *Migration und schulischer Wandel: Mehrsprachigkeit* (S. 107–127). Wiesbaden: VS-Verlag.

Hallet, Wolfgang (2016). *Genres im fremdsprachlichen und bilingualen Unterricht*. Seelze: Klett-Kallmeyer.

Hallet, Wolfgang & Königs, Frank G. (Hrsg.) (2013). *Handbuch Bilingualer Unterricht. Content and Language Integrated Learning*. Seelze: Klett-Kallmeyer.

Halliday, Michael A. K. (1978). *Language as social semiotics*. London: Edward Arnold.

Halliday, Michael A. K. (1985). *An introduction to functional grammar*. London: Edward Arnold.

Halliday, Michael A. K. (1993). Towards a language-based theory of learning. *Linguistics and Education, 5* (2), 93–116.

Halliday, Michael A. K. & Matthiessen, Christian M. I. M. (1999). *Construing experience through meaning. A language-based approach to cognition*. London & New York: Continuum.

KMK (Sekretariat der Ständigen Konferenz der Kultusminister der Länder in der Bundesrepublik Deutschland) (2013). *Konzepte für den bilingualen Unterricht – Erfahrungsbericht und Vorschläge zur Weiterentwicklung*. Beschluss vom 17.10.2013. Bonn.

Llinares, Ana, Morton, Tom & Whittaker, Rachel (2012). *The roles of language in CLIL*. Cambridge: Cambridge University Press.

Mohan, Bernard & Beckett, Gulbahar H. (2003). A functional approach to research on content-based language learning: Recasts in causal explanations. *Modern Language Journal, 87*, 421–432.

Vorlat, Emma (1989). Stylistics. In René Dirven, (Hrsg.), *A user's grammar of English: Word, sentence, text, interaction* (S. 687–721). Frankfurt/M.: Peter Lang.

Vygotsky, Lev s. (1962). *Thought and language*. Cambridge, Mass.: Harvard University Press.

Vygotsky, Lev s. (1978). *Mind in society. The development of higher psychological processes*. Cambridge, Mass.: Harvard University Press.

Wildhage, Manfred & Otten, Edgar (Hrsg.). (2003). *Praxis des bilingualen Unterrichts*. Berlin: Cornelsen-Scriptor.

Zydatiß, Wolfgang (2007). *Deutsch-Englische Züge in Berlin (DEZIBEL). Eine Evaluation des bilingualen Sachfachunterrichts an Gymnasien*. Frankfurt/M.: Peter Lang.

Zydatiß, Wolfgang (2010). *Scaffolding* im bilingualen Unterricht. Inhaltliches, konzeptuelles und sprachliches Lernen stützen und integrieren. *Der fremdsprachliche Unterricht: Englisch, 44*, (106), 2–11.

Victoria Shure

Eine internationale Perspektive: Culturally Responsive Teaching (CRT) in den USA

1. Einführung in Culturally Responsive Teaching (CRT)

In dem kulturell und sprachlich *diversen*[1] Bildungskontext der Vereinigten Staaten entstanden auf Grundlage der *Culturally Responsive Pedagogy* (CRP) (Ladson-Billings, 1995a; 1995b) die theoretischen Rahmenbedingungen des *Culturally Responsive Teaching* (CRT) (Gay, 2000; 2010; Villegas & Lucas, 2002; 2007). Das Ziel von CRT ist es, auf die Bedürfnisse aller Schülerinnen und Schüler einzugehen. Diesem pädagogischen Ansatz liegt kein defizitbasiertes, sondern ein stärkebasiertes Denken zugrunde (Howard & Terry, 2013): „Much intellectual ability and many other kinds of intelligences are lying untapped in ethnically diverse students. If these are recognized and used in the instructional process, school achievement will improve radically. Culturally responsive teaching is a means for unleashing the higher learning potentials of ethnically diverse students … (Gay, 2010, S. 21). Zu der von Gay angesprochenen Gruppe ethnisch *diverser* Schülerinnen und Schüler gehören in den USA unter anderem alle Schülerinnen und Schüler, die Englisch nicht als Erstsprache gelernt haben. CRT ist eine oftmals herangezogene Perspektive in der bildungspolitischen Diskussion zum Thema Sprachbildung (*Academic Language Development*) und Spracherwerb (*Second Language Acquisition*) als eine von vielen Strategien, um allen Schülerinnen und Schülern, unabhängig von ihren jeweiligen Sprachfähigkeiten, gleiche Bildungschancen zu eröffnen.

Obwohl sich das Konzept von CRT aus dem US-amerikanischen Bildungskontext heraus entwickelt hat, können die bisherigen, in den Vereinigten Staaten gewonnenen pädagogischen Erkenntnisse auch in Deutschland für die Sprachbildung von Schülerinnen und Schülern mit Deutsch als Zweitsprache (DaZ) von Interesse sein. In dieser Absicht werden in diesem Beitrag die US-amerikanischen Entwicklungen und deren Relevanz für den deutschen Bildungskontext untersucht.

Zu diesem Zweck werden zunächst die einzelnen Elemente von CRT und ihre Bedeutung für Schülerinnen und Schüler, die Englisch nicht als Erstsprache (*Eng-*

---

[1] Die englischen Begriffe „*diverse*" bzw. „*diversity*" können im Deutschen mit „vielfältig" bzw. „Vielfalt" übersetzt werden. Im U.S.-amerikanischen Kontext werden diese Begriffe in einem weiten Sinne verstanden und umfassen „Vielfalt" im Hinblick auf Kultur, Ethnizität, Sprache, sexuelle Orientierung und sozioökonomischen Status. Das Adjektiv „vielfältig" bzw. das Nomen „Vielfalt" zur Bezeichnung der verschiedenen Hintergründe der Schülerinnen und Schüler werden im Folgenden in einem solchen weiten Sinne verwendet.

lish Language Learner (ELL) bzw. *Emergent Bilingual* (García, Kleifgen, & Falchi, 2008) erworben haben, vorgestellt. Anschließend wird das Konzept des *Culturally and Linguistically Responsive Teaching* (CLR)[2] erörtert, bei dem die sprachliche *diversity* der Schülerinnen und Schüler im Vordergrund steht. Abschließend werden Ideen zur Übertragbarkeit von CRT auf den deutschen Bildungskontext diskutiert.

2. Die Entwicklung des Culturally Responsive Teaching (CRT)

Die Struktur und Ziele des *Culturally Responsive Teaching* (CRT) sind auf die Einbeziehung der Bedürfnisse aller Schülerinnen und Schüler im schulischen Umfeld ausgerichtet. Dem CRT liegt die Idee eines kulturellen Brückenschlags zwischen dem außerschulischen und dem schulischen Leben zugrunde (Ladson-Billings, 1995b, S. 467). Eine Lehrperson handelt *responsive* im vorgenannten Sinne, wenn sie auf die jeweiligen kontextualen Besonderheiten, das heißt auf die soziokulturellen Charakteristika des Unterrichtssettings und der Schülerinnen und Schüler reagiert (Gay, 2013, S. 63). Dabei lassen sich zwei grundlegende Ansätze identifizieren: Während einige Vertreter und Vertreterinnen des CRT ihren Fokus auf die Sensibilität der Lehrpersonen in Bezug auf die kulturelle und ethnische *diversity* der Schülerinnen und Schüler legen, sehen andere den Schwerpunkt auf dem soziokulturellen Bewusstsein der Lehrpersonen (Curtis, 2013; Gay, 2002; 2010; Villegas & Lucas, 2002). Nach Gay (2010, S. 31–38) soll CRT (1) wertschätzend, (2) umfassend, (3) multidimensional, (4) befähigend, (5) transformativ und (6) emanzipatorisch sein. Damit versucht Gay, alle Schülerinnen und Schüler, insbesondere diejenigen mit einem *diversen* Hintergrund, miteinzubeziehen sowie das Wissen, das Verstehen und die Repräsentation aller ethnischen und kulturellen Gruppen als Bestandteile des akademischen Inhalts sowie des schulischen Lernprozesses in den Vordergrund zu rücken. Ein Unterricht, der die kulturelle und ethnische *diversity* in den Mittelpunkt rückt, gibt allen Schülerinnen und Schülern das Gefühl, ein gleichberechtigter Teil der Gesellschaft zu sein. Zudem knüpft jedes dieser Charakteristika an die Ressourcen bzw. Hintergründe der jeweiligen Schülerinnen und Schüler, deren Familien und deren *communities* an. In der Schule sollen diese Hintergründe nicht als Defizite, sondern als entscheidende Aspekte für den Erfolg der jeweiligen Schülerinnen und Schüler gesehen werden. Nach Villegas und Lucas (2002, S. 22) muss insbesondere Folgendes berück-

---

2   Im Deutschen könnte man *Culturally and Linguistically Responsive Teaching* etwa mit „kultur- und sprachsensible Pädagogik" übersetzen. Insgesamt zeigt sich, dass die Verwendung des Begriffs *culture* bzw. *culturally* hier, wie auch in den nachfolgend besprochenen Ansätzen, nicht eindeutig bzw. bisweilen problematisch ist. Hierauf wird im Folgenden nicht jeweils wieder verwiesen.

sichtigt werden: „[P]eople's ways of thinking, behaving, and being are deeply influenced by such factors as race/ethnicity, social class, and language".

2.1 Culturally Responsive Pedagogy (CRP) als Grundlage von CRT

Beide Strömungen des CRT bauen auf der sog. *Culturally Responsive Pedagogy* (CRP) auf. Ladson-Billings (1995b, S. 469) beschreibt das Konzept mit den Worten „[CRP] addresses student achievement but also helps students to accept and affirm their cultural identity while developing critical perspectives that challenge inequities that schools (and other institutions) perpetuate". Damit ist die CRP nicht nur eine Pädagogik, der bestimmte Vorstellungen vom Lehren und Lernen zugrunde liegen, sondern auch ein eigenes *belief system* mit professionellen, politischen, kulturellen, ethischen und ideologischen Aspekten (Gay, 2010; Howard & Terry, 2013). In diesem *belief system* besteht die Aufgabe der Lehrperson darin, eine Verbindung zwischen der außerschulischen und schulischen Welt der Schülerinnen und Schüler zu schaffen. Der Unterricht soll das „in-school learning" mit dem „out-of-school living" zusammenbringen (Gay, 2013). Dazu ist es wichtig, relevante und für das Subjekt bedeutungsvolle Verbindungen bzw. Brücken (*„meaningfulness bridges"*) zu bauen, die es den Schülerinnen und Schülern ermöglichen, den Unterrichtsinhalt (*„academic abstractions"*) mit ihren eigenen Erfahrungen (*„experiential realities"*) zu verbinden (Gay, 2010, 2013).

Das bedeutet, dass die Lehrpersonen versuchen müssen, den Unterricht relevant und befähigend (*„empowering"*) für alle Schülerinnen und Schüler zu gestalten (Gay, 2000, 2010; Howard & Terry, 2013): „Culturally responsive pedagogy is situated in a framework that recognizes the rich and varied cultural wealth, knowledge, and skills that diverse students bring to schools, and seeks to develop dynamic teaching practices, multicultural content, multiple means of assessment, and a philosophical view of teaching that is dedicated to nurturing student academic, social, emotional, cultural, psychological, and physiological well being" (Howard & Terry, 2013, S. 2–3)[3]. Zu diesem Zweck greift die CRP auf kulturelles Wissen, kulturelle Vorerfahrungen und kulturelle Bezugsrahmen zurück (Gay, 2010, S. 31). Um für alle Schülerinnen und Schüler die Effektivität beim Lernen und ihr Wohlbefinden zu steigern, hat Ladson-Billings (1995a) für die Umsetzung von CRP ursprünglich drei Kriterien aufgestellt. Danach müssen Schülerinnen und Schüler (1) akademischen Erfolg erfahren, (2) kulturelle Kompetenz entwickeln und/oder aufrechthalten sowie (3) ein kritisches Bewusstsein entwickeln,

---

3   Hier zeigen sich zahlreiche Parallelen zur *diversity education* und deren Fokus auf Förderung, Unterstützung und Bestätigung der Identitäten von Schülerinnen und Schülern aus marginalisierten kulturellen, ethnischen und sprachlichen Gruppen (Banks, 2004; Prengel, 2007). Siehe hierzu auch den Index für Inklusion, mit dem der Vielfalt der Schülerinnen und Schüler in Schulen Rechnung getragen werden soll (Boban & Hinz, 2003).

mit dem sie den Status quo der aktuellen Gesellschaftsordnung herausfordern können.

Zur Erfüllung des ersten Kriteriums müssen die Lehrpersonen ihre Schülerinnen und Schüler genau kennenlernen, um deren individuelle Fähigkeiten einzuschätzen. Dies ist insbesondere bei denjenigen Schülerinnen und Schülern wichtig, deren kulturelle und sprachliche *diversity* übersehen werden kann (Gay, 2010; Sleeter, 2012). Der Fokus des zweiten Kriteriums der CRP liegt auf den spezifischen kulturellen Hintergründen der einzelnen Schülerinnen und Schüler und rückt die Wertschätzung von *diversity* in den Vordergrund. Ladson-Billings (1995a, S. 161) führt hierzu aus: „Culturally relevant teachers utilize students' culture as a vehicle for learning". Damit zielt dieses Kriterium insbesondere auf diejenigen Schülerinnen und Schüler, die eine andere Kultur[4] mit in die Schule bringen und/oder eine andere Sprache im außerschulischen Kontext sprechen. Die Lehrpersonen sollen die Wertschätzung der verschiedenen Kulturen ihrer Schülerinnen und Schüler in ihren Unterricht einbringen, um diese zu motivieren und den Unterrichtsinhalt auch für sie relevant zu gestalten. Zum dritten und letzten Kriterium der CRP führt Ladson-Billings (1995a, S. 162) aus: "[I]n the classrooms of culturally relevant teachers, students are expected to 'engage the world and others critically'". Dieses kritische Bewusstsein und die Auseinandersetzung mit ihrer Umwelt und anderen Menschen soll es den Schülerinnen und Schülern ermöglichen, ein soziopolitisches Bewusstsein zu entwickeln, und ihnen die notwendigen Werkzeuge an die Hand geben, um kulturelle Normen und Werte sowie soziale Ungleichheit fundiert kritisieren zu können (Ladson-Billings, 1995a, S. 162). Dieses kritische Bewusstsein ist insbesondere für Schülerinnen und Schüler aus sprachlich und kulturell *diversen* Kontexten von Bedeutung, deren Darstellung in den Medien und der Politik oftmals undifferenziert und einseitig erfolgt.

2.2 Weitere Kriterien der CRP

Im Laufe der Jahre wurde die CRP um weitere Kriterien und Merkmale ergänzt. Schwerpunktverschiebungen in der allgemeinen bildungspolitischen Debatte mit ihrer Ausrichtung auf die Lehre spiegeln sich dabei in der CRP wider: „[T]he axis of emphasis [of CRP] also has shifted over time. Earlier, instruction or teaching was the subtext to curriculum. Now the central focus is teaching, with curriculum content as one of its components" (Gay, 2013, S. 51). Der Aspekt der Lehre und konkret die Frage, wie die Lehrpersonen den Unterricht für eine Gruppe *diverser* Schülerinnen und Schüler gestalten sollen, ist in den Vordergrund gerückt. Einige der ergänzenden Kriterien für die Entwicklung von CRP, die Lehrpersonen im

---

4 Beim CRP werden unter „anderen" Kulturen Minderheitenkulturen verstanden. Zum Begriff der *culture* siehe Fußnote zwei.

Rahmen ihrer Lehrtätigkeit berücksichtigen sollen, sind nach Gay (2010) sowie Villegas und Lucas (2007):

- fundierte Kenntnis der Lebensumstände der Schülerinnen und Schüler,
- Entwicklung einer positiven Einstellung zu allen möglichen Hintergründen von Schülerinnen und Schülern,
- Ausdruck einer kulturellen Empathie,
- Etablierung einer Lerngemeinschaft,
- Schaffung von interkultureller Kommunikation in der Schule,
- Förderung von Gerechtigkeit und Inklusion für alle Schülerinnen und Schüler,
- Förderung der Entwicklung einer aktiven Haltung und eigener Maßnahmen zum Erwerb von Wissen bei den Schülerinnen und Schülern und
- Gestaltung eines Unterrichts, der auf den Vorkenntnissen der Schülerinnen und Schüler aufbaut und sie dazu motiviert, über den Tellerrand zu schauen.

In einer späteren Veröffentlichung nennen Villegas und Lucas weitere Aspekte des Unterrichts sowie der Fort- und Weiterbildung von Lehrpersonen, mit deren Hilfe die Lehrpersonen die individuellen Bedürfnisse der Schülerinnen und Schüler, insbesondere derer mit anderen Erstsprachen als Englisch, unterstützen können. Dazu gehören die Identifizierung sprachlicher Herausforderungen in den Schulfächern, das heißt das Bewusstsein für eine angemessene Syntax und Semantik im jeweiligen Kontext, insbesondere für die Sprache, die zur Bewältigung der jeweiligen Aufgaben gefordert wird. Weitere Aspekte sind die Unterstützung der Verwendung der Erstsprache (L1) und die Minimierung der Angst vor einer sprachlichen Teilnahme am Unterricht (Lucas, Villegas & Freedson-Gonzalez, 2008).

3. Hintergründe des Culturally and Linguistically Responsive Teaching (CLR)

Die Grundannahme des *Culturally Responsive Teaching* (CRT), nach der das Lernen auch für Schülerinnen und Schüler mit *diversen* Hintergründen und Sozialisierungen relevant und effektiv gestaltet werden müsse, wird von sämtlichen Vertretern und Vertreterinnen dieser pädagogischen Theorie geteilt. Wie eingangs bereits erwähnt, haben sich die zwei Strömungen des CRT im Laufe der Jahre auf jeweils unterschiedliche Zielgruppen fokussiert: „[Some] may focus on gender, sexual orientation, social class, or linguistic diversity as specific contexts for actualizing general principles of culturally responsive teaching…My priorities are race, culture, and ethnicity" (Gay, 2013, S. 52). Während auch Villegas und Lucas ihren Fokus zum Teil auf die Sprache gelegt haben (Lucas, Villegas & Freedson-Gonzalez, 2008), hat sich in den letzten Jahren mit dem *Culturally and Linguis-*

tically Responsive Teaching (CLR) ein weiterer Zweig des CRT herausgebildet, der schwerpunktmäßig sprachliche Aspekte des Lernens berücksichtigt.

3.1 Die Entwicklung des CLR

Das Konzept des CLR wurde von Hollie entwickelt. Dieser erklärt CLR als eine Ergänzung des CRT um das Element der Sprache: „[CRT] is culturally validating and affirming [...] CLR validates and affirms the home language and culture of students through the use of responsive instructional strategies, which are bridges or enablers to acceptance, achievement, and empowerment in academic settings and mainstream culture at large" (Hollie, 2009). Für Hollie ist Sprache ein wichtiger Teil der Kultur und eine Repräsentation unserer Tradition/Herkunft, einschließlich unserer Familie, unserer Gemeinschaft und unserer Geschichte (Hollie, 2012).

Vom CLR werden nicht nur *English Language Learners*, sondern auch *Standard English Learners* erfasst, das heißt Schülerinnen und Schüler, deren Erstsprache ein Englisch ist, das nicht dem sogenannten *Standard English* bzw. *Academic English* entspricht.[5] Diese *Standard English Learners* sprechen häufig nur dem ersten Anschein nach *Standard English*. Tatsächlich sind ihre Kenntnisse oftmals nur oberflächlich und ermöglichen es ihnen weder Lese- oder Schreibfähigkeiten zu entwickeln noch die für das Verstehen aller Fächer erforderliche *Cognitive Academic Language Proficiency* (CALP) (Cummins, 2000) zu erreichen (Hollie, 2009; Lucas, Villegas & Freedson-Gonzalez, 2008).

3.2 Teilbereiche des CLR

Das CLR umfasst fünf pädagogische Teilbereiche: (1) *Responsive classroom management*, (2) *responsive academic literacy or the use of text*, (3) *responsive academic vocabulary*, (4) *responsive academic language or situational appropriateness* und (5) *responsive learning environment* (Hollie, 2009; 2012).

Der Fokus des *responsive classroom management* als erster Teilbereich liegt auf der Art und Weise des Diskutierens und Reagierens, auf der Wertschätzung *diverser* Verhaltensweisen sowie auf der Diskussion verschiedener Verhaltensweisen, die in unterschiedlichen Situationen angemessen sind (Hollie, 2012). Das *responsive classroom management* basiert auf der Idee des *Culturally Responsive Classroom Management*, bei dem die Lehrperson auf die Bedürfnisse der Schülerinnen und Schüler eingeht und ein schulisches Lernumfeld schafft, in dem sich die Schü-

---

5　Z.B. *African American Vernacular, Chicano English, Hawaiian Pidgin English* oder *Native American dialects* (Hollie, 2009).

lerinnen und Schüler in Eigenverantwortung in angemessener Weise verhalten können. (Weinstein, Tomlinson-Clarke, & Curran, 2004).

Der zweite pädagogische Teilbereich umfasst die *responsive academic literacy* und damit den Umgang mit Texten. Ziel ist es, die Schülerinnen und Schüler mit Texten zu konfrontieren, die für sie relevant sind, sowie durch lautes Vorlesen (sog. *Read-Alouds*) die mündliche Erzähltradition von Geschichten zu unterstützen (Hollie, 2012, S. 84). Andere Stimmen berufen sich in diesem Zusammenhang auf die *Critical Literacy Theory* von Freire und Macedo (Freire & Macedo, 1987), nach der sowohl die Botschaft eines Textes als auch dessen Kontext bei der Auswahl und beim Lesen eine maßgebliche Rolle spielen. Denn „[critical literacy] entails reading both the word and the world to signify the inherent social, political, and cultural ideology that all text conveys" (Kesler, 2011, S. 420). Dabei müssen die Lehrpersonen ein gewisses Feingefühl entwickeln und das Curriculum umgestalten oder feinfühlig reagieren, wenn Texte einige Schülerinnen und Schüler unerwartet marginalisieren (Kesler, 2011).

Im Rahmen des dritten Teilbereichs des CLR sollen die Lehrpersonen unter Verwendung von *responsive academic vocabulary* einen Fokus auf die Vergrößerung des Vokabulars der Schülerinnen und Schüler legen. Die dabei verwendeten Strategien sind unter anderen die Kontextualisierung und Konzeptualisierung von Wörtern, die Identifizierung unterschiedlicher Wortteile (z.B. Präfixe, Suffixe oder Wortstämme) und die Verwendung von Synonymen (Hollie, 2012, S. 98). Ergänzend können die Lehrpersonen auf die Umgangssprache der Schülerinnen und Schüler zurückgreifen, um die Bildungssprache mit der Alltagssprache zu verbinden (Hollie, 2012, S. 100).

Der vierte Bereich *responsive academic language or situational appropriateness* soll Schülerinnen und Schüler beim *code switching* unterstützen, damit sie verstehen und wissen, wann von ihnen erwartet wird *Standard Academic English* zu benutzen und wann sie die Sprache bzw. Varietät des Englischen ihrer Wahl verwenden können. Nach Hollie ist das *code switching* ein bewusster Prozess, der explizit gelehrt werden muss und bei dem alle Sprachen und Varietäten gleichwertig sind. Beim *code switching* steht das Umschalten von alltagssprachlichen Formen des Englischen oder auch anderer Sprachen zum *Standard Academic English* bei kontrastiver Analyse im Vordergrund. Dabei kommt es nicht darauf an, ob etwas ‚richtig' oder ‚falsch' ist. Vielmehr sollen Schülerinnen und Schüler aus den Unterschieden und Gemeinsamkeiten der Sprachen lernen (Hollie, 2012, S. 39).

Der letzte Bereich betrifft das Umfeld, in dem das Lernen erfolgt, das *responsive learning environment*. In einem solchen Unterrichtsumfeld kommen der Bereitstellung von vielseitigen sprachlichen Materialien sowie dem Raum für körperliche Bewegung eine große Bedeutung zu. Dabei soll es zu einer umfassenden, insbesondere sprachlichen Auseinandersetzung der Schülerinnen und Schüler mit ihrer Umwelt kommen (Hollie, 2012).

Auf den ersten Blick erscheinen diese Bereiche des CLR als naheliegende, dem gesunden Menschenverstand entspringende Merkmale eines hochwertigen Unterrichts. CLR ist jedoch viel mehr als das, nämlich ein bewusstes Vorgehen, das in sprachlicher und kultureller Hinsicht auf die jeweiligen Schülerinnen und Schüler zugeschnitten ist. In diesem Verständnis ist CLR kein ‚Friss-oder-Stirb-Ansatz', sondern ein zielgerichtetes unterstützendes Vorgehen: "The validation and affirmation of the home (indigenous) culture and home language for the purposes of building and bridging the student to success in the culture of academia and mainstream society" (Hollie, 2012, S. 23). CLR ermöglicht es Lehrpersonen, eine größere Wertschätzung für die verschiedenen Sprachen und Kulturen der *diversen* Schülerinnen und Schüler zu entwickeln bzw. zu äußern und unterstützt *diverse* Schülerinnen und Schüler dabei, ihre eigenen Kulturen, Traditionen und ihre Herkunft als Stärken zu verstehen. Das letzte Kapitel wird die Relevanz dieser pädagogischen Ansätze für den deutschen Bildungskontext diskutieren.

4. Relevanz für den deutschen Bildungskontext

Ähnlich den Vereinigten Staaten ist auch das deutsche Bildungssystem von einer sich zunehmend wandelnden Bevölkerung mit Schülerinnen und Schülern geprägt, die eine große sprachliche *diversity* aufweisen. Gerade in den letzten drei Jahren ist die Zuwanderung von schutz- und asylsuchenden Menschen vergleichbar hoch wie in den 1990er-Jahren (Autorengruppe Bildungsberichterstattung, 2016, S. 10) und die jungen Zuwandererinnen und Zuwanderer werden sprachbildende Unterstützung für den schulischen und späteren beruflichen Erfolg brauchen (Autorengruppe Bildungsberichterstattung, 2016, S. 16). Einige Stimmen fordern einen erneuten Blick auf und eine größere Akzeptanz von Mehrsprachigkeit und Multikulturalismus[6] und sprechen sich für eine kritische Reflektion der Wahrnehmung von Schülerinnen und Schülern mit Migrationshintergrund in deutschen Schulen aus (Luchtenberg, 2005, S. 35–37). In einer aktuellen Studie aus dem Jahr 2016 wurde erörtert, inwieweit sich die Lernziele und die Haltung der Lehrpersonen gegenüber *diversen* Schülergruppen weiterentwickeln müssen: „Um Lernende gemäß ihren individuellen Voraussetzungen zu fördern, sollten Lehrkräfte allerdings die sprachlichen und kulturellen Unterschiede in der Schülerschaft als Normalität anerkennen und ihr Handeln daran ausrichten" (Morris-Lange, Wagner, & Altinay, 2016, S. 8). Vor diesem Hintergrund sind die Erkenntnisse des CRT und CLR, welche die Bedürfnisse von *diversen* Schülerinnen und Schülern zum Gegenstand haben, auch für den deutschen Bildungskontext grundsätzlich von Interesse. Angesichts der in den vergangenen Jahren zu beobachtenden Versuche der einzelnen Bundesländer, durchgängige Sprachbildung in

---

6 Der Multikulturalismus ist vor allem im deutschsprachigen Raum ein Konzept, das unterschiedlich interpretiert wird und nicht unumstritten ist.

den Fächern weiterzuentwickeln (Gogolin, 2008), können diese pädagogischen Perspektiven sowohl für die Lehrkräftebildung als auch für Fort- und Weiterbildungsmöglichkeiten relevant sein.

Für den deutschen Bildungskontext ist ferner das von Hollie im Rahmen des CLR angesprochene Konzept des *code switching* von Relevanz. Eine Vielzahl von Studien legt nahe, dass *code switching* den Schülerinnen und Schülern Vorteile beim Erwerb von Lese- und Schreibfähigkeiten sowie beim Erlernen der Rechtschreibung bringt (Charity, Scarborough, & Griffin, 2004; Connor & Craig, 2006; Craig, Zhang, Hensel, & Quinn, 2009; Kohler, Bahr, Siliman, Bryant, Apel, & Wilkinson, 2007). So belegen einige Studien aus dem Bereich der Mathematik, dass ein sowohl von den Lehrpersonen als auch von den Schülerinnen und Schülern praktiziertes *code switching* gleichzeitig das Lernen von Sprachen (sowohl bei der Erstsprache als auch bei der Zweitsprache) und das Lernen mathematischer Fähigkeiten unterstützt (Barwell, 2005; Bose & Choudhury, 2010; Prediger, Clarkson, & Bose, 2016). Ausgehend von diesem Befund schlägt Prediger für den deutschen Bildungskontext vor, *code switching* an den Schulen zu erlauben und Lehrstrategien zu entwickeln und zu fördern, die einen sinnvollen Einsatz von *code switching* und sonstigen Verbindungen zwischen Erst- und Zweitsprache gewährleisten (Prediger et al., 2016). Auch vor dem Hintergrund dieser Diskussion bietet sich eine vertiefte Auseinandersetzung mit dem CLR, insbesondere den dort behandelten Einsatzgebieten des *code switching* an.

Von besonderem Interesse ist ferner, in welchem Verhältnis der Aspekt der sozialen Gerechtigkeit zur Akzeptanz der Erstsprache (L1) bei dem Prozess der Vermittlung eines Selbstwertgefühls (*empowerment*) bei *diversen* Schülerinnen und Schülern steht. Zahlreiche Studien aus den USA zeigen, dass Schülerinnen und Schüler, die Stolz auf ihre Erstsprache empfinden und sich im schulischen Lernumfeld sicher fühlen, beim Erlernen und Üben neuer Sprachfähigkeiten freier sind (Artiles, Trent, & Palmer, 2004; Banks, 2002; Ladson-Billings, 1994; Nieto, 1999; Padrón, Waxman, & Rivera, 2002; Sleeter & Grant, 1987; Stroder, 2008). Die Ansätze des CRT und CLR fördern eine positive Einstellung zur Erstsprache und den verschiedenen Hintergründen. Auf der soziokulturellen Ebene hat eine Studie gezeigt, dass Schülerinnen und Schüler mit einer *culturally responsive* Lehrperson statistisch signifikant mehr Freundschaften über die Grenzen von Geschlecht, Ethnizität und sozioökonomischem Status hinaus entwickelt haben (Thompson, 2010, S. 70). Deshalb sollten diese Ansätze als kontinuierliche und anhaltende Bestandteile in das Unterrichtsumfeld integriert werden (Nieto, 1999; Stroder, 2008).

Während die Diskussion in Deutschland vergleichsweise jung ist, sind in den USA bereits mehrere Studien zu verzeichnen, die Aspekte der *diversity* mit Sprachbildung verbinden. Die noch junge Diskussion um eine kultursensible Sprachbildung in Deutschland würde davon profitieren, wenn die entsprechenden Entwicklungen und Erkenntnisse aus den USA näher untersucht würden. Insgesamt ist festzuhalten, dass die deutsche Gesellschaft und die deutschen Schulen immer multikultureller werden und es deshalb von Bedeutung ist, andere Perspektiven und Ansätze wie CRT und CLR bei der Unterstützung aller Schülerinnen und Schüler, insbesondere derjenigen mit *diversen* Hintergründen, heranzuziehen.

Literatur

Artiles, Alfredo J., Trent, Stanley, & Palmer, John (2004). Culturally diverse students in special education. In J. A. Banks & C.A.M. Banks (Hrsg.), *Handbook of research on multicultural education* (2. Aufl., S. 716–735). San Francisco: John Wiley & Sons.

Autorengruppe Bildungsberichterstattung (2016). *Bildung in Deutschland 2016.* Bielefeld: Bertelsmann Verlag.

Banks, James. A (2002). Race, knowledge construction, and education in the United States. In James A. Banks & C.A.M. Banks (Hrsg.), *Handbook of research on multicultural education* (2. Aufl., S. 228–239). San Francisco: John Wiley & Sons.

Banks, James. A (2004). *Diversity and citizenship education: Global perspectives.* San Francisco, Calif.: Jossey-Bass.

Barwell, Richard (2005). Integrating language and content: Issues from the mathematics classroom. *Linguistics and Education, 16,* 205–218.

Boban, Ines & Hinz, Andreas (Hrsg.) (2003). *Index für Inklusion. Lernen und Teilhabe in Schulen der Vielfalt entwickeln.* Halle (Saale): Martin-Luther-Universität.

Bose, Ardindam & Choudhury, Manojendu (2010). Language negotiation in a multilingual mathematics classroom: An analysis. In L. Sparrow, B., Kissane & C. Hurst (Hrsg.), *Proceedings of the 33rd Conference of the Mathematics Education Research Group of Australasia* (S. 93–100). Fremantle, Australia: MERGA.

Charity, Ann, Scarborough, Hollis, & Griffin, Darion (2004). Familiarity with school English in African American children and its relation to early reading achievement. *Child Development, 75,* 1340–1356.

Connor, Carol & Craig, Holly (2006). African American preschoolers' language, emergent literacy skills, and use of African American English: A complex relation. *Journal of Speech, Language, and Hearing Research, 49,* 771–792.

Craig, Holly, Zhang, Lingling, Hensel, Stephanie, & Quinn, Erin (2009). African American English-speaking students: An examination of the relationship between dialect shifting and reading outcomes. *Journal of Speech Language and Hearing Research, 52*(4), 839–855.

Cummins, James (2000). *Language, power, and pedagogy: Bilingual children in the crossfire.* Clevedon, UK: Multilingual Matters.

Freire, Paulo & Macedo, Donaldo (1987). *Literacy: Reading the word and the world.* Westport, CT: Bergin & Garvey.

García, Ofelia, Kleifgen, Jo Anne, & Falchi, Lorraine (2008). From English language learners to emergent bilinguals. In *Equity Matters: Research Review* No. 1. New York: A Research Initiative of the Campaign for Educational Equity. New York, NY: Teachers College Press.

Gay, Geneva (2000). *Culturally responsive teaching: Theory, research, and practice.* New York, NY: Teachers College Press.

Gay, Geneva (2010). *Culturally responsive teaching: Theory, research, and practice* (2. Aufl.). New York: Teachers College Press.

Gay, Geneva (2013). Teaching to and through cultural diversity. *Curriculum Inquiry, 43*(1), 48–70.

Gogolin, Ingrid (2008). Erziehungsziel Mehrsprachigkeit. In Charlotte Röhner (Hrsg.), *Erziehungsziel Mehrsprachigkeit. Diagnose von Sprachentwicklung und Förderung von Deutsch als Zweitsprache* (2. Aufl., S. 13–24). Weinheim: Juventa.

Hollie, Sharroky (2009). Becoming a culturally responsive teacher: Sharroky Hollie explains how Culturally and Linguistically Responsive (CLR) teaching can enhance learning for all students. *ESL Magazine,* (71), 26.

Hollie, Sharroky (2012). *Culturally and linguistically responsive teaching and learning: Classroom practices for student success.* Huntington Beach, CA: Shell Education.

Howard, Tyrone & Terry, Clarence (2013). Culturally responsive pedagogy for African American students. *Teaching Education, 22*(4), 345–364.

Kesler, Ted (2011). Teachers' texts in culturally responsive teaching. *Language Arts, 88*(6), 419–428.

Kohler, Candida, Bahr, Ruth, Silliman, Elaine, Bryant, Judith, Apel, Kenn, & Wilkinson, Louise (2007). African American English dialect and performance on nonword spelling and phonemic awareness tasks. *American Journal of Speech-Language Pathology, 16*, 157–168.

Ladson-Billings, Gloria (1995a). But that's just good teaching! The case for culturally relevant pedagogy. *Theory Into Practice, 34*(3), 159–165.

Ladson-Billings, Gloria (1995b) Toward a theory of culturally relevant pedagogy. *Culturally Relevant Teaching, 32*(3), 465–491.

Ladson-Billings, Gloria (2009). *The dreamkeepers: Successful teachers of African American children* (2. Aufl.) San Francisco, CA: Jossey-Bass.

Ladson-Billings, Gloria (1994, May). What we can learn from multicultural education research. *Educational Leadership, 51*(8), 22–26.

Lucas, Tamara, Villegas, Ana Maria & Freedson-Gonzalez, Margaret (2008). Linguistically responsive teacher education: preparing classroom teachers to teach English language learners. *Journal of Teacher Education, 59*(4), 361–373.

Luchtenberg, Sigrid (2005). Multicultural Education: Challenges and Responses. *Journal for Social Science Education, 4*(1), 31–55.

Morris-Lange, Simon, Wagner, Katarina, & Altinay, Lale (2016). *Lehrerbildung in der Einwanderungsgesellschaft Qualifizierung für den Normalfall Vielfalt.* (Policy Brief des SVR-Forschungsbereichs und des Mercator-Instituts für Sprachförderung und Deutsch als Zweitsprache, gefördert von der Stiftung Mercator).

Nieto, Sonia (1999). *The light in their eyes.* New York: Teachers College Press.

Padrón, Yolanda, Waxman, Hersh, & Rivera, Hector (2002). *Educating Hispanic students: Obstacles and avenues to improved academic achievement.* Center for Research on Education, Diversity & Excellence. Educational Practice Reports. Paper epr08. Verfügbar unter http://repositories.cdlib.org/crede/edupractrpts/epr08 [12.09.2016].

Prediger, Susanne, Clarkson, Philip, & Bose, Arindam (2016). Purposefully Relating Multilingual Registers: Building Theory and Teaching Strategies for Bilingual Learners Based on an Integration of Three Traditions. In *Mathematics Education and Language Diversity The 21st ICMI Study* (S. 193–215). Berlin: Springer.

Prengel, Annedore (2007). Diversity Education – Grundlagen und Probleme der Pädagogik der Vielfalt. In Gertraude Krell, Barbara Riedmüller, Barbara Sieben & Dagmar Vinz (Hrsg.), *Diversity Studies* (S. 49–67). Frankfurt, Main: Campus.

Sleeter, Christine (2012). Confronting the Marginalization of Culturally Responsive Pedagogy. *Urban Education 47*(3), 562–584.

Sleeter, Christine, & Grant, C. A (1987). An analysis of multicultural education in the United States. *Harvard Educational Review, 57*(4), 421–444.

Stroder, Miriam Elizabeth, (2008). *Effects of Culturally Responsive Teaching Practices on the Literacy Learning of Latino Students* (Masters Theses & Specialist Projects. Paper 29). Bowling Green: Western Kentucky University, Department of Special Instruction Programs. http://digitalcommons.wku.edu/theses/29 [06.09.2016].

Thompson, Jacqueline (2010). *What Impact Do Culturally Competent Teachers Have on the Social Inclusiveness of Their Students?* (All Graduate Theses and Dissertations. Paper 570). Logan: Utah State University, Department of Teacher Education and Leadership.

Villegas, Ana Maria, & Lucas, Tamara (2002). Preparing culturally responsive teachers: Rethinking the curriculum. *Journal of Teacher Education, 53*(1), 20–32.

Villegas, Ana Maria, & Lucas, Tamara (2007). The culturally responsive teacher. *Educational Leadership, 64*(6), 28–33.

Weinstein Carol, Tomlinson-Clarke Saundra, & Curran Mary (2004). Toward a Conception of Culturally Responsive Classroom Management. *Journal of Teacher Education, 55*(1), 25–38.

Lena Wessel & Torsten Andreas

Sprachliche Anforderungen in den curricularen Vorgaben für den Mathematikunterricht in der Primarstufe: eine problemorientierte Analyse aus empirischer und fachdidaktischer Perspektive

1. Einführung

Ziel des vorliegenden Beitrages ist es, die in Forschung und Praxis immer bewusster wahrgenommene Relevanz der Sprachkompetenz im Deutschen für fachliches Lernen mit den curricularen Anforderungen im Mathematikunterricht der Grundschule in Beziehung zu setzen. Dazu wird zunächst kurz die Relevanz von Sprache im Mathematikunterricht vor dem Hintergrund aktueller Studien herausgestellt (Abschnitt 2.1). Im Anschluss erfolgt eine Analyse sprachlicher Anforderungen der Bildungsstandards und des Berliner Lehrplans für Mathematik in der Grundschule (Abschnitt 2.2) und darin enthaltener theoretischer Prinzipien von fach- und sprachintegrierten Lernprozessen (Kapitel 3). Erfahrungen zur Einbindung von sprachbildenden Anteilen in die Grundschullehramtsausbildung Mathematik aus dem Projekt *Sprachen – Bilden – Chancen* sind in Kapitel 4 zu finden.

2. Zur Bedeutung von Sprache im Mathematikunterricht

Im Folgenden wird die Bedeutung von Sprache für das Lernen von Mathematik anhand der in den curricularen Vorgaben formulierten sprachlichen Anforderungen dargelegt. Den Ausgangspunkt bildet eine kurze Darlegung der empirisch gezeigten Zusammenhänge von Sprachkompetenz und Mathematiklernen.

2.1 Der Zusammenhang von Sprachkompetenz und Leistungen im schulischen Mathematikunterricht als Ausgangspunkt für curriculare Analysen

Insbesondere vor dem Hintergrund der Ergebnisse von PISA 2003 und anderen internationalen Vergleichsstudien ist in den vergangenen Jahren zunehmend deutlich geworden, dass Sprachkompetenz eine elementare Bedingung für den Erfolg im deutschen Mathematikunterricht darstellt.

So zeigt beispielsweise die Analyse des Zusammenhangs zwischen verschiedenen Hintergrundfaktoren und den Leistungen in den zentralen Prüfungen

Mathematik in Nordrhein-Westfalen, dass Sprachkompetenz im Deutschen den stärksten Zusammenhang zu mathematischen Leistungen aufweist. Lesekompetenz erweist sich als ebenfalls signifikanter Faktor. Die Faktoren Alter, sozioökonomischer Hintergrund, Migrationshintergrund und Lebensalter zu Beginn des Deutscherwerbs stellten sich hingegen als deutlich weniger relevante Einflussfaktoren heraus (Prediger, Wilhelm, Büchter, Gürsoy & Benholz, 2015; ähnliche Befunde auch bei Ufer, Reiss & Mehringer, 2013 und international Secada, 1992; für einen Überblick vgl. Prediger & Özdil, 2011).

Paetsch & Felbrich (2016) lieferten Evidenzen für den Einfluss von Lesekompetenzen sowie grammatischer Kompetenzen auf die Modellierungskompetenzen von Grundschulkindern mit Deutsch als Zweitsprache in einer längsschnittlich angelegten Untersuchung (vgl. ebd., 2016, S. 29f.).[1] Über einen Zeitraum von einem Schuljahr (dritte Jahrgangsstufe) wurden Kinder mit Deutsch als Zweitsprache im Rahmen einer Interventionsstudie untersucht. Die Studie zeigt unter Kontrolle allgemeiner kognitiver und arithmetischer Fähigkeiten sowohl für die Lese- als auch für die Grammatikkompetenz querschnittliche Zusammenhänge mit mathematischer Modellierungskompetenz.

Vor diesem Hintergrund soll aus normativer Perspektive der Frage nachgegangen werden, vor welche sprachlichen Anforderungen Lernende im Mathematikunterricht der Grundschule konkret gestellt werden.

2.2 Sprachliche Anforderungen in curricularen Vorgaben für den Mathematikunterricht in der Primarstufe

Ein Auszug aus den allgemeinen mathematischen Kompetenzen, über die Lernende entsprechend der Formulierungen in den Bildungsstandards am Ende der Jahrgangsstufe 4 verfügen sollen, zeigt die Rolle von Sprache als Lernziel des heutigen Mathematikunterrichts erwartungsgemäß in den Bereichen „Kommunizieren" und „Argumentieren" deutlich auf.[2] Konkret sollen Lernende entsprechend den Kompetenzerwartungen

„Kommunizieren
- eigene Vorgehensweisen beschreiben, Lösungswege anderer verstehen und gemeinsam darüber reflektieren,
- mathematische Fachbegriffe und Zeichen sachgerecht verwenden,
- Aufgaben gemeinsam bearbeiten, dabei Verabredungen treffen und einhalten.

---

1   „Modellierungskompetenzen" beziehen sich auf die prozessbezogene Kompetenz des „Modellierens" der Bildungsstandards Mathematik (vgl. KMK, 2005), zu den damit verbundenen Herausforderungen vgl. auch Paetsch & Felbrich, 2016, S. 20f).
2   Mit dieser Jahrgangsstufe endet die Grundschule in den meisten Bundesländern. Berlin weicht hier mit insgesamt sechs Grundschuljahren ab.

Argumentieren
- mathematische Aussagen hinterfragen und auf Korrektheit prüfen,
- mathematische Zusammenhänge erkennen und Vermutungen entwickeln,
- Begründungen suchen und nachvollziehen." (KMK 2005, S. 8)

Ausgehend davon werden im Berliner Rahmenlehrplan von 2015 (im Folgenden: SenBJS) die prozessbezogenen mathematischen Kompetenzen „Mathematisch argumentieren" (K1) und „Mathematisch kommunizieren" (K6) formuliert, die jeweils für die verschiedenen Niveaustufen der entsprechenden Jahrgänge ausdifferenziert werden (SenBJS, 2015, S. 19ff.). Zur Verdeutlichung der vielschichtigen sprachlichen Anforderungen an Lernende sowie der Funktionen von Sprache soll vor dem Hintergrund des neuen Berliner Rahmenlehrplans an dieser Stelle die Kompetenz „Mathematisch kommunizieren" (K6) dienen:

> „Die Kommunikation über mathematische Zusammenhänge bzw. mit mathematischen Mitteln umfasst u.a. das verstehende Zuhören sowie das verständige Lesen mathematikhaltiger Texte. Die Sprache ist das zentrale Verständigungsmittel, um beim Arbeiten an mathematischen Problemen die Gedanken zu strukturieren und darzulegen. Dieses erfolgt in mündlicher und schriftlicher Form." (SenBJS, 2015, S. 7).

Dieser Auszug unterstreicht die Relevanz von sprachproduktiven und -rezeptiven mündlichen und schriftlichen Handlungen im Mathematikunterricht, die als ein allgemeines Lernziel ein wichtiges Element bei der Entwicklung allgemeiner mathematischer Fähigkeiten darstellen. Mit der Charakterisierung von Sprache als „zentrales Verständigungsmittel" sowie der Betonung der „Kommunikation über mathematische Zusammenhänge" wird dabei die kommunikative Funktion von Sprache in den Vordergrund gestellt. Andererseits dient Sprache als Mittel zur Strukturierung der Gedanken bei der Arbeit an mathematischen Problemen auch in ihrer kognitiven Funktion dem Lernen von Mathematik (zur kommunikativen und kognitiven Funktion vgl. Maier & Schweiger, 1999, S. 17f.). Die kognitive Funktion von Sprache wird in den curricularen Vorgaben erneut besonders deutlich, wenn die Kompetenzen „Kommunizieren" und „Argumentieren" der Bildungsstandards als „eigene Vorgehensweisen beschreiben, Lösungswege anderer verstehen und gemeinsam darüber reflektieren" sowie „mathematische Zusammenhänge erkennen und Vermutungen entwickeln" (KMK, 2005, S. 8) operationalisiert werden. Diese sprachlich realisierten Aktivitäten können sich auf alle Inhaltsbereiche des Mathematikunterrichts beziehen und stellen einen Kern für mathematische Lehr-Lernprozesse und beim Aufbau von konzeptuellem Verständnis dar. Prediger (2013a, S. 169) ordnet entsprechende Aktivitäten, die für den Verständnisaufbau mathematischer Konzepte von entscheidender Bedeutung sind, vor allem dem sprachlichen Handlungsfeld *Aufbau konzeptuellen Verständnisses* zu. Neben den oben genannten Aktivitäten zählen hierzu beispielsweise auch das kritische Reflektieren von Ergebnissen und eigenen Vorgehensweisen oder das Strukturieren des eigenen Wissens. Die Autorin bezieht sich damit auf die von Vollmer & Thürmann (2010, S. 113) kategorisierten Felder sprachlichen Handelns im Modell sprachlicher Anforderungen im Fachunterricht. Vor dem Hintergrund empirischer Hinweise darauf, dass gerade auch der Bereich des konzeptuellen Verständnisses von Mathematik in engem Zusammenhang zu Sprachkompetenz steht (Prediger et al., 2015; Ufer, Reiss & Mehringer, 2013), muss für die Bedeutung von Sprache im Handlungsfeld *Aufbau konzeptuellen Verständnisses* in besonderem Maße sensibilisiert werden, damit sprachliche Anforderungen nicht ausschließlich und vorschnell lediglich mit der Bearbeitung und Rezeption von Textaufgaben assoziiert werden.

Dass sich für die Bearbeitung von Text-, Sach- und Modellierungsaufgaben weitere Anforderungen an Lernende, u.a. auf der Ebene von Lesekompetenzen, ergeben, darf damit natürlich nicht ausgeblendet werden. Die wichtige Rolle, die auch das Lesen im Mathematikunterricht spielt, wird insbesondere in der prozessbezogenen Kompetenz „Modellieren" deutlich, denn dies stellt Lernende vor sprachliche Anforderungen beim Erschließen von Sachverhalten bzw. beim Bearbeiten von Sachtexten und -problemen. Dementsprechend formuliert der neue Berliner Rahmenlehrplan als eine zu erwerbende Kompetenz in den Jahrgangsstufen 5, 6, 7 oder 8, dass die Schülerinnen und Schüler „relevante Informationen aus Sachtexten und anderen Darstellungen entnehmen [können und] Sachsituationen in die Sprache der Mathematik übersetzen und entsprechende Aufgaben innermathematisch lösen" (SenBJS, 2015, S. 20).

Expliziter bzw. integraler Bestandteil verschiedener in den vorherigen Abschnitten dargestellter sprachlicher Anforderungen ist zudem die adäquate Verwendung der Sprache der Mathematik bzw. mathematischer Fachsprache. Eine differenzierte Auseinandersetzung mit diesem Lerngegenstand ist nicht nur aufgrund unterschiedlicher theoretischer Systematisierungen mathematischer Fachsprache wichtig (für einen traditionellen Überblick vgl. z.B. Maier & Schweiger, 1999), sondern auch vor dem Hintergrund empirischer Erkenntnisse. Diese liefern Hinweise darauf, dass Mathematiklehrerinnen und -lehrer unterschiedliche fachsprachliche Anforderungen an Lernende stellen und unterschiedliche Lerngelegenheiten zur Entwicklung fachsprachlicher Fähigkeiten anbieten. Letzteres zeigen im Mathematikunterricht der Grundschule rekonstruierte interaktionale Normierungen mathematischer Fachsprache von Mathematiklehrkräften, wobei in unterschiedlichen Lerngruppen unterschiedliche Lerngelegenheiten geschaffen werden (vgl. Tiedemann, 2014). Eine mathematikdidaktische Positionierung zur Fachsprache im Mathematikunterricht wird vor diesem Hintergrund in Abschnitt 3.2 erfolgen.

Empfehlungen für die sprachliche Gestaltung von Mathematikunterricht mit Vorschlägen zur Etablierung entsprechender Lerngelegenheiten sind im alten Berliner Lehrplan von 2004 als Handlungsanweisungen formuliert. Sie werden im nächsten Abschnitt mit theoretisch fundierten Konzepten zur Sprachbildung im Fachunterricht sowie Empfehlungen des neuen Berliner Lehrplans in Beziehung gesetzt.

3. Theoretische Prinzipien zu Sprache in mathematischen Lehr-Lernprozessen in curricularen Vorgaben am Beispiel Berlins

In Bezug auf die Berücksichtigung sprachunterstützender Elemente zur Umsetzung der Anforderungen bzw. zum Aufbau sprachlicher Kompetenzen entsprechend des Berliner Rahmenlehrplans für den Primarstufenmathematikunterricht fallen bei einer genaueren Analyse verschiedene theoretische Prinzipien auf, die im Folgenden kritisch reflektiert sowie mit Möglichkeiten zur praktischen Umsetzung in Beziehung gesetzt werden.

3.1 Auf dem Weg von der Alltags- zur Bildungs- und Fachsprache: Verankerungen im Berliner Rahmenlehrplan unter Berücksichtigung verschiedener Darstellungsebenen

Im Berliner Rahmenlehrplan von 2004 wird die Verfügbarkeit der sprachlichen Ebenen der Umgangs- und Fachsprache ebenso wie die symbolische Darstellungsform mathematischer Begriffe als Handlungsanweisung für Kommunikationssituationen empfohlen: „[D]ie Lehrerinnen und Lehrer geben ausreichend Gelegenheit zur Kommunikation zwischen den Schülerinnen und Schülern und lassen es zu, dass diese sowohl in der Umgangssprache als auch in der Fachsprache, in Wort- und Symbolsprache geführt wird" (SenBJS, 2004, S. 24). Theoretisch kann diese Positionierung dem Prinzip des *Pushed Outputs* zugeordnet werden, nach dem Sprachlernprozesse durch Forcierung der mündlichen und schriftlichen Sprachproduktion angeregt werden können (vgl. Swain, 1985, 1995; zur Unterscheidung von „Allgemein-, Bildungs- und Fachsprache" vgl. Ahrenholz, 2010, S. 15ff. sowie zur Diskussion des Registerbegriffes und terminologischer Alternativen Ehlich, Valtin & Lütke, 2012, S. 25ff.). In den Ausführungen des neuen Berliner Rahmenlehrplans zur prozessbezogenen Kompetenz „Mathematisch kommunizieren" (K6) werden die Anforderungen an Lehrkräfte bei der Gestaltung eines sprachsensiblen Mathematikunterrichts pointierter dahingehend gerichtet, dass bei einer auf Sprachproduktion ausgerichteten Unterrichtsgestaltung die verschiedenen Voraussetzungen der Lernenden zu berücksichtigen sind:

> „Mathematisches Kommunizieren bietet wichtige Ansatzpunkte, den Unterricht sprachsensibel zu gestalten. Die dazu notwendigen sprachlichen Fähigkeiten sollen im Mathematikunterricht ausgehend von der Alltagssprache gezielt angebahnt und auch vertieft werden. Dafür müssen im Unterricht Aufgabenstellungen genutzt werden, die eine gemeinsame Bearbeitung durch *alle* Schülerinnen und Schüler ermöglichen und damit Sprechanlässe bieten" (SenBJS, 2015, S. 7, Hervorhebung durch die Autoren).

Dass die Kommunikation der Lernenden generell in den verschiedenen Registern der Umgangs- und Fachsprache zugelassen bzw. ermöglicht werden soll, steht im Einklang mit einer sukzessiven Sequenzierung von Lehr-Lernprozessen im Sinne des Makro Scaffoldings, das die Sequenzierung von Alltagssprache zu Bildungs- und Fachsprache mit systematischer Wortschatzarbeit und der Konstruktion von Bedeutungen kombiniert (Hammond & Gibbons, 2005). Hier setzen auch die Handlungsempfehlungen zur Unterrichtsgestaltung des neuen Berliner Rahmenlehrplans an:

> „In der Auseinandersetzung mit den mathematischen Inhalten und durch die Kommunikation darüber entwickeln die Schülerinnen und Schüler schrittweise individuelle Vorstellungen von mathematischen Begriffen und Zusammenhängen. In dem Maße, wie diese Vorstellungen präziser und komplexer werden, ergibt sich die Notwendigkeit, mathematische Fachbegriffe zu verwenden und übliche Konventionen einzuhalten" (SenBJS, 2015, S. 33).

Dass die sprachliche Strukturierung entlang der mitunter unscharfen Übergänge zwischen Alltags-, Bildungs- und Fachsprache auch für mathematische Lehr-Lernprozesse im Rahmen fach- und sprachintegrierter Förderungen sinnvoll erscheint und sich gut mit mathematikdidaktischen Prinzipien vereinbaren lässt, zeigen z.B. die Analysen von Wessel (2015) oder Prediger & Pöhler (2015). Zudem ermöglicht die Kommunikation in der Alltagssprache das Aufgreifen der individuellen Sprache der Lernenden (im Sinne Wagenscheins als Sprache des Verstehens, vgl. Wagenschein, 1989, S. 122) als wichtige Ressource für mathematische Konzeptentwicklung und Begriffsbildung. Konsequent sollte dabei im Sinne des Prinzips der Darstellungsvernetzung darauf geachtet werden, das Potential der verschiedenen Darstellungsebenen (enaktiv, bildlich, verbal, symbolisch-numerisch, symbolisch-algebraisch) zu nutzen und Bezüge zwischen den verschiedenen Darstellungsebenen und sprachlichen Registern herzustellen (Prediger & Wessel, 2013).

3.2 Bedeutungsbezogene sprachliche Mittel als Bindeglied zwischen formalbezogener Sprache und inhaltlichem Denken

Neben dem im vorangegangenen Absatz dargestellten Verhältnis von natürlicher Sprache und mathematischer Fachsprache im neuen Berliner Rahmenlehrplan findet sich zur Einführung mathematischer Fachsprache im Rahmenlehrplan von 2004 die folgende Handlungsanweisung: „Im Einklang mit dem immer aktiver und bewusster werdenden Gebrauch der Fachsprache und dem zunehmenden mathematischen Sachverstand der Schülerinnen und Schüler schreitet die Entwicklung ihres mathematischen Denkens voran. Zu einem geeigneten Zeitpunkt (...) macht sie die Lehrerin bzw. der Lehrer mit Konventionen hinsichtlich mathematischer Begriffe, Verfahren und der Symbolsprache vertraut. Trotzdem bleibt das Arbeiten auf der Ebene des inhaltlichen Verstehens für den Unterricht bedeutsam" (SenBJS, 2004, S. 24).

Hier ergibt sich vor dem Hintergrund aktueller mathematikdidaktischer Erkenntnisse folgende Diskrepanz: Die vorgenommene Konzeptualisierung von Fachsprache fokussiert mit Bezug auf mathematische Verfahren und Symbolsprache eine formale Ebene von Fachsprache. Andererseits soll inhaltliches Denken für die Entwicklung mathematischer Konzepte und Verstehensprozesse im Vordergrund stehen. Dazu sind themenspezifische sprachliche Mittel auf einer weiteren bedeutungsbezogenen Ebene notwendig, die im Folgenden genauer expliziert werden soll. Bedeutungsbezogene Sprachmittel beziehen sich auf die Bedeutung mathematischer Konzepte und besitzen im Unterschied zu formalen Sprachmitteln eine inhaltlich-anschauliche Anbindung (vgl. Wessel, 2015, S. 198f.; Prediger, 2013b; Prediger, 2017).

Beide Ebenen sind Teil der Bildungs- und Fachsprache im Mathematikunterricht, wenn dieser konsequent auch die inhaltlich-anschauliche Ebene im Sinne einer Vorstellungsorientierung und des didaktischen Prinzips *Inhaltliches Denken vor Kalkül* (Prediger, 2009) berücksichtigt (für die Einordnung des relevanten Sprachschatzes im Mathematikunterricht vgl. Prediger & Pöhler, 2015; Prediger, 2017).

Das nachfolgende Beispiel stellt exemplarisch für den Bereich *Erweitern und Kürzen von Brüchen* formal- und bedeutungsbezogene Sprachmittel anhand eines Beispieltextes aus einem Berliner Schulbuch gegenüber:

Formalbezogene Sprachmittel im Merksatz zum Erweitern und Kürzen:	Verknüpfung formalbezogener Fachbegriffe „Erweitern" und „Kürzen" mit bedeutungsbezogenem Denkwortschatz am Bruch-streifen:
„Man *erweitert* einen Bruch, indem man *Zähler* und *Nenner* mit derselben Zahl *multipliziert.* Man *kürzt* einen Bruch, indem man *Zähler* und *Nenner* durch dieselbe Zahl *dividiert.* Der Wert des *Bruches* ändert sich dabei nicht."" (Sekundo 6, S. 130)	Beim Brüche Erweitern wird der Streifen feiner eingeteilt. Beim Brüche Kürzen wird der Streifen gröber eingeteilt. Der Anteil bleibt gleich.
Formalbezogene Sprachmittel: • der Zähler, der Nenner • der Bruch, der Wert • erweitern, kürzen • multiplizieren, dividieren	**Bedeutungsbezogene Sprachmittel:** • der Anteil • feiner einteilen • gröber einteilen

Abbildung 1: Exemplarische Gegenüberstellung formal- und bedeutungsbezogener Sprache

Viele bedeutungsbezogene Sprachmittel ergeben sich aus alltagsnahen situativen Kontexten zum Aufbau mathematischer Konzepte, sodass sie auch Sprachmittel der Alltagssprache sein können, die allerdings aufgrund ihrer zentralen Rolle für das Verständnis zu notwendiger themenspezifischer Fachsprache werden (vgl. Wessel, 2015, S. 199). Fallanalysen sprachlich schwacher Lernender deuten an, dass trotz der Nähe zur Alltagssprache dieser Sprachschatz nicht zwingend vorausgesetzt werden kann (vgl. ebd., S. 287) und somit Mathematiklehrerinnen und -lehrer ebenso wie Lehramtsstudierende insbesondere für diese Ebene des Sprachschatzes sensibilisiert werden müssen (vgl. auch Prediger, 2017).

Wessel (2015, S. 287f.) und Prediger (2017) schlagen zum Umgang mit den Sprachebenen in Anlehnung an Wagenschein (1989) die Sequenzierung von bedeutungs- zu formalbezogener Fachsprache vor. Dieser Ansatz lässt sich hervorragend mit dem mathematikdidaktischen Prinzip *Inhaltliches Denken vor Kalkül* (Prediger, 2009), dem Makro-Scaffolding-Gedanken der Sequenzierung von Alltags- zu Fachsprache und dem graduellen Übergang von (konzeptioneller) Mündlichkeit zu (konzeptioneller) Schriftlichkeit (Hammond & Gibbons, 2005; Koch & Oesterreicher, 1985) vereinbaren.

Hierin wird bereits sehr deutlich, dass die curricularen Anforderungen und Prinzipien für fach- und sprachintegriertes Lernen auch Anforderungen an die Ausbildung von Mathematiklehrkräften stellen. Inwiefern Studierende auf diese Anforderungen tatsächlich vorbereitet werden, wird im folgenden Abschnitt am Beispiel Berlins diskutiert.

4. Sprachförderung und Sprachbildung in der Lehramtsausbildung für das Grundschulfach Mathematik an Berliner Hochschulen

Mit der Erweiterung der bisherigen DaZ-Module zu Sprachbildungsmodulen und der obligatorischen Einbettung von sprachbildenden Inhalten in die Fachdidaktiken (vgl. Lütke et al., 2016) ist auch in der Fachdidaktik Mathematik der Primarstufe mit dem Sommersemester 2016/17 die Vermittlung sprachbildender Prinzipien und Methoden stärker als bisher an den mathematikdidaktischen Themen ausgerichtet. Unterstützt wird die Neugestaltung der sprachbildenden Lehre durch das vom Mercator-Institut geförderte universitätsübergreifende Projekt *Sprachen – Bilden – Chancen: Innovationen für das Berliner Lehramt.* Der folgende Abschnitt präsentiert daraus entstandene Vorschläge zur Einbindung von sprachbildenden Anteilen in die Grundschullehramtsausbildung Mathematik.

Die im Mercator-Projekt entstandenen Aufgaben für die universitäre Lehre fokussieren fachlich und fachdidaktisch zentrale Themen und Formate des Unterrichts. Die sprachbildende Gestaltung setzte ausschließlich an den fachlichen Anforderungen der konkreten Aufgabe oder Unterrichtssituation an. Mit dieser Auffassung von Sprachbildung ist die Doppelstrategie verbunden, möglichst mehr

Schülerinnen und Schüler zu einer erfolgreichen Bearbeitung der Aufgaben zu leiten und ihre sprachlichen Kompetenzen gleichzeitig durch die Aufgabenbearbeitung auszubauen. Dieser Ansatz steht in Abgrenzung zu Konzepten, bei denen fachliche Fragestellungen lediglich als Anlass zu sprachlicher Bildung oder Förderung herangezogen werden und genießt eine größere Akzeptanz unter Lehrenden und Studierenden. Die Aufgaben decken exemplarisch unterschiedliche sprachliche Anforderungen der verschiedenen Klassenstufen ab und dienen dazu, Studierende für die diversen sprachlichen Anforderungen zu sensibilisieren. Eine Erprobung und Evaluation erfolgte i.d.R. in der schulischen und fachdidaktischen Lehre.

Inhaltlich bildete das mathematische Kommunizieren und Argumentieren (siehe Abschnitt 2.2) mittels bearbeiteter Lehrbuchaufgaben im Zusammenhang mit mathematischem Modellieren einen Schwerpunkt. Bereits für die unteren Klassenstufen erfolgt die Anbahnung von Bildungs- und Fachsprache bei möglichst allen Schülerinnen und Schülern durch eingearbeitete Sprechanlässe, entsprechende Sprachschatzarbeit und das Anbieten von geeigneten Redemitteln mit der Alltagssprache als Ausgangspunkt mathematischen Kommunizierens. Für höhere Klassenstufen (vier bis sechs) wurden v.a. offene Aufgabenformate, bei denen beispielsweise der Einsatz bzw. die Erarbeitung diskursiver Redemittel relevant ist, bearbeitet, um neben dem Ausbau bildungs- und fachsprachlichen Wortschatzes mathematiktypische argumentative Strukturen zu etablieren. Weiterhin dienen im Projekt entwickelte Analyseraster der Ermittlung sprachlicher und fachlicher Anforderungen, auf deren Basis z.B. Erläuterungen, Ergänzungen und sprachliche Alternativen zu den gerade in den unteren Klassenstufen oft verkürzt formulierten Aufgabenstellungen und fachspezifischen Operatoren konzipiert wurden. Ein weiterer Bestandteil der Materialien sind Unterrichtstranskripte, mit deren Hilfe ressourcenorientierte Feedbacktechniken in der universitären Lehre entwickelt werden können (im Projekt entwickelte sprachbildende Instrumente und exemplarische Aufgaben erscheinen in Caspari, 2017; zu Feedbacktechniken vgl. Mackey, 2012).

5.   Fazit

Aus der empirisch gestützten und im Rahmenlehrplan für die Grundschule formulierten Relevanz von sprachlichen Kompetenzen für den schulischen Mathematikunterricht ergeben sich zahlreiche sprachliche Anforderungen, die Ausbildungsinhalt von zukünftigen Mathematiklehrkräften sein sollten.

Ebenso wie alle Lehramtsstudierenden sollten auch Mathematiklehrerinnen und -lehrer für die Rolle von Sprache als eine wichtige Lernvoraussetzung sensibilisiert werden und Theorien und Prinzipien zur Umsetzung fach- und sprachintegrierten Mathematikunterrichts kennen und anwenden lernen.

Für das Fach Mathematik ist dabei die Entwicklung und Unterstützung des konzeptuellen Verständnisses auch durch sprachlich reichhaltige Lerngelegenheiten, die über das Feld von Text- und Sachaufgaben sowie von formalbezogenen Sprachmitteln hinausgehen, von außerordentlichem Interesse. Die Sensibilisierung für die Relevanz bedeutungsbezogener Sprachmittel ist insbesondere auch deshalb so zentral, weil Schulbücher üblicherweise Wörter und Satzbausteine auf formalbezogener Ebene explizit thematisieren, während andere Sprachebenen häufig implizit bleiben.

Literatur

Ahrenholz, Bernt (2010). *Bildungssprache im Sachunterricht der Grundschule*. In Bernt Ahrenholz (Hrsg.), *Fachunterricht und Deutsch als Zweitsprache*. 2. durchgesehene und aktualisierte Auflage (S. 15–35). Tübingen: Narr.

Baumann, Barbara & Becker-Mrotzek, Michael (2014). *Sprachförderung und Deutsch als Zweitsprache an deutschen Schulen: Was leistet die Lehrerbildung?* Köln: Mercator-Institut für Sprachförderung und Deutsch als Zweitsprache.

Caspari, Daniela (Hrsg.) (erscheint 2017). *Sprachbildung in den Fächern: Aufgabe(n) für die Fachdidaktik. Materialien für die Lehrkräftebildung*. Berlin. www.sprachen-bilden-chancen.de.

Ehlich, Konrad; Valtin, Renate & Lütke, Beate (2012). *Expertise „Erfolgreiche Sprachförderung unter Berücksichtigung der besonderen Situation Berlins"*. Berlin: Senatsverwaltung für Bildung, Jugend und Wissenschaft.

Gellert, Uwe (2012). Pedagogic Device. Ein Instrument für die Analyse impliziter Prinzipien mathematischer Unterrichtspraxis. In Uwe Gellert & Michael Sertl (Hrsg.), *Zur Soziologie des Unterrichts. Arbeiten mit Basil Bernsteins Theorie des pädagogischen Diskurses* (S. 165–190). Weinheim: Beltz Juventa.

Hammond, Jenny & Gibbons, Pauline (2005). Putting scaffolding to work: The contribution of scaffolding in articulating ESL education. *Prospect, 20* (1), 6–30.

KMK (Sekretariat der Ständigen Konferenz der Kultusminister der Länder in der Bundesrepublik Deutschland) (2005). *Beschlüsse der Kultusministerkonferenz. Bildungsstandards im Fach Mathematik für den Primarbereich*. Beschluss vom 15.10.2004. München: Luchterhand.

Koch, Peter & Oesterreicher, Wulf (1985). Sprache der Nähe – Sprache der Distanz. Mündlichkeit und Schriftlichkeit im Spannungsfeld von Sprachtheorie und Sprachgeschichte. *Romanistisches Jahrbuch, 36,* 15–43.

Lütke, Beate (2010). Deutsch-als-Zweitsprache in der universitären Lehrerausbildung. Der fach-integrative Ansatz im Master of Education an der Humboldt-Universität zu Berlin. In Bernt Ahrenholz (Hrsg.), *Fachunterricht und Deutsch als Zweitsprache* (S. 153–166). Tübingen: Narr.

Lütke, Beate; Wagner, Fränze Sophie; Darsow, Annkathrin; Börsel, Anke; Jostes, Brigitte & Paetsch, Jennifer (2016). DaZ und Sprachbildung in der Berliner Lehrkräftebildung. In Barbara Koch-Priewe & Marianne Krüger-Potratz (Hrsg.) *Qualifizierung für sprachliche Bildung. Programme und Projekte zur Professionalisierung von Lehrkräften und pädago-*

gischen Fachkräften (*DDS-Die Deutsche Schule, Zeitschrift für Erziehungswissenschaft, Bildungspolitik und* pädagogische Praxis – Beiheft 13) (S. 23–34). Münster: Waxmann.

Maier, Hermann & Schweiger, Fritz (1999). *Mathematik und Sprache. Zum Verstehen und Verwenden von Fachsprache im Unterricht.* Wien: oebv und hpt Verlagsgesellschaft.

Mackey, Alison (2012). *Input, Interaction, and Corrective Feedback in L2 Learning.* Oxford: Oxford University Press.

OECD (2007). *Science Competencies for Tomorrows World* (PISA 06). Vol. 2. Paris: OECD.

Paetsch, Jennifer & Felbrich, Anja (2016). Longitudinale Zusammenhänge zwischen sprachlichen Kompetenzen und elementaren mathematischen Modellierungskompetenzen bei Kindern mit Deutsch als Zweitsprache. *Psychologie in Erziehung und Unterricht, 63* (1), 16–33.

Prediger, Susanne (2009). Inhaltliches Denken vor Kalkül. Ein didaktisches Prinzip zur Vorbeugung und Förderung bei Rechenschwierigkeiten. In Annemarie Fritz & Siegbert Schmidt (Hrsg.), *Fördernder Mathematikunterricht in der Sek. I. Rechenschwierigkeiten erkennen und überwinden* (S. 213–234). Weinheim und Basel: Beltz.

Prediger, Susanne (2013a). Darstellungen, Register und mentale Konstruktion von Bedeutungen und Beziehungen – Mathematikspezifische sprachliche Herausforderungen identifizieren und überwinden. In Michael Becker-Mrotzek, Karen Schramm, Eike Thürmann & Helmut Johannes Vollmer (Hrsg.), *Sprache im Fach – Sprachlichkeit und fachliches Lernen* (S. 167–183). Münster: Waxmann.

Prediger, Susanne (2013b). Sprachmittel für mathematische Verstehensprozesse – Einblicke in Probleme, Vorgehensweisen und Ergebnisse von Entwicklungsforschungsstudien. In Andreas Pallack (Hrsg.), *Impulse für eine zeitgemäße Mathematiklehrer-Ausbildung. MNU-Dokumentation der 16. Fachleitertagung Mathematik* (S. 26–36). Neuss: Seeberger.

Prediger, Susanne (2017). „Kapital multiplizirt durch Faktor halt, kann ich nicht besser erklären." Sprachschatzarbeit für einen verstehensorientierten Mathematikunterricht. In Beate Lütke, Inger Petersen & Tanja Tajmel (Hrsg.), *Fachintegrierte Sprachbildung: Forschung, Theoriebildung und Konzepte für die Unterrichtspraxis* (S. 229–252) Berlin: de Gruyter.

Prediger, Susanne & Özdil, Erkan (Hrsg.). (2011). *Mathematiklernen unter Bedingungen der Mehrsprachigkeit.* Münster: Waxmann.

Prediger, Susanne & Pöhler, Birte (2015). The interplay of micro- and macro-scaffolding: an empirical reconstruction for the case of an intervention on percentages. *ZDM Mathematics Education, 47* (7), 1179–1194.

Prediger, Susanne & Wessel, Lena (2013). Fostering German language learners' constructions of meanings for fractions – Design and effects of a language- and mathematics-integrated intervention. *Mathematics Education Research Journal, 25* (3), 435–456.

Prediger, Susanne; Wilhelm, Nadine; Büchter, Andreas; Gürsoy, Erkan & Benholz, Claudia (2015): Sprachkompetenz und Mathematikleistung – Empirische Untersuchung sprachlich bedingter Hürden in den Zentralen Prüfungen 10. *Journal für Mathematik-Didaktik, 36* (1), 77–104.

Secada, Walter G. (1992). Race, ethnicity, social class, language and achievement in mathematics. In Douglas A. Grouws (Eds.), *Handbook of research on mathematics teaching and learning* (S. 623–660). New York: MacMillan.

Senatsverwaltung für Bildung, Jugend und Sport Berlin (2004). *Rahmenlehrplan Grundschule Mathematik.* Verfügbar unter: http://bildungsserver.berlin-brandenburg.de/

fileadmin/bbb/unterricht/rahmenlehrplaene/grundschule/Mathematik-RLP_GS_2004_ Brandenburg.pdf [31.05.2016].

Senatsverwaltung für Bildung, Jugend und Familie Berlin & Ministerium für Bildung, Jugend und Sport des Landes Brandenburg (2015). *Rahmenlehrplan* für die Jahrgangsstufen 1-10. *Teil C: Mathematik Jahrgangsstufen 1–10.* Verfügbar unter: http:// bildungsserver.berlin-brandenburg.de/fileadmin/bbb/unterricht/rahmenlehrplaene/ Rahmenlehrplanprojekt/amtliche_Fassung/Teil_C_Mathematik_2015_11_10_WEB.pdf [04.10.2016].

Swain, Merrill (1985). Communicative Competence: Some Roles of Comprehensible Output in its Development. In Susan Gass & Carolyn Madden (Hrsg.), *Input in Second Language Acquisition* (S. 235–256). Rowly: Newbury House.

Swain, Merrill (1995). Three functions of output in second language learning. In Guy Cook & Barbara Seidlhofer (Hrsg.), *Principle and practice in applied linguistics* (S. 125–144). Oxford: University Press.

Tiedemann, Kerstin (2014). Der Gebrauch von Fachsprache im Mathematikunterricht der Grundschule. Beiträge zum Mathematikunterricht. In Jürgen Roth & Judith Ames (Hrsg.), *Beiträge zum Mathematikunterricht 2014,* Bd. 1 (S. 1219–1222). Münster: WTM.

Ufer, Stefan, Reiss, Kristina & Mehringer, Volker (2013). Sprachstand, soziale Herkunft und Bilingualität: Effekte auf Facetten mathematischer Kompetenz. In Michael Becker-Mrotzek, Karen Schramm, Eike Thürmann & Helmut Johannes Vollmer (Hrsg.), *Sprache im Fach – Sprachlichkeit und fachliches Lernen* (S. 167–184). Münster: Waxmann.

Vollmer, Helmut J. & Thürmann, Eike (2010). Zur Sprachlichkeit des Fachlernens: Modellierung eines Referenzrahmens für Deutsch als Zweitsprache. In Bernt Ahrenholz (Hrsg.), *Fachunterricht und Deutsch als Zweitsprache* (S. 107–132). Tübingen: Narr.

Wagenschein, Martin (1989). *Verstehen lehren. Genetisch – Sokratisch – Exemplarisch.* Weinheim: Beltz.

Wessel, Lena (2015). *Fach- und sprachintegrierte Förderung durch Darstellungsvernetzung und Scaffolding. Ein Entwicklungsforschungsprojekt zum Anteilbegriff.* Heidelberg: Springer Spektrum.

Daniela Caspari

Durchgängige Sprachbildung –
Der Beitrag des Fremdsprachenunterrichts

1. Einleitung

Was bedeutet die Forderung nach durchgängiger Sprachbildung für den Unterricht in den modernen Fremdsprachen? Während für viele Schulfächer, allen voran für das Fach Deutsch sowie für Mathematik und naturwissenschaftliche Fächer, inzwischen eine Reihe von Konzepten und Methoden zum Erwerb der Bildungssprache Deutsch im Fachunterricht vorliegen, hat die Diskussion in der Fremdsprachendidaktik gerade erst begonnen (vgl. Hohwiller, 2017, S. 5; Lohse, 2017, S. 185–186). Dies verwundert nicht, besteht doch das zentrale Ziel des Fremdsprachenunterrichts im Erwerb der Zielsprache. Anders als in den nichtsprachlichen Schulfächern ist die Zielsprache im Fremdsprachenunterricht gleichzeitig Unterrichtsgegenstand und Kommunikationsmittel. Um den Schülerinnen und Schülern in der begrenzten Unterrichtszeit möglichst vielfältige Gelegenheiten zum Erwerb der Fremdsprache zu geben, gilt deswegen das Prinzip des weitgehend einsprachigen Unterrichts, die sogenannte „aufgeklärte Einsprachigkeit" (vgl. Abschnitt 2.1), in welchem dem Deutschen eine eng umrissene „dienende Funktion" zukommt.

Sucht man nach Diskussionsbeiträgen, die sich auf den Fremdsprachenunterricht beziehen, so erbringt eine Suche zu den Schlagworten „Sprachbildung" und „Sprachförderung" in den einschlägigen Datenbanken nur sehr wenige Treffer; diese beschränken sich im Wesentlichen auf die Themen „Mehrsprachigkeit" und „CLIL" (*Content and Language Integrated Learning*, das heißt Sachfachunterricht in der Fremdsprache). In diesem Beitrag werde ich daher zunächst der Frage nachgehen, warum sich die Fremdsprachendidaktik bislang scheinbar nicht an dieser Diskussion beteiligt hat (Abschnitt 2). Danach werde ich knapp die wichtigsten, in der Fremdsprachendidaktik vorhandenen Bereiche und Ansätze nennen, aus denen ein Beitrag zur durchgängigen Sprachbildung abgeleitet werden kann (Abschnitt 3). Im Ausblick gebe ich Anregungen für ein Konzept eines zur durchgängigen Sprachbildung beitragenden Fremdsprachenunterrichts, für dessen Umsetzung die innerhalb der in Abschnitt 3 genannten Ansätze entwickelten Prinzipien und methodischen Verfahren genutzt werden können (Abschnitt 4).

2. Ausgangssituation: Deutsch im Fremdsprachenunterricht

2.1 Zur Bedeutung des Deutschen im Fremdsprachenunterricht

Lange Zeit orientierte sich der Unterricht in den modernen Fremdsprachen am Lateinunterricht. Bis in die 1960er Jahre hinein galt das Primat der sogenannten Grammatik-Übersetzungs-Methode, bei der die Übersetzung vom Deutschen in die Fremdsprache bzw. umgekehrt als Mittel und Ziel des Fremdsprachenunterrichts angesehen wurde. Dies änderte sich spätestens mit der sogenannten Kommunikativen Didaktik der 1970er Jahre, mit der zumindest in der Sekundarstufe I die Beherrschung der sogenannten vier Fertigkeiten (*skills*) Hörverstehen, Sprechen, Leseverstehen und Schreiben ins Zentrum rückte. Nachdem dies in einer ersten Phase ohne Rückgriff auf die (damalige) Regel-Muttersprache Deutsch geschehen sollte („strikte Einsprachigkeit"), setzte sich in der Schulpraxis nicht zuletzt aufgrund der von Butzkamm propagierten „aufgeklärten Einsprachigkeit" der Gebrauch des Deutschen zu Hilfszwecken durch. Während Butzkamm (z.B. 1990) darunter jedoch ein strenges Verfahren versteht, bei dem das Deutsche als Verstehenshilfe in der Phase der Einführung von neuem Wortschatz gebraucht wird (sogenannte Sandwich-Technik), führt(e) dieses zumeist nur als Schlagwort rezipierte Unterrichtsprinzip in der Unterrichtspraxis zumeist dazu, dass aus unterrichtsökonomischen Gründen nicht nur für bestimmte Elemente des Unterrichts systematisch das Deutsche verwendet wurde bzw. wird (insbesondere für die Einführung von neuen grammatischen Strukturen), sondern unsystematisch immer dann, wenn die pädagogische Situation dies zu erfordern scheint. Dabei kommt dem Deutschen in aller Regel eine Hilfsfunktion zu, die von der Motivation über punktuelle Verständnissicherung bis hin zur allgemeinen Unterrichtssprache mit eingebetteten fremdsprachigen Teilen reicht.

In der Fremdsprachendidaktik wurde der Gebrauch des Deutschen dagegen kaum thematisiert. Ausnahmen bildeten lediglich Überlegungen zu den Bereichen des Unterrichts, in denen nicht allein der Spracherwerb im Fokus steht, insbesondere im Bereich des interkulturellen Lernens oder in der Behandlung literarischer Texte. Aber auch hier wurde das Deutsche fast ausschließlich als Hilfe im Fall von noch nicht ausreichend weit entwickelten fremdsprachigen Kompetenzen betrachtet. Selbst angesichts des von den Bildungsstandards für die 1. Fremdsprache (KMK, 2003) eingeführten neuen Kompetenzbereichs „Sprachmittlung" (der inhalts-, situations- und adressatengerechten Mittlung von Inhalten aus der Zielsprache ins Deutsche und umgekehrt) wurde so gut wie gar nicht über die Funktion des Deutschen nachgedacht (vgl. u.a. Caspari & Schinschke, 2017). Und auch die durch die KMK-Bildungsstandards 2012 neu eingeführten Kompetenzbereiche „Sprachbewusstheit" und „Sprachlernkompetenz", bei denen systematisch auf das Deutsche und andere vorgelernte Sprachen zurückgegriffen werden soll, wurden fast ausschließlich auf ihren Beitrag zum Erwerb der Zielsprache hin wahrgenommen. Erst in jüngster Zeit beginnt eine Diskussion, in der versucht wird, den Stellenwert des Deutschen im Fremdsprachenunterricht systematischer zu betrachten und neu zu bestimmen (z.B. Königs, 2015).

2.2 Forschungsergebnisse zum Fremdsprachenerwerb von Schülerinnen und Schülern mit anderen Erstsprachen als Deutsch

Dass eine systematische Förderung der Bildungssprache Deutsch für den Fremdsprachenunterricht bislang nicht diskutiert wird, dürfte auch darauf zurückzuführen sein, dass Schülerinnen und Schüler mit anderen Erstsprachen als Deutsch beim schulischen Erwerb einer Fremdsprache offensichtlich nicht oder zumindest längst nicht in gleichem Maße benachteiligt sind wie in anderen Schulfächern.

Die Forschungsergebnisse sind jedoch nicht einheitlich: Die drei großen Schulleistungsstudien am Ende der 9. Klasse DESI (Hesse, Göbel & Hartig, 2008) und Ländervergleich (Köller, Knigge & Tesch, 2010; Stanat, Böhme, Schipolowski & Haag, 2016), stellen für Schülerinnen und Schüler in der 9. Klasse nicht durchgängig schlechtere Leistungen fest. Insbesondere in der DESI-Studie, die die erreichten Kompetenzen bislang am umfassendsten untersucht hat, werden sogar deutliche Vorteile sichtbar: „Das Aufwachsen in einer mehrsprachigen Familie ist unter sonst gleichen Lernbedingungen (sozialer Hintergrund, kognitive Grundfähigkeiten, Geschlecht, Bildungsgang) im Englischen mit einem Leistungsvorsprung verbunden, der den Gewinn mindestens eines halben Schuljahres ausmacht. Auch Schülerinnen und Schüler, die aus Migrationsfamilien mit ausschließlich nichtdeutschem Sprachhintergrund stammen, zeigen im Englischunterricht vergleichsweise gute Leistungen" (Klieme, 2006, S. 5).

Allerdings zeichnen andere Untersuchungen sowie detailliertere Analysen der Daten aus den beiden genannten Studien ein differenzierteres Bild (vgl. im Folgenden auch Elsner, 2010, S. 10–13): Zum einen können im Englischen durchaus Kompetenzunterschiede zwischen ein- und mehrsprachig aufgewachsenen Kindern sowie zwischen Sprechern unterschiedlicher Erstsprachen ausgemacht werden, zum anderen scheint auch die sprachliche Kompetenz in der Erstsprache einen Einfluss auf das Kompetenzniveau im Englischen zu haben. Ob und inwieweit die erreichte Kompetenz im Deutschen, insbesondere im Leseverstehen, das Kompetenzniveau im Englischen beeinflusst, wird ebenfalls diskutiert (vgl. z.B. Maluch, Kempert, Neumann & Stanat, 2015).

Es kann jedoch nicht von einem einheitlichen Gesamtbild gesprochen werden, zumal sich die genannten Befunde bis auf die DESI-Studie lediglich auf die rezeptiven Kompetenzen beziehen. Aufgrund der Spracherwerbsbiografien von Schülerinnen und Schülern mit anderen Erstsprachen als Deutsch steht zu vermuten, dass sie in anderen, für den schulischen Fremdsprachenunterricht ebenfalls relevanten Kompetenzbereichen wie Strategiengebrauch, Sprachbewusstheit, Sprachmittlung oder interkulturellen Kompetenzen einen Vorteil gegenüber monolingual aufgewachsenen Kindern aufweisen. Es wäre daher wünschenswert, wenn der Fremdsprachenunterricht diese vorhandenen Kompetenzen noch deutlicher sichtbar machen und gezielt fördern würde.

2.3 „Durchgängige Sprachbildung" am Beispiel des Berliner Basiscurriculum

In dem ab dem Schuljahr 2017/18 für alle Schulfächer verbindlichen „Basiscurriculum Sprachbildung" (Senatsverwaltung, 2015) wird schulische Sprachbildung als „allgemeine Aufgabe des Unterrichts in allen Fächern" bestimmt und als „systematisch angeregte Sprachentwicklungsprozesse aller Schülerinnen und Schüler" definiert, die „nicht beiläufig, sondern gezielt" erfolgt (ebd. S. 12). Dies geschehe in der Form, dass „die Lehrkraft geeignete Situationen aufgreift, sprachlich bildende Kontexte plant und gestaltet. Hierzu gehört auch die Vermittlung von Strategien, die das Hör- und Leseverstehen sowie das Verfassen von Texten unterstützen" (ebd.). Die im Basiscurriculum Sprachbildung aufgeführten Standards zu Rezeption/Hörverstehen, Rezeption/Leseverstehen, Produktion/Sprechen, Produktion/Schreiben, Interaktion und Sprachbewusstheit ähneln stark den entsprechenden Standards in den Fremdsprachen. Da im Basiscurriculum zudem an keiner relevanten Stelle das Wort „deutsch" auftaucht[1], könnte man auf den ersten Blick annehmen, dass der Fremdsprachenunterricht entweder gar nicht angesprochen, oder dass er durch seine eigenen Zielsetzungen bereits inhärenter Teil der angestrebten „durchgängigen Sprachbildung" sei. Die Begrifflichkeit „Bildungssprache" und „Alltagssprache" (ebd. S. 4), der Hinweis, dass die fachübergreifenden und die fachspezifischen sprachlichen Kompetenzen einander ergänzen (ebd.) sowie die gesamte Implementierung machen jedoch deutlich, dass sich dieses Basiscurriculum auf die deutsche Sprache, insbesondere auf die Bildungssprache Deutsch bezieht. Der Lehrplan für die modernen Fremdsprachen der Länder Berlin und Brandenburg ist jedoch weder auf das Deutsche noch auf den Erwerb von Bildungssprache ausgerichtet, weist er für die Fremdsprachen doch als Ziel den Standard B1 (in Teilen B2) des Gemeinsamen europäischen Referenzrahmens für Sprachen (GeR) aus, bei dem das Konzept von Bildungssprache keine Rolle spielt. Es stellt sich somit die Frage, welchen Beitrag der Fremdsprachenunterricht der Sekundarstufe I zur durchgängigen Sprachbildung leisten kann und soll.

---

1 Lediglich im Erklärtext zu den Operatoren wird darauf hingewiesen, dass die Liste von Operatoren unter anderem aus dem Fach Deutsch stammt.

3. Ansätze zur Sprachbildung in der Fremdsprachendidaktik

3.1 Förderung der Bildungssprache Deutsch im Fremdsprachenunterricht

Bislang wurden nur ganz vereinzelte Überlegungen zur Förderung des Deutschen im Fremdsprachenunterricht angestellt. Grundsätzlich dazu geeignet könnten solche Bereiche sein, in denen dem Deutschen eine eigenständige Funktion im Unterricht, also nicht nur eine Hilfsfunktion im Fall (noch) nicht ausreichender fremdsprachiger Kompetenzen zukommt. Dies betrifft in erster Linie die Förderung von Sprachbewusstheit (vgl. Abschnitt 3.4) sowie die Sprachmittlung ins Deutsche (schriftlich und mündlich, vgl. Abschnitt 3.5). Für letzteres hat A. Meissner (2017) einen Aufgabenvorschlag vorgelegt, in dem auf der Basis von Informationen aus einem englischen Text in einem mehrstufigen Verfahren ein offizieller Brief auf Deutsch verfasst werden soll. Auch Übersetzungen ins Deutsche, bei deren Erstellung etwa angemessene Formulierungen im Deutschen verglichen werden, könnten – wie im Lateinunterricht – einen Beitrag zum Erwerb bildungssprachlicher Kompetenzen im Deutschen leisten. Es stellt sich jedoch die Frage, ob dies im Sinne durchgängiger Sprachbildung tatsächlich ein eigenes Lernziel innerhalb des Fremdsprachenunterrichts darstellen sollte, oder ob das Deutsche nicht auch bei solchen Aufgaben sinnvollerweise primär als Kontrastsprache zur jeweiligen Fremdsprache eingesetzt werden sollte.

3.2 Bilingualer Sachfachunterricht (BiLi) / Content and Language Integrated Learning (CLIL)

Mit diesen Begriffen werden unterschiedliche, seit den 1970er Jahren in deutschen Schulen verbreitete Formen des Sachfachlernens in einer Schulfremdsprache (zumeist Englisch und Französisch) bezeichnet. Stärker noch als der deutsche Begriff betont die englischsprachige Bezeichnung die enge Verbindung von Sachlernen und Sprachlernen.

Sowohl das allgemeine Konzept eines integrierten Sprach- und Sachlernens als auch einzelne BiLi- bzw. CLIL-Methoden stellten wirkmächtige Anregungen für die Gestaltung von sprachsensiblem Fachunterricht auf Deutsch dar (vgl. z.B. Leisen, 2010, Sudhoff, 2011). Besonders einflussreich wurde dabei der Gedanke, dass Sprache im Sinne eines *focus on language* für Ziele des Sachfachlernens zum Thema gemacht werden kann bzw. muss. Außerdem wurden spezifische Lerntechniken und Strategien, spezifische Unterstützungsmaßnahmen (Scaffolding-Techniken) sowie die dem BiLi- bzw. CLIL-Unterricht innewohnenden Potenziale zur Förderung von interkulturellen Kompetenzen und *language awareness* aufgegriffen.

Über diese „Anregungsfunktion" für einen sprachsensiblen deutschsprachigen Fachunterricht hinaus können der BiLi- bzw. CLIL-Unterricht und seine Didaktik auf verschiedenen Ebenen weitere sprachbildende Impulse geben (vgl. auch Vatter, 2016). Es handelt sich zum einen um konzeptuelle Impulse für die Entwicklung eines überfachlichen sprachlichen Curriculums, z.B. durch die Identifikation „generalisierbarer sprachlich-diskursiver Kompetenzen" (Zydatiß, 2013) oder durch eine genauere Funktionsbestimmung der am Lernprozess beteiligten Sprachen. Zum anderen handelt es sich um Beiträge zu sprachenübergreifenden sprachlichen Kompetenzen der Schülerinnen und Schüler, das heißt um Kompetenzen, die prinzipiell auf den Erwerb oder den Umgang mit anderen Sprachen übertragen werden können. Hierzu zählen insbesondere die oben genannten Lerntechniken und Strategien, der Erwerb von fächerspezifischen Diskursfunktionen sowie von fächerspezifischer Textsorten- bzw. Genrekompetenz (vgl. Abschnitt 3.6).

3.3 Mehrsprachigkeitsdidaktik

Überlegungen aus mehrsprachigkeitsdidaktischen Ansätzen stellen eine weitere wichtige Quelle für die durchgängige Sprachbildung dar. Dabei handelt es sich um Ansätze zum Fremdsprachenlernen, die systematisch zwei oder mehr Sprachen einbeziehen (vgl. Hallet & Königs, 2010). Neben dem Bili- bzw. CLIL-Unterricht zählen dazu vor allem Ansätze zum Einbezug anderer Schulfremdsprachen und des Deutschen (z.B. Behr, 2007), Ansätze zum Einbezug von Sprachen aus der gleichen Sprachfamilie wie die gelernte Fremdsprache (Interkomprehension, z.B. F.-J. Meißner, 2010) sowie Ansätze zum Einbezug der Herkunftssprachen der Schülerinnen und Schüler (z.B. Bermejo Muñoz, 2014; Fernández Amman, Kropp & Müller-Lancé, 2015). Dabei werden die anderen Sprachen in erster Linie entweder im Sinne der Kontrastivitätshypothese zum Erwerb der Zielsprache genutzt oder sie werden in erster Linie als Reflexionsanlass über Sprache(n) und Sprachenlernen und damit zum Erwerb von Sprachbewusstheit und Sprachlernkompetenz (vgl. Abschnitt 3.4) genutzt.

Die bekanntesten Verfahren sind kontrastive Wortschatzarbeit, kontrastive Grammatikarbeit, zwei- oder mehrsprachige Sprachmittlung (vgl. Abschnitt 3.5) sowie das Erschließen von Texten, Wörtern, Wortbildungsregeln und grammatischen Regeln einer unbekannten Sprache aufgrund linguistischer Ähnlichkeiten zu bekannten Sprachen (Interkomprehension).

Hallet & Königs (2010, S. 205–306) fordern, die vorliegenden mehrsprachigkeitsdidaktischen Ansätze und Elemente „in einem kohärenten Konzept zu integrieren". Sie entwerfen „Elemente einer integrativen Mehrsprachigkeitsdidaktik", die auf die „Integration aller verfügbaren sprachlichen Kenntnisse und Fähigkeiten nicht nur in Sprachlernprozesse, sondern auch in mehrsprachige Kommunikationsprozesse zielt" (ebd., S. 305). Krumm & Reich (2016) gehen in ihren Ansätzen zu einem Mehrsprachigkeitsunterricht darüber hinaus, indem sie „die individuelle Mehrsprachigkeit der Lernenden sowie die gesellschaftliche Vielsprachigkeit ihrer Lebenswelt" (ebd., S. 231) als Ausgangspunkt nehmen. Als Grundlage für ein solches kohärentes Konzept könnte der bislang nur wenig rezipierte Referenzrahmen für Plurale Ansätze zu Sprachen und Kulturen (RePa) dienen (Candelier et al., 2009).

3.4 Sprachbewusstheit und Sprachlernkompetenz

Die Grundlagen dieser in den KMK-Bildungsstandards von 2012 ausgewiesenen Kompetenzbereiche stammen vor allem aus dem seit den 1970er Jahren entwickelten britischen *language-awareness*-Ansatz und den seit den 1990er Jahren erforschten Ansätzen zur Autonomieförderung. Die beiden Bereiche sind „untrennbar miteinander verbunden" (Behr, 2015, S. 12), weisen jedoch unterschiedliche Schwerpunktsetzungen auf.

Sprachbewusstheit (im Folgenden KMK, 2012, S. 21), die „Sensibilität für und Nachdenken über Sprache und sprachlich vermittelte Kommunikation", zielt auf den Erwerb von „Einsichten in Struktur und Gebrauch der Zielsprache und anderer Sprachen". Dies schließt ein Nachdenken über „die Rolle und Verwendung von Sprachen in der Welt, z.B. im Kontext kultureller und politischer Einflüsse" ein. Sprachbewusstheit soll dazu führen, „die Ausdrucksmittel und Varianten einer Sprache bewusst zu nutzen" und „mündliche und schriftliche Kommunikationsprozesse sicher zu bewältigen".

Sprachlernkompetenz (im Folgenden KMK, 2012, S. 22), „die Fähigkeit und Bereitschaft, das eigene Sprachenlernen selbständig zu analysieren und bewusst zu gestalten", zeigt sich zum einen im „Verfügen über sprachbezogene Lernmethoden und Strategien", zum anderen in der Fähigkeit zur Beobachtung und Evaluation des eigenen Sprachenlernens. Außerdem beinhaltet es die „Bereitschaft und Fähigkeit, begründete Konsequenzen [für das eigene Sprachenlernen] daraus zu ziehen". Für die Entwicklung von Sprachlernkompetenz greifen die Schülerinnen und Schüler auf „ihre sprachlichen Kompetenzen und ihre vorhandene Mehrsprachigkeit" zurück, durch Sprachlernkompetenz können sie diese „selbstständig und reflektiert erweitern" (KMK, 2012, S. 22).

Wie Behr (2015, S. 11) ausführt, ist mit dieser Konzeption ein „veränderter unterrichtlicher Zugang zu Sprache als System und als Medium verbunden, der für jeglichen Sprachunterricht auf allen Niveaustufen von Bedeutung ist". Ein wesentlicher Aspekt ist, dass „der Unterricht in jeder der angebotenen Schulfremdsprachen über die jeweils zu lernende Sprache hinausreichen muss" (ebd.). Daher plädiert sie für die Bezeichnung Sprach(en)bewusstheit. Sie weist ebenfalls darauf hin, dass Sprach(en)bewusstheit neben Wissen und Können eine „persönlichkeitsbezogene Komponente (z.B. Aufmerksamkeit, Sensibilität, Neugier, Akzeptanz)" (ebd.) enthält.

Die Förderung von Spach(en)bewusstheit und Sprachlernkompetenz (vgl. auch die Beiträge in Burwitz-Melzer, Königs & Krumm, 2012) stellen den meines Erachtens bedeutendsten Beitrag des Fremdsprachenunterrichts zur durchgängigen Sprachbildung dar. Die Bedeutung für das Fremdsprachenlernen ergibt sich aus der Relevanz der beiden Kompetenzbereiche, die als laterale Kompetenzbereiche mit allen anderen Kompetenzbereichen interagieren. Auf fremdsprachendidaktischer Ebene ergibt sich die Bedeutung aus der integrativen Funktion der beiden Kompetenzbereiche, in die sich Vorstellungen aus anderen fremdsprachendidaktischen Bereichen wie dem Mehrsprachigkeitscurriculum, der Mehrsprachigkeitsdidaktik und BiLi/CLIL gut integrieren lassen. Auf praktischer Ebene ergibt sich die Bedeutung aus der Tatsache, dass für die Förderung der beiden Kompetenzbereiche bereits eine Reihe von Unterrichtsvorschlägen existieren, die sich zudem oft vergleichsweise unaufwändig umsetzten lassen.

An dieser Stelle möchte ich für den Bereich der Sprachlernkompetenz lediglich auf die erprobten, häufig aber nur punktuell eingesetzten Verfahren zur (Selbst-)Evaluation und zum lernförderlichen Umgang mit sprachlichen Fehlern hinweisen. Für die Förderung von Sprachbewusstheit gilt der Hinweis von Schmelter (2012), dass sie „mehr als Grammatik" und daher keinesfalls eine Legitimation für traditionellen expliziten Grammatikunterricht ist. Stattdessen würde es sich neben den anderen, bereits vorgeschlagenen Unterrichtsgegenständen und -verfahren meines Erachtens lohnen, das Potenzial der im Kontext kreativen Fremdsprachenunterrichts entwickelten „Spiele mit Sprache" (wieder) zu entdecken.

3.5 Sprachmittlung

Dieser durch die KMK-Bildungsstandards für den Mittleren Schulabschluss von 2003 eingeführte Kompetenzbereich zielt auf die inhalts-, situations- und adressatengerechte Mittlung von mündlichen oder schriftlichen Äußerungen von einer in eine andere Sprache. Es handelt sich um eine außerordentlich komplexe Kompetenz, die Wissen und Können aus nahezu allen anderen Kompetenzbereichen erfordert: je nach Realisierungsform Lese- oder Hörverstehen bzw. Hörsehverstehen, Sprechen oder Schreiben, dazu kommen interkulturelle Kompetenz, Text- und Medienkompetenz, Sprachbewusstheit und oft auch Sprachlernkompetenz (vgl. Caspari & Schinschke, 2012, zur Sprachmittlung allgemein vgl. Caspari & Schinschke, 2017.).

Sprachmittlung kann auf mehrfache Weise sprachbildend wirken: Entsprechend der sprachbildenden Verfahren in anderen Schulfächern bieten die Mittlung ins Deutsche und der Vergleich zwischen der Zielsprache und dem Deutschen Gelegenheiten, gezielt lexikalische, pragmatische oder stilistische Phänomene des Deutschen zu thematisieren. Aufgaben zur Mittlung aus der bzw. in die Herkunftssprachen (vgl. Reimann & Siems, 2015) stellen wie in anderen Schulfächern eine Möglichkeit zum Einbezug und zur Wertschätzung dieser Sprachen und zum gezielten Sprachvergleich dar.

Mit Fokus auf die Zielsprache verlangen Aufgaben zur Sprachmittlung die inhalts-, situations- und adressatengerechte Auswahl von Textsorte(n), Register(n) und sprachlichen Mitteln und bieten daher sowohl bei der Planung als auch bei der Analyse von gemittelten Texten zahlreiche Anlässe zur Sensibilisierung für und zur Reflexion über sprachliche und textlinguistische Fragen. Dabei wirkt der Vergleich zwischen Ausgangs- und Zielsprache als quasi natürlicher Anlass zur Sprachreflexion. Zudem gilt es, (inter-)kulturelle Spezifika bezüglich der Inhalte, der Textsortenkonventionen und der sprachlichen Realisierung zu erkennen und bei der Mittlung zu beachten – ein weiteres wichtiges Feld sprachbildender Reflexion.

Das gezielte Training von Strategien, die für die Mittlung notwendig sind (unter anderem Vorbereitung auf die Mittlungssituation, Umgang mit Hilfsmitteln, Strategien zur Auswahl der zu mittelnden Inhalte, Sensibilität für die Wirkung des gemittelten Textes auf den Adressaten oder Kompensationsstrategien), fördert ein anderes wichtiges Element der individuellen Sprachkompetenz, das auf den Umgang mit anderen Sprachen übertragen werden kann.

Besonders komplexe und somit für Schülerinnen und Schüler besonders anforderungsreiche Formen der Mittlung stellen mehrsprachige Kontexte dar, so wie sie auch in der Lebenswelt vorkommen. Dabei können mehrere Schulfremdsprachen, aber auch Herkunftssprachen Verwendung finden. Solche Aufgaben können mit der Notwendigkeit von Interkomprehension (vgl. Abschnitt 3.3) verbunden werden wie im Vorschlag von Jeske (2013) für den Spanischunterricht, bei dem auf einer imaginären Reise von Deutschland über Italien und Spanien nach Portugal eine Reihe sprachmittelnder Situationen zwischen Italienisch, Englisch, Deutsch, Katalanisch und Portugiesisch zu bewältigen sind.

3.6 Textsortengerechtes bzw. genrebasiertes Schreiben

Wie im sogenannten muttersprachlichen Deutschunterricht stellt auch im Fremdsprachenunterricht das Schreiben von Texten in bestimmten Genres bzw. unter Berücksichtigung der entsprechenden textsortenspezifischen Charakteristika ein wichtiges Ziel bereits in der Sekundarstufe I dar (vgl. u.a. Hallet, 2015). Die Herausforderung im Fremdsprachenunterricht besteht zum einen im Erkennen und Berücksichtigen der zielsprachenspezifischen Charakteristika der aus anderen Sprachen bereits bekannten Textsorten, zum anderen in der Vermeidung der beim fremdsprachigen Schreiben generell besonders wirkmächtigen Muster aus der Muttersprache (vgl. Krings, 2016, S. 109).

Ein wichtiges Hilfsmittel für das fremdsprachige genrebasierte Schreiben sind daher Methodenblätter, auf denen die Charakteristika der zu verwendenden Textsorte zusammen mit den für die Fremdsprache typischen Formulierungen aufgeführt sind. In dem meines Wissens ersten Beispiel für solche Methodenblätter (*fiches d'écriture*) von Deharde & Lück-Hildebrandt (2006a), sind für das *résumé*, den *monologue intérieur*, den *tract* (Flugblatt) und den *commentaire* in einer Tabelle jeweils in der linken Spalte Regeln zum Verfassen der Textsorte formuliert und in der rechten Spalte entsprechende sprachliche Formulierungsmöglichkeiten aufgelistet. Solche Methodenblätter können in abgewandelter Form ebenfalls zur Selbst- bzw. Partnerkorrektur sowie zur Bewertung verwendet werden (Deharde & Lück-Hildebrandt, 2006b). Wild (2017) hat dieses Prinzip in eine Vorlage zum mehrschrittigen textsortenspezifischen Schreiben und Überarbeiten von Schülertexten überführt. Durch das Analysieren der eigenen Texte bzw. der Texte von Klassenkameradinnen und Klassenkameraden sowie das Überarbeiten von bereits durchgesehenen Texten wird ein Reflexionsprozess hinsichtlich der Erfüllung sprachlicher und textsortenspezifischer Kriterien in Gang gesetzt, der fundamental für textsortenspezifisches Schreiben ist.

Textsortenspezifisches Schreiben betrifft jedoch nicht nur funktionale, sondern gleichfalls literarische bzw. literarisierende Textsorten. Viele der sogenannten kreativen oder produktionsorientierten Verfahren betreffen das Verfassen sowie das Um- oder Weiterschreiben von Texten in bestimmten, vorgegebenen Genres. Auch hier können sprachliche und strukturelle Vorgaben eine große Hilfe darstellen, ohne die Kreativität der Schülerinnen und Schüler einzuschränken. Gerade das spielerische Erproben unterschiedlicher Varianten kann die Sensibilität für sprachliche Gestaltungsmöglichkeiten erhöhen.

4. Der spezifische Beitrag des Fremdsprachenunterrichts: Förderung der gesamtsprachlichen Entwicklung von Schülerinnen und Schülern

Auch wenn innerhalb der Fremdsprachendidaktik bislang nur wenige Beiträge auszumachen sind, die sich ausdrücklich mit durchgängiger Sprachbildung beschäftigen, so zeigt der vorliegende Beitrag, dass sich eine Reihe von Bereichen und Ansätzen innerhalb der Fremdsprachendidaktik mit sprachbildenden Fragen bzw. mit Themen und Fragen auseinandersetzen, die für die Sprachbildung fruchtbar gemacht werden können. Allerdings gibt es bislang noch kein Gesamtkonzept, das die unterschiedlichen Ansätze und Überlegungen zusammenführt.

Ein solches Konzept könnte von dem Grundgedanken einer „mehrsprachigen und plurikulturellen Kompetenz" im Sinne des Gemeinsamen europäischen Referenzrahmens (Europarat, 2001, S. 163) ausgehen, die „nicht als Schichtung oder als ein Nebeneinander von getrennten Kompetenzen verstanden [wird], sondern vielmehr als eine komplexe oder sogar gemischte Kompetenz, auf die der Benutzer zurückgreifen kann". Die Vorstellung einer solch komplexen Kompetenz beinhaltet mehr als die Addition der einzelsprachlichen Kompetenzen, es ist also zu fragen, was dieses „Mehr" sein könnte und wie es erworben werden kann. Die Vorstellung impliziert aber auch, dass die einzelsprachlichen Kompetenzen zum Aufbau dieser komplexen Kompetenz beitragen.

Bislang gibt es noch kein Modell für eine mehrsprachige und mehrkulturelle Kompetenz. Zentral – im Folgenden abgeleitet aus Vorstellungen der Mehrsprachigkeitsdidaktik (insbesondere Hallet & Königs, 2010) und der unterschiedlichen Ansätze eines Gesamtsprachencurriculums (vgl. Hufeisen, 2016) – ist jedenfalls die Vorstellung, dass die sprachliche Kompetenz jedes Individuums seine Kompetenzen in allen Sprachen und sprachlichen Varietäten umfasst und dass durch das Zusammenwirken der Sprachen spezifische Einstellungen, Fähigkeiten und Fertigkeiten ausgebildet werden, die beim konkreten Gebrauch von Sprache(n) sowie beim Lernen von (weiteren) Sprachen angewendet werden können. Diese spezifischen Elemente umfassen vor allem das Wissen über Sprache im Allgemeinen und über Einzelsprachen im Vergleich sowie übertragbare Strategien des Spracherwerbs bzw. Sprachenlernens und des Sprach(en)gebrauchs. Allerdings scheinen das getrennte Lernen und Unterrichten von Sprachen und das unterschiedliche Prestige der Sprachen eines Individuums tendenziell die Ausbildung des Bewusstseins einer mehrsprachigen und mehrkulturellen Kompetenz zu behindern.

Ausgehend von diesen Überlegungen lautet meine These, dass der spezifische Beitrag des Fremdsprachenunterrichts zur durchgängigen Sprachbildung nicht in der Förderung der Bildungssprache Deutsch besteht, sondern in der Förderung der gesamtsprachlichen Entwicklung der Schülerinnen und Schüler im Hinblick auf eine solche mehrsprachige und mehrkulturelle Kompetenz. Die Fähigkeit zum Erwerb von (Fremd-)Sprachen über die Einzelsprache hinaus entspricht nicht nur dem Auftrag jedes schulischen Fremdsprachenunterrichts, sondern stellt zugleich einen Beitrag zur durchgängigen Sprachbildung dar, den kein anderes Unterrichtsfach übernehmen kann. Insbesondere das explizite Aufgreifen und Würdigen der „gesamten Sprachlichkeit" von Lernenden – einschließlich der Herkunftssprachen – mit dem Ziel, dies für weiteres Sprachenlernen zu nutzen, kann eigentlich nur der Fremdsprachenunterricht organisch leisten.

Erste Überlegungen zu einem entsprechenden Modell und Hinweise zu didaktisch-methodischen Realisierungsmöglichkeiten sind in Caspari 2017a und 2017b zu finden. Basis eines solchermaßen verstandenen sprachbildenden Fremdsprachenunterrichts sind drei Prinzipien, die in jedem Bereich des Fremdsprachenunterrichts zum Tragen kommen können: 1. auf vorgelernte (Fremd-)Sprachen zurückgreifen, 2. an Sprachlernerfahrungen anknüpfen und 3. Nachdenken über eigenes Sprachenlernen anregen. Darüber hinaus können 4. Sprache(n) punktuell zum Gegenstand des Fremdsprachenunterrichts werden, z.B. durch die Bewusstmachung unterschiedlicher Register, den Vergleich unterschiedlicher Varietäten oder durch die Behandlung gesellschaftlicher Mehrsprachigkeit in den Ländern der Zielsprachen. Wichtiger als das explizite Thematisieren von „Sprache" scheint mir jedoch die reflektierte, systematische und durchgängige Realisierung der drei ersten Prinzipien zu sein. Ausgangspunkt für die inhaltliche Modellierung eines solchermaßen verstandenen sprachbildenden Fremdsprachenunterrichts könnten die Kompetenzbereiche Sprach(en)bewusstheit und Sprachlernkompetenz sein, da es sich hierbei um weit gefasste und gut in unterrichtspraktisches Handeln umsetzbare Konzepte handelt. Aber auch die anderen Kompetenzbereiche des Fremdsprachenunterrichts (insbesondere Sprachmittlung, Leseverstehen und Schreiben) sowie seine alltäglichen Tätigkeitsfelder (insbesondere Wortschatzarbeit, Grammatikarbeit und Umgang mit Fehlern/sprachliches Feedback) versprechen ein großes, bislang noch kaum entdecktes Potenzial für einen sprachbildenden Fremdsprachenunterricht.

Aus den vorstehenden Überlegungen wird deutlich, dass durchgängige Sprachbildung keinesfalls eine zusätzliche, sondern vielmehr eine im Fremdsprachenunterricht bereits angelegte und somit genuine Aufgabe des Fremdsprachenunterrichts ist. Die Aufgabe der Fremdsprachendidaktik besteht jetzt darin, diese im Fremdsprachenunterricht bereits angelegten sprachbildenden Möglichkeiten systematisch „herauszuarbeiten" und sie in unterrichtlichen Empfehlungen und Materialien zu konkretisieren.

Literatur

Behr, Ursula (2007). *Sprachenübergreifendes Lernen und Lehren in der Sekundarstufe I. Ergebnisse eines Kooperationsprojektes der drei Phasen der Lehrerbildung.* Tübingen: Narr.

Behr, Ursula (2015). Sprach(en)bewusstheit und Sprachlernkompetenz. Ihre Bedeutung für das Sprachenlernen. *Praxis Fremdsprachenunterricht, 12* (4), 11–13.

Bermejo Muñoz, Sandra (2014). Implementierung schulischer und lebensweltlicher Mehrsprachigkeit in ein aufgabenorientiertes Unterrichtskonzept im Spanischunterricht der Sekundarstufe II. *Zeitschrift für Interkulturellen Fremdsprachenunterricht, 19* (1), 119–137.

Burwitz-Melzer, Eva; Königs, Frank G. & Krumm, Hans-Jürgen (Hrsg.). (2012). *Sprachenbewusstheit im Fremdsprachenunterricht. Arbeitspapiere der 32. Frühjahrskonferenz zur Erforschung des Fremdsprachenunterrichts.* Tübingen: Narr.

Butzkamm, Wolfgang (1990). Die kompliziertere Lösung ist die richtige: Aufgeklärte Einsprachigkeit. Rückblick und Ausblick. *Der fremdsprachliche Unterricht, 24* (104), 4–17.

Candelier, Michel (Koord.). (2009). *RePA – Referenzrahmen für Plurale Ansätze zu Sprachen und Kulturen.* Überarbeitete Fassung auf der Grundlage der 2. Version des CARAP – Juli 2007. Deutsche Fassung. Graz: Europäisches Fremdsprachenzentrum. Verfügbar unter: http://archive.ecml.at/mtp2/publications/C4_RePA_090724_IDT.pdf [15.4.2017].

Caspari, Daniela (2017a). *Sprachbildung im Unterricht moderner Fremdsprachen.* Poster anlässlich der Abschlusstagung des Projekts Sprachen – Bilden – Chancen am 6.4.2017 an der HU Berlin. Verfügbar unter: http://www.sprachen-bilden-chancen.de/images/Abschlusstagung/Dokumentation/16_Poster_Caspari_.pdf [2.6.2017].

Caspari, Daniela (2017b). *Der fachspezifische Beitrag des Fremdsprachenunterrichts zur Sprachbildung.* Vortrag anlässlich eines Fachtags zur Sprachbildung am 10.5.2017 im LISUM Berlin-Brandenburg. Verfügbar unter: http://www.geisteswissenschaften. fu-berlin.de/we05/romandid/Sprachbildung/Beitrag-des-FU-zur-SB---Vortrag-2017-LISUM.pdf [2.6.2017].

Caspari, Daniela & Schinschke, Andrea (2012). Sprachmittlung: Überlegungen zur Förderung einer komplexen Kompetenz. *Fremdsprachen Lehren und Lernen, 41* (1), 40–53.

Caspari, Daniela & Schinschke, Andrea (2017). Sprachmittlung. In Bernd Tesch; Henning Rossa & Xenia von Hammerstein (Hrsg.). *Bildungsstandards aktuell. Englisch / Französisch in der Sekundarstufe II* (S. 179-200). Braunschweig: Diesterweg.

Deharde, Kristine & Lück-Hildebrandt, Simone (2006a). « Fiches dʾécriture » und « fiches de correction ». Ein Werkzeug für Lernende und Lehrende. *Praxis Fremdsprachenunterricht, 3* (1), 38–43.

Deharde, Kristine & Lück-Hildebrandt, Simone (2006b). Fiches d'évaluation – Textsortenspezifisches Beurteilen und Bewerten in der Oberstufe. *Praxis Fremdsprachenunterricht, 3* (1), 7–10.

Elsner, Daniela (2010). „Ich habe was, das du nicht hast …" Oder: Welchen Mehrwert hat die Mehrsprachigkeit für das Fremdsprachenlernen? *IMIS-Beiträge 37*, 99–119. Verfügbar unter: https://www.imis.uni-osnabrueck.de/fileadmin/4_Publikationen/PDFs/imis37.pdf [01.04.2017].

Europarat, Rat für kulturelle Zusammenarbeit / Goethe-Institut Inter Nationes (Hrsg.) (2001). *Gemeinsamer europäischer Referenzrahmen für Sprachen: lernen, lehren, beurteilen.* Übers. von Jürgen Quetz et al. Berlin: Langenscheidt.

Fernández Amman, Eva Maria; Kropp, Amina & Müller-Lancé, Johannes (Hrsg.). (2015) *Herkunftsbedingte Mehrsprachigkeit im Unterricht der romanischen Sprachen.* Berlin: Frank Timme.

Hallet, Wolfgang (2015). *Genres im fremdsprachlichen und bilingualen Unterricht: Formen und Muster der sprachlichen Interaktion.* Seelze: Kallmeyer-Klett.

Hallet, Wolfgang & Königs, Frank G. (2010). Mehrsprachigkeit und vernetzendes Sprachlernen. In Dies. (Hrsg.). *Handbuch Fremdsprachendidaktik* (S. 302–307). Seelze: Kallmeyer-Klett.

Hesse, Hermann-Günter; Göbel, Kerstin & Hartig, Johannes (2008). Sprachliche Kompetenzen von mehrsprachigen Jugendlichen und Jugendlichen nicht-deutscher Erstsprache. In DESI-Konsortium (Hrsg.), *Unterricht und Kompetenzerwerb in Deutsch und Englisch. Ergebnisse der DESI-Studie* (S. 208–230). Weinheim: Beltz.

Hufeisen, Britta (2016). Gesamtsprachencurriculum. In Eva Burwitz-Melzer, Grit Mehlhorn, Claudia Riemer, Karl-Richard Bausch & Hans-Jürgen Krumm (Hrsg.), *Handbuch Fremdsprachenunterricht* (6., völlig überarb. u. erw. Aufl., S. 167–172). Tübingen: Francke.

Hohwiller, Peter (2017). Fremdsprachenunterricht und Migration. Überlegungen zu einem migrationssensiblen Fremdsprachenunterricht. *Praxis Fremdsprachenunterricht, 14* (2), 5–6.

Jeske, Claire-Marie (2013). ‚Te proponemos desubrir que viajar NO es hacer turismoʻ. Eine Unterrichtseinheit zur Sprachmittlung in mehrsprachigen Kontexten. *Der fremdsprachliche Unterricht Spanisch, 43* (4), 26–33.

Klieme, Eckhard (2006). *Zusammenfassung zentraler Ergebnisse der DESI-Studie.* Verfügbar unter: http://www.dipf.de/de/forschung/projekte/pdf/biqua/DESI_Ausgewaehlte_Ergebnisse.pdf [1.4.2017].

KMK (Sekretariat der Ständigen Konferenz der Kultusminister der Länder in der Bundesrepublik Deutschland) (2003). *Bildungsstandards für die erste Fremdsprache (Englisch/ Französisch) für den Mittleren Schulabschluss.* Beschluss der Kultusministerkonferenz vom 04.12.2003. Verfügbar unter: http://www.kmk.org/fileadmin/veroeffentlichungen_beschluesse/2003/2003_12_04-BS-erste-Fremdsprache.pdf [2.6.2017].

KMK (Sekretariat der Ständigen Konferenz der Kultusminister der Länder in der Bundesrepublik Deutschland) (2012). *Bildungsstandards für die fortgeführte Fremdsprache (Englisch / Französisch) für die Allgemeine Hochschulreife.* Beschluss der Kultusministerkonferenz vom 18.10.2012. Verfügbar unter: http://www.kmk.org/fileadmin/veroeffentlichungen_beschluesse/2012/2012_10_18-Bildungsstandards-Fortgef-FS-Abi.pdf (14.05.2016).

Köller, Olaf; Knigge, Michael & Tesch, Bernd (Hrsg.) (2010). *Sprachliche Kompetenzen im Ländervergleich.* Münster: Waxmann.

Königs, Frank G. (2015). Keine Angst vor der Muttersprache – vor den (anderen) Fremdsprachen aber auch nicht! Überlegungen zum Verhältnis von Einsprachigkeit und Zweisprachigkeit im Fremdsprachenunterricht. *Zeitschrift für interkulturellen Fremdsprachenunterricht, 20* (2), 5–15.

Krings, Hans P. (2016). Schreiben. In Eva Burwitz-Melzer, Grit Mehlhorn, Claudia Riemer, Karl-Richard Bausch & Hans-Jürgen Krumm (Hrsg.), *Handbuch Fremdsprachenunterricht* (6., völlig überarb. u. erw. Aufl., S. 107–111). Tübingen: Francke.

Krumm, Hans-Jürgen & Reich, Hans H. (2016). Ansätze zum Mehrsprachigkeitscurriculum. In In Eva Burwitz-Melzer, Grit Mehlhorn, Claudia Riemer, Karl-Richard Bausch & Hans-Jürgen Krumm (Hrsg.), *Handbuch Fremdsprachenunterricht* (6., völlig überarb. u. erw. Aufl., S. 230–234). Tübingen: Francke.

Leisen, Josef (2010). *Handbuch Sprachförderung im Fach – Sprachsensibler Fachunterricht in der Praxis.* Bonn: Varus.

Lohse, Alexander (2017). Deutsch als Zweitsprache – (k)ein Fall für den Fremdsprachenunterricht? In Beate Lütke; Inger Petersen & Tanja Tajmel (Hrsg.), *Fachintegrierte Sprachbildung. Forschung, Theoriebildung und Konzepte für die Unterrichtspraxis* (S. 185–208). Berlin/New York: De Gruyter.

Maluch, Jessica Tsimprea; Kempert, Sebastian; Neumann, Marko & Stanat, Petra (2015). The effect of speaking a minority language at home on foreign language learning. *Learning and Instruction, 36*, 76–85. Verfügbar unter http://www.sciencedirect.com/science/article/pii/S0959475214001121 [08.05.2016]

Meissner, Almuth (2017). Beispiel für eine sprachbildende Aufgabe im Fach Englisch: „The ad industry" (Mediation). In Daniela Caspari (Koord.), *Sprachbildung in den Fächern: Aufgabe(n) für die Fachdidaktik. Materialien zur Lehrkräftebildung.* Berlin.

Meißner, Franz-Josef (2010). Interkomprehensionsforschung. In: Wolfgang Hallet & Frank Königs (Hrsg.), *Handbuch Fremdsprachendidaktik* (S. 381–386). Seelze: Kallmeyer-Klett.

Reimann, Daniel & Siems, Maren (2015). Herkunftssprachen im Spanischunterricht. Sprachmittlung Spanisch – Türkisch – Deutsch. *Der Fremdsprachliche Unterricht Spanisch, 13* (51), 33–43.

Schmelter, Lars (2012). Sprachbewusstheit – mehr als Grammatik. In Eva Burwitz-Melzer, Frank G. Königs & Hans-Jürgen Krumm (Hrsg.), *Sprachenbewusstheit im Fremdsprachenunterricht. Arbeitspapiere der 32. Frühjahrskonferenz zur Erforschung des Fremdsprachenunterrichts* (S. 189–197). Tübingen: Narr.

Senatsverwaltung für Bildung, Jugend und Familie Berlin & Ministerium für Bildung, Jugend und Sport des Landes Brandenburg (Hrsg.). (2015). *Rahmenlehrplan Jahrgangsstufen 1-10. Teil B: Fachübergreifende Kompetenzentwicklung.* Verfügbar unter: http://bildungsserver.berlin-brandenburg.de/fileadmin/bbb/unterricht/rahmenlehrplaene/Rahmenlehrplanprojekt/amtliche_Fassung/Teil_B_2015_11_10_WEB.pdf [15.07.2017].

Stanat, Petra; Böhme, Katrin; Schipolowski, Stefan & Haag, Nicole (2016): *IQB Bildungstrend 2015. Sprachliche Kompetenzen am Ende der 9. Klasse im zweiten Ländervergleich.* Münster: Waxmann.

Julian Sudhoff (2011). *Content and Language Integrated Learning / Bilingualer Unterricht – Verborgene Potenziale für DaZ-Kontexte.* Verfügbar unter: https://www.uni-due.de/imperia/md/content/prodaz/clil_sudhoff20110324.pdf [14.4.2017].

Vatter, Christoph (2016). Bilingualer Unterricht und sein Nutzen. Ein Ansatz zur Sprachförderung wird immer beliebter. *Schulmagazin 5 bis 10, 84* (1), 7–10.

Wild, Katia (2017). Mit dem *plan de travail* den gesamten Schreibprozess unterstützen. *Praxis Fremdsprachenunterricht, 14* (1), 7–13.

Zydatiß, Wolfgang (2013). Generalisierbare sprachlich-diskursive Kompetenzen im bilingualen Unterricht (und darüber hinaus). In Stephan Breidbach & Britta Viebrock (Hrsg.), *Content and Language Integrated Learning (CLIL) in Europe. Research Perspectives on Policy and Practice* (S. 315–332). Frankfurt/M.: Lang.

Matthias Sieberkrob & Martin Lücke

Narrativität und sprachlich bildender Geschichtsunterricht – Wege zum generischen Geschichtslernen

1. Einleitung

In weiten Teilen der Geschichtsdidaktik wird die Tätigkeit des historischen Erzählens als konstitutiv nicht nur für das Schulfach Geschichte, sondern für den Gegenstand Geschichte schlechthin angesehen. Daher soll im Geschichtsunterricht eine solche Narrativität bewusst und erfahrbar gemacht werden (Barricelli, 2012, S. 255). Sowohl im neuen, ab dem Schuljahr 2017/2018 in Kraft tretenden, als auch im aktuell gültigen Berliner Rahmenlehrplan für Geschichte findet sich dieses Paradigma der Narrativität wieder. Demnach erwerben Schülerinnen und Schüler die untereinander gleichwertigen Teilkompetenzen Deutungs- und Analysekompetenz, Methodenkompetenz sowie Urteils- und Orientierungskompetenz, wodurch „sie die zentrale Kompetenz eines reflektierten, historischen Erzählens und Urteilens, d.h. die Fähigkeit zur Narrativität" (Senatsverwaltung, 2006, S. 12) entwickeln.

Für Geschichtsunterricht ist historisches Erzählen also von zentraler Bedeutung, Narrativität kann als der domänenspezifische Kern des Faches Geschichte angesehen werden. Erzählen rückt als Sprachhandlung damit auch die Sprache der Geschichte in den Fokus der Forschung, wobei die Beschreibung des Zusammenhangs von Sprache und Geschichte nicht neu ist. Eine Überblicksdarstellung zur Hinwendung der Geschichtsdidaktik zur Sprache findet sich zum Beispiel bei Günther-Arndt (2010). Schon Pandel (1987, S. 131) stellte heraus, dass Geschichtsbewusstsein im Kern eine narrative Kompetenz ist. Trotz der zentralen Bedeutung von Narrativität für den Geschichtsunterricht wird der Konnex zu sprachlicher Bildung eher selten hergestellt. Ausnahmen sind beispielsweise bei Barricelli (2015, S. 25), Handro (2013, S. 323) sowie Bernhardt und Wickner (2015, S. 288) zu finden. So betont Barricelli (2015, S. 25), „dass Sprachbildung im Zuge historischen Lernens durchaus facheigen verläuft". Handro (2015, S. 5) stellt heraus, dass „das Changieren zwischen den Sprache(n) der Vergangenheit und Gegenwart und damit verbunden die Analyse und Konstruktion historischer Erzählungen das Fundament historischen Lernens und didaktischen Handelns" darstelle und fordert vor diesem Hintergrund eine „integrale [...] Betrachtung von sprachlicher und fachlicher Bildung" (ebd., S. 7).

Der Beitrag greift die Ideen der „Facheigenheit" von sprachlicher Bildung im Geschichtsunterricht sowie einer integralen Betrachtung von sprachlicher und fachlicher Bildung auf und gibt daher zunächst einen knappen Überblick über die narrativistisch orientierte Geschichtstheorie. Anschließend wird der Versuch unternommen, hieraus abgeleitete typische historische Erzählvarianten (Barricel-li, 2008) mit linguistischen Untersuchungen zur Sprache der Geschichte (Coffin, 2006a) zusammenzuführen. Auf diese Weise wird ein Überblick über historisches Erzählen gegeben, mittels dessen sprachliche Bildung im Geschichtsunterricht am Paradigma der Narrativität ausgerichtet werden kann. Da „historisches Verstehen und historisches Denken als mentale Operationen (…) primär sprachliche Leistungen (sind), bei denen sprachliche Kompetenzen vorausgesetzt und entwickelt werden" (Handro, 2015, S. 5), wird es durch diese theoretische Verknüpfung möglich, sprachlich bildenden Geschichtsunterricht im Sinne der Narrativitätstheorie didaktisch zu operationalisieren. Hierzu werden Wege zum generischen Lernen (Hallet, 2013) im Fach Geschichte aufgezeigt. Im genrebewussten Geschichtsunterricht wird dabei das Potenzial gesehen, historisches Erzählen weniger intuitiv, sondern gezielt zu lernen, denn zum historischen Erzählen benötigen Schülerinnen und Schüler nicht nur Inhaltswissen, sondern die Fähigkeit, sprachliche Mittel und Muster zu identifizieren und anzuwenden. Hierzu ist neben lexikalischem auch das Wissen über Genres von Bedeutung (Hartung, 2015, S. 47).

2. Narrativität in Geschichte und Geschichtsunterricht

Narrativität bezeichnet in der Geschichtstheorie historiographisches Erzählen, was sich von anderen Erzählformen, etwa novellistischen oder belletristischen, unterscheidet. Erzählen als Sprachhandlung ist deshalb im Geschichtsunterricht auch anders zu konzipieren als etwa im Deutsch- oder Literaturunterricht, und gleichzeitig grenzt die Erzählform des *historischen* Erzählens die Geschichtswissenschaft von anderen Sozial-, Kultur- und Geisteswissenschaften (und damit gleichzeitig auch den Geschichts- vom Politik- oder Sozialkundeunterricht) ab: Sie erzählt, statt zu beschreiben (Pandel, 2010, S. 39–41). Diese Besonderheit von Geschichte stellte der Geschichtsphilosoph Danto (1974) heraus. Er beschrieb die Tätigkeit von Historikerinnen und Historikern als die Auswahl von zwei zeit- und zustandsdifferenten Zeitpunkten, die auf eine nicht beliebige Art und Weise erzählend miteinander in Verbindung gebracht werden. Was heißt das?

Geschichte ist die Beschäftigung mit dem, was nicht mehr da ist. Aus der Vergangenheit sind nur Ausschnitte erhalten, von den meisten Geschehnissen ist aber wohl nichts überliefert oder die Überlieferung hat nicht überdauert (Barricelli, 2005, S. 19–20). Geschichte als Wissenschaft, aber auch als Unterrichtfach, bringt diese Vergangenheitsausschnitte in einen Sinnzusammenhang – und zwar in Form einer historischen Narration. Solche Narrationen charakterisieren sich nicht lediglich durch rationale Reihungen der Vergangenheitsausschnitte, vielmehr werden in eine Narration bestimmte Sachverhalte aufgenommen, andere hingegen weggelassen. Sie werden aufeinander wie auch auf ein erzählerisches Zentrum bezogen. Diese Struktur der Narration ist dabei nicht den Vergangenheitsausschnitten als solchen inhärent, sondern wird von der Historikerin bzw. dem Historiker überhaupt erst angelegt (Barricelli, 2012, S. 257). Geschichtsunterricht zeichnet sich daher nicht durch „eine intensive und ausgedehnte Ereignisbeschreibung und Ereigniserörterung" (Pandel, 2010, S. 9) aus, sondern sollte „Erzählzusammenhänge (…) vermitteln und Schüler (wie auch Schülerinnen, d. Verf.) in die Lage (…) versetzen, Geschichte zu erzählen und erzählte Geschichte zu verstehen" (ebd., S. 10).

Wenngleich Erzählen zunächst als wissenschaftsferne Tätigkeit erscheint, verdeutlicht der narrative Charakter historischen Wissens das Spezifikum historischen Denkens. „Erzählen ist eine Sprachhandlung, durch die über Zeiterfahrung Sinn gebildet wird. Man könnte auch sagen: *Erzählen macht aus Zeit Sinn*" (Rüsen, 2012, S. 152). Hierin ist auch die Begründung zu finden, warum fortwährend neue Geschichten über historische Ereignisse erzählt werden, auch wenn sich die Ereignisse (natürlich) nicht ändern: Die Geschichten wandeln sich durch neue Sinnbildungen (Pandel, 2010, S. 92).

Geschichtstheoretisch hat vor allem Jörn Rüsen die Grundlagen für das narrative Paradigma gelegt. Rüsen (1997, S. 61) unterscheidet vier Typen historischer Erzählungen (vgl. Tab. 1). Alle Erzähltypen unterliegen dabei Wahrheitsansprüchen, das heißt sie müssen nach Maßstäben von Triftigkeit begründet werden können. Unterschieden werden hierbei 1) die empirische Triftigkeit, nach der in Geschichten behauptete „Tatsachen durch Erfahrungen gesichert sind" (Rüsen, 2012, S. 90), 2) die normative Triftigkeit, nach der in Geschichten behauptete „Bedeutungen durch geltende Normen gesichert sind" (ebd., S. 91) und 3) die narrative Triftigkeit, nach der in Geschichten behauptete „Tatsachen und Bedeutungen zur Einheit eines zeitlich erstreckten Sinnzusammenhangs vermittelt werden und wenn dieser Sinnzusammenhang durch den common sense der lebensweltlichen Orientierung von Handlungssubjekten in der Zeit gesichert ist" (ebd., S. 92). Die auf diese Weise erzählten Geschichten müssen also einen Anspruch auf Wahrheit durch Quellenabsicherung (empirische Triftigkeit) aufweisen, sie müssen sich an den Wertmaßstäben unserer Gegenwart messen lassen (ohne ihnen entsprechen zu müssen) (normative Triftigkeit), und die Erzählweise muss denjenigen Regeln der Erzählkunst genügen, mit denen wir gewohnt sind, uns in unserer Lebenswelt Wahrheiten zu erzählen (narrative Triftigkeit).

Diese umfassende Typologie Jörn Rüsens gehört zum Kernbestand geschichtsdidaktischer Theoriebildung. Grundidee ist dabei, dass die Sprachhandlung des historischen (also empirisch, normativ und narrativ triftigen) Erzählens auf inhaltlich ganz unterschiedliche Weise in unserer Gegenwart zu historischer Orientierung führen kann. Wer in unserer Gegenwart zum Beispiel behauptet, Migration habe schon immer zur deutschen Geschichte gehört oder ‚der Islam' gehöre nicht zu Deutschland (beide Positionen werden im aktuellen Diskurs ja momentan gleichzeitig vorgetragen), der/die erinnert sich an vermeintliche *Ursprünge* von Ordnungen, versucht Einverständnis über ein Erzählen von Dauer

Tabelle 1: Erzähltypen nach Rüsen (1997, S. 61).

	Erinnerung	Kontinuität	Form der Kommunikation	Identität	Sinn von Zeit
traditionales Erzählen	an *Ursprünge* von Weltordnungen und Lebensform	als *Dauer* im Wandel	*Einverständnis*	durch Übernahme vorgegebener Weltordnungen und Lebensformen (*Nachahmung*)	Zeit wird als Sinn verewigt
exemplarisches Erzählen	an *Fälle*, die allgemeine Handlungs- und Geschehensregeln demonstrieren	als überzeitliche *Geltung* von Handlungs- und Geschehensregeln	*Argumentation* mit *Urteilskraft*	durch Regelkompetenz in Handlungssituationen (*Klugheit*)	Zeit wird als Sinn verräumlicht
kritisches Erzählen	an *Abweichungen*, die gegenwärtige historische Orientierungen infrage stellen	als *Bruch* in Zeitverläufen	*Abgrenzung* von Standpunkten	durch Negation angesonnener Lebensform (*Eigensinn*)	Zeit wird als Sinn beurteilbar
genetisches Erzählen	an *Veränderungen*, die Lebenschancen eröffnen	als *Entwicklung*, in der sich Lebensformen verändern, um sich dynamisch auf Dauer zu stellen	*reflexive Beziehung* von Standpunkten und Perspektiven	durch Individualisierung (*Bildung*)	Zeit wird als Sinn verzeitlicht

im Wandel herzustellen und bietet Identitätsstiftung an, indem an eine vorgegebene Ordnung appelliert wird. In einem solchen Fall wird also *traditional* erzählt. Wer seit der Banken- und Staatsfinanzkrise seit 2008 auf Lehren aus der Weltwirtschaftskrise der späten 1920er und frühen 1930er Jahre verweist oder die gegenwärtige Null-Zins-Politik der Europäischen Zentralbank mit Wissen über die deutsche Inflation des Jahres 1923 kommentiert, erzählt historisch *exemplarisch*, indem Handlungs- und Geschehensregeln eine überzeitliche Geltung verliehen wird. Dass die Frauengeschichte der 1960er und 1970er Jahre Geschichte als his-story entlarvte und ihr den Gegenentwurf einer her-story entgegenstellt, lässt sich kommunikativ als eine Abgrenzung von Standpunkten beschreiben, durch die eine eigensinnige weibliche historische Identität generiert werden konnte, mithin also eine Form von *kritischem* Erzählen. Auf die Betonung von Dauer im Wandel und dem nicht selten verzwickten Verhältnis von Kontinuität und Wandel verweist *genetisches* Erzählen. So lässt sich die europäische Geschichte des 19. und 20. Jahrhunderts etwa auch als ein Einigungsprozess erzählen, aus dem zunächst Nationen, später über mehrere Stationen hinweg der supranationale Staatenverbund der Europäischen Union entstanden ist.[1]

---

1 Vgl. weiterführend und vertiefend bspw. Körber (2016).

3. Historische Narrativität und sprachlich bildender Geschichtsunterricht

Die Erzähltypen von Rüsen systematisieren historische Narrativität und helfen zwar dabei, die inhaltliche Dimension historischer Erzählungen zu systematisieren, ermöglichen aber noch keine Betrachtung, die eine didaktische Operationalisierung im Sinne von Erzählhandeln und einer Aneignung von solchen Erzählungen durch Schülerinnen und Schüler zulässt. Der rezeptive und produktive Umgang mit Varianten historischer Narrativität bedarf daher einer detaillierteren Aufschlüsselung. Ziel der folgenden Überlegungen soll deshalb sein, die Charakteristika, Funktionen und sprachlichen Mittel von historischen Erzählvarianten soweit möglich zusammenzustellen und an die Narrativitätstheorie anschlussfähig zu machen. Auf dieser Grundlage kann sprachlich bildender Geschichtsunterricht die für Geschichte konstitutiven Genres fokussieren und ihre Beschreibungen als Ausgangspunkte didaktischer Entscheidungen wählen, um so einen gezielten Beitrag zum historischen Lernen zu leisten.

Aus Perspektive der systemisch-funktionalen Linguistik (Halliday, 2004) wurde der Versuch unternommen, die Sprache der Geschichte und des Geschichtsunterrichts zu beschreiben (Coffin, 2004, 2006a, 2006b; de Oliveira, 2010, 2011). Insbesondere Coffins Beschreibungen (2006a, 2006b) strukturieren die vielfältigen Sprachhandlungen dessen, was wir als Geschichte bezeichnen. Sie unterscheidet drei *genre families*: *recording genres*, *explaining genres* und *arguing genres*, die im Grad ihrer sprachlichen Komplexität zunehmen: „school history represents a wide range of genres beginning with a variety that appears relatively close to ordinary, everyday language use (the ‚recording‘ genres) and extending through to a variety that is far removed from the everyday (the ‚arguing‘ genres)“ (Coffin, 2006a, S. 47). *Recording genres* umfassen *autobiographical* und *biographical recounts* sowie *historical recounts* und *accounts. Explaining genres* gliedern sich in *factorial* und *consequential explanations. Arguing genres* werden in *expositions, discussions* und *challenges* unterschieden (Coffin, 2006a, S. 44–94; vgl. Tab. 2).

Die *genre families* können den nach Barricelli (2008, S. 10) häufigsten Varianten historischer Narrativität im Geschichtsunterricht (Tab. 3) zugeordnet werden. Nacherzählen, Umerzählen, ursprüngliches Erzählen, narrative Dekonstruktion und identifizierendes Erzählen sind *recording genres*. Ihnen gemeinsam ist, dass sie primär aus Sachaussagen und -urteilen bestehen. Exemplarisches Erzählen kann dagegen auch Werturteile beinhalten, denn der Vergleich mit anderen Situationen kann zwar auch hauptsächlich auf einer Sachebene stattfinden, aber wird wohl meistens auch Werturteile provozieren. Ebenso können genetische Erzählungen auch Werturteile beinhalten. Beide Erzählvarianten erklären – vergleichend oder legitimierend – Situationen und Zustände. In Coffins Terminologie sind sie also *explaining genres*. Kritisches und rezensierendes Erzählen sind *arguing genres*. Natürlich enthalten auch sie Sachurteile, aber in der Regel auch in

Tabelle 2: Genres historischen Erzählens nach Coffin (2006a, S. 44–94).

Genre family	Genre	Social purpose	Stages	Key language	features
Recording genres	Autobiographical recount	to retell the events of your own life	Orientation Record of events	specific Participants authorial 'I'	language of time
	Biographical recount	to retell the events of a person's life	Orientation Record of events (Evaluation of person)	specific Participants more specialized lexis	language of time
	Historical recount	to retell events in the past	Background Record of events (Deduction)	generic Participants specialized lexis	language of time
	Historical account	to account for why events happened in a particular sequence	Background Account of events (Deduction)	generic + abstract Participants specialized lexis nominalization	language of time and cause-and-effect
				Key language features	
Explaining genres	Factorial expla-nation	to explain the reasons or factors that contribute to a particular outcome	Outcome Factors (Reinforcement of factors)	dense nominal groups nominalization lexis associated with reasons/factors/causes specialized lexis numeratives and connectives for ordering causes in 'text' time	
	Consequential explanation	to explain the effects or consequences of a situation	Input consequences (Reinforcement of conse-quences)	dense nominal groups nominalization lexis associated with consequences/outcomes specialized lexis numeratives and connectives for ordering causes in 'text' time	
				Key language features and strategies	
Arguing genres	Exposition	to put forward a point of view or argument	(Background) Thesis Arguments (Counter-Arguments) (Concession) Reinforcement of Thesis	non-human and abstract Participants specialized lexis quoting and reporting move from more to less modalized propositions	
	Discussion	to argue the case for two or more points of view about an issue	(Background) Issue Arguments/Perspectives Position	non-human and abstract Participants specialized lexis quoting and reporting constant evaluation of arguments and evidence in line with final Thesis	
	Challenge	to argue against a view	(Background) Position Challenged Arguments Anti-Thesis	non-human and abstract Participants specialized lexis quoting and reporting constant countering and weakening of alternative position	

Tabelle 3:   Häufigste Erzählvarianten nach Barricelli (2008, S. 10).

Nacherzählen	Zusammenfassen einer Geschichte unter Beibehaltung des ursprünglichen Sinns
Umerzählen	Nacherzählen einer Geschichte aus einer neuen Perspektive, d.h. in der Regel unter Veränderung des ursprünglichen Sinns
narrative Konstruktion oder ursprüngliches Erzählen	Neuerzählung einer Geschichte auf der Basis zuvor zusammenhangloser Quellen
narrative Dekonstruktion	Rückführung einer erzählten Geschichte auf die Quellen und die Darstellungsabsichten des Autors
identifizierendes Erzählen	Rückführung einer erzählten Geschichte aus einer empathisch empfundenen Perspektive
exemplarisches Erzählen	Erzählung einer Geschichte mit allg. Verhaltensregeln aus der Vergangenheit zum Zwecke des Vergleichs mit anderen (späteren, heutigen) Situationen
genetisches Erzählen	Erzählung einer Geschichte, deren Fluchtpunkt in der Gegenwart liegt und die gegenwärtigen Zustände erklärt bzw. legitimiert
opponierendes oder kritisches Erzählen	Entwurf einer Gegenerzählung zu einer bereits bestehenden Geschichte, in der Regel auf (annährend) gleicher Quellenbasis
rezensierendes Erzählen	Argumentation, die die narrativen Strukturen in Erzählungen (z.B. von Klassenkameraden) aufdeckt und bewertet

erhöhtem Maße Werturteile. Sie sind die Folgerung oder stehen am Anfang eines Gegenentwurfs zu einer bestehenden Geschichte bzw. bewerten Argumentationen in narrativen Strukturen.

Es wird an dieser Stelle begründet behauptet – eine empirische Prüfung für den Sprachgebrauch in der deutschsprachigen Geschichtsschreibung wäre wünschenswert –, dass die von Coffin genannten Merkmale der einzelnen Erzählvarianten auf die deutsche Sprache übertragen werden können. So ist es naheliegend eine Autobiographie als Ich-Erzähler/-in zu erzählen. Nominalisierungen und Nominalstil als bildungssprachliche Herausforderungen wurden schon des Öfteren herausgestellt (z.B. Ortner, 2009, S. 2234). Das gilt gerade auch für Geschichte. Im Bereich der *arguing genres,* also nach Barricelli kritischen und rezensierenden Erzählungen, sind vor allem diskursive sprachliche Mittel gebräuchlich. Insbesondere der strukturelle Aufbau von sich auf Zeitabläufe beziehenden historischen Argumenten (These – Argument – Gegenargument – …) scheint allerdings besonders wichtig zu sein, sowohl im produktiven Sprachhandeln als auch rezeptiv, um bestehende Narrationen besser zu verstehen. Hierdurch wird es möglich, eine Gegenerzählung zu entwerfen oder Argumentationen in narrativen Strukturen aufzudecken und zu bewerten (Barricelli, 2008, S. 10; vgl. Tab. 3).

Coffins sprachliche Merkmale der einzelnen Genres scheinen insbesondere in der letzten Spalte einer Erläuterung zu bedürfen. Auffällig ist vor allem der Wechsel von der Unterscheidung von *key language* und *features* bei den *recording genres*, während bei den *explaining genres key language features* angegeben werden und bei den *arguing genres* noch *strategies* hinzukommen. Grund hierfür ist, dass zunächst die *recording genres* im Unterschied zu den anderen beiden *genre families* chronologisch strukturiert sind (*language of time*). *Explaining* und *arguing genres* strukturieren sich hingegen eher so, dass sie ihre Erklärungen oder Argumente an passenden Stellen einbringen. Beispielsweise könnten Ursachen für den Aufstieg der Nationalsozialisten in einer Aufzählung strukturiert werden, unabhängig von ihrer chronologischen Reihenfolge. Hierdurch greifen *key language* und *features* stärker ineinander und lassen sich analytisch nicht mehr trennen. Vielmehr werden Zahlen und Konnektoren eingesetzt, wodurch in der ‚*text'* *time* und nicht mehr der chronologischen Reihenfolge der Ereignisse erzählt wird. Werden nun Gründe für den Aufstieg der Nationalsozialisten bspw. vom schwächsten zum stärksten Argument strukturiert, werden *strategies* angewendet.

Die Erkenntnisse über den *social purpose*, die *stages* und die *key language* (*features and strategies*) als Charakterisierungen historischer Erzählungen können im Geschichtsunterricht im Sinne sprachlicher Bildung sowohl zum Erkennen und Nachvollziehen als auch als Erwartungshorizont didaktisch operationalisiert weiterverwendet und fruchtbar gemacht werden, worauf im Folgenden näher eingegangen wird.

4. Didaktische Operationalisierung: Narrativität und generisches Geschichtslernen

Insgesamt scheint es wichtig zu sein, im Geschichtsunterricht zunächst die verschiedenen Varianten historischer Narrationen offenzulegen und die mit ihnen verbundenen Anforderungen zu explizieren. Die Anregung historischen Lernens durch Sprach- und Erzählhandlungen mit dem konkreten Operator „erzählen" in Abgrenzung zum unkonkreten „schreiben" oder „verfassen" (Barricelli, 2015, S. 29) kann dabei noch verbunden werden mit einer Spezifizierung der möglichen oder erwarteten Erzählvariante: „erzähle nach", „erzähle um", „erzähle kritisch", wobei den Schülerinnen und Schülern dann offengelegt werden müsste, was von ihnen hinsichtlich des Zwecks, der Struktur und sprachlicher Merkmale erwartet wird. Hierbei können die Übersichten von Coffin und Barricelli (Tab. 2 und 3) helfen. Allerdings bietet eine didaktische Orientierung an historischen Narrationen als Genres weit mehr Möglichkeiten, wozu im Folgenden Anregungen gegeben werden.

4.1 Eine Genredidaktik für den Geschichtsunterricht?

Die auf der systemisch-funktionalen Linguistik (Halliday, 2004) aufbauende Genredidaktik nahm ihren Anfang in Australien in den 1980er Jahren (*Sydney School*). In dieser Perspektive lassen sich Genres nach Martin und Rose (2008, S. 6) beschreiben als „staged, goal oriented and social processes. Staged, because it usually takes us more than one step to reach our goals; goal oriented because we feel frustrated if we don't accomplish the final steps (…); social because writers shape their texts for readers of particular kinds." Potenzial bietet die Genredidaktik, da sie Schülerinnen und Schülern zu erkennen hilft, wie verschiedene sprachliche Merkmale ein Genre bilden und da sie lernen können, wie sie verschiedene Texte strukturieren können (de Oliveira & Iddings, 2014, S. 1). Hallet (2013, S. 59) misst Genres eine überragende Bedeutung „für die Erzeugung von Weltwissen, für das Lernen und für jede schulische Bildung weit über das Sprachlernen im engeren Sinne hinaus" bei. Das sogenannte generische Lernen umfasst dabei die Fähigkeit, „das dem jeweiligen Kontext und Interaktionszweck entsprechende Genre verstehen und selbst verwenden zu können und aufgrund der Kenntnis der Genremerkmale entsprechend strukturierte Texte und Äußerungen (in medialen Formen aller Art) selbst produzieren zu können" (ebd., S. 61). Diesem Gedanken folgend birgt generisches Lernen für Geschichtsunterricht daher zumindest das Potenzial, narrative Kompetenz und Geschichtsbewusstsein zu fördern (vgl. auch Hartung, 2015, S. 59–62). Es stellt sich also die Frage der Umsetzung generischen Lernens im Geschichtsunterricht.

4.2 Genres im Geschichtsunterricht: Historisch Erzählen mit dem teaching-learning cycle

Zur Unterstützung von Lehrkräften, die ein Genre im Unterricht einführen oder seine Verwendung schulen wollen, bietet der sogenannte *teaching-learning cycle* (z.B. Feez, 2002 S. 65–68; Coffin, 2006a, S. 172–176; Gibbons, 2015, S. 109–121) ein vielversprechendes Vorgehen. Coffin (2006a, S. 173) betont: „(…) the Teaching-Learning cycle (…) aims to teach control of, and critical orientation towards, both historical discourse and historical content." Deutlich wird also, dass fachliches und sprachliches Lernen ineinandergreifend betrachtet werden.

Der *teaching-learning cycle* (vgl. Abb. 1) umfasst drei Phasen:[2] In Phase 1 (*deconstruction*) werden die Schülerinnen und Schüler in das betreffende Genre mittels der Analyse eines Modelltexts eingeführt. Dieser Text dient dabei auch dazu, relevantes historisches Wissen zum betreffenden Thema zur Verfügung zu

---

2 An anderer Stelle wird ein vier- oder fünfphasiges Vorgehen beschrieben, bei dem meist noch die Phasen *building the field/context* und/oder *linking related texts* vor- bzw. nachgeschaltet werden (z.B. Feez, 2002, S. 65; Gibbons, 2015, S. 110).

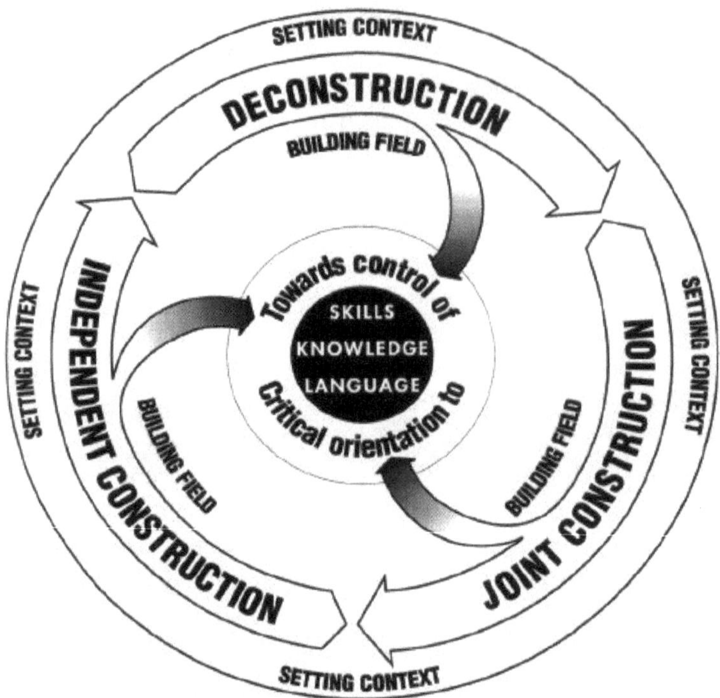

Abbildung 1:   Teaching-learning cycle (Coffin, 2006a, S. 173).

stellen. Form und Funktion des von den Schülerinnen und Schülern zu verwendenden Genres stehen im Mittelpunkt. Ziel ist es, die Schülerinnen und Schüler mit der Absicht, der generellen Struktur und linguistischen Merkmalen des Genres vertraut zu machen. In Phase 2 (*joint construction*) setzen sich die Schülerinnen und Schüler weiter mit historischem Wissen durch verschiedene Lese- und Suchaufträge auseinander. Im Anschluss schreiben Lehrkraft sowie Schülerinnen und Schüler gemeinsam einen Text. Im Plenum und für alle sichtbar wird beim Schreiben miteinander ausgehandelt, was und wie geschrieben wird. Der Prozesscharakter des Schreibens wird hierbei erfahrbar, sprachliche Merkmale des Genres und des Themas können diskutiert werden. Anschließend schreiben die Schülerinnen und Schüler in Phase 3 (*independent construction*) einen eigenen Text, wofür sie zunächst wieder Informationen sammeln, die sie dann selbstständig weiterverarbeiten. Dieser Hinweis scheint im Sinne einer eigenen Sinnbildung für den Geschichtsunterricht besonders wichtig zu sein, damit bereits bestehende Narrationen nicht nur nacherzählt werden. Dennoch können auch schreibdidaktisch sinnvoll erscheinende Methoden wie Schreibkonferenzen eingesetzt werden (Coffin, 2006a, S. 173–174; Gibbons, 2015, S. 110–111).

Fazit

Der Zusammenhang von Sprache und historischem Lernen wurde im vorliegenden Beitrag expliziert, indem Varianten historischer Narrationen sprachlich betrachtet und im Sinne der Genredidaktik für sprachlich bildenden Geschichtsunterricht zugänglich gemacht wurden. Handro (2013, S. 327) kritisiert zwar Coffins Beschreibung historischer Narrationen, da Geschichte „als individuelle und gesellschaftliche Sinnbildungs- und Orientierungsleistung an Bedeutung" verliert, weil sich die „affektive Dimension des Geschichtsbewusstseins, die sich im individuellen Sprachhandeln als Orientierungs- und Sinnstiftungsprozess niederschlägt", einer linguistischen Beschreibung entziehe. Durch den Anschluss an die Erzählvarianten historischer Narrationen nach Barricelli (2008, S. 10) wurde jedoch der Konnex zu sinnbildenden Erzählungen hergestellt.

Die Genredidaktik scheint weiterhin einen Weg zu zeigen, wie mit historischen Narrationen im Geschichtsunterricht im Sinne der sprachlichen Bildung umgegangen werden kann. Mit dem *teaching-learning cycle* wurde eine Möglichkeit der didaktischen Operationalisierung angedeutet. Im Sinne des Erwerbs generischer Kompetenzen ist nach Hallet (2013, S. 69) vor allem verstärkt über „Konsequenzen für die Lernprozesse im Fachunterricht und deren Initiierung durch die Lehrperson in einem recht umfassenden Sinne, also für die Unterrichts- und Materialarrangements ebenso wie für die Aufgabenstellungen und die Outcome-Definition" nachzudenken. Dabei betont er den Erwerb fachlicher, wissensbasierter Diskursfähigkeit, die sich nicht beiläufig ereignet, sondern gezielt hierauf ausgerichtete Lernprozesse erfordert. Hierzu scheinen sich besonders generisch orientierte (Lern-)Aufgaben zu eignen, in denen die generische Form angegeben wird (Hallet, 2013, S. 69–70; ähnlich auch bei Hartung, 2015, S. 59–62).

Literatur

Barricelli, Michele (2005). *Schüler erzählen Geschichte. Narrative Kompetenz im Geschichtsunterricht.* Schwalbach/Ts.: Wochenschau.

Barricelli, Michele (2008). Historisches Wissen ist narratives Wissen. In Michele Barricelli, Christoph Hamann, René Mounajed & Peter Stolz (Hrsg.), *Historisches Wissen ist narratives Wissen: Aufgabenformate für den Geschichtsunterricht in den Sekundarstufen I und II* (S. 7–12). Ludwigsfelde-Struveshof: LISUM.

Barricelli, Michele (2012). Narrativität. In Michele Barricelli & Martin Lücke (Hrsg.), *Handbuch Praxis des Geschichtsunterrichts, Bd. 1* (S. 255–280). Schwalbach/Ts.: Wochenschau.

Barricelli, Michele (2015). Worte zur Zeit. Historische Sprache und narrative Sinnbildung im Geschichtsunterricht. *Zeitschrift für Geschichtsdidaktik, 14,* 25–46.

Bernhardt, Markus & Wickner, Mareike-Cathrine (2015). Die narrative Kompetenz vom Kopf auf die Füße stellen – Sprachliche Bildung als Konzept der universitären Geschichtslehrerausbildung. In Claudia Benholz, Magnus Frank & Erkan Gürsoy (Hrsg.), *Deutsch als Zweitsprache in allen Fächern* (S. 281–296). Stuttgart: Fillibach bei Klett.

Coffin, Caroline (2004). Learning to Write History. The Role of Causality. *Written Communication, 21* (3), 261–289.

Coffin, Caroline (2006a). *Historical Discourse. The Language of Time, Cause and Evaluation.* London/New York: Continuum.

Coffin, Caroline (2006b). Learning the language of school history: The role of linguistics in mapping the writing demands of secondary school curriculum. *Journal of Curriculum Studies, 38* (4), 413–429.

Danto, Arthur C. (1974). Analytische Philosophie der Geschichte. Frankfurt a.M.: Suhrkamp.

Feez, Susan (2002). Heritage and innovation in Second Language Education. In Ann M. Johns (Hrsg.), *Genre in the classroom: multiple perspectives* (S. 43–69). Mahwah, NJ: Erlbaum.

Gibbons, Pauline (2015). *Scaffolding language, scaffolding learning. Teaching English language learners in the mainstream classroom* (2. Aufl.). Portsmouth, NH: Heinemann.

Günther-Arndt, Hilke (2010). Hinwendung zur Sprache in der Geschichtsdidaktik – Alte Fragen und neue Antworten. In Saskia Handro & Bernd Schönemann (Hrsg.), *Geschichte und Sprache* (S. 17–46). Berlin/Münster: Lit.

Hallet, Wolfgang (2013). Generisches Lernen im Fachunterricht. In Michael Becker-Mrotzek, Karen Schramm, Eike Thürmann & Helmut J. Vollmer (Hrsg.), *Sprache im Fach. Sprachlichkeit und fachliches Lernen* (S. 59–75). Münster: Waxmann.

Halliday, Michael A. K. (2004). *An Introduction to Functional Grammar* (3rd ed.). Revised by Christian M. I. M. Matthiessen. London: Hodder Arnold.

Handro, Saskia (2013). Sprache und historisches Lernen. Dimensionen eines Schlüsselproblems des Geschichtsunterrichts. In Michael Becker-Mrotzek, Karen Schramm, Eike Thürmann & Helmut J. Vollmer (Hrsg.), *Sprache im Fach. Sprachlichkeit und fachliches Lernen* (S. 317–333). Münster: Waxmann.

Handro, Saskia (2015). Sprache(n) und historisches Lernen. Zur Einführung. *Zeitschrift für Geschichtsdidaktik, 14*, 5–24.

Hartung, Olaf (2015). Generisches Geschichtslernen. Drei Aufgabentypen im Vergleich. *Zeitschrift für Geschichtsdidaktik, 14*, 47–62.

Körber, Andreas (2016). Sinnbildungstypen als Graduierungen? Versuch einer Klärung am Beispiel der historischen Fragekompetenz. In Katja Lehmann, Michael Werner & Stefanie Zabold (Hrsg.), *Historisches Denken jetzt und in Zukunft. Wege zu einem theoretisch fundierten und evidenzbasierten Umgang mit Geschichte. Festschrift für Waltraud Schreiber zum 60. Geburtstag* (S. 27–41). Berlin/Münster: Lit.

Martin, James R. & Rose, David (2008). *Genre relations: mapping culture.* London/Oakville, CT: Equinox.

de Oliveira, Luciana C. (2010). Nouns in History: Packaging Information, Expanding Explanations, and Structuring Reasoning. *The History Teacher, 43* (2), 191–203.

de Oliveira, Luciana C. (2011). *Knowing and writing school history. The language of students' expository writing and teachers' expectations.* Charlotte, NC: Information Age Publishing.

de Oliveira, Luciana C. & Iddings, Joshua G. (2014). Genre pedagogy across the curriculum in U.S. classrooms and contexts. In Luciana C. de Oliveira & Joshua G. Iddings

(Hrsg.), *Genre pedagogy across the curriculum: theory and application in U.S. classrooms and contexts* (S. 1–7). Sheffield, UK/Bristol, CT: Equinox.

Ortner, Hanspeter (2009). Rhetorisch-stilistische Eigenschaften der Bildungssprache. In Ulla Fix, Andreas Gardt und Joachim Knappe (Hrsg.), *Rhetorik und Stilistik. Ein internationales Handbuch zur historischen und systematischen Forschung, 2. Halbband* (S. 2227–2240). Berlin/New York: Mouton de Gruyter.

Pandel, Hans-Jürgen (1987). Dimensionen des Geschichtsbewußtseins. Ein Versuch, seine Struktur für Empirie und Pragmatik diskutierbar zu machen. *Geschichtsdidaktik, 12* (2), 130–142.

Pandel, Hans-Jürgen (2010). *Historisches Erzählen. Narrativität im Geschichtsunterricht.* Schwalbach/Ts.: Wochenschau.

Rüsen, Jörn (1997). Historisches Erzählen. In Klaus Bergmann, Klaus Fröhlich, Annette Kuhn, Jörn Rüsen & Gerhard Schneider (Hrsg.), *Handbuch der Geschichtsdidaktik* (5., überarb. Aufl.) (S. 57–64). Seelze-Velber: Kallmeyer.

Rüsen, Jörn (2012). *Zeit und Sinn. Strategien historischen Denkens.* Frankfurt a.M.: Humanities Online.

Senatsverwaltung für Bildung, Jugend und Sport Berlin (2006). *Rahmenlehrplan für die Sekundarstufe I. Geschichte. Jahrgangsstufe 7–10. Hauptschule, Realschule. Gesamtschule, Gymnasium.* Verfügbar unter: https://www.berlin.de/imperia/md/content/sen-bildung/schulorganisation/lehrplaene/sek1_geschichte.pdf?start&ts=1450262874&file=sek1_geschichte.pdf [27.04.2016].

Sabine Achour, Annemarie Jordan & Matthias Sieberkrob

Argumentieren in Politik und Gesellschaft – Wie kann der Politikunterricht die politische Kommunikation durch sprachbildende Maßnahmen fördern?

1. Einführung

Jugendliche empfinden politisches und gesellschaftliches Engagement im Sinne von „Mitmischen" als unterschiedlich relevant. Die Institution Schule und insbesondere der Politikunterricht verfolgen die Zielsetzung, zur Teilhabe zu befähigen. Was bedeutet das? Es geht darum, Interessen zu definieren und zu artikulieren, Konflikte auszutragen, anhand von diskursiven Settings Kompromisse zu finden, Entscheidungen zu verhandeln und zu begründen. Dies alles sind kommunikative und argumentative Akte, sie lassen sich in den zentralen Kompetenzen des Politikunterrichts z.B. auch im Berliner Rahmenlehrplan wiederfinden: in der politischen Urteils- und Handlungskompetenz (Detjen, Massing, Richter & Weißeno, 2012; GPJE, 2004; Senatsverwaltung, 2015, S. 4–5). Obwohl das Argumentieren für die verschiedenen Kompetenzbereiche als wichtig erachtet wird (Senatsverwaltung, 2015, S. 4–6) und laut der Einheitlichen Anforderungen für das Abitur (EPA) auch eine hohe Prüfungsrelevanz hat (KMK, 2005, S. 28), bleibt diese Fähigkeit politikdidaktisch nicht nur unpräzise (Richter, 2012; Goll, 2012), sondern erhält auch aus Perspektive der Sprachbildung im Politikunterricht bisher kaum wissenschaftliche Aufmerksamkeit. Dabei ist der Zusammenhang domänenspezifischer und kommunikativer Kompetenzen offensichtlich. Es lässt sich sogar die These aufstellen, dass Defizite in einem kommunikativen Bereich wie dem Argumentieren zu einer Reduktion politischen Interesses und Engagements führen können; schließlich lässt sich beobachten, dass bildungsferne Milieus sich fast komplett aus der Politik zurückziehen (Bertelsmann Stiftung, 2015, S. 7–9). Bildungsferne zeichnet sich u.a. auch durch wenig entwickelte Sprachkompetenz aus. Einfache Argumente und einfache Sprache hingegen sind Zeichen populistischer Politik, womit derzeit Bewegungen wie PEGIDA oder die AfD Stimmung machen.

Im angelsächsischen Raum gehört das Argumentieren in Form von Debattieren fest zur politischen Kultur; es eröffnet die Möglichkeit, gesellschaftliche Konflikte auf der Basis demokratischer Grundwerte auszutragen. Das heißt, dass Argumentieren und Verhandeln kommunikative Formen der friedlichen, auf Kompromissfindung ausgelegten Konfliktbewältigung sind. Daher kann als Aufgabe von Schule und Politikunterricht die Sozialisation in eine entsprechende politische Kultur beschrieben werden, die von der Argumentationsfähigkeit als Teil der Urteils- und Handlungskompetenz der Individuen lebt. Aufgrund ihrer Bedeutung sollen hier Möglichkeiten der sprachbildenden, domänenspezifischen Unterstützung herausgearbeitet werden.

2. Definitionen von politischer Urteils- und Handlungsfähigkeit

Politische Urteils- und Handlungsfähigkeit sind besondere Merkmale der politischen Mündigkeit und somit Höhepunkte politischen Lernens. Zugleich stellen sie eine hohe Anforderung an die Sprachkompetenz von Lernenden, da sie sowohl den rationalen als auch dialektischen Anspruch erfassen und umsetzen sollen. Eine auch sprachbildende politische Bildung ist für immer mehr Schülerinnen und Schüler eine zentrale Voraussetzung, um überhaupt zur „sprachlichen Teilhabe" an Politik und Gesellschaft in Form von Urteilen und kommunikativem, politischem Handeln befähigt zu werden.

Unter einem politischen Urteil versteht Massing (1997, S. 116) die wertende Stellungnahme eines Individuums zu einem politischen Sachverhalt und/oder einem politischen Akteur unter Verwendung der Begründungskategorien Effizienz und Legitimität mit der Bereitschaft, sich dafür öffentlich zu rechtfertigen. Die politikwissenschaftlichen Kategorien Legitimität und Effizienz gewährleisten, dass sich politische Urteile durch eine gesellschaftliche Rationalität auszeichnen, womit sie allgemein begründbar und diskursiv und damit prinzipiell für jeden nachvollziehbar werden: „Zum einen bewegen sich Urteile in einer Zweck-Mittel-Relation. Sie machen Aussagen über die Richtigkeit oder Angemessenheit von Zwecken oder Zielen oder (und) über Mittel oder Methoden zu deren Realisierung. (…) Zum anderen sind Urteile in ihrer Struktur wertorientiert. Sie messen Sachverhalte nicht so sehr an beschreibbaren konkreten Zielen, sondern unmittelbar an akzeptierten Werten (…)" (Kuhn, Massing & Skuhr, 1993, S. 275; vgl. Tab. 1). Beide Kategorien werden bei der Beurteilung gewichtet, so dass in der Regel schließlich eine im Vordergrund steht, so wie es sich auch bei politischen Entscheidungen verhält. Politische Urteile erstrecken sich auf alle Ebenen von Politik: auf Probleme, Entscheidungen, Akteure, auf den Nahraum, die Kommune, die Region, das Bundesland, auf den Nationalstaat, auf internationale Gebilde und supranationale wie die EU.

Die Kategorie Effizienz bezieht sich auf eine optimale Relation zwischen einem beliebig gesetzten politischen Zweck und den zu seiner Verwirklichung eingesetzten Mitteln. Es geht um Kriterien wie Wirksamkeit, Ergiebigkeit und Schnelligkeit. An ihnen wird das politische Handeln von Akteuren gemessen. Ebenso entscheidend für die Bewertung von Politik ist deren humaner Charakter, also die moralische Qualität, welche mit der Kategorie Legitimität gefasst wird und sich an zu legitimierenden, universalisierbaren Werten orientiert wie der Menschenwürde, Freiheit und Gleichheit sowie Gerechtigkeit und Frieden. Zentral für politische Entscheidungen sind hier auch die Möglichkeit der Partizipation sowie die Transparenz der Entscheidungsfindung (Massing, 1997, S. 121).

Abgesehen von der Wert- und Zweckrationalität existiert eine weitere Differenzierungsmöglichkeit, die Komplexität von Urteilen darzustellen. Dies ist die jeweilige Perspektive, die eingenommen wird, um Politik zu beurteilen (Massing, 1997, S. 124).

Tabelle 1:   Modell politischer Urteilsbildung (nach Massing, 1997, S. 125).

Beurteilungsmaßstab	Sichtweisen/Perspektiven		
Politische gesellschaft-liche Rationalität	Politische Akteure	Adressaten	System
Kategorie Effizienz Zweckrationalität	Handlungsmöglichkeiten, Handlungsrestriktionen, Entscheidungskompetenzen, Macht, Aufwand, Kosten	individueller Nutzen, Kosten, Interessen	Funktionsfähigkeit, Leistungsfähigkeit, Stabilität
Kategorie Legitimität Wertrationalität	Menschenrechte, demokratische Normen und Werte, demokratische Prinzipien, Interessenberücksichtigung, Gemeinwohlorientierung, Akzeptanz, Transparenz, Partizipation, Umwelt, Leben, Frieden	Selbstbestimmung, Mitbestimmung, Identität, Interessen, Werte	Grund-, Menschenrechte, rechtsstaatliche Prinzipien, sozialstaatliche Prinzipien, Alternativen

Die verschiedenen Urteile sind somit nicht nur kontrovers, sondern auch multiperspektivisch, z.B. aus der Sicht der Betroffenen und des politischen Systems, wobei die Möglichkeit besteht, nach verschiedenen Aspekten zu differenzieren: soziale Lage, Einstellungen, Interessen, Geschlecht, Alter etc. Des Weiteren ermöglicht die Übernahme unterschiedlicher Perspektiven der politischen Akteure Rückschlüsse auf verschiedene Urteile: so von Regierung, Opposition, Arbeitgeber- und Arbeitnehmervertretung, Parteien wie CDU und SPD etc. Schließlich kann auch aus der Sichtweise des politischen Systems ein Urteil gefällt werden, hier sind vor allem die Überlegungen zur Systemstabilität versus Berücksichtigung des Gemeinwohls anhand oben genannter demokratischer Grundwerte zu nennen (Detjen, 2007). Das Einbeziehen verschiedener Urteile und deren dialektische Darstellung ist die Grundlage des Argumentierens. Hierzu gehört die Fähigkeit zum Perspektivenwechsel, was für die Akzeptanz anderer Urteile, Wertungen und damit Lebensentwürfe in einer pluralistischen, von Diversität geprägten Gesellschaft von besonderer Relevanz ist. Denn Problemlösungsprozesse in einer Demokratie sind durch Komplexität, Vernetzung, Intransparenz und Dynamik gekennzeichnet, so dass die jeweiligen Lösungen einen dialektischen Charakter haben. Das bedeutet, dass politische Entscheidungen fast immer gegensätzliche Positionen zum Ausgleich bringen müssen (Detjen, 2007, S. 253f.).

3.   Politisch Argumentieren als Weg zur politischen Urteils- und Handlungsfähigkeit

Urteile gelten dann als überzeugend bzw. können überzeugen, wenn sie auf „guten Argumenten" beruhen. Für die Sphäre von Politik und Gesellschaft sind das die oben vorgestellten politikwissenschaftlichen Kategorien. Mit dem Verweis von Massing (2003, S. 94), dass zur Urteilsfähigkeit auch die Bereitschaft gehöre, sich dafür auch öffentlich zu rechtfertigen, das heißt an politischer Deliberation und politischem Diskurs teilzunehmen, lässt sich der Übergang zur politischen Handlungsfähigkeit sowie auch hier die Bedeutung des Argumentierens erkennen. Es existiert ein enger Zusammenhang zwischen politischer Urteilsfähigkeit und politischer Handlungsfähigkeit. Dieser Zusammenhang ist allein schon deshalb gegeben, weil das Urteilen selbst eine Handlung ist – und zwar im Kern eine innere oder mentale Handlung. In dem Moment jedoch, in dem ein Urteil ausgesprochen und gegenüber anderen begründet wird, liegt eine äußere Handlung vor (Detjen et al., 2012, S. 51).

Politisches Handeln ist zum einen kommunikatives (Habermas, 1981), zum anderen partizipatives Handeln. Mit kommunikativem politischem Handeln sind vor allem Gespräche oder Diskussionen über Politik im sozialen Umfeld gemeint. Partizipatives politisches Handeln drückt sich z.B. durch die Teilnahme an Wahlen und Abstimmungen oder durch Aktivitäten im Kontext von Parteien, Verbänden, Initiativen, sozialen Netzwerken, Demonstrationen, öffentlichen Diskussionen etc. aus. Partizipatives Handeln ist damit aber für den Politikunterricht kaum umzusetzen, da es auf Freiwilligkeit beruht und im schulischen Kontext gegen den Beutelsbacher Konsens[1] verstoßen würde (Weißeno, Detjen, Juchler, Massing & Richter, 2010, S. 27). Folglich wird vor allem das kommunikative politische Handeln fokussiert. Zu den Kompetenzfacetten politischen Handelns gehören das Argumentieren, Artikulieren, Verhandeln und Entscheiden (Detjen et al., 2012, S. 65–66). Eine besondere Form der Förderung ist das sogenannte Probehandeln, welches durch das Prinzip der Handlungsorientierung, den Einsatz von simulativen Makromethoden wie Pro-Contra-Debatten, Talkshows, Plan- und Entscheidungsspiele realisiert werden kann.

4.   Politisch Argumentieren als domänenspezifische Sprachbildung

Unter Argumentieren lässt sich mit Mittelsten-Scheid (2009) die Fähigkeit beschreiben, Fakten, Werte und damit verbundene Situationen und Handlungsoptionen evidenzbasiert, das heißt mit Belegen begründet, abzuwägen, dabei kritisches Denken, Rationalität und Emotionalität anzuwenden und die verschiedenen

---

1   Der Beutelsbacher Konsens beschreibt die drei Grundprinzipien Politischer Bildung: Überwältigungsverbot, Kontroversität und Schülerorientierung (Wehling, 1977).

Positionen betroffener Personen zu antizipieren (Perspektivenwechsel). Die Argumente selbst beruhen dabei auf Daten und Begründungen (Mittelsten-Scheid, 2009, S. 174–175; Mittelsten-Scheid & Hößle, 2008, S. 153). Nach Holzinger (2001, S. 421) dient Argumentieren der Bewältigung von Konflikten, die verschiedene Ursachen haben können, zum Beispiel Tatsachen-, Wert- oder Interessendissens. Die Argumentationen ereignen sich positionsbezogen, kompromiss- und verständigungsorientiert und haben zum Ziel, den Adressaten zu überzeugen. Letzten Endes erhält das Argumentieren eine herausgehobene Stellung, da es für alle Kompetenzbereiche relevant ist (Detjen et al., 2012, S. 83). Nicht nur die Handlungs- und Urteilskompetenz beruhen darauf, sondern auch die Analysefähigkeit, da es hierbei um das Verstehen und Rezipieren von Argumenten geht. Die domänenspezifischen Fachkonzepte (z.B. Gerechtigkeit, Interessen, Solidarität, Kosten) bilden schließlich so etwas wie eine Grundlage. Argumente müssen mit diesen politikwissenschaftlichen Fachkonzepten gefüllt sein. Die Qualität des Argumentierens hängt schließlich von den sprachlichen Fähigkeiten und dem Beherrschen der Fachsprache ab (Richter, 2012, S. 183).

Insbesondere handlungsorientierte Makromethoden zeichnen sich durch hohe Redeanteile der Lernenden aus, weshalb sie sich sehr gut für den Einsatz von sprachbildenden Maßnahmen eignen. Die „spielerische" Komponente trägt zur Motivation bei, sich auf potenziell echte politische Sprechanlässe einzulassen, so dass der Übergang von der Alltags- zur Bildungs- und Fachsprache gefördert werden kann. Die Auswertung solcher Makromethoden ermöglicht zugleich die Reflexion über Sprache (Achour & Sieberkrob, 2015, S. 32). In Anlehnung an Ausführungen von Mittelsten-Scheid und Hößle (2008), steht die Analyse der Überzeugungskraft der einzelnen Rollen oft auch in enger Verbindung mit der Sprachkompetenz und der Fähigkeit, kompetent argumentieren zu können. Bereits in der politischen Realität zeigt sich häufig, dass Politik und Sprache intensiv zusammenhängen, daher ist nicht zwingend das beste Argument am überzeugendsten.

Ein Beobachtungsbogen, der neben den inhaltlichen auch die sprachlichen Aspekte in der Darstellung der Makromethode thematisiert, fördert den Reflexionsprozess der Lernenden, der zudem von Vorschlägen zu Optimierungsmöglichkeiten, die von den Lernenden erarbeitet werden, begleitet werden kann. Eine gemeinsame Betrachtung einer realen Talkshow oder Debatte sowie die Fokussierung und Analyse auf die Argumentationen sind dabei hilfreich. Auf diese Weise kann den Lernenden das Verhältnis von Sprachgebrauch, Argumentation und Glaubwürdigkeit illustriert werden.

5. Ein Beispiel: Eine Argumentationskette erarbeiten

Für die Vorbereitung politischen Handelns wie auch politischen Urteilens hängen die inhaltliche und die sprachliche Vorbereitung eng zusammen, wenn eine überzeugende Argumentationskette aufgebaut werden soll. In Anlehnung an die Kompetenzfacetten der politischen Handlungskompetenz (Artikulieren, Argumentieren, Verhandeln, Entscheiden) wird nachfolgend in Tabelle 2 eine Abfolge von Argumentationsschritten vorgeschlagen. Diese spiegeln einerseits das Argumentieren in simulativen Methoden wider, können aber andererseits auch für die Argumentation im Rahmen eines politischen Urteils verwendet werden. Die Domänenspezifik des politischen Urteilens und Handelns kommt durch die Verwendung von politikwissenschaftlichen Fachkonzepten wie Gerechtigkeit, Solidarität, Interesse etc. als Urteilskategorien und den wertenden Bezug zu ihnen wie z.B. zum Handeln von Akteuren (Politiker/innen, Medien, Verbänden, Betroffenen), die Ausgestaltung von Entscheidungen und Lösungsentwürfen hinsichtlich Sozialstaat, Rechtsstaat, Parteien usw. zum Tragen.

Der Argumentationsablauf wird durch sprachbildende Hilfen, in Form von exemplarischen Satzanfängen, die den jeweiligen Argumentationsschritt illustrieren (s.o.), unterstützt. Sie sind den Lernenden zur Vorbereitung ihrer Argumentationen für Rollen in simulativen Methoden sowie für ein politisches Urteil dienlich. Charakterisierendes Merkmal ist hierbei, dass die sprachlichen Elemente mit den Kategorien Legitimität und Effizienz bewusst zusammengefügt werden. In einem zweiten Schritt werden die Satzanfänge mit den inhaltlichen Argumenten sowie ihnen zugrunde liegenden Fachbegriffen und Fachkonzepten in Verbindung gesetzt. Um zu „guten Argumenten" zu kommen, ist es notwendig, dass diese strukturiert und in einer Form vorliegen, in der sie sprachlich möglichst schnell in das Scaffolding (Gibbons, 2015) integrierbar sind. In der Regel sind diese „guten Argumente" die Ergebnisse aus der Sicherung der Analysephase. Hier zahlt es sich aus, zu einem konstruktiven Lernprodukt gekommen zu sein. Ein Beispiel für eine mögliche Sicherungsstruktur, die für den Lernschritt der Argumentation verwendet werden kann, bietet die Übersicht *Der gesetzliche Mindestlohn – Mehr Absicherung für Alle?* (vgl. Tab. 3). Die Argumente sind nach Pro und Contra sortiert, außerdem sind ihnen Urteilskategorien zugewiesen, die in dem Argumentationsschema als domänenspezifische, sprachliche Hilfen wiederauftauchen. Ebenso werden die möglichen Perspektiven transparent gemacht. Der Übersichtlichkeit halber werden diese hier nicht jedem Argument zugewiesen.

Tabelle 2: Argumentationsschritte politischer Handlungskompetenz mit sprachlichen Hilfen.

Facette politischer Handlungskompetenz	Argumentationsschritt	Sprachliche Hilfen/ Scaffolds	Domänenspezifik
Artikulieren (positionsbezogen)	• die eigene Position/ das eigene Urteil formulieren • die Position/das Urteil öffentlich aussprechen • Fachsprache sachgerecht verwenden (Fachkonzepte und -begriffe)	• Meiner Auffassung/Ansicht/ Meinung nach, ist es *gerecht/wenig nützlich/zu teuer* … • Ich bin der festen Überzeugung, dass es zur *Transparenz, Teilhabe, Sicherheit, Freiheit, zum Umweltschutz beiträgt*, wenn/dass … • Ich finde/denke, dass es *bezahlbar, funktional, effizient ist, wenn/dass* … • …	**Kategorie Legitimität** (un)gerecht, (un)solidarisch, (un)demokratisch, (nicht) im Sinne des Gemeinwohls, (nicht) transparent, (un)sicher, (nicht) partizipationsförderlich, (nicht) förderlich für die Umwelt/den Frieden **Kategorie Effizienz** (nicht) nützlich, (nicht) bezahlbar, (nicht) im Interesse von, (nicht) effizient, (nicht) funktional, (nicht) stabilitätsfördernd **Fachkonzepte, Fachbegriffe**
Argumentieren (überzeugungsorientiert)	• Argumente anwenden, um von Position zu überzeugen • Position begründen, Argumente nennen (z.B. Fakten, Grundsätze, Expertenmeinungen) • rhetorische Figuren anwenden • eine eigene Argumentationsstrategie entwickeln	• Ich halte das für besonders *effizient/legitim*, weil … • Wenn man bedenkt, dass … dann … • Man sollte auf alle Fälle berücksichtigen, dass … • Es steht fest … / ist eine Tatsache, dass … • Man darf nicht übersehen, dass … • Adverbien: … ist sicherlich/ tatsächlich/bestimmt/ zweifellos/ ohne Zweifel • …	
Verhandeln (durchsetzungsorientiert)	• mit Argumenten Verhandlungsstrategien und Lösungsentwürfe vorschlagen, damit andere sie akzeptieren	• Das finde ich auch *transparent, gerecht, umweltschonend.* • Das (*Frieden, Sicherheit, Freiheit*) ist wirklich ein schlagendes Argument. • Das finde ich nicht *nützlich, kostensparend, funktional*, weil … • Das kann ich überhaupt nicht nachvollziehen, weil … • Dem kann ich überhaupt nicht zustimmen, weil … • …	
Entscheiden[2] (ergebnisorientiert)	• sich auf eine Lösung einigen und diese argumentativ begründen • mit Argumenten überzeugen	• Wägt man das Für und Wider ab, so kommt man zu dem Ergebnis … • Alles in allem zeigt sich, dass… • Wir haben uns nach einer längeren Diskussion auf/darauf … geeinigt. • …	

---

2 Das Entscheiden kommt nur in entscheidungsorientierten Methoden vor, z.B. in Entscheidungs- und Planspielen.

Tabelle 3:   Der gesetzliche Mindestlohn – Mehr Absicherung für Alle?

Kategorie	Pro	Kategorie	Contra
Gerechtigkeit (finanzielle) Sicherheit Schutz Interessen	1. Wer **Vollzeit** arbeitet, soll auch davon leben können. 2. Mindestlohn = Schutz der **Arbeitnehmer** vor Verarmung trotz **Vollzeitbeschäftigung.** 3. Sicherung des **Existenzminimums**, ohne **Hartz IV-Aufstockung.**	Ungerechtigkeit	9. Der Mindestlohn bekämpft nicht für alle die Armut: **Alleinerziehende** oder Familien werden trotzdem staatliche Unterstützung benötigen.
	4. Schutz der Arbeitnehmenden vor **Lohndumping** durch Arbeitskräfte aus **Niedriglohnländern.** Diese müssen in Deutschland auch den Mindestlohn erhalten. 5. Verhinderung „Generation Praktikum" (keine oder nur geringfügige Entlohnung): Auch **Berufseinsteiger** müssen den Mindestlohn erhalten.	(fehlender) Nutzen, Interessen	10. Negative Wirkung auf den Arbeitsmarkt: Niedriglohnjobs für wenig Qualifizierte können wegfallen oder ins Ausland ausgelagert werden.
Leistungsfähigkeit, Effizienz Nutzen, Kosten	6. Höhere Motivation der Arbeitnehmenden = höhere **Produktivität.**	Kosten, Interesse	11. Kontrolle der Einhaltung des Mindestlohns: mehr Verwaltung.
	7. Ankurbeln der **Binnennachfrage:** Ein Mindestlohn von z.B. 1.400 Euro wird komplett wieder in den **Wirtschaftskreislauf** fließen.		12. **Dienstleistungen** (z.B. Frisör) werden für **Verbrauchende** teurer.
	8. Entlasten der **Staatskassen:** weniger „Aufstocker", Abbau von **Verwaltung** (für Hartz IV-Anträge).		13. Kleine Betriebe können sich den Mindestlohn nicht leisten: weniger Arbeitsplätze oder Schließen des Betriebes.
Perspektiven	Betroffene: potentielle „Aufstockende", Praktikant/innen, Familien, Alleinerziehende, „Staat", Verwaltung, (indirekt: alle Steuerzahler/innen)		

Grundlage einer gelungenen Argumentation ist insbesondere das Verständnis der politikwissenschaftlichen Fachbegriffe und Konzepte (in der Tabelle markiert), welches mithilfe eines Glossars unterstützt werden kann (vgl. Tab. 4).

Tabelle 4:   Beispiel: Glossar zum Thema Mindestlohn.

Wort oder Ausdruck mit gramm. Einträgen	Erklärung	Synonyme/ Antonyme Beispiele	Wendungen im Text
Nom.: das Lohndumping (Sg.) Gen.: des Lohndumpings Dat.: dem Lohndumping Akk.: das Lohndumping	Zahlung von Löhnen, die deutlich unter dem Tarif (Vereinbarung) liegen	Lohndumping verhindern, sich gegen Lohndumping wehren	Schutz der Arbeit-nehmenden vor Lohndumping ...
die Aufstockung, -en der Aufstockung der Aufstockung die Aufstockung	etwas erhöhen (z.B. Gehalt, Arbeitszeit, Hartz IV)	Erhöhung, <u>Gegenteil:</u> Reduzie-rung	
die Vollzeitbeschäftigung der Vollzeitbeschäftigung der Vollzeitbeschäftigung die Vollzeitbeschäftigung	Beschäftigung mit normaler, nicht vermin-derter Arbeitszeit	<u>Kurzform:</u> (ich arbeite) Vollzeit <u>Antonym:</u> Teilzeit(-beschäfti-gung)	
die Nachfrage[3]	Wunsch der Kunden bestimmte Waren oder Dienstleistungen zu bekommen	die Nachfrage geht zurück starke/schwache Nachfrage	
die Binnennachfrage	Nachfrage innerhalb der Grenzen eines Staates oder eines Staatenbündnisses	<u>Synonym:</u> Inlands-nachfrage	Ankurbeln der Binnennachfrage

Da das Konstrukt Mindestlohn im Zentrum steht, bietet es sich im Sinne der Wortschatzarbeit an, dazu eine Mindmap angefertigt zu haben. Auf diese Weise können die zentralen Fachkonzepte sowie die allgemeinen und politischen Bedeutungen unterschieden werden.

---

3   Nachfrage ist polysem. Hier ist die Bedeutung der Bereitschaft, etwas zu kaufen, gemeint. In dieser Bedeutung kommt „Nachfrage" fast ausschließlich im Singular vor, weshalb keine Pluralform angegeben ist. Aus ähnlichen Gründen ist auch bei Vollzeitbeschäftigung kein Plural angegeben. Zwar kann hier ein Plural konstruiert werden, etwa „verlängerte Öffnungszeiten schaffen keine Vollzeitbeschäftigungen, sondern lediglich schlecht bezahlte Minijobs", aber der Plural ist zumindest sehr selten. Im Politikunterricht könnte dies auch thematisiert werden, um die Fachkonzepte besser begreiflich zu machen.

Tabelle 5:   Argumentationsverlauf Pro/Contra Mindestlohn.

	Argumentieren als politisches Handeln und Urteilen	
	Pro Mindestlohn	**Contra Mindestlohn**
1. Position formulieren: **Artikulieren**	*Ich bin der festen Überzeugung*[4], dass der Mindestlohn <u>**gerecht**</u>[5] ist: **Wer Vollzeit arbeitet, soll auch davon leben können (Argument 1).**	*Meiner Meinung nach* ist der Mindestlohn <u>**ungerecht**</u>: **er bekämpft nicht für alle die Armut: Familien und Alleinerziehende müssen weiterhin vom Staat unterstützt werden (Arg. 9).**
2. Position begründen: **Argumentieren**	*Man sollte auf alle Fälle berücksichtigen, dass* der **Mindestlohn die <u>Sicherung</u> des Existenzminimums ohne Hartz IV-Aufstockung ist (Arg. 3).**	*Ich halte den Mindestlohn nicht für* <u>**effizient**</u>, **da die Kontrolle der Einhaltung des Mindestlohns mehr Bürokratie und Verwaltungsaufwand bedeutet (Arg. 10).**
	weitere Positionen begründen	
3. Argumenten zustimmen, Argumente ablehnen, (Gegen-)Vorschläge machen: **Verhandeln**	*Da bin ich* <u>**wegen der Kosten**</u> *ganz anderer Meinung,* **da weniger Hartz IV-Aufstockende zu weniger Verwaltung und weniger <u>Kosten</u> führen.**	*Das* <u>**Kosten-Nutzen-Argument**</u> *ist wirklich überzeugend.*
	weitere Argumente verhandeln	
4. Sich auf eine Lösung einigen und diese argumentativ begründen: **Entscheiden**	*Wir haben uns nach einer längeren Diskussion auf* **die Einführung des Mindestlohnes** *geeinigt* (gemeinsam entscheiden), **weil der Mindestlohn die <u>Sicherung</u> des Existenzminimums fördert und damit auch zu mehr Gerechtigkeit (= <u>Legitimität</u>) führt.**	

Aus diesem Argumentationsverlauf können die Lernenden schließlich auch ein politisches (dialektisches) Urteil formulieren. In Anlehnung an diese Darstellungen kann für den Unterricht eine Kopiervorlage erarbeitet werden, die die Lernenden bei der Erarbeitung und Formulierung der konkreten Positionen sowohl auf fachspezifischer als auch auf sprachlicher Ebene unterstützt.

6.   Fazit

Wie gezeigt wurde, ist die im Politikunterricht zentrale Urteils- und Handlungskompetenz der Schülerinnen und Schüler im Kern (auch) eine sprachliche, nämlich vor allem argumentative Kompetenz. In diesem Beitrag wurde daher aus politikdidaktischer Perspektive für verstärkte Aufmerksamkeit diesbezüglich plädiert. Eine politikdidaktische Operationalisierung des Argumentierens erfolgt über die Integration der Urteilskategorien Legitimität und Effizienz, nur dann werden sie zu genuin politischen Argumenten. Darüber hinaus bedarf es für die

---

4   Die sprachlichen Hilfsmittel sind kursiv markiert.

5   Urteilskategorien sind hier unterstrichen

Lernenden einer bewussten Einführung und Klärung von Fachkonzepten, hier z.B. zum Themenfeld Mindestlohn. Um diese sprachlichen Herausforderungen zu unterstützen, bietet die Tabelle 2 einerseits eine Orientierung, die an Argumentationsschritten ausgerichtet ist, andererseits sprachliche Scaffolds in Form von Satzanfängen, mit deren Hilfe Schülerinnen und Schüler das Formulieren von kategoriengeleiteten Argumenten für Diskussionen und für politische Urteile einüben können. An dem Beispiel zum Thema Mindestlohn zeigt sich darüber hinaus, wie in einer politischen Debatte Pro- und Contra-Argumente miteinander abgewogen werden und zu einer Entscheidung führen. Dieses musterhafte Modell kann im Unterricht einerseits für (simulierte) Diskussionen, mündliche und schriftliche Urteile zum Einsatz kommen, andererseits auch zum Reflektieren und Offenlegen von Strukturen mündlicher Debatten sowie formulierter Urteile. Hierdurch werden die Schülerinnen und Schüler befähigt, zum Beispiel auch im öffentlichen politischen Diskurs auf rezeptiver Ebene die Güte von Argumenten einzuschätzen beziehungsweise schlechte Argumente zu erkennen. Darüber hinaus lernen sie auf produktiver Ebene, selbst an Diskussionen argumentierend teilzunehmen und dabei ihren Argumenten unter Beachtung der Kategorien Effizienz und Legitimität mehr Gewicht zu verleihen. Im Politikunterricht bietet es sich an, solche Situationen vor allem durch den Einsatz simulativer Makromethoden herzustellen. Das vorgestellte Scaffold fördert somit die Handlungskompetenz der Schülerinnen und Schüler dahingehend, ihre argumentative, politische Kommunikation und damit ihre Fähigkeit zu Teilhabe und Partizipation auszubauen. Insgesamt ist dies ein Schritt, durch Aufmerksamkeit auf die zu verwendende Sprache und gezielte Förderung das politische Lernen zu unterstützen.

Literatur

Achour, Sabine & Sieberkrob, Matthias (2015). Sprachbildung konkret: Brauchen wir eine Impfpflicht? *Wochenschau Sonderheft: Heterogenität*, 23–37.

Bertelsmann Stiftung (Hrsg.) (2015). *Prekäre Wahlen – Bremen. Milieus und soziale Selektivität der Wahlbeteiligung bei der Bremischen Bürgerschaftswahl 2015*. Gütersloh: Bertelsmann Stiftung.

Detjen, Joachim (2007). *Politische Bildung. Geschichte und Gegenwart in Deutschland*. München: Oldenbourg.

Detjen, Joachim; Massing, Peter; Richter, Dagmar & Weißeno, Georg (2012). *Politikkompetenz – ein Modell*. Wiesbaden: Springer.

Gibbons, Pauline (2015). *Scaffolding language, scaffolding learning. Teaching English language learners in the mainstream classroom* (2nd ed.). Portsmouth, NH: Heinemann.

Goll, Thomas (2012). Sprachhandeln: Verhandeln, Argumentieren, Überzeugen – eine vernachlässigte Kompetenz des Politikunterrichts? In Georg Weißeno & Hubertus Buchstein (Hrsg.), *Politisch Handeln. Modelle, Möglichkeiten, Kompetenzen* (S. 193–209). Bonn: Barbara Budrich.

GPJE (Gesellschaft für Politikdidaktik und politische Bildung) (Hrsg.) (2004). *Nationale Bildungsstandards für den Fachunterricht in der Politischen Bildung an Schulen. Ein Entwurf.* Schwalbach/Ts.: Wochenschau.

Habermas, Jürgen (1981). *Theorie des kommunikativen Handelns.* Frankfurt/Main: Suhrkamp.

Holzinger, Katharina (2001). Verhandeln statt Argumentieren oder Verhandeln durch Argumentieren? Eine empirische Analyse auf der Basis der Sprechakttheorie. *Politische Vierteljahresschrift, 42* (3), 414–416.

KMK (Sekretariat der Kultusministerkonferenz) (2005). *Einheitliche Prüfungsanforderungen in der Abiturprüfung Sozialkunde/Politik.* Beschluss der Kultusministerkonferenz vom 01.12.1989 i.d.F. vom 17.11.2005. Verfügbar unter: http://db2.nibis.de/1db/cuvo/datei/epa_sozialk_politik.pdf [17.05.2016].

Kuhn, Hans-Werner; Massing, Peter & Skuhr, Werner (1993). *Politische Bildung in Deutschland. Entwicklung – Stand – Perspektiven.* Wiesbaden: Springer.

Massing, Peter (1997). Kategorien politischen Urteilens und Wege zur politischen Urteilsbildung. In Bundeszentrale für politische Bildung (Hrsg.), *Politische Urteilsbildung. Zentrale Aufgaben für den Politikunterricht* (S. 115–131). Bonn: Bundeszentrale für politische Bildung.

Massing, Peter (2003). Kategoriale politische Urteilsbildung. In Hans-Werner Kuhn (Hrsg.), *Urteilsbildung im Politikunterricht* (S. 91–108). Schwalbach/Ts.: Wochenschau.

Mittelsten-Scheid, Nicola (2009). Argumentation aus metakognitiver Perspektive – Leitlinien für Maßnahmen zur Professionsentwicklung naturwissenschaftlicher Lehrkräfte. *Zeitschrift für Didaktik der Naturwissenschaften, 15,* 173–193.

Mittelsten-Scheid, Nicola & Hößle, Corinna (2008). Wie Schüler unter Verwendung syllogistischer Elemente argumentieren. Eine empirische Studie zu Niveaus von Argumentation im naturwissenschaftlichen Unterricht. *Zeitschrift für Didaktik der Naturwissenschaften, 14,* 145–165.

Richter, Dagmar (2012). Politisches Argumentieren im Unterricht – Auf der Suche nach einem Analyseinstrument. In Georg Weißeno & Hubertus Buchstein (Hrsg.), *Politisch Handeln. Modelle, Möglichkeiten, Kompetenzen* (S. 178–192). Bonn: Barbara Budrich.

Senatsverwaltung für Bildung, Jugend und Familie Berlin & Ministerium für Bildung, Jugend und Sport des Landes Brandenburg (2015). *Rahmenlehrplan Jahrgangsstufen 1–10. Teil C: Politische Bildung. Jahrgangsstufe 7–10.* Verfügbar unter: http://bildungsserver.berlin-brandenburg.de/fileadmin/bbb/unterricht/rahmenlehrplaene/Rahmenlehrplanprojekt/amtliche_Fassung/Teil_C_Politische_Bildung_2015_11_16_web.pdf [18.05.2016].

Wehling, Hans-Georg (1977). Konsens à la Beutelsbach? Nachlese zu einem Expertengespräch. In Siegfried Schiele & Herbert Schneider (Hrsg.), *Das Konsensproblem in der politischen Bildung* (S. 173–184). Stuttgart: Klett.

Weißeno, Georg; Detjen, Joachim; Juchler, Ingo; Massing, Peter & Richter, Dagmar (2010). *Konzepte der Politik – ein Kompetenzmodell.* Bonn: Bundeszentrale für politische Bildung.

Hendrik Härtig, Nicole Kohnen & Ilka Parchmann

Wasser ist nur H$_2$O – oder doch nicht? Überlegungen zur Bedeutung von Sprache im naturwissenschaftlichen Unterricht

Kommunikation in den naturwissenschaftlichen Schulfächern und Berufen

Einen Großteil der Arbeit von Naturwissenschaftler/-innen macht Kommunikation im weitesten Sinne aus (Phillips & Norris, 2009; Fang et al., 2008); dazu gehören das Schreiben oder Lesen von Veröffentlichungen ebenso wie Diskussionen mit Kolleg/-innen auf Konferenzen oder die Arbeit mit Nachwuchswissenschaftler/-innen. Auch in naturwissenschaftlich-technischen Berufen prägen sprachliche Aspekte den Arbeitsalltag, zum Beispiel beim Verfassen und Lesen von Bedienungsanleitungen und technischen Berichten oder bei Arbeitsbesprechungen. Bei Bildungsprozessen ist die sprachliche Dimension zudem und insbesondere für den Erwerb eines inhaltlichen Verständnisses bedeutsam, denn es ist davon auszugehen, dass alle Domänen eine sprachliche Dimension haben, „weil sie nur mit Hilfe von Kommunikation über sie (über ihre Teile, Inhalte, Grenzen, Hierarchien) konstituiert, verändert und vermittelt werden können" (Kalverkämper, 1998, S. 11). Um ein Beispiel zu geben: Bei den Fachtermini zeigt sich, wie eng Erkenntnis und Sprache innerhalb einer Domäne verbunden sind (Budin, 1996): Termini erzeugen (innerhalb einer Domäne) mittels eindeutiger Definitionen eine Basis für die Wissensstruktur, darauf aufbauend entwickeln sich Relationsgefüge bis hin zu komplexen Netzwerken (Hoffmann, 1992). So wird ein Auszubildender zum Maurer unter „Leiter" etwas Anderes verstehen als eine Physikerin. Und „lösen" bedeutet in der Chemie etwas Anderes als in der Alltagssprache. Dies gilt es zu verstehen und zu nutzen, dazu haben die ländergemeinsamen Bildungsstandards für die Naturwissenschaften einen eigenen Kompetenzbereich „Kommunikation" ausgewiesen und durch Standards charakterisiert. Dieser Bereich umfasst in den Fächern Biologie, Chemie und Physik jeweils die Kompetenz, „Informationen sach- und fachbezogen [zu] erschließen und aus[zu]tauschen" (KMK, 2005a, S. 11; KMK, 2005b, S. 9; KMK, 2005c, S. 10). Dort werden mit der Nutzung von und der Übersetzung zwischen Alltags- und Fachsprache, der Recherche, Bewertung und Auswertung sowie der Darstellung, Erklärung und Präsentation von Informationen (in Gruppen) und schließlich der Argumentation fächerübergreifend vergleichbare Bereiche genannt. Der Wechsel von der allgemeinbildenden Schule in eine spezifische Domäne im Rahmen der Ausbildung oder des Studiums lässt sich – auch aufgrund sprachlicher Besonderheiten – als Prozess der Enkulturation interpretieren. Da gemäß der

Bildungsstandards für die naturwissenschaftlichen Fächer eine zentrale Aufgabe die Anschlussfähigkeit an weitere (Aus-)Bildungsabschnitte ist, sind folglich auch die sprachlichen Grundlagen domänenspezifischer Kommunikationsprozesse zu berücksichtigen.

Horizontale und vertikale Gliederung der (naturwissenschaftlichen) Fachsprachen

Eine Herausforderung aktueller Forschung zu dieser sprachlichen Enkulturation ist die Heterogenität der Bezugsdisziplinen: Linguistik, Soziologie, Psychologie, Fachdidaktik und weitere bedienen sich unterschiedlicher Modelle und Nomenklaturen. Wir legen daher die Annahme zugrunde, dass es *die* Fachsprache nicht gibt. Vielmehr geht man davon aus, dass es verschiedene Fachsprachen gibt, die man nicht nur nach ihren Disziplinen (horizontale Gliederung), sondern auch nach dem Grad ihrer fachlichen und sprachlichen Abstraktion ordnen kann (vertikale Gliederung). Folgt man der vertikalen Ordnung, kann man zwischen den Ebenen, die auf Abstraktes und Allgemeines abzielen, und solchen Ebenen, die Konkretes und Besonderes beschreiben, unterscheiden. Fachliche Inhalte können vor allem dann zielführend vermittelt werden, wenn diese verschiedenen Ebenen beachtet und je nach Kommunikationssituation angemessen ausgewählt werden (Roelcke, 2010, S. 30 ff.). Innerhalb einer Wissenschaft lassen sich diejenigen Merkmale identifizieren, die den höchsten Abstraktionsgrad aufweisen und/oder domänenspezifisch definiert sind. Die Auswahl einer geeigneten sprachlichen Ebene entspricht, verglichen mit Sachinhalten einer Disziplin, dem Vorgehen, zunächst die wissenschaftlich angemessenste Sachstruktur festzustellen, um sie dann nach Bedarf, zum Beispiel für den Unterricht, zu rekonstruieren (Kattmann et al., 1997).

Genau diese Herausforderung stellt sich damit auch Lehrkräften: An der Universität werden sie in die jeweiligen domänenspezifischen sprachlichen Mittel eingeführt und müssen dann eigenständig für den Fachunterricht an der Schule überlegen, ob und in welchem Umfang sie diese integrieren. Die Literatur der naturwissenschaftsdidaktischen Fächer weist hierfür verschiedene fachlich angepasste vertikale Klassifikationssysteme aus, die sowohl Lehrkräften als auch Lernenden helfen können, sprachliche Kommunikationsmittel und Repräsentationen bewusster einzusetzen (Abb. 1a und b).

Sowohl der Grad der Abstraktion als auch der Komplexität der enthaltenen Informationen und damit der Anforderungen an eine sinngemäße Dekodierung nehmen von der konkreten Abbildung bis zu auf mathematischen Modellen beruhenden Formeln stark zu. Lernende müssen das „Lesen" der z.T. stark komprimierten Informationen lernen, dazu gehört neben dem Fachinhalt auch das Regelwerk der Symbolik. So kann allein der Buchstabe „H" in der Chemie

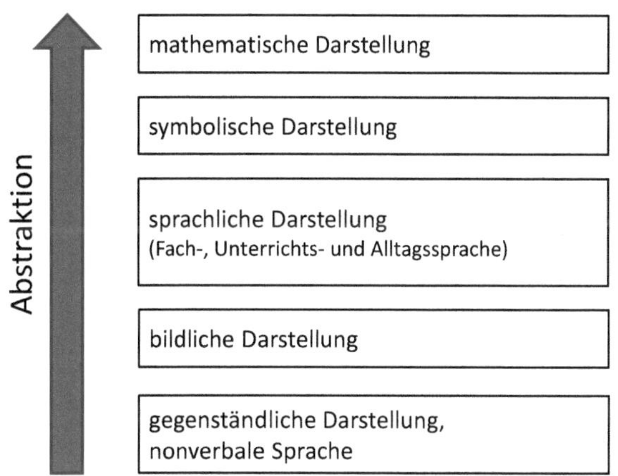

Abbildung 1a: Repräsentationsebenen nach Leisen (2005)

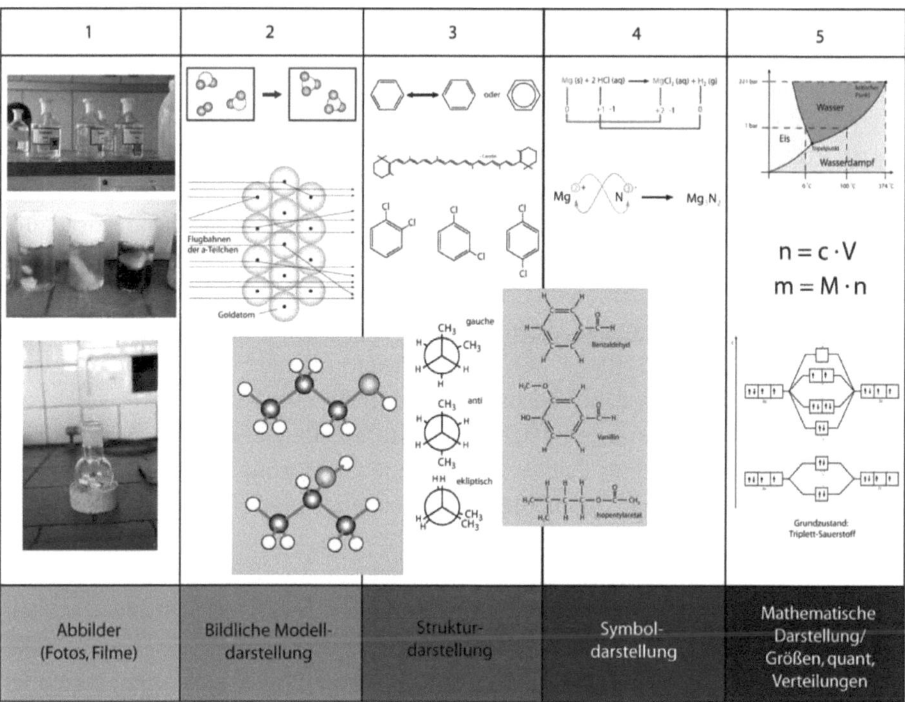

Abbildung 1b: Repräsentationsebenen der Chemie nach Taskin et al. (2014)

viele unterschiedliche Bedeutungen haben: Er steht u.a. für das Atomsymbol Wasserstoff, für die Größe Enthalpie oder für Gefahrenkennzeichnungen mit der Bedeutung „hazard"; in einer Reaktionsgleichung oder Strukturformel können weitere Informationen hinzukommen. Diese Komplexität, die zudem vielfach „nebenbei" bei der Erarbeitung eines Fachinhalts transportiert wird, führt zu einigen Herausforderungen und damit Aufgaben, die es in der Lehrer/-innenbildung zu reflektieren gilt.

Merkmale von Fachsprache(n)

Gliedert man die Fachsprachen horizontal, lassen sich auf der Grundlage von linguistischen Korpusanalysen zunächst deskriptiv die sprachlichen Mittel darstellen, die für Fachsprachen spezifisch sind. Entsprechende Aufzählungen umfassen unter anderem Termini, Fließtexte, mathematische Symbole, Formeln, grafische Modelle, Tabellen und Diagramme (Roelcke, 2010). Vor allem für die Schriftsprache wird akzeptiert, dass sich Fachsprache in ihrer Form und Verwendung innerhalb der Naturwissenschaften vom alltäglichen Gebrauch unterscheidet (Leisen & Seyfarth, 2006). Dabei lassen sich die Unterschiede auf drei Ebenen beschreiben: Wortebene, Satzebene und Textebene (siehe Tab. 1).

Die meisten dieser Aspekte auf der Satzebene wie beispielweise die Bevorzugung der dritten Person, der komplexe Satz- und Satzgliedbau oder die Verwendung des Präsens sind gleichermaßen Charakteristika der Fach- und der allgemeinen Bildungssprache. V.a. auf der Wortebene lassen sich jedoch größere Differenzen nachweisen (Roelcke, 2010, S. 78). Die Verwendung von spezifischen Termini und Wortkürzungen ist dabei besonders prominent. Und schließlich lassen sich auch auf der Textebene jeweils fachspezifische Merkmale wie beispielsweise die durch die Traditionen eines Faches vorgegebene Gliederung eines Protokolls oder fachspezifische nonverbale Elemente wie bestimmte Diagramme oder Schaubilder finden.

Auf einer hohen Abstraktionsebene lässt sich die domänenspezifische Sprache also durch eine Vielzahl an Charakteristika beschreiben. Diese dienen vor allem dazu, im Rahmen einer wissenschaftlichen oder auch technischen Kommunikation Ökonomie, Informativität, Akzeptabilität und Objektivität gleichermaßen möglichst gerecht zu werden. Kohärenz und Kohäsion als typische Merkmale folgen hier weniger stilistischen Argumenten als logischen. Ziel ist es zum einen, Informationen innerhalb eines Faches zu kommunizieren, sodass die Sprache hier ein Mittel zum Zweck ist. Andererseits sind fachliche Kenntnisse aber nicht unabhängig von der Sprache zu betrachten. Vielmehr ist die Sprache immer auch selbst Gegenstand der Erkenntnis, da die Erkenntnisgewinnung immer auch erstens durch das versprachlichte Denken geprägt ist und sich zweitens z.B. in Form neuer Fachtermini in der Sprache niederschlägt.

Tabelle 1: Charakteristika naturwissenschaftsbezogener Texte (übernommen aus Härtig, Bernholt, Prechtl & Retelsdorf, 2015, zusammengefasst nach Roelcke, 2010, S. 85, 89, 111f.)

Ebene	Sprachliche Eigenschaften
Wortebene	Termini im Allgemeinen (festgelegte Definitionen zu bestimmten Nomen, wodurch die Semantik evtl. verändert wird) Komposita (Zusammensetzungen aus Substantiven, Adjektiven, Verben, Adverbien, Abkürzungen) Derivate (Veränderungen durch Präfix, Suffix etc.) Wortkürzungen (Abkürzungen, Akronyme) Konversion (Substantivierung etc.)
Satzebene	Bevorzugung der dritten Person Dominanz des Präsens Passiv- und Reflexivkonstruktionen Genitivformen Verringerung des Akkusativ- und Dativanteils Aussagesätze Konditional- und Finalsätze Relativsätze Attribuierungen (z.B. „Benzin sparender Kleinwagen") Funktionsverbgefüge (z.B. „eine Untersuchung durchführen") Präpositionalkonstruktionen
Textebene	Fachtextbaupläne (z.B. typische Struktur eines Versuchsprotokolls) Typische Textbausteine (z.B. Verweise oder Fußnoten) Metasprachliche Kommentierungen (z.B. Abgrenzung von Fach- und Unterrichtssprache beim Nomen „Kraft") Nonverbale Elemente (Fotografien, Zeichnungen, Schaubilder, Diagramme, Kurvendarstellungen, Strukturbäume, Listen, Tabellen, Matrizen etc.) Frage-Antwort-Konstruktionen Schlussverfahren (Argumentationslinien) Rekurrenz / Isotopie

Herausforderung und Aufgabe der „Sprache" der naturwissenschaftlichen Fächer

Die meisten Lehr-Lernprozesse sind auf schriftsprachliche Medien angewiesen. Selbst im dialogisch angelegten Schulunterricht sind die zentralen Produkte die Tafelabschrift, die Darstellung und Auswertung eines Experiments oder die Bearbeitung von Aufgaben im Heft. Ausgehend von der Annahme, dass sich Domänen vor allem in der Schriftsprache, aber auch in der mündlichen Kommunikation durch spezifische sprachliche Mittel auszeichnen, lässt sich argumentieren, dass Lesen, Schreiben und Sprechen nicht nur (allgemeine) Werkzeuge sind, die innerhalb einer spezifischen Domäne auch schon in formalen Bildungsabschnitten genutzt werden (Norris & Phillips, 2002). Gerade weil domänenspezifische Sprache über besondere Mittel verfügt, reicht demnach z.B. ein allgemeines Leseverständnis für den Fachunterricht nicht aus (Yore, Bisanz & Hand, 2003).

Sprache als Herausforderung an die Fachdidaktik

Insofern ist die Berücksichtigung sprachlicher Aspekte bei der Unterrichtsplanung von Bedeutung. Damit ergibt sich die Herausforderung, die Sprache in eine fachdidaktische Sichtweise zu integrieren, d.h. fachdidaktische Befunde ggf. mit Erkenntnissen etwa der Deutsch- oder der Fremdsprachendidaktik zu verknüpfen. Die deskriptive, sprachwissenschaftlich geprägte Unterscheidung von Wort-, Satz- und Textebene trägt hierbei jedoch nur bedingt, da diese nicht die Funktion der jeweiligen Mittel in den Fokus stellt und ferner nur rein sprachliche Konstrukte berücksichtigt. Anthony, Tippett & Yore (2010) nehmen eine eher fachdidaktisch geprägte Analyse vor, es ist aber ersichtlich, dass sich beide Sichtweisen gut ergänzen (vgl. Tab. 1 und 2).

Tabelle 2: Sprachliche Mittel und Funktionen in den Naturwissenschaften (übersetzt nach Anthony, Tippett & Yore, 2010)

Terminus-/Begriffsverständnis	Lesestrategien	Visuelle Elemente	Medien/Quellen
Termini	Wichtige Elemente identifizieren	Fotografien	Broschüren
Strategien zum Erschließen neuer Termini zum Beispiel im Kontext	Zusammenfassen	Grafiken	Erklärungen
	Visualisieren	Flussdiagramme	Kausalitäten
	Zusammenhänge erkennen	Wetterkarten	Zeitungen
	Fragen stellen	Satellitenbilder	Anleitungen
	Interpretieren	Geographische Karten	Bedienungsanleitungen
			Fachartikel
			Lexika

Die oben dargestellten möglichen sprachlichen Mittel und Funktionen stellen nur einen Ausschnitt dar, da sie aus einem konkreten Projekt stammen (Anthony, Tippett & Yore, 2010). Sie verdeutlichen aber, dass eine konkrete Anbindung der sprachwissenschaftlichen Sichtweise an naturwissenschaftliche Unterrichtsinhalte möglich ist. Einerseits stellt der Erwerb dieser sprachlichen Mittel im naturwissenschaftlichen Fachunterricht ein wichtiges Unterrichtsziel dar, andererseits bedeuten diese Mittel für einige Lernende auch eine Barriere.

In standardisierten Tests schneiden in den Naturwissenschaften im angloamerikanischen Raum Nicht-Muttersprachler systematisch schlechter ab als Muttersprachler (Abedi, 2002; Bird & Welford, 1995). Dabei wird der Nachteil mit abnehmendem Leseanteil der Aufgaben kleiner, bei reinen Rechenaufgaben unterscheiden sich Nicht-Muttersprachler nicht mehr von Muttersprachlern (Abedi, 2002); diese Unterschiede zeigen sich im Übrigen nicht nur in offenen, sondern auch in geschlossenen Aufgabenformaten (Bird & Welford, 1995). Härtig, Heitmann und Retelsdorf (2015) replizierten diesen Befund für deutschsprachige Schüler/-innen für die Aufgaben aus der Evaluation der Bildungsstandards im Fach Physik. Es zeigt sich in Detailanalysen, dass sowohl das Antwortformat, die Textlänge und die Lexik als auch die Anzahl irrelevanter Informationen in der Gruppe der Nicht-Muttersprachler die Performanz beeinflussen (Bird & Welford, 1995; Schmiemann, 2011; Härtig, Heitmann & Retelsdorf, 2015).

Während auf dieser eher globalen Ebene die Einflüsse belegt sind, gibt es bislang nur für ausgewählte Bereiche Evidenz für Ursachen der Verständnisschwierigkeiten. Bezogen auf Termini findet sich in der Fachdidaktik eine lange Tradition, die sich dem Wechselspiel zwischen Sprache und Fach widmet. So zeigt sich in Schulbuchanalysen, dass die Physikschulbücher, vereinfacht gesagt, zu viele Termini beinhalten, um die Entwicklung eines angemessenen Begriffsverständnisses zu ermöglichen (Brämer & Clemens, 1980; Merzyn, 1994; Härtig, 2014; Härtig & Kohnen, im Druck). Eine zu große Zahl an Termini ist deswegen kritisch, da Termini fachlich als Konzepte fungieren und eine hohe Dichte an fachlichen Informationen aufweisen sowie ein Fokus auf Inhalte ein kompetenzorientiertes Lernen erschwert (Rincke, 2011; Härtig & Neumann, 2014; Härtig & Kohnen, im Druck). Die Termini, beziehungsweise der domänenspezifische Wortschatz, sind daher ein Musterbeispiel, um die enge Verzahnung von Sprache und Fach darstellen und im Lernprozess berücksichtigen zu können. Folgerichtig fördern neben einer Verringerung der Anzahl der Termini auch Wortschatztrainings im Fachunterricht, die in Form von beispielweise Zuordnungen von Fachbegriffen zu Definitionen auf einen kompetenten Umgang mit den jeweiligen Bezeichnungen ebenso wie mit den damit verknüpften Konzepten abzielen, das fachliche Lernen (Härtig & Stosik, 2015).

Auch bezogen auf nichtsprachliche Elemente in (naturwissenschaftsbezogenen) Texten finden sich erste Erkenntnisse. Über den Fließtext hinaus enthalten viele Fachtexte in den Naturwissenschaften Bildelemente (z.B. Diagramme und illustrierende Abbildungen) sowie Formeln (z.B. mathematische oder chemische Gleichungen). Es wird erwartet, dass Text-Bild-Kombinationen das Lernen grundsätzlich erleichtern können (Mayer, 2005; Ainsworth, 2006; Prenzel et al., 2002; Schnotz & Bannert, 2003), wobei allerdings nicht jede beliebige Kombination wirksam ist (Schmeck, 2010). Für Formeln in Texten stellt sich die Befundlage uneinheitlich dar (z.B. Müller & Heise, 2006; Taskin & Bernholt, 2014). Insbesondere für den Chemieunterricht sind zahlreiche Verständnisschwierigkeiten bekannt (zusammengefasst in Bernholt et al., 2012 sowie Taskin & Bernolt, 2014), die sich vielfach auf eine Über- oder Fehlinterpretation von Informationen beim Lesen oder Verwenden chemischer Formeln zurückführen lassen. Diese Verständnishürden mögen ein Grund für die ebenfalls konstatierten motivationalen Probleme im Umgang mit der Symbolschreibweise sein.

Zusammenfassend lässt sich sagen, dass sprachliche Mittel für einzelne Domänen und damit für die entsprechenden Unterrichtsfächer spezifisch sind. Diese Spezifitäten folgen bestimmten Funktionen, sie sind somit bedeutsam für die Domäne selbst. Im Sinne einer (beginnenden) Enkulturation ist es daher auch für den naturwissenschaftlichen Unterricht ein relevantes Ziel, sprachliche Aspekte explizit zu berücksichtigen. Gleichzeitig gibt es Evidenz dafür, dass genau diese sprachlichen Aspekte, vor allem wenn sie nur implizit Eingang finden, eine Barriere zumindest für einen Teil der Lernenden darstellen. Somit ist die Sprache im Fachunterricht auch als ein Element in der Lehrer/-innenbildung zu berücksichtigen, damit die zukünftigen Lehrkräfte ihre Unterrichtsplanung und -durchführung darauf abstimmen.

Sprache im Fachunterricht als Thema in der Lehrer/-innenbildung

Einerseits aufgrund der bildungsadministrativen Vorgaben für die Schule (z.B. Kompetenzbereich Kommunikation in den Bildungsstandards für die naturwissenschaftlichen Fächer), andererseits vor dem Hintergrund der aktuellen Diskussion um Inklusion und Heterogenität wird Sprache als Teil der universitären Lehre für angehende Lehrkräfte aufgegriffen. Dabei gibt es sowohl Inhalte, die längst in der fachdidaktischen Lehre enthalten sind, als auch relativ neue Inhalte. Neu ist auch, dass an vielen Standorten diese inhaltliche Frage mit einer strukturellen Frage der Lehramtsausbildung in Form von Querschnittsbereichen verbunden wird.

Seit Langem in die fachdidaktische Lehre aufgenommen sind verschiedenste Aspekte der didaktischen Rekonstruktion (Kattmann et al., 1997). Die Grundidee ist, dass angehende Physiklehrer/-innen bei der Vermittlung von Inhalten bewusst die wissenschaftliche Ebene an die Vorkenntnisse und Fähigkeiten der Schüler/-innen anpassen. Üblicherweise werden dafür einerseits Modelle zum Kompetenzerwerb, andererseits aber auch Erkenntnisse zu Alltagsvorstellungen herangezogen. Insbesondere bei den Termini, die ja Konzepte repräsentieren, ist es offensichtlich, dass diese Überlegungen auch sprachliche Aspekte berücksichtigen müssen. Ähnlich wurde auch in der Vergangenheit zum Beispiel regelmäßig die Mathematisierung als sprachliches Mittel in der Physik in den Lehrveranstaltungen angesprochen.

Neuer hingegen sind strukturelle Gestaltungen. Als Ausgangspunkt hierfür lässt sich an einigen Hochschulen die Frage nach dem Umgang mit Schüler/-innen mit Deutsch als Zweitsprache (DaZ) ansehen. Spätestens seit aber Inklusion und Heterogenität als Themenfeld verbindlich in der Lehramtsausbildung zu berücksichtigen sind, greifen nach und nach alle Hochschulen (neben anderen relevanten Fragestellungen) auch die Sprache, wiederum mit Blick auf DaZ, auf. Ziel ist im Sinne des Inklusionsgedankens eine Bewusstmachung der Studierenden für sprachbezogene Barrieren im Fachunterricht. Diese beziehen sich dann eben nicht nur auf den DaZ-Bereich, sondern allgemein auf Lernende mit heterogenen sprachbezogenen Kompetenzen. Da nicht alle Lehramtsstudierenden auch Deutschdidaktik studieren müssen, erhalten sie in Querschnittsveranstaltungen entsprechende Lehrangebote.

Angehende Lehrkräfte sollten in diesen Veranstaltungen für die sprachliche Dimension ihrer jeweiligen Fächer (horizontale Gliederung der Fachsprachen) und die Barrieren, die sich aus dieser ergeben können, sensibilisiert werden. Dazu gehören neben der Bewusstmachung der Rolle der Sprache für den Erkenntnisgewinnungsprozess im Allgemeinen (Fachsprache als Werkzeug und als Ziel) auch die jeweiligen fachspezifischen sprachlichen Merkmale wie beispielsweise Fachtermini und Formeln in physikalischen oder chemischen Texten. Den Studierenden der naturwissenschaftlichen Fächer sollte außerdem etwa anhand der verschiedenen Repräsentationsebenen die vertikale Gliederung von Fachsprachen vermittelt werden. Dies kann eine Hilfe für die sprachsensible Unterrichtsplanung und Entwicklung von Unterrichtsmaterial darstellen und ferner einen bewussteren Einsatz von sprachlichen Mitteln im Unterricht ermöglichen. Gleichzeitig können solche Modelle auch die Schüler/-innen für verschiedene Repräsentationsebenen sensibilisieren und somit in der Orientierung und in der Einordnung von sprachlichen Mitteln unterstützen. Mit Blick auf die im Unterricht eingesetzte Verbalsprache sollten die Charakteristika der Bildungs- und der jeweiligen Fachsprache der Alltagssprache gegenübergestellt werden, wobei die unbedingte Notwendigkeit der expliziten Vermittlung bildungs- und fachsprachlicher Kompetenzen – jederzeit vor dem Hintergrund des Fachs – thematisiert werden sollte. Grundsätzlich gilt es dabei immer zu beachten, dass ein Ziel des naturwissenschaftlichen Unterrichts die fachliche Enkulturation ist. Demnach muss in der Ausbildung der angehenden Lehrkräfte eine Sensibilisierung für sprachlich bedingte Probleme stattfinden, die nicht lediglich in einem Abbau dieser Hürden, sondern auch und vor allem in der expliziten Vermittlung fachsprachlicher Kompetenzen münden sollte. Schließlich bleibt anzumerken, dass Sprachbildung eine Querschnittsaufgabe aller Lehramtsfächer ist, sodass eine inhaltliche Abstimmung und Koordination unabdingbar sind.

Literatur

Abedi, Jamal (2002). Standardized Achievement Test and English Language Learners: Psychometric Issues. *Educational Measurement, 8* (3), 231–257.

Ainsworth, Shaaron (2006). DeFT: A conceptual framework for considering learning with multiple representations. *Learning and Instruction, 16* (3), 183–198.

Anthony, Robert J., Tippett, Christine D. & Yore, Larry D. (2010). Pacific CRYSTAL Project: Explicit Literacy Instruction Embedded in Middle School Science Classrooms. *Research in Science Education, 40*, 45–64.

Bernholt, Sascha; Fischer, Insa; Heuer, Sandra; Taskin, Vahide; Martens, Jürgen & Parchmann, Ilka (2012). Die chemische Formelsprache – (un-)vermeidbare Hürden auf dem Weg zu einer Verständnisentwicklung? *Chemkon, 19* (4), 171–178.

Bird, Elizabeth & Welford, Geoff (1995). The effect of language on the performance of second-language students in science examinations. *International Journal of Science Education, 17* (3), 389–397.

Brämer, Rainer & Clemens, Hans (1980). Physik als Fremdsprache. *Der Physikunterricht, 14,* 76–87.

Budin, Gerhard (1996). *Wissensorganisation und Terminologie. Die Komplexität und Dynamik wissenschaftlicher Informations- und Kommunikationsprozesse.* Tübingen: Narr Francke Atempto.

Fang, Zhihui; Lamme, Linda; Pringle, Rose; Patrick, Jennifer; Sanders, Jennifer; Zmach, Courtney; Charbonnet, Sara & Henkel, Melissa (2008). Integrating Reading into Middle School Science: What we did, found and learned. *International Journal of Science Education, 30* (15), 2067–2089.

Härtig, Hendrik (2014). The Terminology within German Lower Secondary Physics Textbooks. *Science Education Review LetterS.* 1–7.

Härtig, Hendrik; Bernholt, Sascha; Prechtl, Helmut & Retelsdorf, Jan (2015). Fachsprache oder Sprache im Fach – Stand der Forschung und Forschungsperspektiven zur Rolle der Sprachen im naturwissenschaftlichen Unterricht. *Zeitschrift für Didaktik der Naturwissenschaften, 21* (1), 55–67.

Härtig, Hendrik; Heitmann, Patricia & Retelsdorf, Jan (2015). Analyse der Aufgaben zur Evaluation der Bildungsstandards in Physik – Differenzierung von Literalität und Fachlichkeit. *Zeitschrift für Erziehungswissenschaft, 18* (4), 763–779.

Härtig, Hendrik & Kohnen, Nicole (im Druck). Die Rolle der Termini beim Lernen mit Physikschulbüchern. In Bernt Ahrenholz; Britta Hövelbrinks, & Claudia Schmellentin (Hrsg.), *Fachunterricht und Sprache in schulischen Lehr-/Lernprozessen.* Tübingen: Narr.

Härtig, Hendrik & Neumann, Knut (2014). Mit Schulbüchern lernen – Wie Schulbücher den Wissenserwerb fördern können. *Praxis der Naturwissenschaften – Unterricht Physik, 63* (3), 10–14.

Härtig, Hendrik & Stosik, Tina (2015). Wortschatztraining im Physikunterricht. *MNU – Der mathematische und naturwissenschaftliche Unterricht,* 3, 155–158.

Hoffmann, Lothar (1992). Fachtextsorten in der Fremdsprachenausbildung. *Fachsprache, 14,* 141–149.

Kalverkämper, Hartwig (1998). Fach und Fachwissen. In Lothar Hoffmann; Hartwig Kalverkämper & Herbert E. Wiegand (Hrsg.), *Fachsprachen – Languages for Special Purposes. Ein internationales Handbuch zur Fachsprachenforschung und Terminologiewissenschaft.* Berlin, New York: Walter de Gruyter.

Kattmann, Ulrich; Duit, Reinders; Gropengießer, Harald & Komorek, Michael (1997). Das Modell der Didaktischen Rekonstruktion – Ein Rahmen für naturwissenschaftsdidaktische Forschung und Entwicklung. *Zeitschrift für Didaktik der Naturwissenschaften, 3* (3), 3–18.

Kultusministerkonferenz (Hrsg.) (2005a). *Beschlüsse der Kultusministerkonferenz: Bildungsstandards im Fach Biologie für den mittleren Schulabschluss. Beschluss vom 16.12.2004.* München: Luchterhand.

Kultusministerkonferenz (Hrsg.) (2005b). *Beschlüsse der Kultusministerkonferenz: Bildungsstandards im Fach Chemie für den mittleren Schulabschluss. Beschluss vom 16.12.2004.* München: Luchterhand.

Kultusministerkonferenz (Hrsg.) (2005c). *Beschlüsse der Kultusministerkonferenz: Bildungsstandards im Fach Physik für den mittleren Schulabschluss. Beschluss vom 16.12.2004.* München: Luchterhand.

Leisen, Josef (2005). Muss ich jetzt auch noch Sprache unterrichten? Sprache und Physikunterricht. *Unterricht Physik, 3,* 4–9.

Leisen, Josef & Seyfarth, Marion (2006). Was macht das Lesen von Fachtexten so schwer? *Naturwissenschaften im Unterricht – Physik, 5,* 9–11.

Mayer, Richard E. (Hrsg.) (2005). *The Cambridge handbook of multimedia learning.* Cambridge University Press.

Merzyn, Gottfried (1994). *Physikschulbücher, Physiklehrer und Physikunterricht.* Kiel: IPN.

Müller, Rainer & Heise, Elke (2006). Formeln in physikalischen Texten: Einstellung und Textverständnis von Schülerinnen und Schülern. *Physik und Didaktik in Schule und Hochschule, 2* (5), 62–70.

Norris, Stephen P. & Phillips, Linda M. (2002). How Literacy in its Fundamental Sense is Central to Scientific Literacy. *Science Education, 87,* 224–240.

Phillips, Linda M. & Norris, Stephen P. (2009). Bridging the Gap Between the Language of Science and the Language of School Science through the Use of Adapted Primary Literature. *Research in Science Education, 39,* 313–319.

Prenzel, Manfred; Häussler, Peter; Rost, Jürgen & Senkbeil, Martin (2002). Der PISA-Naturwissenschaftstest: Lassen sich die Aufgabenschwierigkeiten vorhersagen? *Unterrichtswissenschaft, 30,* 120–135.

Rincke, Karsten (2011). It's rather like learning a language: Development of talk and conceptual understanding in mechanics lessons. *International Journal of Science Education, 2,* 229–258.

Roelcke, Thorsten (2010). *Fachsprachen.* Berlin: Erich Schmidt Verlag.

Schmeck, Anett (2010). *Visualisieren naturwissenschaftlicher Sachverhalte. Der Einsatz von vorgegebenen und selbst generierten Visualisierungen als Textverstehenshilfen beim Lernen aus naturwissenschaftlichen Sachtexten.* Duisburg-Essen: Universität, Fakultät für Bildungswissenschaften.

Schmiemann, Philipp (2011). Fachsprache in biologischen Testaufgaben. *Zeitschrift für Didaktik der Naturwissenschaften, 17,* 115–136.

Schnotz, Wolfgang & Bannert, Maria (2003). Construction and interference in learning from multiple representation. *Learning and Instruction, 13,* 141–156.

Stäudel, Lutz, Franke-Braun, Gudrun & Parchmann, Ilka (2008). Themenheft „Sprache". *Naturwissenschaften im Unterricht Chemie, 19* (106/107).

Taskin, Vahide (2014). *Untersuchung des Fachwissens und fachdidaktischen Wissens von Chemie-Lehramtsstudierenden bezüglich chemischer Repräsentationen.* Kiel: Christian-Albrechts-Universität.

Taskin, Vahide & Bernholt, Sascha (2014). Students' Understanding of Chemical Formulae: A review of empirical research. *International Journal of Science Education, 36* (1), 157–185.

Yore, Larry D.; Bisanz, Gay L. & Hand, Brian M. (2003). Examining the literacy component of science literacy: 25 years of language arts and science research. *International Journal of Science Education, 25* (6), 689–725.

Simone Knab, Christian Lutsche & Thorsten Roelcke

Das Berliner Schulfach Wirtschaft–Arbeit–Technik im Kontext sprachlicher Bildung

1. Vorbemerkungen

Die Verknüpfung von Theorie und Praxis im Kontext von arbeitsrelevanten Fragestellungen und die Umsetzung von Sprachbildung als Querschnittsaufgabe sind wesentliche Aspekte der didaktisch-methodischen Gestaltung von Unterricht im Fach Arbeitslehre/Wirtschaft-Arbeit-Technik.

Basierend auf dem Konzept des Faches ergeben sich für alle Schülerinnen und Schüler Zuwächse in drei Kompetenzbereichen: a) fachliche Kompetenzen in den Bereichen Wirtschaft, Arbeit und Technik selbst, b) Kompetenzen im Bereich der Sprachverwendung sowie c) personelle, soziale und methodische Kompetenzen, die vor allem im beruflich-gesellschaftlichen Kontext aber auch unter dem Aspekt der Qualitätssicherung schulischer Bildung in den letzten Jahrzehnten zunehmend an Bedeutung gewonnen haben.

2. Einordnung des Faches Wirtschaft–Arbeit–Technik in den historischen Kontext

Das Fach Wirtschaft-Arbeit-Technik ist als Reformfach im Sinne der reformpädagogischen Tradition anzusehen, gehen doch seine historischen Anfänge auf Bildungszusammenhänge zurück, die einen Zusammenhang zwischen Arbeiten und Lernen herstellen wollten. Vor allem die Industrieschulen des 18./19. Jahrhunderts und die Arbeitsschule zu Beginn des 20. Jahrhunderts sind hier zu nennen. Einen weiteren inhaltlichen Bezugspunkt stellen die im 18. Jahrhundert gegründeten Real- und Handelsschulen dar. Diese wurden vor allem deshalb eingeführt, da für das erfolgreiche Absolvieren einer Berufsausbildung die in der Schule erworbenen Grundkenntnisse nicht mehr ausreichten (vgl. Dauenhauer, 1974, S. 44; Knab, 2007, S. 58). An den Volksschulen erfolgte schließlich vor allem gegen Ende des 19. Jahrhunderts ein Unterricht in sogenannter „Knabenhandfertigkeitserziehung", bei dem Lehrer, in Ergänzung zum regulären Unterricht, Schüler in Schülerwerkstätten in Holz-, Metall- und landwirtschaftlichen Arbeiten unterwiesen (vgl. Dauenhauer, 1974, S. 50ff.; Knab, 2007, S. 70). Im 20. Jahrhundert schließlich wurde mit der Reichsverfassung 1919 dann das Fach Arbeitsunterricht eingeführt, in welchem Unterricht stattfand, „der seine Ergebnisse auf dem Wege der Arbeit gewinnt" (Reichsministerium des Inneren, 1921 S. 161). Dazu wurden Schulwerkstätten eingerichtet und Lehrkräfte entsprechend ausgebildet (Reichsministerium des Inneren, 1921, S. 171).

Anfang der 60er Jahre des letzten Jahrhunderts prägt Heinrich Abel den aus der Arbeitswissenschaft und Arbeitspädagogik hergeleiteten Begriff der Arbeitslehre (Hendricks, 1975, S. 11f.). Bildungspolitisch ist für die Implementierung des Faches Arbeitslehre der Deutsche Ausschuss (1953–1965) entscheidend. In seiner Folge wurde die ehemalige Volksschule von einer neuen Schulform, nämlich der der Hauptschule, abgelöst. Als inhaltliche Neuerungen der Hauptschule sind vor allem die feste Etablierung einer Fremdsprache und das neu geschaffene Fach Arbeitslehre zu nennen. Als Ergänzung zum Bildungskanon der Schulen sollten Schülerinnen und Schüler nun mit dem Fach Arbeitslehre abermals besser auf eine veränderte Lebens- und Arbeitswelt vorbereitet werden. Ziel sollte sein, Schülerinnen und Schüler in die Lage zu versetzen, ihr (Berufs-) Leben aktiv und erfolgreich gestalten zu können (vgl. Knab, 2013, S. 12ff.). So formulierte der Deutsche Ausschuss seine Desiderate an das Fach „eine bildungswirksame Hinführung zur modernen Arbeitswelt ist nur möglich durch praktisches Tun der Schüler, das von Interpretation und Reflexion begleitet ist. Die Arbeitslehre ist deshalb elementare praktische Arbeit in verschiedenen Sachgebieten mit eng daran geknüpfter gedanklicher Vorbereitung, Zwischenbesinnung und Auswertung" (Deutscher Ausschuss für das Erziehungs- und Bildungswesen Gesamtausgabe, 1966, S. 401).

Als entscheidend für die durchaus nicht gradlinige Entwicklung des Faches ist in den letzten Jahrzehnten die länderspezifische und damit unterschiedliche Verankerung von arbeitslehrerelevanten Inhalten zu sehen. So existieren im Wesentlichen drei verschiedene Formen der Umsetzung fachlicher Inhalte. Einerseits wird Arbeitslehre beispielsweise in Berlin (mit der Berliner Schulstrukturreform von 2010/2011 wurde das Fach Arbeitslehre in Wirtschaft-Arbeit-Technik umbenannt) als eigenständiges Fach unterrichtet. In anderen Bundesländern werden die Inhalte in Partikularfächern oder aber auch additiv neben den Partikularfächern realisiert (vgl. Reuel, 1998, S. 29; Knab, 2013, S. 12ff.). Einhergehend mit dieser Situation existieren in den Bundesländern sehr unterschiedliche Fachbezeichnungen. Diese fehlende bundesweite Vereinheitlichung auch hinsichtlich der Festlegung auf fachliche Inhalte führte und führt noch immer zu einer Schwächung des Faches. Darüber hinaus behielt die Arbeitslehre, trotz jahrzehntelanger Bemühungen seiner Fachvertreter, das Image ein Fach für eher praktisch orientierte Schüler zu sein, die nach der Schule einem handwerklichen Beruf nachgehen werden. Dass die Fachinhalte jedoch für Schülerinnen und Schüler aller Bildungsgänge wichtig sind, verdeutlichen nicht nur die hohen Studienabbrecherquoten oder der Ruf nach Einführung von Fächern wie Technik, Wirtschaft oder Verbraucherbildung für alle Schülerinnen und Schüler, sondern auch die Klagen von Arbeitgebern. Letztgenannte bemängeln bei jungen Schulabgängern nicht nur fachliche, sondern auch überfachliche Defizite und sehen in Folge dessen viele

Auszubildende den Anforderungen an die berufliche Realität als nicht gewachsen an.

3. Das Fach im Kontext schulischer Bildung in Berlin

Ein Blick in den allgemeinen, fächerübergreifenden Teil des Berliner Schulgesetzes verdeutlicht die Aufgaben schulischer Bildung, bei deren Umsetzung das Fach Wirtschaft-Arbeit-Technik inhaltlich, aber auch methodisch einen besonders großen Stellenwert einnimmt. Konkret knüpfen folgende Aufgaben vorrangig an die Inhalte des Faches an: „Die Schule soll Kenntnisse, Fähigkeiten, Fertigkeiten und Werthaltungen vermitteln, die die Schülerinnen und Schüler in die Lage versetzen, ihre Entscheidungen selbständig zu treffen und selbständig weiterzulernen, um berufliche und persönliche Entwicklungsaufgaben zu bewältigen, das eigene Leben aktiv zu gestalten, verantwortlich am sozialen, gesellschaftlichen, kulturellen und wirtschaftlichen Leben teilzunehmen und die Zukunft der Gesellschaft mitzuformen" (Senatsverwaltung für Bildung, Wissenschaft und Forschung, 2004a, §3 (1)).

In den Bildungs- und Erziehungszielen des Berliner Schulgesetzes wird weiter konkretisiert: „Schüler sollen in der Schule lernen, die Auswirkungen ihres Handelns auf die lokalen und globalen Lebensgrundlagen zu erkennen", damit diese „für nachfolgende Generationen erhalten werden" (ebd., §3 (3)). Außerdem sollen Schüler die Folgen technischer, rechtlicher und ökonomischer Entwicklungen abschätzen können sowie Kompetenzen erwerben, mit denen sie die zunehmenden Anforderungen gesellschaftlicher Veränderungsprozesse wie auch ihr privates, berufliches und öffentliches Leben erfolgreich bewältigen können (ebd.).

Mit Blick auf explizit arbeits- und berufsbezogene Fragestellungen ist schließlich das folgende Ziel formuliert: „Die allgemein bildende Schule führt in die Arbeits- und Berufswelt ein und trägt in Zusammenarbeit mit den anderen Stellen zur Vorbereitung der Schülerinnen und Schüler auf Berufswahl und Berufsausübung sowie auf die Arbeit in der Familie und in anderen sozialen Zusammenhängen bei" (ebd., 2004b, §4 (7)).

Diese Aussagen im Berliner Schulgesetz korrespondieren inhaltlich stark mit den Aufgaben des Faches Wirtschaft-Arbeit-Technik und verdeutlichen, wie konkret dieses Fach den Bildungsauftrag der Berliner Schule erfüllt und damit wesentlich zur Erfüllung ihrer Bildungs- und Erziehungsziele beiträgt. Zu diesen gehört auch die Umsetzung des Konzeptes der durchgängigen Sprachbildung im Fach Wirtschaft-Arbeit-Technik. Mit Inkrafttreten des gemeinsamen Rahmenlehrplans der Länder Berlin und Brandenburg (RLP) im Schuljahr 2017/18 kommt nun auch der Sprachbildung eine größere Bedeutung für die Ausbildung fachübergreifender Kompetenzen bei Schülerinnen und Schülern zu: „Eine flexible und sichere Sprachkompetenz ist von entscheidender Bedeutung für die individuelle Identitätsbildung sowie für die Teilhabe an Gesellschaft und Kultur. Sie ist eine Grundvoraussetzung für lebenslanges Lernen. Sprachbildung ist daher Teil von Bildung insgesamt und Aufgabe aller an Schule Beteiligten" (Senatsverwaltung für Bildung, Jugend und Wissenschaft Berlin und Ministeriums für Bildung, Jugend und Sport Land Brandenburg, unterrichtswirksam, 2017/2018, S. 4)

Im direkten Vergleich mit dem derzeit geltenden Rahmenlehrplan, in dem lediglich eine „ […] Fähigkeit zu adressatengerechter und sachbezogener Kommunikation unter Einbeziehung geeigneter Medien [als] weiterer wesentlicher Bestandteil der Grundbildung [und] eine sachgemäße Verknüpfung von Alltags- und Fachsprache […]" (Senatsverwaltung für Bildung, Jugend und Wissenschaft, 2012, S. 12) gefordert wird, stellt im neuen Rahmenlehrplan diese explizite Benennung von Sprachbildung als Querschnittsaufgabe für Schule insgesamt eine Aufwertung der Sprachbildung in Schulfächern im Allgemeinen und im Fach Wirtschaft-Arbeit-Technik im Besonderen dar. Diese Aufwertung ist gekennzeichnet durch den Erwerb bildungssprachlicher Handlungskompetenzen sowie der Anbahnung berufsbezogener kommunikativer Kompetenzen, die sich fachübergreifend und fächerverbindend entwickeln sollen.

Die Notwendigkeit dieser Weiterentwicklung ist offensichtlich: „Das Wechselverhältnis von Sprache als Mittel im Lehr-Lernprozess und Sprache als Gegenstand spezifischer Lehr-Lernprozesse ist bisher noch wenig in den Blick genommen, verlangt aber angesichts der genannten grundlegenden Bedeutung eine erhöhte didaktische Aufmerksamkeit, die eine Umsetzung in die curricularen Prozesse der verschiedenen Fächer erfordert und ermöglicht. Die fächerspezifische Arbeitsteilung, die große Teile des schulischen Unterrichts bestimmt, kommt hier an eine Grenze, die es [..] zu überwinden gilt. Sprache ist in der Schule also eine die Fächer insgesamt durchdringende curriculare Aufgabe. Ihr kommt in diesem Sinn durchgängig ein grundlegender Stellenwert zu" (Ehlich, Valtin & Lütke, 2012, S. 60).

Die grundlegende Relevanz des Faches Wirtschaft-Arbeit-Technik im Kontext schulischer Bildung wird besonders dann deutlich, wenn gemäß der Aussagen des Schulgesetzes eine Zusammenfassung der Kernaufgaben des Faches erfolgt: Arbeit bildet den inhaltlichen Mittelpunkt des Faches Wirtschaft-Arbeit-Technik, sei es Arbeit im privaten Haushalt oder berufliche Arbeit. Arbeit kann somit als das Leitmotiv des Faches bezeichnet werden. Die Schülerinnen und Schüler üben im geschützten schulischen Raum Arbeitsabläufe und erwerben dabei arbeitsrelevante Kompetenzen. Das Fach vermittelt mit den technischen und ökonomischen Grundlagen von Erwerbsarbeit aber auch Hausarbeit zentrale Bildungsinhalte und ergänzt damit die traditionellen Schulfächer um die genannten Aspekte.

In kaum einem anderen Fach werden so explizit überfachliche Qualifikationen und Kompetenzen an arbeitsrelevanten Fragestellungen und Aufgaben erworben. Die Bearbeitung der fachlichen Inhalte bedingt ebenso wie das didaktische Konzept des Faches einen Unterricht, in dem Theorie- mit Praxisphasen in enger Verzahnung und ständigem Wechsel stattfinden. So können praktische Arbeitsphasen beispielsweise in einer der Werkstätten zunächst durch theoretische Inputs fachgerecht und professionell vorbereitet und begleitet werden oder aber theoretische Phasen vervollständigen während oder nach der praktischen Umsetzung komplexe Arbeitsprojekte. Das Besondere der praktischen Arbeit im Fach ist die Tatsache, dass diese Phasen nicht konstruiert sind, um damit theoretische Inhalte für Schülerinnen und Schüler interessant und motivierend anzureichern, sondern dass dieser Theorie/Praxiswechsel unbedingt notwendig ist, damit projektorientierter Unterricht im Fach Wirtschaft-Arbeit-Technik erfolgreich durchgeführt werden kann.

In Abgrenzung zur Berufsausbildung ist die Vermittlung berufsbezogener fachlicher Kompetenzen nicht Aufgabe der allgemeinbildenden Schule. Die von einer spezifischen Berufsausübung unabhängigen und übergeordneten Kompetenzen können und müssen jedoch in der Schule ausgebildet werden, stellen sie doch die Voraussetzung für eine erfolgreiche Berufsausbildung und eine lebenslange Erwerbsperspektive dar. Das Lernfeld Arbeitslehre, zu dem das Fach Wirtschaft-Arbeit-Technik gehört, setzt hier Grundlagen, die Schüler in die Lage versetzen, künftig privaten, aber auch beruflichen Anforderungen gerecht zu werden. Dazu zählt insbesondere auch die Aufgabe, „[…] die situativ angemessene Verwendung von Bildungssprache in Abgrenzung zur Alltagsvarietät […]" (Vollmer & Thürmann, 2013, S. 51) zu vermitteln. Bewusstes Reflektieren, Unterscheiden, Auswählen und letztlich Verwenden von unterschiedlichen sprachlichen Registern durch die Schülerinnen und Schüler sind somit Zielsetzungen der Sprachbildung im Fachunterricht.

Im Zentrum des Unterrichts steht in der Regel ein Projektgegenstand, der auch ein Werkstück, ein Produkt oder eine Dienstleistung sein kann. Das fachdidaktische Konzept des Berliner Faches strukturiert diesen Projektgegenstand in jeweils 12 Dimensionen, die als Bedingungsfelder menschlicher Arbeit zu verstehen sind (vgl. Reuel, 2010 Senatsverwaltung für Bildung, Jugend und Sport Berlin, 2006, S. 13 ff.). Damit dienen die 12 Dimensionen der didaktischen Schwerpunktsetzung innerhalb der schulischen Umsetzung von Themenfeldern und ermöglichen eine Differenzierung inhaltlicher Entscheidungen unter Berücksichtigung der individuellen Lernausgangslage der Schülerinnen und Schüler, der Lerngruppe im Allgemeinen, aber auch des Kompetenzstands oder des Schulprofils.

Folgende Projektdimensionen sind für die inhaltliche Auseinandersetzung relevant:
- *Arbeitssicherheit und Gesundheit*: Vermittlung von Kompetenzen zur Arbeitssicherheit, dem professionellen Umgang mit Werkzeugen, Materialien, Maschinen und Arbeitsgeräten, sowie Kenntnisse über gesunde Ernährung und Hygiene.

- *Berufs- und Studienorientierung*: Entwicklung der individuellen Fähigkeiten, Fertigkeiten und Neigungen, sowie das Aufzeigen einer Vielzahl beruflicher Beschäftigungsfelder und Ausbildungswege.
- *Gesellschaftliche Arbeitsteilung*: Als Merkmal gesellschaftlicher und privater Produktions- und Dienstleistungsprozesse mit den Dimensionen der funktionalen, hierarchischen, geschlechterspezifischen und internationalen Arbeitsteilung.
- *Historische Entwicklung*: In dieser Dimension wird die historische Entwicklung von Erwerbsarbeit und Hausarbeit in Bezug auf die Verwendung von Werkzeugen und Maschinen, sich verändernde Wohnverhältnisse, Kleidung und Essgewohnheiten betrachtet.
- *Informations- und Kommunikationstechniken*: Hierzu gehört die Nutzung verschiedener Informations- und Kommunikationstechniken.
- Ökologie: Schwerpunkt dieser Dimension ist die Einübung bewussten Handelns unter dem Aspekt von Umweltverträglichkeit, Ressourcenschonung und Nachhaltigkeit.
- Ökonomie: Zentraler Inhalt dieser Dimension ist die Vermittlung von Kenntnissen über wirtschaftliche Prinzipien sowie die wertorientierte und naturverträgliche Gestaltung von Arbeits-, Technik- und Wirtschaftsbeziehungen.
- *Produktgestaltung und Design*: Inhalte sind gestalterische Entscheidungen im Herstellungsprozess, Auseinandersetzungen mit funktionalen, konstruktiven, ergonomischen und formal-ästhetischen Aspekten beim Design von Produkten.
- *Symbolische Darstellungsformen*: Im Zentrum stehen Informationen und Handlungsanleitungen, die mittels symbolischer Darstellungen kommuniziert werden.
- *Technikeinsatz*: Schülerinnen und Schüler erhalten Kenntnis zu Arbeitsverfahren und üben die reflektierte Nutzung technischer Geräte und Maschinen.
- *Verbraucherverhalten*: In dieser Dimension erfolgt eine Auseinandersetzung mit Fragestellungen zu sozialen, ökologischen und ökonomischen Folgen von Konsum und eine Initiierung verantwortungsvollen Handelns im Sinne eines nachhaltigen Konsums.
- *Waren- und Werkstoffkunde*: Hier werden schwerpunktmäßig Kenntnisse über Werkstoffe, Materialien und Lebensmittel im Hinblick auf ihre Verarbeitungs- und Gebrauchseigenschaften vermittelt.

Das Fach Wirtschaft-Arbeit-Technik zeichnet sich aber nicht allein durch seine Inhalte, sondern auch durch einen stark handlungsorientierten Vermittlungsansatz aus: Die Inhalte des Faches werden im Rahmen von Projekten mit praktischen und theoretischen Anteilen von Lernenden und Lehrenden gemeinsam erarbeitet. Dies bedingt eine weniger traditionelle Rolle der Lehrenden, die eher zu Lernbegleitern, Förderern, Lernwegunterstützern oder auch Mentoren werden.

Im Umkehrschluss bedeutet dies nicht, dass andere, eher lehrkraftzentrierte Methoden im Unterricht des Faches keine Anwendung finden würden. Die im Unterricht des Faches Wirtschaft-Arbeit-Technik vorherrschende projektorientierte Unterrichtsmethode stellt dabei einen Metarahmen dar, innerhalb dessen Lehrende und Lernende vielfältige weitere Unterrichtsmethoden integrieren und anwenden können und müssen. Für die (in anderen Fächern überwiegend textbasierte) Sprachbildung ergeben sich aus der starken Handlungs- und Projektorientierung spezifische Anforderungen. Das Lernen findet im Prozess der Arbeit statt. Vorrangiges Ziel ist die Entwicklung sprachlich-kommunikativer Handlungsfähigkeit. Hier kommt dem Fach, wenn auch nicht ausschließlich, eine besondere Rolle im Rahmen der sprachlichen Ausbildungsvorbereitung zu.

Konsequenterweise erfordern die besondere inhaltliche Komplexität des Faches und die Notwendigkeit der Verknüpfung von Theorie und Praxis den Einsatz umfassend und gut ausgebildeter Fachlehrkräfte, die auch im Bereich der Sprachbildung umfassende Kompetenzen erlangt haben und diese in ihrem Unterricht einsetzen. „Die Rolle der Lehrenden ist [dabei] die der bildungssprachlichen Experten, die den Lernenden als Novizen helfen, die Wahrnehmung von sprachlichen Eigenschaften und Gebrauchsmustern im Vergleich und Kontrast zur Umgebungssprache zu schärfen, authentische bildungssprachliche Muster und Modelle bereitzustellen und Rückmeldungen zum Sprachverhalten [...] zu geben" (Vollmer & Thürmann, 2013, S. 54).

4. Sprachspezifische Aspekte des Faches

Sprachliche Kenntnisse und kommunikative Kompetenzen spielen hiernach sowohl aus der konzeptionellen Sicht des Rahmenlehrplans als auch im Hinblick auf die tatsächlichen fachlichen und didaktischen Anforderungen des Faches Wirtschaft-Arbeit-Technik eine zentrale Rolle für Lehrende und Lernende. Da das Fach selbst als integraler Verbund mehrerer Einzelfächer verhältnismäßig jung ist, liegen hier bisher kaum spezifische sprachdidaktische Analysen oder Konzepte vor. Die fachsprachlichen und sprachdidaktischen Dimensionen von Wirtschaft-Arbeit-Technik lassen sich indessen mit Blick auf die aktuelle Forschung insbesondere unter drei Aspekten umreißen:

a) die gegenwärtig zunehmende Dynamisierung, Differenzierung und Dezentralisierung sprachlicher Kommunikation im Berufsleben;
b) die aktuelle Diskussion um die Ausbildungsfähigkeit junger Menschen in sprachlicher und kommunikativer Hinsicht;
c) der sprachdidaktische Diskurs in Bezug auf einen sprachsensiblen Unterricht in Sachfächern.

Das Berufsleben der Gegenwart zeichnet sich in weiten Teilen durch zunehmende rasche Veränderungen innerhalb einzelner fachlicher Bereiche (Dynamisierung), deren Aufspaltung in mehrere einzelne Bereiche mit jeweils höherer Spezialisierung (Differenzierung) sowie eine zunehmende Bedeutung anderer fachlicher Bereiche wie EDV oder Verwaltung (Dezentralisierung) aus (Roelcke, [im Ersch.]). Diese drei fachlichen Tendenzen spiegeln sich auch in geänderten sprachlichen und kommunikativen Anforderungen des Berufslebens wider, denen mit der verstärkten Förderung einer allgemeinen fachsprachlichen Kompetenz (Roelcke, 2010, S. 159) zu begegnen ist. Das relativ neue Fach Wirtschaft-Arbeit-Technik trägt diesen fachlichen Tendenzen insofern Rechnung, als es ihnen im Verbund Raum gibt und die Schülerinnen und Schüler auf ein entsprechendes Berufsleben vorbereitet. Integraler Bestandteil einer solchen Vorbereitung haben dabei auch eine angemessene sprachliche Bildung bzw. kommunikative Kompetenz zu sein, sodass Wirtschaft-Arbeit-Technik hier eine echte Vorreiterrolle in der Sprachdidaktik der Sekundarstufe I zukommt.

Fachsprachliche Aspekte und kommunikative Kompetenzen werden – wie jüngst auch wieder der Rahmenlehrplan der Länder Berlin und Brandenburg deutlich macht – nicht mehr als zentrale Themen des Deutschunterrichts (Efing 2013; Fix & Jost, 2010) allein verstanden. Vielmehr werden „Sprachlichkeit und fachliches Lernen" (Becker-Mrotzek, Schramm, Thürmann & Vollmer, 2013, S. 3) als eine Einheit aufgefasst, sodass fachsprachliche und fachkommunikative Aspekte zunehmend auch in den Sachunterricht rücken. Ein wesentlicher Ansatz eines solchen sprachsensiblen Unterrichts besteht darin, dass das Lernen von Fachlichem in einer engen Verbindung mit dem Lernen von Sprachlichem steht und daher beides gemeinsam zu fördern ist.

Die enge Verbindung von Sprachlichkeit und Fachlichkeit im Unterricht macht eine eigene fachsprachendidaktische Methodik erforderlich. Dabei erweisen sich insbesondere Methodenbausteine aus dem *Scaffolding* als erfolgreich, die letztlich für einen Unterricht von Schülerinnen und Schülern entwickelt wurden, die dessen Sprache nicht als Erst-, sondern als Zweitsprache erwerben. Weitere didaktische Konzeptionen in diesem Zusammenhang stellen etwa das *Content and Language Integrated Learning* (CLIL), der bilinguale (Sachfach-)Unterricht, der deutschsprachige Fachunterricht (DFU) oder das *Sheltered Instruction Observation Protocol* (SIOP) dar (vgl. Kniffka & Roelcke, 2016, S. 102–118). Die Bedeutung solcher Konzepte für das komplexe und heterogene Fach Wirtschaft-Arbeit-Technik ist evident: In kaum einem anderen Fach sind eine hohe Pluralität und eine gezielte Kombination von verschiedenen methodischen Ansätzen sprachlichen Lehrens und Lernens so wichtig wie hier.

5.   Fazit und Ausblick

Der Stellenwert überfachlicher Kompetenzen hat in den letzten Jahren sowohl in schulischen als auch beruflichen Prozessen stark an Bedeutung gewonnen. Hiermit ist ein Prozess in Gang gesetzt, bei dem sich die Vermittlung von Kompetenzen von vorwiegend rezipierenden fachlichen Inhalten weg zu eher selbstständigem, schüler- und handlungsorientiertem Lernen hin bewegt. Der konzeptionelle Ansatz des Faches Wirtschaft-Arbeit-Technik impliziert methodische Formen des Lernens, bei denen Eigeninitiative und aktive Schülerhandlungen stark gefördert werden.

Wirtschaft-Arbeit-Technik ist ein Fach im Fächerkanon, das seinen Schwerpunkt auf die lebenspraktischen Bezüge seiner Schülerinnen und Schüler unter Berücksichtigung ihrer beruflichen Zukunft und die dafür nötigen Orientierungen legt. Bezogen auf die sprachlichen Anforderungen in Wirtschaft-Arbeit-Technik sind die damit verbundenen vielfältigen Möglichkeiten der Sprachbildung zu betonen. Dies begründet sich unter anderem in der starken Projektorientierung des Faches. Die hier geschaffene Verbindung verschiedenster fachlicher Inhalte lässt eine gleichermaßen starke Verknüpfung sprachbildender Unterrichtsinhalte zu. Auch dadurch hat das Fach eine Sonderstellung im Fächerkanon allgemeinbildender Schulen und stellt zugleich ein Bindeglied zwischen allgemeinbildender Schule und Berufsschule dar.

Aus all diesen fachsachlichen und fachdidaktischen Spezifika des Faches Wirtschaft-Arbeit-Technik leiten sich letztlich auch besondere sprachdidaktische Herausforderungen ab. Angesichts der zunehmenden Dynamisierung, Differenzierung und Dezentralisierung der Kommunikation im Berufsleben, der verstärkten Bemühungen um eine möglichst große Ausbildungsfähigkeit junger Menschen in sprachlicher und kommunikativer Hinsicht sowie der sprachdidaktischen Diskussion möglichst zielführender Methoden eines sprachsensiblen Unterrichts in Sachfächern kommt dem noch jungen Fach Wirtschaft-Arbeit-Technik eine zentrale Rolle im Fächerkanon der Sekundarstufe in der Gegenwart zu.

Literatur

Becker-Mrotzek, Michael; Schramm, Karen; Thürmann, Eike & Vollmer, Helmut (Hrsg.). (2013). *Sprache im Fach. Sprachlichkeit und fachliches Lernen.* Münster: Waxmann (Fachdidaktische Forschungen 3).
Dauenhauer, Erich (1974). *Einführung in die Arbeitslehre.* Pullach bei München: UTB.
Deutscher Ausschuss für das Erziehungs- und Bildungswesen (1966). *Empfehlungen und Gutachten des Deutschen Ausschusses für das Erziehungs- und Bildungswesen 1953–1965.* Gesamtausgabe. Stuttgart.

Efing, Christian (Hrsg.) (2013). *Ausbildungsvorbereitung im Deutschunterricht der Sekundarstufe I. Die sprachlich-kommunikativen Facetten von „Ausbildungsfähigkeit".* Frankfurt: Lang (Wissen – Kompetenz – Text 5).

Ehlich, Konrad; Valtin, Renate & Lütke, Beate (2012). *Expertise „Erfolgreiche Sprachförderung unter Berücksichtigung der besonderen Situation Berlins".* Berlin.

Fix, Martin & Jost, Roland (2010). *Sachtexte im Deutschunterricht.* Baltmannsweiler: Schneider Hohengehren (Diskussionsforum Deutsch 19).

Hendricks, Wilfried (1975). *Arbeitslehre in der Bundesrepublik Deutschland. Theorien. Modelle. Tendenzen.* Ravensburg: Ravensburger Buchverlag.

Knab, Simone (2007). *Schülerfirma. Eine Lernform zur Verbesserung der Qualität schulischer Bildung.* Ergebnisse einer empirischen Studie an Berliner Schulen. Tönning: Der Andere Verlag.

Knab, Simone (2013). Rahmenlehrplanentwicklung W-A-T Berlin-Brandenburg. Gemeinsame Rahmenlehrpläne für Berlin und Brandenburg. In: Gesellschaft für Arbeit, Technik und Wirtschaft im Unterricht (Hrsg.), *Arbeitslehre Forum.* Berlin: Machmit Verlag.

Kniffka, Gabriele & Roelcke, Thorsten (2016). *Fachsprachenvermittlung im Unterricht.* Paderborn: Schöningh, utb.

Reichsministerium des Inneren (1921):Die Reichsschulkonferenz 1920. Ihre Vorgeschichte und Vorbereitung und ihre Verhandlungen. Leipzig: Quelle & Meyer.

Reuel, Günter (1998). Arbeitslehre. *Eine Integrationsidee ohne Integrationswillige.* Studien zur Beharrungstendenz der Schulfächer Haushalt, Technik, Wirtschaft und zur Neuschneidung eines Arbeitslehre-Curriculums. Berlin: Machmit Verlag.

Reuel, Günter (2010). *Kommentar zu den 12 Dimensionen eines Projekts in der Berliner Arbeitslehre.* Berlin: Machmit Verlag.

Roelcke, Thorsten (2010). *Fachsprachen* (3., neu bearb. Aufl.). Berlin: Schmidt (Grundlagen der Germanistik 37).

Roelcke, Thorsten [im Ersch.]: Dynamisierung – Differenzierung – Dezentralisierung. Tendenzen deutscher Fachkommunikation am Beispiel der Verordnung über die Berufsausbildung zum Kraftfahrzeugmechatroniker und zur Kraftfahrzeugmechatronikerin. *Glottotheory.*

Senatsverwaltung für Jugend, Wissenschaft und Forschung (2004a). *Schulgesetz für das Land Berlin vom 26.04.2004.* Aktualisierte Fassung des §3 Bildungs- und Erziehungsstile vom 22.03.2016. Verfügbar unter: http://gesetze.berlin.de/jportal/?quelle=jlink&query=SchulG+BE+%C2%A7+3&psml=bsbeprod.psml&max=true [29.06.2016].

Senatsverwaltung für Jugend, Wissenschaft und Forschung (2004b). *Schulgesetz für das Land Berlin vom 26.04.2004.* Aktualisierte Fassung des §4 Grundsätze für die Verwirklichung vom 25.01.2010. Verfügbar unter: http://gesetze.berlin.de/jportal/?quelle=jlink&query=SchulG+BE+%C2%A7+4&psml=bsbeprod.psml&max=true [29.06.2016].

Senatsverwaltung für Bildung, Jugend und Sport Berlin (Hrsg.) (2006): *Rahmenlehrplan für die Sekundarstufe I.* Jahrgangsstufe 7–10 an Hauptschulen, Realschulen, Gesamtschulen, Arbeitslehre. Berlin mit dem Schuljahr 2006 in Kraft gesetzt. Verfügbar unter: https://www.berlin.de/sen/.../mdb-sen-bildung-unterricht-lehrplaenesek1_wat.pdf [12.07.17].

Senatsverwaltung für Bildung, Jugend und Wissenschaft (Hrsg.) (2012). *Rahmenlehrplan für die Sekundarstufe I.* Jahrgangsstufe 7–10. Integrierte Sekundarschule. Wirtschaft-Arbeit-Technik. Verfügbar unter: https://www.berlin.de/sen/bildung/unterricht/

faecher-rahmenlehrplaene/rahmenlehrplaene/mdb-sen-bildung-unterricht-lehrplaene-sekl_wat.pdf [29.06.16].

Senatsverwaltung für Bildung, Jugend und Wissenschaft (Berlin) & Ministeriums für Bildung, Jugend und Sport Land Brandenburg (unterrichtswirksam ab dem Schuljahr 2017/2018): *Rahmenlehrplan für die Jahrgangsstufen 1–10*. Teil B Fachübergreifende Kompetenzentwicklung. Verfügbar unter: http://bildungsserver.berlin-brandenburg. de/fileadmin/bbb/unterricht/rahmenlehrplaene/Rahmenlehrplanprojekt/amtliche_Fassung/Teil_B_2015_11_10_WEB.pdf [06.11.16].

Senatsverwaltung für Bildung, Jugend und Wissenschaft (Berlin) & Ministeriums für Bildung, Jugend und Sport Land Brandenburg (unterrichtswirksam ab dem Schuljahr 2017/2018): *Rahmenlehrplan für das Fach Wirtschaft-Arbeit-Technik* (7-10 Berlin ISS und 5-10 Brandenburg). Verfügbar unter: http://bildungsserver.berlin-brandenburg.de/ rlp-online/c-faecher/w-a-t/kompetenzentwicklung/ [06.11.2016].

Vollmer, Helmut Johannes & Thürmann, Eike (2013). Sprachbildung und Bildungssprache als Aufgabe aller Fächer in der Regelschule. In: Michael Becker-Mrotzek, Karen Schramm, Eike Thürmann, Helmut Johannes Vollmer (Hrsg.) *Sprache im Fach. Sprachlichkeit und fachliches Lernen* (S. 41–57). Münster: Waxmann.

Julia Schallenberg & Carolin Lohse

Lernfeld Sprache und Kommunikation – Sprachbildung im Kontext berufsschulischen Lernens

1. Einleitung

Aus gesellschafts- und arbeitsmarktpolitischer Sicht braucht Berlin sowohl fachlich als auch sprachlich gut ausgebildete Absolventinnen und Absolventen, um gesellschaftliche Teilhabe zu ermöglichen und den Wirtschaftsstandort weiterzuentwickeln. In der Aus- und Weiterbildungsumfrage des Deutschen Industrie- und Handelskammertags im Jahr 2016 gaben jedoch 58,1 % der befragten Berliner Unternehmen große Defizite im mündlichen und schriftlichen Ausdrucksvermögen ihrer Auszubildenden an (IHK Berlin, 2016, S. 29). Diese Diskrepanz zwischen den kommunikativen Kompetenzen, über die die Auszubildenden verfügen, und den Anforderungen in der Ausbildung ist weder Berlin-spezifisch noch neu. Die Ursachen hierfür liegen nach Grundmann (2007, S. 10) zum einen in einer veränderten Arbeitswelt, in der sprachliche Handlungskompetenz von wachsender Bedeutung ist, zum anderen im Schulsystem, dessen Aufgabe es wäre, Schülerinnen und Schüler mit den entsprechenden kommunikativen Kompetenzen auszustatten. Durch den in den letzten Jahren stark gestiegenen Zuzug von Menschen im ausbildungsfähigen Alter und die Rekrutierung von Auszubildenden aus anderen Ländern wächst die Notwendigkeit sprachlichen Lernens in Schulen und Betrieben. Um die Chancen auf einen erfolgreichen Ausbildungsabschluss für alle Schülerinnen und Schüler zu erhöhen, wird daher die Umsetzung durchgängiger Sprachbildung unumgänglich. Ein Ausgleich der heterogenen sprachlichen Ausgangsvoraussetzungen bis zum Berufseintritt kann jedoch nur durch eine gemeinsame Verantwortungsübernahme der Bildungsbeteiligten in allen Bildungsphasen gelingen. Die Beteiligung der Berufsschulen an durchgängiger Sprachbildung wurde konsequenterweise 2015 in der „Rahmenvereinbarung über die Berufsschule" durch die Ständige Konferenz der Kultusminister der Länder in der Bundesrepublik Deutschland (KMK) festgeschrieben (KMK, 2015, S. 3).

Damit stellt sich für Lehrende die Frage, wie Sprachbildung an berufsbildenden Schulen umgesetzt werden kann. Aus wissenschaftlicher Perspektive muss diesbezüglich aufgrund der geringen Datenlage oftmals auf Ergebnisse und Ansätze zurückgegriffen werden, die für allgemeinbildende Schulen erhoben bzw. entwickelt wurden. Sprachbildende Unterrichtskonzepte zur Lese- oder Schreibförderung an allgemeinbildenden Schulen lassen sich allerdings aufgrund der unterschiedlichen didaktischen Voraussetzungen und schulischen Rahmenbedingungen nur bedingt auf berufsbildende Kontexte übertragen (vgl. Philipp, 2015, S. 165; Keimes, Rexing & Ziegler, 2011). Besonders augenscheinlich wird der

Bedarf einer spezifischen sprachlichen Bildung im Kontext der dualen Ausbildung und dem ihr zugrundeliegenden Lernfeldkonzept. In den letzten Jahren wurden daher verstärkt sprachlich-kommunikative Anforderungen in Ausbildung und Beruf analysiert sowie Förderkonzepte für die Berufsschule entwickelt. Der folgende Beitrag beschreibt ausgehend von den Rahmenbedingungen berufsschulischen Lernens, wie Sprachbildung in einen handlungsorientierten, berufsbezogenen Unterricht integriert werden kann.

2. Sprachbildung im Lernfeld

Die duale Ausbildung, das Herzstück der beruflichen Bildung, bietet viele Anknüpfungspunkte für eine berufsspezifische Sprachbildung am Lernort Schule. „Seit 1996 sind die Rahmenlehrpläne der Kultusministerkonferenz für den berufsbezogenen Unterricht in der Berufsschule nach Lernfeldern strukturiert. Intention der Einführung des Lernfeldkonzeptes war die von der Wirtschaft angemahnte stärkere Verzahnung von Theorie und Praxis" (KMK, 2011, S. 10). Mit diesem Paradigmenwechsel in der dualen Ausbildung vollzogen sich die Auflösung der Fächerstruktur und das Lösen vom lernzielorientierten Unterricht, damit verbunden ist die Umsetzung einer neuen Lehr- und Lernpraxis. Das Lernfeldkonzept bietet der Förderung und dem Erwerb beruflicher Handlungskompetenz eine ordnungspolitische Grundlage und vor diesem Hintergrund aus didaktischer und methodischer Sicht neue Möglichkeiten, systematisches und kasuistisches Lernen zu arrangieren (Schütte, 2006, S. 141; KMK, 2011).

In den Lernfeldbeschreibungen der Rahmenlehrpläne sind die berufsspezifischen Kompetenzen, die beispielsweise Bäcker/-innen, kaufmännische Angestellte oder Maurer/-innen benötigen, ausformuliert. Kernziel ist die Entwicklung beruflicher Handlungskompetenz. Da kommunikative Kompetenz als Teil beruflicher Handlungskompetenz betrachtet wird, finden sich in den Beschreibungen auch Formulierungen, die auf sprachliche Aktivitäten verweisen, z.B. „die Schülerinnen und Schüler informieren sich über", „sie erläutern den Kunden", „sie erstellen ein Inbetriebnahmeprotokoll". Welche kommunikativen Anforderungen sich tatsächlich in Ausbildung und Beruf ergeben, ist in den letzten Jahren stärker in den Fokus der Wissenschaft geraten und wird aktuell in verschiedenen Projekten berufsspezifisch erforscht.[1] Für die meisten Ausbildungsberufe müssen Lehrkräfte bisher jedoch noch auf die Hinweise in den Lernfeldbeschreibungen und ihr eigenes Erfahrungswissen bezüglich sprachlicher Anforderungen in Arbeitsprozessen zurückgreifen.

---

1 Einen Überblick über Forschungsprojekte und Publikationen bietet die stetig aktualisierte Literaturliste der Internetseite SKiBB – Sprache und Kommunikation in der beruflichen Bildung (http://www.berufsbildungssprache.de).

Bei der Entwicklung schulinterner Curricula werden die Lernfelder durch mehrere spezifische Lernsituationen konkretisiert, die maßgeblich durch typische Arbeits- und Geschäftsprozesse der Berufsfelder bestimmt werden. Die Lernsituationen sollen dem Konzept der Handlungsorientierung folgen und möglichst eine vollständige Handlung (Planen, Durchführen, Kontrollieren) abbilden. Dafür „ist die exakte Kenntnis eines beruflich-professionellen Prozesses bzw. einer Tätigkeit erforderlich" (Tenberg, 2006, S. 207). Für die Entwicklung einer adäquaten Lernsituation muss festgestellt werden, welche Kompetenzen besonders entwickelt sind und wie diese methodisch gefördert werden können (Bader 2004, S. 34f.). Der berufliche Kommunikationsbezug ist nach Tenberg (2006, S. 210) beim Lernen in diesen handlungssystematischen Sequenzen entscheidend höher, als in fachsystematischen Sequenzen. Vor diesem Hintergrund hat die Auseinandersetzung mit sprachlichen Aspekten auch auf Seiten der Berufs- und Wirtschaftspädagogik an Bedeutung gewonnen.

Die konzeptionell-methodische Ausgestaltung der Lernsituationen ist Aufgabe der Lehrerteams, die durch eine gezielte Aus- und Fortbildung auch zur Gestaltung eines sprachbildenden Unterrichts befähigt werden müssen. Sind Expertinnen und Experten für Sprachbildung, wie die Sprachbildungsbeauftragten oder Deutschlehrkräfte, Teil des Teams, kann die Dimension Sprache in den Aufgabenkonzeptionen in besonderer Weise berücksichtigt werden.

Für den Unterricht an beruflichen Schulen wurden spezifische Unterrichtskonzepte (weiter-) entwickelt, die ein handlungsorientiertes und kasuistisches Lernen ermöglichen. Hierzu zählen beispielsweise Lernbüros, Planspiele, Fallstudien oder Betriebserkundungen. In Abschnitt 5 soll am Beispiel der Lern- und Arbeitsaufgaben gezeigt werden, welches Potential in einer Erweiterung bestehender Aufgabenformate beruflichen Lernens um Sprachbildung besteht.

3. Zielsetzung einer ganzheitlichen Sprachbildung in der Ausbildung

Mit der Fokussierung des Unterrichts auf berufliche Handlungskompetenz erhält Sprachbildung eine neue Ausrichtung. Kernziel von Sprachbildung in der beruflichen Bildung ist demnach nicht nur der systematische Aufbau der Bildungssprache Deutsch, sondern zudem die Förderung berufsspezifischer kommunikativer Kompetenz.

In den letzten Jahren wurde berufliche kommunikative Handlungskompetenz mehrfach definiert. Einen umfassenden Überblick hierzu liefert Efing (2015b, S. 17ff.). Ausgehend von allgemein- und berufsbildenden Kompetenzmodellen entwickelt Efing ein anforderungs- und handlungsorientiertes Modell. In einem ersten Schritt beschreibt er berufsweltbezogene kommunikative Kompetenz[2] „als das Verfügen über die Fähigkeiten und Fertigkeiten, um den generellen, verallgemeinerbaren, fachunabhängigen kommunikativen Anforderungen (schriftlich wie mündlich, produktiv wie rezeptiv) in der Berufswelt gerecht werden zu können (Gehaltszettel lesen, Gespräche mit dem Chef führen usw.)" (ebd., S. 23). Seinem anschließend ausführlich beschriebenen Kompetenzmodell liegt das Register der Berufssprache zugrunde, das Efing „auf einem Kontinuum zwischen Standard- und Fachsprache" verortet und das Schnittmengen mit diesen beiden wie auch mit der Bildungssprache aufweist (ebd., S. 38). Berufssprache ist demnach gekennzeichnet durch „ein Set typischer berufsbezogener Sprachhandlungen (ANLEITEN/INSTRUIEREN, ERKLÄREN, DEFINIEREN...), Textsorten (Bericht, ...) und Darstellungsformen (Tabellen, Formulare...), die für zahlreiche Berufstätigkeiten als charakteristisch gelten können" (ebd.). Während Bildungssprache für jeglichen Bildungskontext bedeutsam ist und Bildungserfolg erst ermöglicht, stellt Berufssprache die Grundlage für berufliche Anerkennung und Erfolg dar. Kimmelmann führt diese beiden Register im Begriff der „Berufsbildungssprache" zusammen und erklärt sie zum Ziel berufsorientierter Sprachbildung (Kimmelmann, 2013, S. 5).

Für die konkrete Umsetzung sprachbildenden Unterrichts in der beruflichen Bildung muss diese berufsweltorientierte Ausrichtung jedoch für die einzelnen Berufe weiter spezifiziert werden. Allgemein kann eine solche berufsspezifische kommunikative Handlungskompetenz definiert werden „als das Verfügen über die Fähigkeiten und Fertigkeiten, um den einzelnen konkreten, spezifischen kommunikativen Anforderungen (schriftlich wie mündlich, produktiv wie rezeptiv) in einem spezifischen Beruf (inkl. Ausbildung) gerecht werden zu können" (Efing, 2015b, S. 23). Als Grundlage hierfür können erste Ergebnisse der in Abschnitt 2 bereits erwähnten berufs(feld)spezifischen Anforderungsanalysen herangezogen werden. Um die Chancen aller Schülerinnen und Schüler auf einen erfolgreichen Ausbildungsabschluss und auf dem Arbeitsmarkt zu verbessern, muss Sprachbildung in der Ausbildung sowohl auf bildungssprachliche als auch berufsspezifische kommunikative Kompetenzen abzielen.

4. Sprachbildungskonzepte in der Ausbildung

Sprachbildung hat nicht nur Eingang in die Diskurse der Berufs- und Wirtschaftspädagogik gefunden, sondern erfolgt bereits auf unterschiedliche Weise an den berufsbildenden Schulen. Häufig werden dabei Ansätze, die originär für allgemeinbildende Schulen entwickelt wurden, auf Berufsschulen übertragen.

---

2 Efing verwendet für seine Definition den Begriff berufsweltbezogen, d.h. für alle Berufe gültig, um die Abgrenzung zu einer berufsspezifischen kommunikativen Kompetenz zu verdeutlichen.

In einer Untersuchung an beruflichen Schulen zur Wirksamkeit des in anderen Kontexten positiv evaluierten *Reciprocal Teaching* Ansatzes zur Förderung der Lesekompetenz zeigte sich, dass eine Missachtung der besonderen Gegebenheiten berufsschulischen Unterrichts dazu führen kann, dass Förderansätze wirkungslos bleiben (Keimes et al., 2011). In den letzten Jahren wurden jedoch auch explizit berufsschulspezifische Programme entwickelt und umgesetzt. Einige beziehen sich auf einzelne Fertigkeiten, wie die Lesekompetenz (z.B. Schiesser & Nodari, 2007; Becker-Mrotzek, Kusch & Wehnert, 2006) oder Schreibkompetenz (z.B. Philipp 2015). Die Entwicklung umfassender Förderkonzepte, die auf die vielfältigen Anforderungen in Ausbildung und Beruf abzielen, gehört zu den aktuellen Aufgaben im Bereich Sprache und Kommunikation in der beruflichen Bildung (Efing, 2015a, S. 8).

Zwei bereits bestehende Konzepte, die auf eine ganzheitliche Entwicklung beruflicher kommunikativer Handlungskompetenz fokussieren, sollen im Folgenden kurz genannt werden:

Basierend auf Forschungsergebnissen zu bewährten Ansätzen integrierter Sprachbildung wurde 2010 am Institut für Schulqualität (ISB) in München, unter wissenschaftlicher Begleitung von Kimmelmann und Radspieler, der Modellversuch „Berufssprache Deutsch" initiiert (ISB, 2012). Im Rahmen des Projektes wurden und werden von Lehrkräften nach einem vorgegebenen Schema sprachsensible und handlungsorientierte Unterrichtskonzepte entwickelt und dokumentiert. Die Materialien stehen online zur Verfügung und werden kontinuierlich reflektiert und evaluiert. Als fachdidaktischer Ausgangspunkt für das Aufgabenkonzept diente das Nürnberger Phasenmodell zur Planung von wirtschafts- und berufspädagogischen didaktischen Situationen.

In Berlin wurden von 2006 bis 2015 im Rahmen des Projektes SPAS (SPrachbildung An Schulen) u.a. sprachbildende binnendifferenzierende Unterrichtsmaterialien erarbeitet (Kahleyss & Wiazewicz, 2015). Die sogenannten Sprachförderbausteine wurden durch interdisziplinäre Facharbeitsgruppen (Lehrkräfte von 32 beruflichen Schulen sowie Sprachwissenschaftler/-innen) z.B. für den Bereich Gastgewerbe, Körperpflege oder Metallbau entwickelt und fokussieren auf unterschiedliche sprachliche Anforderungen in Lern- und Arbeitsprozessen. So erhalten die Schülerinnen und Schüler Unterstützung bei der Erarbeitung eines Fachwortschatzes, bei der Durchführung einer Produktpräsentation oder beim Verfassen eines Kaufvertrags.

Vielen Berliner Lehrkräften und Schulleitungen ist durch das SPAS-Projekt das Thema Sprachbildung im Fach bzw. Lernfeld bekannt, auch wenn dies (noch) nicht konsequent umgesetzt wird. Leider wird Sprachbildung oftmals als zusätzliche Aufgabe bzw. Belastung betrachtet und nicht als Teilbereich und Entlastung berufsbezogenen Lernens. In der universitären Lehramtsausbildung sollen Studierende nun darauf vorbereitet werden, sprachliches Lernen als Unterrichtsprinzip für ihr berufsdidaktisches Handeln zu begreifen.

5. Lern- und Arbeitsaufgaben als didaktisch-methodischer Rahmen für sprachliches Lernen

Ein Teilziel des Projektes Sprachen – Bilden – Chancen ist die Entwicklung sprachbildender Lernaufgaben als Beispielmaterial für die Lehrkräftebildung. Dabei kooperieren Mitarbeitende des Projektes mit Vertreterinnen und Vertretern der Fachdidaktiken, um die beiden Sichtweisen in der Aufgabenkonzeption zu vereinen. Im Bereich der beruflichen Bildung wurden Aufgaben gewählt, die für den Unterricht in der dualen Ausbildung an den Berliner Oberstufenzentren konzipiert und bereits umgesetzt wurden. Diese Aufgaben fokussieren auf berufliche Handlungskompetenz, ohne bisher sprachliche Aspekte zu berücksichtigen. Die für den jeweiligen Fachbereich typischen Aufgabenformate erfüllen die Anforderungen des Lernfeldkonzeptes und zielen auf die Entwicklung beruflicher Handlungskompetenz ab. Insbesondere im gewerblich-technischen Bereich wird der Unterricht zum Teil in Form sehr komplexer Lern- und Arbeitsaufgaben (LAA) umgesetzt. Den Berliner Lehrkräften werden hierfür Fortbildungsveranstaltungen angeboten, die sich auf das Konzept der Lern- und Arbeitsaufgaben nach Lindemann (2007) beziehen.

Ausgehend von einer komplexen Lernsituation erarbeiten die Lernenden meist in Teamarbeit einen typischen Geschäfts- bzw. Arbeitsprozess ihres Berufsbildes, der exemplarisch und als vollständige Handlung abgebildet wird. Für die Erarbeitung der Aufgaben werden entsprechende Lernmaterialien zur Verfügung gestellt, beispielsweise Texte, Modelle, Filmsequenzen etc. Die Aufgaben werden so konzipiert, dass im Laufe der Ausbildung zunehmend selbstorganisiertes Lernen von den Schülerinnen und Schülern gefordert wird. Dies bietet gute Voraussetzungen für Flexibilität und lebenslanges Lernen im Beruf.

„Neben Lernprozessen zur Erweiterung von Können und Wissen fördern Lehrer/-innen und Ausbilder/-innen auch die Erweiterung methodischer und sozialer Kompetenzen" (Lindemann, 2007, S. 127). Die Dimension der kommunikativen Kompetenz fand bisher keine explizite Erwähnung. Auch in den nach diesem Konzept von Lehrkräften entwickelten Unterrichtsmaterialien finden sich kaum Angebote zu sprachlichem Lernen. Wird Sprachbildung in Lern- und Arbeitsaufgaben integriert, erfüllt sie eine konstitutive Funktion für das berufliche Lernen. Daraus ergeben sich folgende Vorteile:

- Bildungssprachliche Kenntnisse sind in der Ausbildung Voraussetzung – zum einen, um die oft sehr komplexen fachlichen Inhalte zu durchdringen, zum anderen, um Handlungsabläufe zu verbalisieren, zu reflektieren und zu steuern (vgl. Ohm, 2010).
- Durch Sprachbildung in kasuistischen Lernsettings werden die Schülerinnen und Schüler befähigt, unterschiedliche mündliche und schriftliche kommunikative Anforderungen situationsadäquat zu bewältigen.

- Kooperative Lernformen verlangen aktives Sprachhandeln zur Aufgabenbearbeitung und fördern den Austausch über fachliche Inhalte, wodurch diese besser verarbeitet werden können (Frackmann & Tärre, 2009, S. 63ff.). Durch relevante Frage- und Problemstellungen sowie interaktionsfördernde Methoden können diese Lerngelegenheiten forciert werden.
- Um sich Wissen selbstorganisiert erarbeiten zu können, benötigen die Auszubildenden gute Recherchefähigkeiten, Methoden zur Erarbeitung des Fachwortschatzes sowie eine Vielfalt an Lese- und Schreibstrategien, die selbstorganisierten Wissens- und Kompetenzerwerb erst ermöglichen.

6. Vorschläge zur Gestaltung sprachbildender Lern- und Arbeitsaufgaben

Für die Sprachbildung ergeben sich bei der Aufgabengestaltung verschiedene Anknüpfungspunkte.

1. Analyse der Voraussetzungen der Schülerinnen und Schüler
Die Aufgabe sollte an die sprachlich-kommunikativen Kompetenzen der Schülerinnen und Schüler angepasst sein, d.h. einen Schritt über dem Ausgangsniveau liegen, um sprachliches Lernen zu evozieren. Leider liegt bisher kein geeignetes berufsbildungsspezifisches Verfahren zur Sprachstandsfeststellung vor. Dies wäre jedoch wünschenswert, da der Fokus vieler Lehrkräfte bei einer ungesteuerten Sprachbeobachtung eher auf sprachlich-systematischen Grundkompetenzen (wie Grammatik, Wortschatz, Aussprache) liegt, als auf den Hauptkompetenzen (wie funktionale Lese- und Schreibkompetenz).

2. Entscheiden für ein Szenario
Sprachbildende LAA berücksichtigen gezielt relevante kommunikative Anforderungen des anvisierten Berufs. So muss der Elektroniker beispielsweise die Photovoltaikanlage nicht nur installieren und kontrollieren können, sondern auch Funktionsbeschreibungen lesen, den Kunden beraten und die Wartung der Anlage erklären.

3. Festlegen der anvisierten Kompetenzen und Teilaufgaben
Innerhalb einer Aufgabe können nicht alle sprachlichen Aspekte eines Arbeitsprozesses didaktisch aufgegriffen werden, hier gilt es eine Auswahl zu treffen. Das im Rahmen des Projektes Sprachen – Bilden – Chancen entwickelte Instrument zur sprachbildenden Analyse von Aufgaben im Fach (isaf) (Caspari, 2017) kann (angehenden) Lehrkräften helfen, sprachliche Anforderungen in komplexen Lernaufgaben zu erkennen und Unterstützungsmaßnahmen zu planen. Durch ein System aus LAA lässt sich allerdings auch über die Einzelaufgabe hinaus eine kumulative

Entwicklung sprachlich-kommunikativer Kompetenz steuern. So sollten vor allem im ersten Ausbildungsjahr Grundfertigkeiten, wie Lesestrategien für den Umgang mit Fachtexten oder Methoden zur Sicherung und Aneignung von Fachbegriffen, in die Lernaufgaben integriert werden (vgl. Lernaufgabentypen nach Schütte, 2006, S. 187f.).

4. Planung der Unterrichtsmethoden
In den letzten Jahren wurden viele Maßnahmen zur Sprachbildung im Fachunterricht konzipiert, die unter Berücksichtigung der spezifischen Rahmenbedingungen auch auf berufsschulischen Unterricht übertragen werden können. Für die Unterrichtsplanung mit Hilfe des Instruments isaf (vgl. Abschnitt 3) wurde eine kommentierte Methodenauswahl erstellt, die eine leichte Zuordnung möglicher Unterstützungsmaßnahmen zu bestimmten sprachlichen Anforderungen ermöglicht. Darüber hinaus existieren bereits berufsbildungsbezogene Methodensammlungen (Ohm, Kuhn & Funk, 2007; Günther, Laxczkowiak, Niederhaus & Wittwer, 2013). Für LAA besonders passend erscheinen Methoden, die in kooperativen Lernformen umgesetzt werden können, auf einen funktionalen Sprachgebrauch abzielen und weitgehend selbstorganisiert durchgeführt werden können. Leider liegen zur Wirksamkeit von Förderansätzen im Bereich der beruflichen Bildung nur wenige belastbare Befunde vor (vgl. Keimes et al., 2011, S. 38).

5. Aufgabenformulierung
Bei der Umsetzung der oft sehr umfangreichen LAA hat sich gezeigt, dass Schülerinnen und Schüler teilweise große Schwierigkeiten haben, die Aufgabenstellung zu verstehen. Daher ist es wichtig, auch bei der Formulierung der Aufgaben sprachsensibel vorzugehen und eine wiedererkennbare Aufgabensyntax zu entwickeln. Mit Hilfe des Instruments isaf wird die Aufmerksamkeit der Lehrenden auch auf die Verständlichkeit und Transparenz ihrer Aufgabenstellungen gelenkt. Radspieler (2012) hat zudem „Hinweise zur Formulierung sprachsensibler Aufgaben" erstellt, wodurch eine chancengleiche Bearbeitung der Aufgaben für alle Schülerinnen und Schüler ermöglicht werden soll.

7. Fazit

Die Beteiligung der Berufsschulen an durchgängiger Sprachbildung bedingt eine Fokussierung auf kommunikative Anforderungen in Ausbildung und Beruf. Während der 2-3,5-jährigen Berufsausbildung gilt es, bildungs- und berufsbezogene kommunikative Kompetenzen weiterzuentwickeln, dafür müssen Wege gegangen werden, die sich gut in die didaktische Landschaft der beruflichen Bildung einfügen. Übliche didaktisch-methodische Ansätze wie die Lern- und Arbeitsaufgaben auf der einen Seite, sprachliche Bildung auf der anderen stellen dabei ein wechselseitiges Bedingungsgefüge dar.

Um dieser Herausforderung gerecht zu werden, gilt es, Lehrkräfte dazu zu befähigen, sprachbildenden Unterricht im Lernfeld zu planen, umzusetzen und zu reflektieren. Denn der Erwerb sprachlicher Handlungsfähigkeit seitens der Schülerinnen und Schüler ist nicht möglich ohne die Erweiterung der beruflichen Handlungskompetenzen ihrer Lehrkräfte. Die im Projekt Sprachen – Bilden – Chancen umgesetzte Kooperation zwischen Fachdidaktiken der beruflichen Bildung und Sprachbildungsexpertinnen und -experten bringt wie bei der Autorinnenschaft des vorliegenden Textes beide Seiten didaktischen Denkens zusammen. So wird Sprachbildung nicht mehr als zusätzliches Themengebiet betrachtet, sondern als immanenter Bestandteil der Ausbildung angehender Berufsschullehrkräfte und ihrer Schülerinnen und Schüler.

Literatur

Bader, Reinhard (2004). Handlungsfeld – Lernfeld – Lernsituation. In Reinhard Bader, Martina Müller (Hrsg.): *Unterrichtsgestaltung nach dem Lernfeldkonzept* (S. 11-37). Bielefeld: Bertelsmann.

Becker-Mrotzek, Michael; Kusch, Erhard & Wehnert, Bernd (2006). *Leseförderung in der Berufsbildung.* Duisburg: Gilles und Francke (KöBeS / Reihe A, 2).

Caspari, Daniela; Andreas, Torsten; Schallenberg, Julia; Shure, Victoria; Sieberkrob, Matthias (2017). *Instrument zur sprachbildenden Analyse von Aufgaben im Fach (isaf)* Verfügbar unter: www.sprachen-bilden-chancen.de [03.07.2017].

Efing, Christian (2015a). Aktuelle Themen, Tendenzen und Herausforderungen im Bereich Sprache und Kommunikation in der beruflichen Bildung. In Christian Efing; Britta Hufeisen & Nina Janich (Hrsg.), *Sprache und Kommunikation in der beruflichen Bildung. Modellierung – Anforderungen – Förderung* (S. 7–14). Frankfurt am Main: Peter Lang.

Efing, Christian (2015b). Berufsweltbezogene kommunikative Kompetenz in Erst- und Fremdsprache – Vorschlag einer Modellierung. In Christian Efing; Britta Hufeisen & Nina Janich (Hrsg.), *Sprache und Kommunikation in der beruflichen Bildung. Modellierung – Anforderungen – Förderung* (S. 17–46). Frankfurt am Main: Peter Lang.

Frackmann, Margit & Tärre, Michael (2009). *Lernen und Problemlösen in der beruflichen Bildung. Methodenhandbuch.* Bielefeld: Bertelsmann.

Grundmann, Hilmar (2007). Bildungsergebnis vor Bildungserlebnis. Der Deutschunterricht an berufsbildenden Schulen zwischen PISA und der Forderung nach kommunikativen Höchstleistungen. *Der Deutschunterricht, 59* (1), 10–18.

Günther, Katrin; Laxczkowiak, Jana; Niederhaus, Constanze & Wittwer, Franziska (2013). *Sprachförderung im Fachunterricht an beruflichen Schulen.* Berlin: Cornelsen.

IHK Berlin (2016). *Aus und Weiterbildungsumfrage.* Verfügbar unter https://www.ihk-berlin.de/blob/bihk24/politische-positionen-und-statistiken_channel/ZahlenundFakten/downloads/3416838/1321fecfd547815dc5187c4de756fafc/Berliner-Ergebnisse_2016-data.pdf [05.04.2017].

ISB (Staatsinstitut für Schulqualität und Bildungsforschung München) (Hrsg.) (2012). *Berufssprache Deutsch. Handreichung zur Förderung der beruflichen Sprachkompetenz von Jugendlichen in Ausbildung.* München.

Kahleyss, Margot & Wiazewicz, Magdalena (2015). Schritt für Schritt zum und im Beruf. Förderung der Sprache als berufliche Handlungskompetenz und die Qualifizierung der Lehrkräfte nach dem SPAS-Konzept. In Christian Efing; Britta Hufeisen & Nina Janich (Hrsg.), *Sprache und Kommunikation in der beruflichen Bildung. Modellierung – Anforderungen – Förderung* (S. 169–189). Frankfurt am Main: Peter Lang.

Keimes, Christina; Rexing, Volker & Ziegler, Brigit (2011). Leseanforderungen im Kontext beruflicher Arbeit als Ausgangspunkt für die Entwicklung adressatenspezifischer integrierter Konzepte zur Förderung von Lesestrategien. In Uwe Faßhauer, Josef Aff, Bärbel Fürstenau & Eveline Wuttke (Hrsg.), *Lehr-Lernforschung und Professionalisierung. Perspektiven der Berufsbildungsforschung* (S. 37–49). Leverkusen: Budrich.

Kimmelmann, Nicole (2013). Sprachsensible Didaktik als diversitäts-gerechte Weiterentwicklung einer Didaktik beruflicher Bildung. *bwp@ Berufs- und Wirtschaftspädagogik – online, 24,* 1–21. Verfügbar unter: http://www.bwpat.de/ausgabe24/kimmelmann_bwpat24.pdf [27.05.2016].

KMK (Ständige Konferenz der Kultusminister der Länder in der Bundesrepublik Deutschland) (Hrsg.) (2011). *Handreichung für die Erarbeitung von Rahmenlehrplänen der Kultusministerkonferenz für den berufsbezogenen Unterricht in der Berufsschule und ihre Abstimmung mit Ausbildungsordnungen des Bundes für anerkannte Ausbildungsberufe.* Verfügbar unter: http://www.kmk.org/fileadmin/Dateien/veroeffentlichungen_beschluesse/2011/2011_09_23_GEP-Handreichung.pdf [27.05.2016].

KMK (Ständige Konferenz der Kultusminister der Länder in der Bundesrepublik Deutschland) (Hrsg.) (2015). *Rahmenvereinbarung über die Berufsschule (Beschluss der Kultusministerkonferenz vom 12.03.2015). Fundstelle: Beschluss-Nr. 323.* Verfügbar unter: http://www.kmk.org/fileadmin/Dateien/veroeffentlichungen_beschluesse/2015/2015_03_12-RV-Berufsschule.pdf [27.05.2016].

Lindemann, Hans-Jürgen (2007). Der Einsatz von Lern- und Arbeitsaufgaben zur Förderung selbstgesteuerten Lernens. In Peter Dehnbostel (Hrsg.), *Lernen im Prozess der Arbeit* (S. 127–145). Münster: Waxmann.

Ohm, Udo (2010). Schule und Ausbildung als semiotische Lehrzeit. Zur konstitutiven Funktion von Sprache für das fachliche Lernen. In Claudia Benholz; Gabriele Kniffka & Elmar Winters-Ohle (Hrsg.), *Fachliche und sprachliche Förderung von Schülern mit Migrationsgeschichte. Beiträge des Mercator-Symposions im Rahmen des 15. AILA-Weltkongresses „Mehrsprachigkeit: Herausforderungen und Chancen"* (S. 167–186). Münster: Waxmann (Mehrsprachigkeit, Bd. 26).

Ohm, Udo; Kuhn, Christina & Funk, Hermann (2007). *Sprachtraining für Fachunterricht und Beruf. Fachtexte knacken – mit Fachsprache arbeiten.* Münster: Waxmann.

Philipp, Maik (2015). Because Writing Matters! (Berufliches) Schreiben und seine effektive Förderung. In Christian Efing; Britta Hufeisen & Nina Janich (Hg.), *Sprache und Kommunikation in der beruflichen Bildung. Modellierung – Anforderungen – Förderung* (S. 151–168). Frankfurt am Main: Peter Lang.

Radspieler, Andrea (2012). *Formulierung von sprachsensiblen Aufgaben in der Berufsbildung* (Berichte zur Wirtschaftspädagogik und Personalentwicklung. 2012-1). Nürnberg: Universität Erlangen-Nürnberg, Lehrstuhl für Wirtschaftspädagogik und Personalentwicklung.

Schiesser, Daniel & Nodari, Claudio (2007): *Förderung des Leseverstehens in der Berufsschule*. Bern: Buchner.
Schütte, Friedhelm (2006). *Berufliche Fachdidaktik. Theorie und Praxis der Fachdidaktik Metall- und Elektrotechnik, ein Lehr- und Studienbuch*. Stuttgart: Steiner, Franz.
Tenberg, Ralf (2006). *Didaktik lernfeldstrukturierten Unterrichts. Theorie und Praxis beruflichen Lernens und Lehrens*. Hamburg: Handwerk und Technik.

Kristina Peuschel

Fächerübergreifende Aspekte von Deutsch als Zweitsprache und Sprachbildung in der universitären Lehrkräftebildung

> „Ich habe eine neue Perspektive auf Sprachlich-
> keit im Unterricht und überhaupt kennenge-
> lernt." (Student/-in im Bachelor DaZ-Modul)

## 1.	Einleitung

In der Diskussion um Sprachbildung in den Fächern und als Querschnittsthema für Lehramtsstudium, Referendariat und Unterrichtspraxis stellt sich nicht nur die Frage, welche Aspekte von Sprachförderung und Sprachbildung grundlegend sind, sondern auch mit welchen hochschuldidaktischen Konzepten diese zukünftig an große Gruppen von Studierenden vermittelt werden. Der Beitrag zeigt am Beispiel der Freien Universität Berlin, wie mit Ansätzen von Blended Learning dieser spezifischen Herausforderung begegnet wird.

## 2.	Referenzdisziplinen und Konzepte

Sprachbildung (SB) findet fachintegriert statt und ist an fachliche Inhalte und Anforderungen geknüpft (vgl. Becker-Mrotzek et al., 2013; Benholz, Frank & Gürsoy, 2015 u.a.). Verschiedene akademische Disziplinen mit jeweils eigenen Forschungstraditionen bieten Zugänge zum Themenfeld, formulieren Kompetenzen und Wissensbereiche für Studierende aller Fächer (vgl. Roth et al., 2012; Köker et al., 2015; Gogolin et al., 2011), Handlungsempfehlungen für Lehrkräftebildung und Lehrpraxis (vgl. Baumann & Becker-Mrotzek, 2014; Dirim, 2015) oder präsentieren empirische Studien zu ausgewählten Themenbereichen des Deutschen als (fremder) Bildungssprache (vgl. Tschirner, Bärenfänger & Möhring, 2016). Im Berliner Modell der DaZ-Module haben lernersprachliche Entwicklungen und daraus resultierende sprachliche Schwierigkeiten für Kinder und Jugendliche mit Deutsch als nicht-erster Sprache Tradition (vgl. z.B. Rösch, 2011; Ahrenholz, 2010a, 2010b; vgl. auch Jostes et al., 2015). Es wurde das Ziel verfolgt, angehende Lehrkräfte zweitsprachspezifisch für unterrichtliche Herausforderungen auf Grund von Mehrsprachigkeit im Klassenraum zu sensibilisieren sowie grundlegende Handlungsoptionen für die DaZ-Förderung im Fachunterricht aufzuzeigen. Mit Blick auf sprachliche, kulturelle und soziale Diversität und Heterogenität werden ebenso erziehungswissenschaftliche Modelle thematisiert, so zum Beispiel der Ansatz der durchgängigen Sprachbildung (vgl. Gogolin et al., 2011) oder migrationspädagogische Ansätze (vgl. Mecheril, 2015). Die Studierenden bekommen Reflexionsanlässe für den Umgang mit sprachlicher Heterogenität und herkunftsspezifischen Ressourcen der Schule in der Migrationsgesellschaft (vgl. Leiprecht & Steinbach, 2015). Die (eigentlich unlösbare) Mammutaufgabe, der sich die Freie Universität in ihrer DaZ/SB-Ausbildung stellt, umfasst aus fächerübergreifender Perspektive drei Teilaufgaben:

1. Die Heterogenität der Studierenden aufgreifen, um unterschiedliches Vorwissen differenzierend im Rahmen obligatorischer Studieninhalte zu bedienen.
2. DaZ/SB-spezifisches Wissen vermitteln, das für alle Schulfächer relevant ist.
3. Sprachfördernde und sprachbildende Handlungsoptionen anbieten, die sich auf alle schulischen Zusammenhänge übertragen lassen und fächerspezifisch ausdifferenziert werden können.

Angesichts steigender Studierendenzahlen und schmaler Ressourcen für die Vermittlung von DaZ/SB-Kompetenzen als Querschnittsthema sind in der akademischen Lehre der Freien Universität Berlin im Verlauf des Projekt *Sprachen – Bilden – Chancen: Innovationen für das Berliner Lehramt* Adaptionen in den fächerübergreifenden und fachspezifischen Lehrveranstaltungen vorgenommen worden, die sich am besten mit dem Bild des Umbaus bei laufendem Motor umschreiben lassen und die nachfolgend dargestellt werden.

3. Von DaZ zu Sprachbildung in allen Fächern – das Beispiel Freie Universität

3.1 Organisatorisches

Die seit 2015/2016 geltenden Neuerungen in der Studienorganisation der Berliner Lehrkräftebildung hatten eine Aufwertung der obligatorischen DaZ/SB-Anteile im Studienverlauf zur Folge. Im BA mit Lehramtsoption bekommen die Studierenden nun fünf anstelle von drei Leistungspunkten DaZ/SB im Studienbereich Lehramtsbezogene Berufswissenschaften (vgl. Jostes et al., 2015, S. 15ff.). Das ursprünglich fächerübergreifende Grundlagen-Modul DaZ/SB im Bachelor der Freien Universität besteht aus einer wöchentlichen, 90-minütigen Vorlesung im Sommersemester sowie einer zweiwöchentlich stattfindenden, 90-minütigen vertiefenden Lehrveranstaltung. Die Modulabschlussprüfung ist eine elektronische Klausur, die in Kooperation mit dem E-Examination-Team der Freien Universität durchgeführt wird. Im Master of Education absolvieren die Studierenden DaZ/SB-Lehrveranstaltungen im Umfang von drei Leistungspunkten im Rahmen des Moduls Lernforschungsprojekt und erhalten je einen Leistungspunkt für Sprachbildung in der jeweiligen Fachdidaktik ihrer Fächer. Für die Studieninhalte DaZ/

SB ist ein Workload von 25 % im Rahmen von Blended-Learning vorgesehen. Zusammen mit der Einführung des Praxissemesters zum Wintersemester 2016/2017, in dem erstmals die neuen M.Ed.-Module durchgeführt wurden, ist der Erneuerungsdruck für die akademische Lehre demzufolge recht groß.

3.2 Inhaltliches

Zur inhaltlichen Erneuerung der DaZ/SB-Ausbildung an der Freien Universität gehört die systematische Anerkennung der Heterogenität der Studierenden in Bezug auf die von ihnen studierten Fächer und damit in Bezug auf spezifisches Vorwissen und spezifische Interessen für den Fachunterricht. Im Sommersemester 2015 wurde erstmalig die bisher fächerübergreifende DaZ-Vorlesung in zwei fächergruppenspezifische Vorlesungen getrennt: „Deutsch als Zweitsprache und Sprachbildung für Studierende der Gesellschaftswissenschaften, Deutsch und Fremdsprachen" sowie „Deutsch als Zweitsprache und Sprachbildung für Studierende der Naturwissenschaften, Mathematik und Informatik" (vgl. Lehrangebot DaZ-Modul, Freie Universität Berlin). Bei der noch andauernden Neukonzeption der Vorlesungen stellt sich insbesondere die Herausforderung des Erhalts bewährter Themen, Inhalte und Aufgaben bei gleichzeitiger Integration neuer Elemente. Im Hinblick auf die hohe Studierendenanzahl wurde in der gesellschaftswissenschaftlichen DaZ/SB-Vorlesung bereits im Sommersemester 2015 mit Elementen des Blended-Learning experimentiert. Darauf aufbauend wurde das Blended-Learning-Konzept für das Praxissemester erarbeitet.

4. Blended Learning für DaZ und Sprachbildung an der Freien Universität

Unter Blended-Learning (BL) werden Lehr-Lern-Arrangements verstanden, die *face-to-face*-Präsenzphasen mit E-Learning-Elementen verknüpfen. Zentrale Aspekte von BL sind der didaktisch sinnvolle Einsatz elektronischer Tools für spezifische Aspekte des Lernens und die enge inhaltliche Verzahnung der elektronisch-digitalen, virtuellen Elemente mit nicht-virtuellen. Das hier vorgestellte BL-Hochschulkonzept wurde in sehr konkreten, standortspezifischen Bedingungen erarbeitet und entspricht in seinen Merkmalen am ehesten einem *rotationmodel*, das heißt einem Kurs, „bei dem die Studierenden nach einem festgelegten Plan oder nach Vorgabe der Lehrenden zwischen verschiedenen Lernmodalitäten wechseln, wobei eine Modalität das Online-Lernen sein muss" (Würffel, 2014, S. 159). Aber auch Elemente des *flipped-classroom*, „bei dem außerhalb der Schule mithilfe von didaktischen Online-Materialien zum selben Thema gelernt wird" (ebd.), finden sich im BL-Konzept der FU Berlin. In der Regel werden im Hochschulkontext hierfür die jeweiligen Learning-Management-Systeme wie Moodle, Blackboard, ILIAS und andere verwendet. Es werden Materialien bereitgestellt und die zur Verfügung stehenden elektronischen Tools, wie Wikis und Tests, oder Kommunikationskanäle, wie Foren, in konkrete Aufgabenbearbeitungen eingebunden.[1]

4.1   Blended Learning im Bachelor – Vorlesung, Übung, Wiki

Die Vorlesung „DaZ/SB für Studierende der Gesellschaftswissenschaften, Deutsch und Fremdsprachen" sowie die begleitenden 14-tägigen Übungen richten sich seit dem Sommersemester 2015 an Studierende der Fächer Politik, Geschichte, Sozialkunde, Ethik sowie an Studierende der Fächer Deutsch und Fremdsprachen (inkl. Latein und Griechisch). Die Inhalte der Vorlesung bauen auf der zuvor an der FU gehaltenen fächerübergreifenden Vorlesung auf und werden fächergruppenspezifisch modifiziert. Regelmäßig nehmen ca. 350 Studierende an den Lehrveranstaltungen (Vorlesung, Seminar) teil, die alle von einer Dozentin betreut werden. Trotz dieses ungünstigen Betreuungsschlüssels wird den Studierenden mit thematischen Lernmodulen und online zu bearbeitenden Wiki-Aufgaben ein minimales Angebot studentischer Eigenaktivität sowie wissenschaftlicher Reflexion gemacht. Die thematischen Lernmodule folgen den Themen der einsemestrigen Vorlesung und bestehen aus den Inhaltselementen *Leitfragen zur Vorlesung, Text zur Vorbereitung, Aufgaben und Material zur Übung, weiterführende Materialien, klausurrelevantes Wissen.* Entsprechend den Präsenzgruppen der Seminare mit jeweils ca. 35–40 Teilnehmenden arbeiten die Studierenden in virtuellen Seminargruppen zusammen. Dort erstellen sie online Wiki-Einträge, bestehend aus kollaborativ geschriebenen Vorlesungsprotokollen und Text-Exzerpten. Ein Wiki ist eine Sammlung von Webseiten, die die Studierenden selbst erstellen, und eignet sich insgesamt gut, die Inhalte (Protokoll, Exzerpt) im Rahmen der virtuellen Seminargruppe geschützt zu veröffentlichen und für die Präsenzsitzungen zur Diskussion zu stellen. Zudem erfüllen die teilnehmenden Studierenden der Geistes- und Gesellschaftswissenschaften mit dem Schreiben von Protokollen und Exzerpten eine hochschulrelevante, studienorientierte, schriftliche Aufgabe.

4.2   Blended Learning im M.Ed. – Seminar, Tests, Foren, Dateiuploads

Das für den Master of Education entwickelte BL-Konzept „DaZ/SB im Praxissemester der Freien Universität Berlin" beinhaltet thematische Lernmodule, die das Seminar unterstützen, sowie Online-Aufgaben im Umfang von 25 % des

---

1   Im Rahmen von Fort- und Ausbildung im Bereich DaZ/Sprachbildung scheint sich Blended-Learning zunehmend zu etablieren (vgl. Backhaus / Chlebnikow, erscheint 2017).

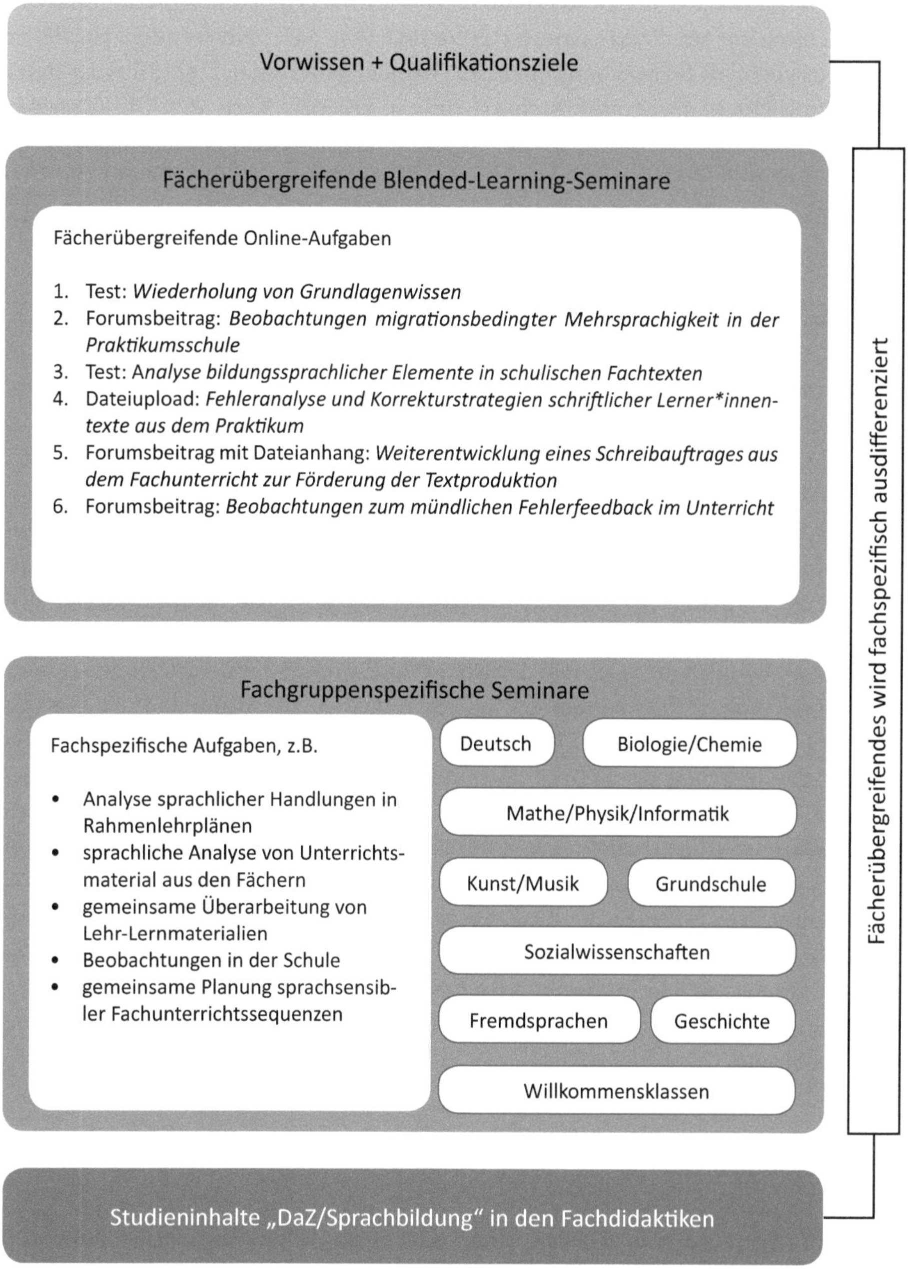

Abbildung 1: Blended Learning für DaZ/SB im Praxissemester der Freien Universität, 2016/2017 – Ausbildungstruktur und -inhalte

geplanten Workloads der Studierenden. Das Lehr-Lern-Arrangement wurde im ersten Durchlauf im Praxissemester 2016/2017 von 347 Studierenden absolviert. Ein sechswöchiges fächerübergreifendes Grundlagenseminar DaZ/SB wird durch ein neunwöchiges fächerspezifisches Seminar ergänzt. Kern des BL-Konzeptes sind Online-Aufgaben, die fächerübergreifend Wissenselemente testen, die DaZ/SB-spezifische Beobachtungen im Fachunterricht erfordern und die auf die Umsetzung von sprachbildendem Handeln im Fachunterricht abzielen (vgl. Abb. 1).

4.3 Aufgabenbearbeitungen und Evaluation

Die Bearbeitung der Wiki-Aufgabe im Bachelor ist im Rahmen des gesellschaftswissenschaftlichen Lehrkonzepts in den Jahren 2015 und 2016 für die Studierenden obligatorisch. Im Sommersemester 2015 wurden ca. 120 kollaborative Protokolle und Exzerpte als Wiki-Einträge erstellt, im Sommersemester 2016 waren es etwa 90 Wiki-Einträge. Die erarbeiteten Texte unterscheiden sich in Umfang und Qualität und würden für weiterführende Untersuchungen zur Anbahnung akademischer Schreibfähigkeit im Bachelorstudium eine wertvolle Ressource darstellen.

Die stärker vorstrukturierten Online-Aufgaben im Master of Education waren zu 2/3 Pflichtaufgaben, zu einem Drittel weiterführende Lern- und Reflexionsangebote (vgl. Abb. 1: Pflichtaufgaben: 1, 3, 5; Aufgaben zur Wahl: 2, 4, 6). Das Absolvieren von insgesamt vier Online-Aufgaben für den fächerübergreifenden Teil war für das Bestehen der Lehrveranstaltung obligatorisch. Mit dem entwickelten Blended-Learning-Konzept wurden also insgesamt 1388 Online-Aufgaben von den Studierenden bearbeitet, eine Zahl, die in einem reinen Präsenzseminar mit dem bestehenden Betreuungsschlüssel kaum denkbar ist. Neben der Bewältigung der quantitativen Aspekte der DaZ/SB-Module an der Freien Universität Berlin wird nachfolgend anhand ausgewählter Aspekte der Lehrveranstaltungsevaluationen gezeigt, welche weiteren Adaptionen für eine schlüssiges, inhaltsreiches und den Erfordernissen des Lehramtsstudiums angemessenes Blended Learning notwendig sind.

4.4 Evaluationen

Beide BL-Arrangements wurden einer intensiven Lehrveranstaltungsevaluation unterzogen. Für die BA-Veranstaltungen wurde der allgemeine, universitätsweite Fragebogen zur Lehrveranstaltungsevaluation in Papierform verwendet. Für die Evaluation des Master-Konzepts wurde eine eigene Online-Befragung entwickelt. Insgesamt beantworteten die BA-Studierenden im Sommersemester 2015 in Bezug auf Vorlesung und Seminar „DaZ/SB für Studierende der Geisteswissenschaften, Deutsch und Fremdsprachen" die Frage „Was hat Ihnen an dieser Lehrveranstaltung gut gefallen?" mehrfach mit Referenz auf die Online-Elemente. So finden sich folgende explizite Kommentare: „Gut, dass im Blackboard alles so gut organisiert war!", „Online-Plattform war hilfreich, Texte wurden zur Verfügung gestellt", „Gute Kombination aus Vorlesung, Übung und Online-Lernportal, Zusammenspiel bestmöglich ausgenutzt." „Group-Wiki […] sehr hilfreich", „Die Wiederholung und Vorbereitung der Vorlesung in der Übung waren sehr gut. Ich wurde ‚gezwungen' mich mit dem Wiki auseinanderzusetzen und habe so den Umgang damit gelernt.", „Mir hat es gut gefallen, dass die Vorlesungen von den Studis zusammengefasst wurden und für alle im Wiki verfügbar sind" (Auszüge aus der systematischen Lehrveranstaltungsevaluation der FU, Sommersemester 2015).

Mit der Evaluation des BL-Konzepts für das Praxissemester im Master werden die Grundkonzeption sowie die erstellten Aufgaben und Materialien bewertet, um Schlussfolgerungen für die Weiterentwicklung und Anpassung für das Praxissemester 2017/2018 zu ziehen.[2] 134 abgeschlossene Online-Befragungen stehen insgesamt zur Auswertung zur Verfügung. Sie verteilen sich auf die zweiteilige Lehrveranstaltungsevaluation wie folgt: fachübergreifende Evaluation (E_fü) der sechswöchigen fächerübergreifenden DaZ/SB-Seminare – N = 85; fachspezifische Evaluation (E_fs) der neunwöchigen fächerspezifischen DaZ/SB-Seminare – N = 49. In E_fü werden die Studierenden zur Passung der Online-Aufgaben hinsichtlich der intendierten Lernziele, zur Nützlichkeit der eingesetzten elektronischen Tools, zum selbst eingeschätzten Lernerfolg sowie zur Organisation der Gesamtstruktur des BL-Angebots befragt. E_fs fokussiert die Passung der Fächerspezifik der Seminarinhalte in Verbindung mit dem jeweils angestrebten Lehramtsabschluss sowie die Relevanz der Lehrinhalte für die konkrete Situation an der jeweiligen Praktikumsschule.

Die Funktionalität des BL-Konzeptes wird von den Studierenden fächerübergreifend insgesamt positiv bewertet. Die Aussage „Die Online-Aktivitäten in dieser Lehrveranstaltung waren mit eindeutigen Aufgaben und Zielen verbunden" wird wie folgt bewertet: 20 % stimme voll zu, 52,9 % stimme eher zu, 11,8 % stimme teilweise zu, 0 % stimme eher nicht zu, 14,1 % stimme überhaupt nicht zu, 1,2 % nicht beantwortet. Die Online-Aufgaben und die mit ihnen intendierten Lernziele werden mehrheitlich als passend evaluiert, wobei vor allem die offenen Aufgaben 2, 4, und 6 von den Studierenden positiv und zielführend für die intendierten Lernziele bewertet werden:

---

2 Das Konzept wurde im DaZ/SB-Team der Freien Universität erarbeitet. Dazu gehörten Kristina Peuschel, Barbara Krischer und Daniela Caspari. Die technische Umsetzung des Kurses im Praxissemester sowie dessen Evaluation wurde maßgeblich von den studentischen Mitarbeiterinnen Fr. Lili Kroll sowie Fr. Ceren Özdemir unterstützt, wofür an dieser Stelle herzlich gedankt wird. Die Evaluationsergebnisse wurden auf der Abschlusstagung des Projekts „Sprachen – Bilden – Chancen" im Rahmen der Postersession präsentiert.

- Item: *Die Aufgabe 2 „Migrationsbedingte Mehrsprachigkeit" hat dazu beigetragen, meine Wahrnehmung von Mehrsprachigkeit in der Schule auszudifferenzieren*: 21,1 % stimme voll zu, 47,1 % stimme eher zu.
- Item: *Die Aufgabe 4 „Entwicklung geeigneter Korrekturstrategien für schriftliche Produktionen" hat dazu beigetragen, mich mit Strategien der schriftlichen Fehlerkorrektur vertraut zu machen*: 18,8 % stimme voll zu, 42,4 % stimme eher zu.
- Item: *Mit Aufgabe 6 „Mündliches Fehlerfeedback" habe ich gelernt, welche Strategien mündlichen Fehlerfeedbacks im Fachunterricht umgesetzt werden können*: 34,1 % stimme voll zu, 42,4 % stimme eher zu.

Die Angemessenheit des Tests zur Überprüfung von Wissensbeständen aus dem Bachelor (Aufgabe 1) wird teilweise bestätigt, hier gibt es jedoch Anpassungsbedarf (21,1 % stimme voll zu, 20 % stimme eher zu, 43,5 % stimme teilweise zu). Auch die Testaufgabe zu Kenntnissen der sprachlichen Analyse von Unterrichtsmaterial (Aufgabe 3) wird etwas verhaltener als angemessen bewertet (16,5 % stimme voll zu, 27,1 % stimme eher zu, 31,8 % stimme teilweise zu). Die Transparenz des Gesamtkonzepts ist aus Sicht der Studierenden ausreichend gewährleistet. Die Verzahnung von Präsenz- und Onlinephasen bewerten 51,8 % der Studierenden positiv. Die Nachbereitung der Online-Aufgaben während der Präsenzzeit muss jedoch zukünftig mehr berücksichtigt und der Zweck der digitalen Lehr- und Lernmaterialien muss besser kommuniziert werden.

Ungeachtet der insgesamt positiven Bewertung von Online-Aufgaben und -Tools wird den Präsenzveranstaltungen von den Studierenden ein überaus hoher Stellenwert beigemessen. Besonders nützliche Hilfestellungen für Studierende sind der Input der Dozentinnen und Dozenten im Seminar, praxisbezogene Hinweise zur Textentlastung sowie die gemeinsame Überarbeitung von Unterrichtsentwürfen unter sprachförderlichen und sprachbildenden Aspekten. Insgesamt wird das BL-Konzept in der Pilotierung im Praxissemester 2016/2017 von den Studierenden gut angenommen und positiv bewertet. Die intendierten Ziele werden größtenteils erreicht, dennoch könnte der Mehrwert von Blended-Learning zukünftig stärker herausgearbeitet werden.

5. Fazit und Ausblick

Ziel des Beitrages war es, am Beispiel der Freien Universität Berlin nachzuzeichnen, wie der organisatorischen und inhaltlichen Neuausrichtung der DaZ/ SB-Module in der akademischen Lehrpraxis der Freien Universität begegnet wird. Ein erstes Ergebnis der Neuausrichtung ist die Implementierung von Blended-Learning-Ansätzen für die fächerübergreifenden und fächerspezifischen Studieninhalte im Bachelor sowie im M.Ed.-Praxissemester. Dabei zeigen die Lehrveranstaltungsevaluationen Anpassungsbedarf in Bezug auf die Verzahnung von Online-Aufgaben und Präsenzsitzungen sowie in Bezug auf das bedürfnisorientierte Angebot fachspezifischer Materialien und Aufgaben. Insgesamt erscheint es zukunftsweisend und erstrebenswert, systematisch Blended-Learning-Konzeptionen für DaZ und Sprachbildung zu erarbeiten und mit ihnen die notwendigen Kompetenzen angehender Lehrkräfte zu entwickeln. Neben der Auswahl fächerübergreifend relevanter Themenbereiche spielen jedoch personelle Ressourcen sowie standortspezifische akademische Lehrtraditionen bei der Implementierung von Blended-Learning für DaZ/SB eine Rolle. Zukünftige Ausbildungskonzepte haben die Aufgabe, für Studierende Brücken zu schlagen zwischen der Konkretheit der sprachlichen Herausforderungen in der Schule der Migrationsgesellschaft sowie ihrer wissenschaftlichen Fundierung. Dabei bedarf es eines gewissen Freiraums für Lehrende und Studierende um eigene Lernprozesse vom Fächerübergreifenden zum Fachspezifischen zu ermöglichen. In der Konzeption schlüssiger Blended-Learning-Konzepte liegt hierfür Potential.

Literatur

Ahrenholz, Bernt (Hrsg.). (2010a). *Deutsch als Zweitsprache* (2. korrigierte und überarbeitete Aufl.). Baltmannsweiler: Schneider.

Ahrenholz, Bernt (Hrsg.). (2010b). *Fachunterricht und Deutsch als Zweitsprache* (2. Aufl.). Tübingen: Narr.

Backhaus, Anke & Chlebnikow, Joanna (erscheint 2017). „In der Sprache liegt die Würze" – Sprachsensibel unterrichten im Fach Ernährungs- und Hauswirtschaftwissenschaften. Ein Blended-Learning-Konzept für die Lehrerausbildung. In Elisabetta Terassi-Haufe & Anke Börsel (Hrsg.), *Sprache und Sprachbildung in der Beruflichen Bildung*. Münster: Waxmann.

Baumann, Barbara & Becker-Mrotzek, Michael (2014). *Sprachförderung und Deutsch als Zweitsprache an deutschen Schulen: Was leistet die Lehrerbildung? Überblick, Analysen und Handlungsempfehlungen*. Köln: Mercator-Institut für Sprachförderung und Deutsch als Zweitsprache. Verfügbar unter: http://www.mercator-institut-sprachfoerderung.de/fileadmin/user_upload/Mercator-Institut_Was_leistet_die_Lehrerbildung_03.pdf [15.7.2017].

Becker-Mrotzek, Michael; Schramm, Karen; Thürmann, Eike & Vollmer, Helmut J. (Hrsg.) (2013). Sprache im Fach: Einleitung. In dies., *Sprache im Fach. Sprachlichkeit und fachliches Lernen* (S. 7–13). Münster: Waxmann.

Benholz, Claudia; Frank, Magnus & Gürsoy, Erkan (Hrsg.). (2015). *Deutsch als Zweitsprache in allen Fächern. Konzepte für Lehrerbildung und Unterricht*. Stuttgart: Fillibach bei Klett.

Dirim, Inci (2015). Umgang mit migrationsbedingter Mehrsprachigkeit in der schulischen Bildung. In Rudolf Leiprecht & Anja Steinbach (Hrsg.), *Schule in der Migrationsgesellschaft. Ein Handbuch* (Band 2, S. 25–48). Schwalbach am Taunus: Debus Pädagogik.

Gogolin, Ingrid; Dirim, Inci; Klinger, Thorsten; Lange, Imke; Lengyel, Drorit; Michel, Ute; Neumann, Ursula; Reich, Hans H.; Roth, Hans-Joachim; Schwippert, Knut (Hrsg.).

(2011). *Förderung von Kindern und Jugendlichen mit Migrationshintergrund FörMig – Bilanz und Perspektiven eines Modellprogramms.* Münster: Waxmann.

Jostes, Brigitte (Koord.), unter Mitarbeit von Torsten Andreas, Anke Börsel, Daniela Caspari, Cornelia Chmiel, Annkathrin Darsow, András Horváth, Simone Knab, Alexander Lohse, Beate Lütke, Jennifer Paetsch, Inger Petersen, Kristina Peuschel, Julia Schallenberg, Matthias Sieberkrob (2015). *Sprachbildung / Deutsch als Zweitsprache in der Berliner Lehrkräftebildung: Eine Bestandsaufnahme.* Verfügbar unter: http://edocs.fu-berlin.de/docs/servlets/MCRFileNodeServlet/FUDOCS_derivate_000000008446/160408_SprachenBildenChancen_InteraktivesPDF.pdf;jsessionid=D1D9465D68C54547DD273378F2816FB2?hosts [15.7.2017].

Köker, Anne; Rosenbrock-Agyei, Sonja; Ohm, Udo; Carlson, Sonja A.; Ehmke, Timo; Hammer, Svenja; Koch-Priewe, Barbara & Schulze, Nina (2015). DaZKom – Ein Modell von Lehrerkompetenz im Bereich Deutsch als Zweitsprache. In Barbara Koch-Priewe, Anne Köker, Jürgen Seifried & Eveline Wuttke (Hrsg.), *Kompetenzen von Lehramtsstudierenden und angehenden Erzieherinnen* (S. 177–205). Bad Heilbrunn: Klinkhardt.

Leiprecht, Rudolf & Steinbach, Anja (Hrsg.). (2015). *Schule in der Migrationsgesellschaft. Ein Handbuch* (2 Bände). Schwalbach: Debus Pädagogik.

Mecheril, Paul (2015). Das Anliegen der Migrationspädagogik. In Rudolf Leiprecht & Anja Steinbach (Hrsg.), *Schule in der Migrationsgesellschaft. Ein Handbuch* (Band 1, S. 25–53). Schwalbach: Debus Pädagogik Verlag.

Rösch, Heidi (2011). *Deutsch als Zweit- und Fremdsprache.* Berlin: Oldenbourg.

Roth, Hans-Joachim; Bainski, Christiane; Brandenburger, Anja; Duarte, Joana (2012). Inclusive Academic Language Training – Das europäische Kerncurriculum zur durchgängigen bildungssprachlichen Förderung (EUCIM-TE). In Elmar Winters-Ohle; Bettina Seip & Bernd Ralle (Hrsg.), *Lehrer für Schüler mit Migrationsgeschichte – Sprachliche Kompetenz im Kontext internationaler Konzepte der Lehrerbildung* (S. 93–113). Münster: Waxmann.

Tschirner, Erwin; Bärenfänger, Olaf & Möhring, Jupp (Hrsg.). (2016). *Deutsch als fremde Bildungssprache: Das Spannungsfeld von Fachwissen, sprachlicher Kompetenz, Diagnostik und Didaktik.* Tübingen: Stauffenburg.

Würffel, Nicola (2014). Auf dem Weg zu einer Theorie des Blended Learning. Kritische Einschätzung von Modellen. In Klaus Rummler (Hrsg.), *Lernräume gestalten – Bildungskontexte vielfältig denken* (S. 150–162). Münster: Waxmann.

Brigitte Jostes & Annkathrin Darsow

Entwicklung eines phasenübergreifenden Ausbildungskonzepts für Sprachbildung/Deutsch als Zweitsprache in der Berliner Lehrkräftebildung – Grundlegende Fragen und Vorgehen

1. Einführung

Die großen Schulleistungsstudien wie die PISA-Erhebungen haben gezeigt, dass in Deutschland Kinder und Jugendliche, deren Eltern einen niedrigen sozioökonomischen Status haben, deutliche Leistungsnachteile aufweisen und ihr Bildungserfolg geringer ausfällt. Es wird angenommen, dass die geringere Beherrschung der Instruktionssprache dabei ebenfalls eine Rolle spielt, insbesondere – aber nicht nur – bei Kindern und Jugendlichen aus Familien mit Zuwanderungshintergrund. Die Bildungspolitik versucht seit mehreren Jahren hier anzusetzen und spricht sich für eine systematische Sprachförderung bzw. Sprachbildung seitens der Lehrkräfte aus, die alle Schülerinnen und Schüler in ihrer Heterogenität in den Blick nimmt. Aufgrund der derzeitigen Flüchtlingssituation kommen aktuell zusätzlich viele Schülerinnen und Schüler als Seiteneinsteiger in die Schulen, die dort zunächst grundlegende Sprachkompetenzen im Deutschen erwerben und dann in die Regelklassen integriert werden müssen.

In Berlin haben sich in den vergangenen Jahren unterschiedliche Strukturen unabhängig voneinander herausgebildet, um Lehramtsstudierende, Lehrkräfte im Vorbereitungsdienst und Lehrkräfte an den Schulen in den Bereichen Deutsch als Zweitsprache (DaZ), Sprachförderung und Sprachbildung aus- und fortzubilden. Bislang haben viele der an der Lehrkräftebildung beteiligten Institutionen und Akteurinnen bzw. Akteure die von ihnen jeweils verantworteten Maßnahmen ausgearbeitet, ohne sie aufeinander abzustimmen. Im Projekt „Sprachen – Bilden – Chancen: Innovationen für das Berliner Lehramt" (SBC) (vgl. Lütke et al., 2016; Lütke & Börsel, 2017) wird das Vorhaben verfolgt, einen Entwurf für ein phasenübergreifendes Ausbildungskonzept zu entwickeln. Im Konzept sollen die für die Lehrkräfte zentralen Kompetenzbereiche im Bereich Sprachbildung analytisch gebündelt und der Frage nachgegangen werden, wer wann was wo lernen sollte. Das phasenübergreifende Ausbildungskonzept soll zu einer dringend notwendigen konzeptionellen Verzahnung der Ausbildungsziele und -inhalte der drei Phasen der Lehrkräftebildung im Bereich Sprachbildung/DaZ beitragen. Das

Konzept wird derzeit ausgearbeitet, der Schwerpunkt der Ausarbeitung liegt auf der 1. Phase, das heißt der universitären Ausbildung der Lehramtsstudierenden.[1]

Die Entwicklung des Ausbildungskonzepts stellt das dritte von insgesamt drei Teilprojekten des Entwicklungsprojektes SBC dar, das von 2014 bis 2017 an der Freien Universität Berlin, der Humboldt Universität zu Berlin und der Technischen Universität Berlin mit Mitteln des Mercator-Instituts für Deutsch als Zweitsprache und Sprachförderung durchgeführt wird: Im ersten Teilprojekt werden die universitären DaZ-Module evaluiert und auf dieser Grundlage Empfehlungen für deren Weiterentwicklung erarbeitet (vgl. Darsow, Wagner & Paetsch, 2017). Im zweiten Teilprojekt werden fachübergreifende und fachspezifische Materialien für die universitäre Lehrkräftebildung im Bereich Sprachbildung/DaZ entwickelt. Mit dem dritten Teilprojekt, dem phasenübergreifenden Ausbildungskonzept, werden die Ergebnisse der anderen beiden Teilprojekte miteinander verknüpft und um die phasenübergreifende Perspektive ergänzt.

Im vorliegenden Beitrag wird gezeigt, wie ein phasenübergreifendes Ausbildungskonzept für die Lehrkräftebildung, das theoriebasiert und unter Berücksichtigung gegebener Rahmenbedingungen entwickelt wurde, ausgestaltet sein kann. Hierbei wird auf Aspekte der Genese des Konzepts eingegangen, die für eine phasenübergreifende Verankerung von Sprachbildung von Bedeutung sind. Es wird ferner vorgestellt, welche grundlegenden Fragen zum Status eines solchen Konzeptes diskutiert wurden, welche die Grundlagen für die Entwicklung des Berliner Konzeptes sind und wie die Gesamtstruktur des Konzeptes angedacht ist. Damit kann das entwickelte Modell Vorbildcharakter für andere Bundesländer haben.

2. Grundlegende Fragen

2.1 Status des Konzepts

Mit der Entwicklung eines Ausbildungskonzepts für die Lehrkräftebildung im Rahmen eines drittmittelgeförderten Entwicklungsprojekts[2] sind grundlegende Fragen verbunden. Eine der wichtigsten ist die Frage nach dem Status. Studienordnungen und Modulbeschreibungen werden in den hierfür legitimierten uni-

---

1 „Die Lehrkräftebildung gliedert sich in drei Phasen. Die erste Phase umfasst ein wissenschaftliches oder wissenschaftlich-künstlerisches Studium [...]. Den Abschluss bildet ein lehramtsbezogener Master (Master of Education). Die zweite Phase umfasst die schulpraktische Ausbildung im Vorbereitungsdienst an schulpraktischen Seminaren und an Schulen. Sie endet mit der Staatsprüfung. Die dritte Phase beinhaltet die Lehrkräftefortbildung und die Lehrkräfteweiterbildung, die durch die für das Schulwesen zuständige Senatsverwaltung organisiert wird." (LBiG Berlin §2)

2 Neben den Autorinnen haben auch Matthias Sieberkrob, Julia Schallenberg und Torsten Andreas an den hier präsentierten Ergebnissen mitgearbeitet. Für die kritische Durchsicht des Textes danken wir Daniela Caspari.

versitären Gremien erarbeitet, Ausbildungsinhalte des Vorbereitungsdienstes wie auch der Fort- und Weiterbildung von den Fachkräften der zuständigen Schulbehörde unter Einbeziehung der Landesinstitute oder vergleichbarer Einrichtungen. Zugleich gilt nicht nur an den Universitäten, sondern auch in den schulpraktischen Seminaren die Freiheit der Lehre. Das Ausbildungskonzept des Projekts SBC kann also kein verbindlicher und verpflichtender Handlungsrahmen sein. Es kann aber eine theoretisch abgeleitete Systematik bieten und als eine Grundlage und Art Referenzrahmen für die dauerhaft notwendige Kommunikation zwischen den einzelnen Ausbildungsphasen für eine systematische Weiterentwicklung bestehender Angebote dienen. In diesem Sinne wird beispielsweise im *European Core Curriculum for Inclusive Academic Language Teaching* (EUCIM) (Brandenburger, Bainski, Hochherz & Roth, 2011; Roth, Bainski, Brandenburger & Duarte, 2012) nicht erst der Implementierung, sondern auch bereits der Erstellung des Curriculums selbst eine hohe Bedeutung beigemessen, weil sie einen kommunikativen Prozess zwischen den verschiedenen Institutionen und AkteurInnen in Gang setzt. Wie das *European Core Curriculum* soll auch das Ausbildungskonzept des Projekts SBC eine Kommunikation über Ziele, Methoden und Inhalte anstoßen, die über das Projektende hinaus geführt wird und die Voraussetzungen für eine mögliche Implementierung schafft. Aus diesem Grund wird im Projekt das Ziel verfolgt, nachhaltige Kommunikationsstrukturen zu schaffen. Hier erwies es sich von Vorteil, dass 2015 von der Berliner Senatsverwaltung für Bildung, Jugend und Wissenschaft ein u.a. in Ehlich, Valtin & Lütke (2014) gefordertes „Zentrum für Sprachbildung" gegründet wurde, das insbesondere mit der phasenübergreifend besetzten „Fachgruppe Lehrkräftebildung" ein Forum für solche Aufgaben bietet und in die das Projekt eingebunden ist.

2.2 Ziele des Konzepts

Entsprechend der Unterscheidungen, die in der Expertise „Bildung durch Sprache und Schrift (BISS)" vorgenommen werden, steht „Sprachbildung/DaZ" im Berliner Bildungsdiskurs in erster Linie für den dort verwendeten Begriff „sprachliche Bildung", der von „Sprachförderung" bei individuell diagnostiziertem Förderbedarf abgegrenzt wird. Sprachbildung/DaZ verweist auf die Aufgabe aller Lehrkräfte, bei allen Schülerinnen und Schülern – unabhängig von ihren Erstsprachen – systematisch Sprachentwicklungsprozesse anzuregen (vgl. Schneider & Baumert et al., 2012, S. 23; Jostes in diesem Band). Aspekte von „Sprachförderung" (im Sinne dieser BISS-Unterscheidungen) finden in der Aus- und Fortbildung von Lehrkräften für alle Fächer insoweit Beachtung, als sie unterrichtsintegriert umgesetzt werden können. Mit dem phasenübergreifenden Ausbildungskonzept werden zwei Teilziele verfolgt: Einerseits soll ein Angebot für die Verständigung über Grundlagen und Prinzipien von Sprachbildung und andererseits ein Angebot für die Verständigung über Qualifikationsziele in den jeweiligen Phasen geschaffen werden.

2.2.1 Verständigung über Grundlagen und Prinzipien von Sprachbildung

Grundlegend ist eine phasenübergreifende Verständigung über Definitionen, Aufgaben und den Begründungszusammenhang von Sprachbildung als Aufgabe in allen Fächern (in Abgrenzung zu additiv organisierter Sprachförderung) sowie über die damit verbundenen grundlegenden Prinzipien von Sprachbildung. Denn obgleich Sprachbildung in Berlin insbesondere durch die Programme „Förderung von Kindern und Jugendlichen mit Migrationshintergrund" (FörMig) und För-Mig-Transfer bildungspolitisch und curricular viel Aufmerksamkeit erfährt, zeigt sich ein Nachholbedarf. Dieser wird bspw. deutlich, wenn Lehrkräfte Sprachbildung als eine zusätzliche Aufgabe verstehen, bei der sie ‚jetzt auch noch Sprache‘, unterrichten müssen. Mit einer Einsicht in die grundlegenden kognitiven Zusammenhänge von Sprachaneignung und Lernen kann Sprachbildung hingegen als ein didaktisches Prinzip verstanden werden, das fachliches und sprachliches Lernen verbindet und die Entwicklung fachlicher Kompetenzen unterstützt. Darüber hinaus sollte mit den verschiedenen Institutionen und AkteurInnen abgestimmt werden, welche spezifischen Kompetenzen die Lehrkräfte für den Regelunterricht benötigen, um der Heterogenität in den sprachlichen Voraussetzungen gerecht werden zu können. Dies betrifft einerseits Schülerinnen und Schüler sowohl mit nicht-deutscher als auch mit deutscher Familiensprache, die von Beginn an das deutsche Schulsystem durchlaufen haben. Eine Verständigung über den Begründungszusammenhang und die grundlegenden Prinzipien von Sprachbildung ist aber andererseits auch eng verknüpft mit der Verständigung über die aktuell neu aufgeworfene Frage, über welche DaZ-spezifischen Kompetenzen Lehrkräfte im Hinblick auf die Förderung von Schülerinnen und Schülern verfügen müssen, die z.B. nach dem Besuch der Lerngruppen für neu zugewanderte Schülerinnen und Schüler ohne Deutschkenntnisse in die Regelklassen integriert werden. Diese grundlegenden Fragen zur Sprachbildung sind nicht zuletzt mit den verschiedensten Aspekten von Mehrsprachigkeit und Mehrsprachigkeitsdidaktik verknüpft.

Sollen die Ausbildungsphasen besser verzahnt werden, so bedarf es gemeinsamer Ausbildungsziele. Ausgehend z.B. von Qualitätsmerkmalen für sprachbildenden Fachunterricht (z.B. Gogolin et al., 2011 sowie Thürmann & Vollmer, 2013) sollte eine Verständigung darüber stattfinden, über welche Kompetenzen Lehrkräfte in den verschiedenen Phasen der Ausbildung und in der Berufspraxis verfügen müssen, um als „reflektierende[r] Praktiker" (Schön, 1983) Fachunterricht sprachbildend gestalten zu können.

2.2.2 Verständigung über Qualifikationsziele in den jeweiligen Phasen

Für eine engere Verzahnung der Phasen ist eine gegenseitige Kenntnis von Rahmenbedingungen, Inhalten, Materialien, Methoden und insbesondere eine Abstimmung über die jeweiligen Qualifikationsziele notwendig. Hierfür wurde eine Matrix entwickelt, die den gesamten Anforderungsbereich Sprachbildung/ DaZ analytisch in thematische Kompetenzbereiche aufgliedert, die sich durch alle Phasen ziehen. In diese Matrix werden im Rahmen des Projektes SBC die zentralen Ziele und Konkretisierungen des B.A.- und M.Ed.-Moduls Sprachbildung/DaZ eingetragen, wobei Hinweise aus der Evaluation der alten DaZ-Module berücksichtigt werden. Sie sollen als Grundlage für die weitere Anpassung bzw. Ausarbeitung für die zweite und dritte Phase dienen.

Bei der Formulierung der Ziele stellt sich die grundlegende Frage nach dem Grad der Konkretheit bzw. Abstraktheit, die verbunden ist mit der Frage, wie umfassend (auf einer abstrakten Ebene) bzw. wie exemplarisch (auf einer konkreten Ebene) das Konzept in diesem zweiten Teil sein kann und soll. Die verschiedenen Kompetenzbereiche (z.B. sprachwissenschaftliches Grundlagenwissen, Diagnosekompetenz, didaktische und methodische Kompetenz) müssen analytisch voneinander abgegrenzt werden und darüber hinaus zentrale Ziele für jeden Kompetenzbereich formuliert werden. Hier schließt sich der Raum für Konkretisierungen an, z.B. in Form von exemplarischen Materialien für bestimmte Fächer.

Fortlaufend wird sich bei der Formulierung der Qualifikationsziele die Frage nach dem wünschenswerten Grad von Realismus bzw. Idealismus stellen. Während die Modulbeschreibungen der ersten Generation der verpflichtenden Berliner DaZ-Module aus dem Jahre 2007 sehr hochgesteckte Ziele im Hinblick auf die zu erwerbenden Kompetenzen zeigten, kann nun erstens auf eine langjährige Ausbildungserfahrung sowie auf die Ergebnisse der Evaluation zurückgegriffen werden. Zweitens werden im Hinblick auf alle drei Phasen der Ausbildung die Ergebnisse der Bestandsaufnahme zu Sprachbildung/DaZ in der Berliner Lehrkräftebildung berücksichtigt (vgl. Jostes, 2016). Aus Gesprächen mit verschiedenen Akteurinnen und Akteuren geht hervor, dass z.B. nicht davon ausgegangen werden kann, dass alle Lehrkräfte die Angebote der einzelnen Phasen wahrgenommen haben und entsprechend hierauf aufgebaut werden kann. Dies liegt bspw. daran, dass zahlreiche Lehramtsanwärter im Vorbereitungsdienst in anderen Bundesländern studiert haben oder als Seiteneinsteigerinnen bzw. -einsteiger aus anderen Berufen kommen. Hier zeigen sich also die Grenzen eines angenommenen und angestrebten kumulativen Kompetenzaufbaus über die Phasen der Lehrkräftebildung hinweg.

3. Grundlagen der Entwicklung

Grundlagen der Entwicklung des phasenübergreifenden Ausbildungskonzepts sind erstens (Abschnitt 3.1.) die Berliner Rahmenbedingungen, zweitens (Abschnitt 3.2.) relevante theoretische Modelle sowie drittens (Abschnitt 3.3.) die empirisch aus der Evaluation der DaZ-Module abgeleiteten Empfehlungen für die Weiterentwicklung der Sprachbildungs-/DaZ-Module. Im Folgenden werden diese Grundlagen dargestellt. Im Hinblick auf das Ziel, Kompetenzbereiche für das Berliner Ausbildungskonzept analytisch voneinander abzugrenzen, wird die Darstellung dieser Grundlagen direkt mit Ausführungen zu Konsequenzen für das Ausbildungskonzept verknüpft.

3.1 Lokaler Kontext: Berliner Rahmenbedingungen

Anders als in vielen anderen Bundesländern ist Sprachbildung/DaZ in Berlin bereits in allen Phasen der Lehrkräftebildung institutionell und curricular verankert. Auch wird ab dem Schuljahr 2017/18 ein neuer Rahmenlehrplan für die Jahrgangsstufen 1 bis 10 unterrichtswirksam, in dem Sprachbildung als ein Bereich der „Fachübergreifenden Kompetenzentwicklung" mit einem Basiscurriculum eine hohe Bedeutung beigemessen wird (SenBJW, 2016). Das Ausbildungskonzept muss an diese lokalen Rahmenbedingungen anknüpfen. Auf einige zentrale Informationen zu den drei Phasen der Lehrkräftebildung soll im Folgenden hingewiesen werden.

An der FU Berlin, der Humboldt Universität zu Berlin und der TU Berlin werden seit 2007 die sogenannten Deutsch-als-Zweitsprache (DaZ)-Module angeboten, deren Besuch für alle Lehramtsstudierenden verpflichtend ist. Mit Inkrafttreten der neuen Studien- und Prüfungsordnungen wurden sie im Wintersemester 2015/16 durch die Sprachbildungsmodule ersetzt. Es gibt drei wesentliche Neuerungen: Erstens wurde der Umfang der Leistungspunkte für die Module und Studienanteile von bisher je drei Leistungspunkten in den B.A.- und M.Ed.- Studiengängen auf je fünf Leistungspunkte erhöht. Zweitens findet eine inhaltliche Ausweitung von Deutsch als Zweitsprache zu Sprachbildung statt, die auch durch die neuen Bezeichnungen der Module und Studienanteile angezeigt wird. Drittens werden im M.Ed. zwei der fünf Leistungspunkte in die Fachdidaktiken integriert und die weiteren drei Leistungspunkte in das Praxissemester. Neu ist weiterhin, dass die M.Ed.-Studierenden zukünftig dieses Praxissemester durchlaufen, in dem sie seitens der Schulen von so genannten Mentorinnen und Mentoren betreut werden. Zur Abstimmung zwischen den Universitäten wurden vor der Ausformulierung der Modulbeschreibungen durch die einzelnen Universitäten in einer universitätsübergreifenden Arbeitsgruppe berlinweite Qualifikationsziele für die zehn Leistungspunkte abgestimmt, die die Grundlage für die Ausarbeitung der universitären Modulbeschreibungen darstellten.

Für den Vorbereitungsdienst gilt das „Handbuch Vorbereitungsdienst" (Sen-BJW, 2014) als verbindlicher Handlungsrahmen. Hierin enthalten ist im Modul „Unterrichten" der Pflichtbaustein „Sprachbildung/Sprachförderung", der mit vier bis fünf Sitzungen à zweieinhalb Stunden etwa zehn Prozent der gesamten Ausbildungsinhalte umfasst.

In der berufsbegleitenden Weiterbildung werden seit 2011/12 in einjährigen Qualifizierungen „Sprachbildungskoordinator/-innen" darauf vorbereitet, die Umsetzung und Entwicklung von schuleigenen Sprachbildungskonzepten an Schulen mit zusätzlichen Personalmitteln zu koordinieren. Parallel dazu gibt es ein inhaltlich fast identisch strukturiertes Angebot, das nicht mit der Aufgabe der Koordination verbunden ist, sondern auf die „Unterrichts- und Schulentwicklung im Rahmen der Durchgängigen Sprachbildung" fokussiert und eng mit dem Basiscurriculum Sprachbildung im neuen Rahmenlehrplan verknüpft ist. In der regionalen Fortbildung hat Sprachbildung durch ihren Status als „gesamtstädtischer Schwerpunkt" eine besondere Bedeutung. Die Senatsverwaltung gibt weiterhin die sogenannten „Fachbriefe für Durchgängige Sprachbildung/DaZ" heraus, die sich an alle AkteurInnen der drei Phasen der Lehrkräftebildung richten (SenBJW, 2008ff.). Für die Qualifizierung sowohl der Seminar- und FachseminarleiterInnen (im Vorbereitungsdienst) als auch der MultiplikatorInnen in der berufsbegleitenden Weiterbildung und in der Fortbildung gibt es zwar Angebote, die zum Teil vom Landesinstitut für Schule und Medien Berlin-Brandenburg (LISUM) verantwortet werden. Insbesondere von SeminarleiterInnen wird aber ein Bedarf an systematischer Qualifizierung für den Pflichtbaustein „Sprachbildung/Sprachförderung" sowie an Verzahnung mit den Fachseminaren gesehen.

Ein zentrales aktuelles Thema der Fort- und Weiterbildung betrifft nicht Sprachbildung/DaZ als Aufgabe aller Lehrkräfte in allen Fächern, sondern die Qualifizierung von Lehrkräften für die Lerngruppen für neu zugewanderte Schülerinnen und Schüler ohne Deutschkenntnisse. Hier wird u.a. ein Jahreskurs angeboten.

3.2 Theoretische Grundlagen

Für die Erstellung der Grundstruktur des Ausbildungskonzepts wurden die bereits vorhandenen Ausbildungskonzepte und Modelle zu Kompetenzen von Lehrkräften in den Bereichen Sprachbildung/DaZ als eine Grundlage der Entwicklung konsultiert, um hieran anknüpfen zu können. Die berücksichtigten Konzepte und Modelle werden hinsichtlich des analytischen Zuschnitts der thematischen Kompetenzbereiche und der Modellierung der Kompetenzdimensionen skizziert und im Hinblick auf Konsequenzen für die Weiterentwicklung in ihren Hauptpunkten mit den Berliner Modulbeschreibungen verglichen.

Ein Modell der Kompetenzen von Lehrkräften aller Fächer im Bereich Deutsch als Zweitsprache wurde im Rahmen des Projekts *Professionelle Kompetenzen angehender LehrerInnen (Sek. 1) im Bereich Deutsch als Zweitsprache (DaZ)* (DaZKom) erarbeitet (Köker et al., 2014). Das Modell basiert auf einer Dokumentenanalyse von ca. 60 Curricula deutscher Universitäten und Institutionen. Im Modell werden drei inhaltliche Dimensionen unterschieden, die in sechs Subdimensionen (Fachregister: Grammatische Strukturen und Wortschatz, Semiotische Systeme; Mehrsprachigkeit: Zweitspracherwerb, Migration und Didaktik: Diagnose, Förderung) und insgesamt 19 Facetten weiter untergliedert werden. Diese Klassifikation besitzt den Vorteil der Nachvollziehbarkeit und Übersichtlichkeit.

Ein thematischer Bereich zu Sprache und Kommunikation im Allgemeinen (entsprechend der Subdimension „Semiotische Systeme") ist in den Berliner Modulbeschreibungen bislang nur implizit enthalten; dieser sollte im Ausbildungskonzept explizit gemacht werden. Demgegenüber stellt die explizite Erwähnung von Einblicken in fremde Sprachstrukturen eine Besonderheit der Berliner Modulbeschreibungen dar. Diese Besonderheit gibt Anlass, zum Beispiel im Rahmen der Befragung der Dozentinnen und Dozenten die Bedeutung dieses thematischen Bereiches zu erörtern.

In der Dimension „Didaktik" muss das DaZKom-Modell wegen der fehlenden Verknüpfung mit verschiedenen Fächern ausgesprochen unspezifisch bleiben und kann als Facetten nur allgemein „Makro- und Micro-Scaffolding" sowie den „Umgang mit Fehlern" nennen.

Interessant am DaZKom-Modell ist, dass verschiedene Kompetenzniveaus unterschieden werden. Das Projektteam greift hierzu auf das *Five-Stage Model of Adult Skill Acquisition* (Dreyfus & Dreyfus, 1986) zurück und unterscheidet fünf Niveaustufen, die vom Novizen (Stufe 1) zum Experten (Stufe 5) aufsteigen. Erst auf der dritten Stufe (die in der Lehrkräftebildung nach Abschluss der ersten Phase anzusiedeln wäre) wird „kompetentes Handeln" verortet, auf Stufe eins und zwei werden Wissen bzw. durch Erfahrungen angereichertes Wissen erworben. Entsprechend der nicht vorhandenen Thematisierung von Einstellungen im zugrundeliegenden *Five Stage Model* werden diese auch im DaZKom-Modell nicht thematisiert. Da im Projekt DaZKom bislang nur die Stufen für die universitäre Ausbildung ausgearbeitet wurden, sind Bereiche, die in der zweiten und dritten Phase relevant werden (wie z.B. Schulorganisation) nicht im Strukturmodell von DaZKom angelegt.

Das DaZKom-Modell macht eine grundlegende Problematik deutlich: So verweisen die Autorinnen und Autoren selbst auf die Schwierigkeit, DaZ-Kompetenz im Rahmen der Lehrkräftebildung in das Modell professioneller Handlungskompetenz (Baumert & Kunter, 2006) zu integrieren, da den „Lehrerinnen und Lehrern in der Kompetenzdomäne DaZ i.d.R. kein Fachwissen vermittelt [wird], das sie als spezifisches DaZ-Fachwissen vermitteln sollen. Vielmehr ist das DaZ-Fachwissen als konstitutiv für die Vermittlung von Fachwissen im jeweiligen

Unterrichtsfach zu sehen" (Köker et al., 2015, S. 182). Ein weiterer Punkt in der Diskussion des DaZKom-Modells ist die Nähe der dortigen Dimension „Fachregister" zu linguistischem Wissen als konkretisierte Variante des Shulman'schen Fachwissens (Hammer et al., 2015, S. 39). An anderer Stelle wird das generelle Problem thematisiert, das DaZKom-Modell mit dem Shulman'schen Modell zu verbinden: „So wird einerseits ein sprachlich orientiertes Kompetenzmodell bestehend aus Fachregister (Sprache), Mehrsprachigkeit (Lernprozess), Didaktik (Lehrprozesse) entwickelt, gleichzeitig werden aber unter Bezug auf die oben dargestellten Ansätze von Shulman (1986, 1987) Lehrerkompetenzen beschrieben als Fachwissen (gemessen als linguistisches Wissen), fachdidaktisches Wissen (gemessen als mathematikdidaktisches Wissen) und pädagogisches Wissen." (Kaiser, 2015, S. 138) Diese Überlegungen zum Ort der Vermittlung von DaZ-Kompetenz verweisen auf die grundlegende Herausforderung, Sprachbildungskompetenz in ihrer Verknüpfung mit fachdidaktischer Kompetenz zu modellieren. Da diese Verknüpfung mit der Umsetzung des neuen Berliner Lehrkräftebildungsgesetzes und der teilweisen Integration von Sprachbildung in die Fachdidaktiken aber curricular verankert ist, muss das Ausbildungskonzept – über fächerübergreifende Kompetenzen hinaus – auch Raum für Kompetenzen vorsehen, die spezifisch für die drei Lehramtsstudiengänge (Grundschule, Integrierte Sekundarschule/Gymnasium und Berufliche Bildung) und die jeweiligen Fächer sind. Insofern gibt es für diesen Aspekt kein bereits entwickeltes Kompetenzmodell, auf das sich das Berliner Ausbildungskonzept vollständig beziehen kann.

Ein weiteres wegweisendes Modell für ein phasenübergreifendes Konzept für Sprachbildung in der Lehrkräftebildung ist das bereits erwähnte *European Core Curriculum for Inclusive Academic Language Teaching* und seine Adaption für Nordrhein-Westfalen (Roth et al., 2014). EUCIM lenkt den Blick auf die Kompetenzdimension „Einstellungen", die in den Berliner Modulbeschreibungen bislang höchstens implizit vorhanden ist. Vor dem Hintergrund von Forschungsergebnissen, die die Bedeutung von Einstellungen oder auch *cultural beliefs* (vgl. Hachfeld, 2012) für Selbstwirksamkeitserwartungen von Lehrkräften aufzeigen, sollten Einstellungen daher auch im Ausbildungskonzept explizite Beachtung finden. Indes erscheint der in EUCIM vorgeschlagene, streng kumulative Kompetenzerwerb im Bereich der Einstellungen über die Phasen hinweg unrealistisch, weshalb im Berliner Ausbildungskonzept die Dimension der Einstellungen an ausgewählten Stellen begründet einbezogen werden soll.

Richtungsweisend für das Berliner Konzept ist weiterhin die Anlage von thematischen Bereichen, die bei EUCIM Module genannt werden und sich durch alle Phasen der Lehrkräftebildung ziehen. Diese sind: 1. Sprache, (Zweit-)Spracherwerb und Sprachaneignung in Kontexten institutioneller Bildung, 2. Didaktik und Methodik des inklusiven bildungssprachlichen Lernens und Lehrens und 3. Bildungssprache und Schulorganisation (vgl. Brandenburger et al., 2011, S. 22). In dieser phasenübergreifenden Perspektive kommt für das Berliner Ausbildungskonzept auch der Bereich „Schulorganisation" in den Blick, der zwar in der ersten Phase noch kaum relevant ist, aber im Gesamtmodell bereits angelegt sein sollte (siehe oben zur Qualifizierung der Sprachbildungskoordinatoren). Insgesamt sind die drei thematischen Bereiche von EUCIM jedoch zu breit, hier ist eine feinere Gliederung notwendig. Zudem wird in EUCIM nur in geringem Maße auf inhaltliche Konkretisierungen eingegangen (z.B. welche sprachdiagnostischen Methoden? Welches Wissen über Erwerbsverläufe?). In der Ausarbeitung des EUCIM für Nordrhein-Westfalen wurden auf dieser Grundlage vier tatsächliche Ausbildungsmodule konzipiert.

Abb. 1 zeigt zusammenfassend die Stufen von DaZKom und die Module aus EUCIM-NRW im Verhältnis zur Berliner Lehrkräftebildung:

	1. Phase			2. Phase	3. Phase		
DaZ-Kom	Stufe I: Neuling	Stufe II: Fortge. Anf.	Stufe III: Kompetenz	Stufe IV: Gewandtheit	Stufe V: Expertentum		
EUCIM-NRW	Basismodule Lehrerinnen und Lehrer (1.)					Aufbaumodul Sprachberater/-innen (3.) Aufbaumodul Schulleitung (4.)	Aufbaumodul Ausbilder/-innen, Kompetenzteams, Sprachberater/-innen (2.)
Berlin	B.A.-Modul Sprachbildung/DaZ		M. Ed.-Modul Sprachbildung/DaZ	Vorbereitungsdienst	Fortbildung allgemein	Berufsbegleitende Weiterbildung	Qualifizierung der MultiplikatorInnen SeminarleiterInnen

Abbildung 1: Verhältnis der Berliner Lehrkräfteausbildung im Bereich Sprachbildung/DaZ zum Kompetenzmodell DaZKom und den Modulen aus EUCIM-NRW

Für den Elementarbereich liegt mit dem Modell *Sprachförderkompetenz für Pädagogische Fachkräfte* (SprachKoPF) ein umfassendes Kompetenzmodell vor (Hopp, Thoma & Tracy, 2010). In diesem Kompetenzmodell gründet „Sprachförderung" als Kompetenzdimension „Machen" auf einer Verbindung von „Wissen" und „Können" und enthält neben den Unterdimensionen „Strategien und Methoden" auch „Einstellungen". Wie die weiteren Studien im Kontext von SprachKoPF für den Elementarbereich zeigen, hängt die „Qualität der Sprachförderung (d.h. das *Handeln*) [...] positiv mit dem *Wissen* der pädagogischen Fachkräfte zusammen" (Ofner, Roth & Thoma 2015, S. 37). Da SprachKoPF auf die Kompetenzen pädagogischer Fachkräfte im Elementarbereich zielt, kann dort eine Zuordnung zum Modell professioneller Handlungskompetenz (Baumert & Kunter, 2006) vorgenommen werden, bei der das Fachwissen (*content knowledge*) zu Sprache und Spracherwerb die Grundlage für anwendungsbezogenes Wissen in der Schaffung von Sprachfördersituation (*pedagogical content knowledge*) darstellt (vgl. Hopp et al., 2010, S. 614). Die analytische Trennung des Bereichs Sprache in „kommunikatives System" einerseits und „kognitives System" andererseits wird für das Berliner Konzept in ähnlicher Weise übernommen, denn bereits der Vergleich mit DaZKom zeigte das Fehlen eines Bereiches zu Kommunikation und Sprache allgemein, für den SprachKoPf den Titel „kommunikatives System" wählt. Für das Ausbildungskonzept werden zunächst die Arbeitstitel „Kommunikation und Sprache allgemein" einerseits und „Varietäten und Strukturen des Deutschen (im Kontrast)" andererseits gewählt. Im Gegensatz zur Qualifizierung für den Elementarbereich sind für die Qualifizierung von Lehrkräften darüber hinaus im sprachlichen Bereich Kompetenzen notwendig, die sich auf die spezifischen sprachlichen Anforderungen der Fächer (wie z.B. Genres/Textsorten) beziehen. Aus diesem Grund wird für das Berliner Konzept ein eigener Bereich mit dem Arbeitstitel „Sprache der Bildung" eingefügt. Dieser Bereich wird untergliedert in die Unterbereiche „Sprache der Schule" und „Sprachen der Fächer". Diese Untergliederung wird vorgenommen, obwohl noch wenig über die Sprachen der Fächer bekannt ist. Mit dem Ausbildungskonzept werden so aber zugleich Forschungsdesiderate und zukünftige Perspektiven aufgezeigt.

3.3 Empirische Grundlagen

Wie bereits angeführt, steht im Projekt SBC die Ausarbeitung der Qualifikationsziele für die 1. Phase, das heißt die universitäre Lehrkräfteausbildung, im Vordergrund. Um Hinweise für deren Ausgestaltung zu erhalten, werden im Rahmen des Projektes die ehemaligen DaZ-Module evaluiert, auf denen die neuen Sprachbildungsmodule weiterhin basieren. In die Evaluation werden sowohl die Studierenden als auch die Lehrenden und verschiedene curriculare Ebenen einbezogen.

Unterschieden werden das intendierte, das implementierte und das erreichte Curriculum (vgl. Travers, 1993, S. 4). Das intendierte Curriculum umfasst die Vorgaben zu den Modulen. Konkret sind dies die Studien- und Prüfungsordnungen, in denen u.a. die einzelnen Module beschrieben sind. In den Modulbeschreibungen ist festgelegt, welche Qualifikationsziele in einem Modul erreicht werden sollen, welche Form die jeweilige Modulabschlussprüfung hat und wie die Module strukturiert sind. Das implementierte Curriculum spiegelt wider, wie die Lehrenden die Vorgaben interpretiert und tatsächlich umgesetzt haben. Die tatsächlich vermittelten Inhalte und Kompetenzen werden im Projekt SBC über eine Befragung der Lehrenden erhoben. Darüber hinaus werden die Studierenden zu ihren Lerngelegenheiten zum Thema DaZ im Rahmen ihres Studiums schriftlich befragt.

Der Schwerpunkt der Evaluation liegt auf dem erreichten Curriculum. Es wird also der Frage nachgegangen, was die Studierenden beim Besuch der Module an Kompetenzen erworben haben. Um einen möglichst umfassenden Überblick über die Kompetenzen zu erhalten, werden drei verschiedene Konstrukte erfasst: der Wissenszuwachs der Studierenden im Bereich Deutsch als Zweitsprache, die

Fähigkeit der Studierenden Materialien unter sprachlichen Gesichtspunkten zu analysieren und sprachdidaktisch aufzubereiten und schließlich ihre professionellen Überzeugungen im Bereich DaZ. Weiterhin werden die Zufriedenheit der Studierenden und der Lehrenden mit den DaZ-Modulen erhoben (vgl. Darsow et al., 2017). Die Ergebnisse der verschiedenen Auswertungen sollen genutzt werden, um empirisch begründet Entscheidungen über die inhaltlichen Kompetenzbereiche, die Qualifikationsziele und Schwerpunktsetzungen sowie über die Struktur der neuen Module treffen zu können. Beispielsweise zeigen die Evaluationsergebnisse für den Kompetenzbereich „Sprache", dass sich das Vorwissen der Studierenden hier aufgrund ihrer Fächerkombination bzw. den unterschiedlichen Lerngelegenheiten unterscheidet und zugleich für das erreichte Kompetenzniveau mitverantwortlich ist (Wagner, Paetsch & Darsow, 2016). Weiterhin subsumieren die Lehrenden unter diesem Themenkomplex teilweise unterschiedliche Aspekte (Darsow, 2017).

4.   Entwurf eines Gesamtmodells thematischer Bereiche

Auf Basis der oben beschriebenen Grundlagen wurde eine Matrix für die Kompetenzbereiche des Berliner Ausbildungskonzepts entwickelt, die in Abbildung 2 im Verhältnis zu den oben genannten Modellen DaZKom, EUCIM und SprachKoPF dargestellt werden. Aufgegriffen wurden die Kompetenzbereiche (1) Sprache als Faktor von Bildungsbeteiligung (2) Sprache, (3) Sprache der Bildung, (4) Sprachaneignung/Mehrsprachigkeit, (5) Sprachstandsdiagnose, (6) Sprachbildende Unterstützung / Förderung im Fachunterricht und (7) Schulorganisation. Hierbei gilt zu bedenken, dass diese Abgrenzung der Kompetenzbereiche eine analytische ist und noch keine Aussagen über Reihenfolge, Art und Umfang der Vermittlung implizieren soll. So kann beispielsweise in der B.A.-Phase, in der Wissenserwerb und Sensibilisierung im Vordergrund stehen, allgemeines Wissen über Sprache und Kommunikation ausgehend von der deutschen Sprache vermittelt werden. Für die M.Ed.-Phase sowie für die zweite und dritte Ausbildungsphase, in denen ein mit Erfahrungen angereichertes Wissen zu Können und Machen führt, kann davon ausgegangen werden, dass die Kompetenzbereiche eins bis vier nur noch bei Bedarf explizit behandelt werden bzw. Wissen in diesen Bereichen selbstständig bedarfsorientiert erweitert werden kann. Aber auch wenn diese Bereiche in den späteren Ausbildungsphasen vielleicht kaum noch explizit behandelt werden, gibt es für eine Verzahnung der Phasen die Notwendigkeit des Austauschs darüber, welches Wissen für das Handeln benötigt wird bzw. über welches Wissen die Absolventinnen und Absolventen der ersten Phase verfügen sollten.

Darüber hinaus ist zu betonen, dass diese Matrix nicht die spezifische Ausbildung von Lehrkräften für Lerngruppen für Neuzugänge ohne Deutschkenntnisse berücksichtigt. Diese Lehrkräfte benötigen spezifische Kompetenzen, da das

Deutsche für diese Schülerinnen und Schüler zunächst eine noch fremde Sprache ist. Als Grundlage für den Austausch über die Ausbildung von Lehrkräften in allen Fächern ist für die besonderen Bedürfnisse der Schülerinnen und Schüler, die aus den Lerngruppen für Neuzugänge kommend in die Regelklassen integriert werden, aber der Bereich vier (Sprachaneignung / Mehrsprachigkeit) von besonderer Bedeutung. Hier wird Wissen über die unterschiedlichen Erwerbskontexte der Schülerinnen und Schüler vermittelt, über das alle Lehrkräfte verfügen sollten, um für die spezifischen Bedürfnisse der unterschiedlichen Zielgruppen von Sprachbildung (und damit z.T. auch für unterrichtsintegrierte Sprachförderung) sensibilisiert zu sein.

DaZKom	SprachKoPF	EUCIM	Kompetenzbereiche Berliner Ausbildungskonzept (mit Arbeitstiteln)		
(Migration)		Modul 1: Sprache, (Zweit-)Spracherwerb und Sprachaneignung in Kontexten institutioneller Bildung	**1. Sprache als Faktor von Bildungsbeteiligung**		
Semiotische Systeme	Sprache: Kommunikatives System		**2. Sprache**	**Kommunikation & Sprache allgemein**	
Grammatische Strukturen und Wortschatz	Sprache: Kognitives System			**Varietäten & Strukturen des Deutschen (im Kontrast)**	
			3. Sprache der Bildung	**Sprache der Schule**	
				Sprachen der Fächer	**Fächer**
Zweitspracherwerb Migration	Spracherwerb & Mehrsprachigkeit		**4. Sprachaneignung/ Mehrsprachigkeit**		
Diagnose	Sprachdiagnostik	Modul 2: Didaktik und Methodik des inklusiven bildungssprachlichen Lernens und Lehrens	**5. Sprachstandsdiagnose**		
Förderung	Sprachförderung		**6. Sprachbildende Unterstützung / Förderung im Fachunterricht**	**Fächerübergreifend**	
				LA Grundschule	**Fächer**
				LA ISS/Gym	**Fächer**
				LA Berufliche Schulen	**Fächer**
		Modul 3: Bildungssprache und Schulorganisation	**7. Schulorganisation**		

Abbildung 2: Kompetenzbereiche des Ausbildungskonzeptes im Verhältnis zu DaZKom, SprachKOPF, EUCIM

5.   Weiteres Vorgehen

Als Produkt der Entwicklung wird ein Dokument vorliegen,[3] das im ersten Abschnitt in knapper und verständlicher Form Grundlagen und phasenübergreifende Prinzipien (siehe Abschnitt 2.2.1.) und im zweiten Abschnitt das umfassendabstrakte Modell mit exemplarischen Ausarbeitungen der thematischen Bereiche in den jeweiligen Phasen darstellt (siehe Abschnitt 2.2.2.). Als Empfehlung für die Weiterentwicklung der Sprachbildungs-/DaZ-Module und Ausbildungsinhalte in der ersten Phase wird das Modell für den B.A. und M.Ed. im Rahmen der Projektlaufzeit von SBC ausgearbeitet. Darüber hinaus ist geplant, exemplarisch einen Kompetenzbereich (wie „Sprachstandsdiagnostik") für alle drei Phasen zu erarbeiten, um zu veranschaulichen, wie die Matrix später in Zusammenarbeit mit den verschiedenen Institutionen und AkteurInnen der zweiten und dritten Phase vervollständigt werden kann.

Für jeden Kompetenzbereich sollen zentrale Ziele, Exemplifizierungen und Konkretisierungen sowie Verweise auf Materialien formuliert und angelegt werden. So stellt ein grundlegendes Wissen um die Zusammenhänge von Bildungserfolg, sozioökonomischem Status und sprachlicher Heterogenität in der Migrationsgesellschaft sicher ein Grobziel des Bereichs „Sprache als Faktor von Bildungsbeteiligung" dar, bei dem in der Konkretisierung z.B. auf die Kenntnis zentraler Ergebnisse vertiefter Analysen von Schulleistungsstudien (wie IGLU, PISA, DESI) verwiesen werden kann. Für diese inhaltliche Ausarbeitung der sieben thematischen Bereiche wurden ihnen zunächst die Kompetenzbeschreibungen aus den Berliner Modulbeschreibungen, EUCIM, DaZKom sowie die Ergebnisse der Evaluation zugeordnet. Auf dieser Grundlage werden in Absprache mit den ExpertInnen (den Verantwortlichen für die allgemeine Sprachbildungs-Lehre an den Berliner Universitäten sowie den Kooperationspartnern in den Fachdidaktiken) Ziele und Konkretisierungen – quasi als Destillat der Grundlagen – formuliert. Hierüber findet noch im Stadium der Entwicklung ein Austausch in der phasenübergreifend besetzten Fachgruppe Lehrkräftebildung statt. Für die Transparenz und die Dokumentation dieser Entwicklung wird für jeden Bereich ein erläuternder und begründender Kommentar verfasst. Diese Kommentare wie auch die im Projekt erarbeiteten Materialien für die Lehre werden über Verweise zugänglich gemacht. Die Abbildung 3 zeigt die Gesamtstruktur des zweiten Teils des Berliner Ausbildungskonzepts.

---

3   Das Dokument wird auf der Seite „sprachen-bilden-chancen.de" veröffentlicht.

Kompetenzbereiche (Arbeitstitel)	1. Phase		2. Phase	3. Phase		
	B.A.	M. Ed.	Vorbereitungsdienst	Fortbildung	Weiterbildung	Qualifizierung der SeminarleiterInnen / MultiplikatorInnen
1. Sprache als Faktor von Bildungsbeteiligung						
2. Sprache						
3. Sprache der Bildung		Pro Zelle sollen sukzessive zentrale Ziele, Konkretisierungen und Verweise (Kommentierung der Genese, Materialien) eingearbeitet werden.				
4. Sprachaneignung/ Mehrsprachigkeit						
5. Sprachstandsdiagnose						
6. Sprachbildende Unterstützung / Förderung im Fachunterricht						
7. Schulorganisation						

Abbildung 3: Gesamtstruktur Berliner Ausbildungskonzept

6.   Zusammenfassung und Ausblick

Mit dem phasenübergreifenden Ausbildungskonzept werden die Ergebnisse der Evaluation der DaZ-Module und ihre Weiterentwicklung in den phasenübergreifenden Kontext der Lehrkräftebildung im Bereich Sprachbildung/DaZ eingebettet. Als Grundlage für die Kommunikation über Ausbildungsziele, Inhalte und Materialien zwischen den Phasen wurde ein theoretisch und empirisch begründetes umfassendes Modell entwickelt, das durch die direkte Verknüpfung mit Materialien, die im Projekt SBC für den Einsatz in der Lehrkräftebildung entwickelt werden, einen hohen Konkretisierungsgrad bietet.

Im Gesamtprojekt hat dieses Teilprojekt somit eine Art Dachfunktion zur Verknüpfung der Projektergebnisse und ihrer Einbettung in den Berliner Kontext. Die interdisziplinäre und phasenübergreifende Kommunikation stellt hierdurch für dieses Teilprojekt die größte Herausforderung, aber vielleicht auch den größten Mehrwert dar. Durch die unterschiedlichen Perspektiven auf die Zusammenhänge zwischen sprachlichem und fachlichem Lernen (z.B. aus DaZ-Perspektive einerseits und fachdidaktischer Perspektive andererseits), wie sie im Projekt deutlich wurden, werden die verschiedenen Funktionen von Sprache – kognitiv, kommunikativ, soziosymbolisch – immer wieder greifbar. Diese sind in der allgemeinen Diskussion um das Konzept „Bildungssprache" schon vielfach thematisiert worden (vgl. Morek & Heller, 2012). Sichtbar wird aber der Bedarf an weiterer Grundlagenforschung zu den Sprachen der Fächer mit ihren spezifischen

Sprachhandlungen, Textsorten etc. (vgl. Becker-Mrotzek, Schramm, Thürmann & Vollmer, 2013).

Literatur

Baumert, Jürgen & Mareike, Kunter (2006). Stichwort: Professionelle Kompetenz von Lehrkräften. *Zeitschrift für Erziehungswissenschaft, 9,* 469–520.

Becker-Mrotzek, Michael; Schramm, Karen; Thürmann, Eike & Vollmer, Helmut J. (Hrsg.) (2013). *Sprache im Fach. Sprachlichkeit und fachliches Lernen* (Fachdidaktische Forschungen, Bd. 3). Münster: Waxmann.

Brandenburger, Anja & Bainski, Christiane (2011). *European Core Curriculum for Inclusive Academic Language Teaching.). Adaption des europäischen Kerncurriculums für inklusive Förderung der Bildungssprache Nordrhein-Westfalen (NRW), Bundesrepublik Deutschland,* Universität zu Köln: European Core Curriculum for Mainstreamed Second Language – Teacher Education. Verfügbar unter http://www.eucim-te.eu/data/eso27/File/Material/NRW.%20Adaptation.pdf [12.07.2016].

Darsow, Annkathrin; Wagner, Fränze s. & Paetsch, Jennifer (2017). Konzept für die empirische Untersuchung der Berliner DaZ-Module. In Michael Becker-Mrotzek; Peter Rosenberg; Christoph Schroeder & Annika Witte (Hrsg.), *Deutsch als Zweitsprache in der Lehrerbildung* (S. 187–202). Münster: Waxmann.

Dreyfus, Hubert L.; Dreyfus, Stuart E. & Athanasiou, Tom (1986). *Mind over machine. The power of human intuition and expertise in the era of the computer.* New York: Free Press.

Ehlich, Konrad; Valtin, Renate & Lütke, Beate (Senatsverwaltung für Bildung, Jugend und Wissenschaft, Hrsg.) (2014). *Expertise „Erfolgreiche Sprachförderung unter Berücksichtigung der besonderen Situation Berlins".* Verfügbar unter https://www.berlin.de/ba-mitte/politik-und-verwaltung/sprachfoerderzentrum/ materialien/expertiseehlichvaltin.pdf [12.07.2016].

Gogolin, Ingrid; Lange, Imke; Hawighorst, Britta; Bainski, Christiane; Heintze, Andreas; Rutten, Sabine & Saalmann, Wiebke (2011). *Durchgängige Sprachbildung. Qualitätsmerkmale für den Unterricht* (FörMig-Material, Bd. 3). Münster: Waxmann.

Hammer, Svenja; Carlson, Sonja A; Ehmke, Timo; Koch-Priewe, Barbara; Köker, Anne; Ohm, Udo; Rosenbrock, Sonja & Schulze, Nina (2015). Kompetenz von Lehramtsstudierenden in Deutsch als Zweitsprache. Validierung des GSL-Testinstruments. *Zeitschrift für Pädagogik,* 61. Beiheft, 32–54.

Hachfeld, Axinia (2012). Lehrerkompetenzen im Kontext sprachlicher und kultureller Heterogenität im Klassenzimmer – Welche Rolle spielen diagnostische Fähigkeiten und Überzeugungen? In Elmar Winters-Ohle, Bettina Seip & Bernd Ralle (Hrsg.). *Lehrer für Schüler mit Migrationsgeschichte Sprachliche Kompetenz im Kontext internationaler Konzepte der Lehrerbildung* (S. 47–65). Münster: Waxmann.

Hopp, Holger; Thoma, Dieter & Tracy, Rosemarie (2011). Sprachförderkompetenz pädagogischer Fachkräfte. Ein sprachwissenschaftliches Modell. *Zeitschrift für Erziehungswissenschaft, 13,* 609–629.

Jostes, Brigitte (2017). „Mehrsprachigkeit", „Deutsch als Zweitsprache" „Sprachbildung", und „Sprachförderung": Begriffliche Klärungen. In Brigitte Jostes, Daniela Caspari

& Beate Lütke, (Hrsg.): *Sprachen – Bilden – Chancen: Sprachbildung in Didaktik und Lehrkräftebildung* (S. 103–126). Münster: Waxmann.

Jostes, Brigitte (Koordination, unter Mitarbeit von Torsten Andreas, Anke Börsel, Daniela Caspari, Cornelia Chmiel, Annkathrin Darsow, András Horváth, Simone Knab, Alexander Lohse, Beate Lütke, Jennifer Paetsch, Inger Petersen, Kristina Peuschel, Julia Schallenberg, Matthias Sieberkrob) (2016). *Sprachbildung/ Deutsch als Zweitsprache in der Berliner Lehrkräftebildung. Eine Bestandsaufnahme.* Verfügbar unter http://www.sprachen-bilden-chancen.de [12.07.2016].

Kaiser, Gabriele (2015). Erfassung berufsbezogener Kompetenzen von Studierenden. Ein Kommentar. In Sigrid Blömeke & Olga Zlatkin-Troitschanskaia (Hrsg.) Kompetenzen von Studierenden. *Zeitschrift für Pädagogik, 61*, 136–143 [Themenheft]. Weinheim Basel: Beltz Juventa.

Köker, Anne; Rosenbrock-Agyei, Sonja; Ohm, Udo; Carlson; s. A.; Ehmke, Timo; Hammer, Svenja; Koch-Priewe, Barbara & Schulze, Nina (2015). DaZKom: Ein Modell von Lehrerkompetenz im Bereich Deutsch als Zweitsprache. In Barbara Koch-Priewe, Anne Köker, Jürgen Seifried & Eveline Wuttke (Hrsg.), *Kompetenzerwerb an Hochschulen: Modellierung und Messung. Zur Professionalisierung angehender Lehrerinnen und Lehrer sowie frühpädagogischer Fachkräfte* (S. 177–205). Bad Heilbrunn/Obb.: Klinkhardt.

LBiG = Gesetz über die Aus-, Fort- und Weiterbildung der Lehrerinnen und Lehrer im Land Berlin (Lehrkräftebildungsgesetz – LbiG) v. 7. Februar 2014. GVBL. 2014, 49.

Lütke, Beate; Wagner, Fränze Sophie; Darsow, Annkathrin; Börsel, Anke; Jostes, Brigitte & Paetsch, Jennifer (2016). DaZ und Sprachbildung in der Berliner Lehrkräftebildung. In Barbara Koch-Priewe & Marianne Krüger-Potratz (Hrsg.), *Qualifizierung für sprachliche Bildung. Programme und Projekte zur Professionalisierung von Lehrkräften und pädagogischen Fachkräften, 13*, 23–35 [Themenheft]. Münster: Waxmann.

Lütke, Beate & Börsel, Anke (2017). Deutsch als Zweitsprache in der Berliner Lehrkräftebildung. In Michael Becker-Mrotzek, Peter Rosenberg, Christoph Schroeder & Annika Witte (Hrsg.), *Deutsch als Zweitsprache in der Lehrerbildung* (S. 37–49). Münster: Waxmann.

Morek, Miriam & Heller, Vivien (2012). Bildungssprache – Kommunikative, epistemische, soziale und interaktive Aspekte ihres Gebrauchs. *Zeitschrift für angewandte Linguistik, 57*, 67–101.

Ofner, Daniela; Roth, Christine & Thoma, Dieter (2015). Sprachförderkompetenz im Elementarbereich. Empirische Befunde zum Wissen, Können und Handeln pädagogischer Fachkräfte. In Angelika Redder, Johannes Naumann & Rosemarie Tracy (Hrsg.), *Forschungsinitiative Sprachdiagnostik und Sprachförderung – Ergebnisse* (S. 27–46). Münster: Waxmann.

Roth, Hans-Joachim; Bainski, Christiane, Brandenburger, Anja & Duarte, Joana (2012). Inclusive Academic Language Training. Der europäische Kerncurriculum zur durchgängigen bildungssprachlichen Förderung (EUCIM-TE). In Elma Winters-Ohle, Bettina Seipp & Bernd Ralle (Hrsg.), *Lehrer für Schüler mit Migrationsgeschichte. Sprachliche Kompetenz im Kontext internationaler Konzepte der Lehrerbildung* (Mehrsprachigkeit, Bd. 35, S. 93–114). Münster: Waxmann.

Schneider, Wolfgang; Baumert, Jürgen; Becker-Mrotzek, Michael; Hasselhorn, Marcus; Kammermeyer, Gisela; Rauschenbach, Thomas; Roßbach, Hans-Günther; Roth, Hans-Joachim; Rothweiler, Monika & Stanat, Petra (2012). *Expertise „Bildung durch Sprache und Schrift (BISS)*". Verfügbar unter: http://www.biss-sprachbildung.de/pdf/BiSS-Expertise.pdf [08.08.2016].

Schön, Donald A. (1983). *The reflective practitioner. How professionals think in action*. New York: Basic Books.

Senatsverwaltung für Bildung, Jugend und Wissenschaft (Hrsg.) (2008ff.). *Fachbriefe für Durchgängige Sprachbildung/Deutsch als Zweitsprache*. Verfügbar unter http://bildungsserver.berlin-brandenburg.de/unterricht/fachbriefe-bln/fachbriefe-uebergreifend/fachbriefe-daz/ [04.07.2017].

Senatsverwaltung für Bildung, Jugend und Wissenschaft (Hrsg.) (2014). *Handbuch Vorbereitungsdienst* (4. Aufl.). Verfügbar unter https://www.berlin.de/sen/bildung/ fachkraefte/lehrerausbildung/vorbereitungsdienst/handbuch_vorbereitungsdienst.pdf [12.07.2016].

Senatsverwaltung für Bildung, Jugend und Familie Berlin & Ministerium für Bildung, Jugend und Sport des Landes Brandenburg (Hrsg.). (2015). *Rahmenlehrplan Jahrgangsstufen 1-10. Teil B: Fachübergreifende Kompetenzentwicklung*. Verfügbar unter: http://bildungsserver.berlin-brandenburg.de/fileadmin/bbb/unterricht/rahmenlehrplaene/Rahmenlehrplanprojekt/amtliche_Fassung/Teil_B_2015_11_10_WEB.pdf [15.07.2017].

Shulmann, Lee s. (1986). Those who Understand. Knowledge Growth in Teaching. *Educational Researcher, 15* (2), 4–14.

Thürmann, Eike & Vollmer, Helmut Johannes (2013). Schulsprache und Sprachsensibler Fachunterricht: Eine Checkliste mit Erläuterungen. In Charlotte Röhner & Britta Hövelbrinks (Hrsg.), *Fachbezogene Sprachförderung in Deutsch als Zweitsprache. Theoretische Konzepte und empirische Befunde zum Erwerb bildungssprachlicher Kompetenzen* (S. 212–234). Weinheim: Beltz Juventa.

Travers, Kenneth J. (1993). Overview of the Longitudinal Version of the Second International Mathematics Study. In Leigh Burstein (Hrsg.), *The IEA Study of Mathematics III: Students Growth and Classroom Processes* (S. 1–14). New York: Pergamon.

Wagner, Fränze S.; Paetsch, Jennifer & Darsow, Annkathrin (2016). *Universitäre Lerngelegenheiten und Kompetenzen von angehenden Lehrkräften im Bereich Deutsch als Zweitsprache*. Tagungsbeitrag GEBF, Berlin.

Autorinnen und Autoren

Kämper-van den Boogaart, Michael, Prof. Dr., phil., lehrt seit 1997 Neuere deutsche Literatur und Fachdidaktik Deutsch an der Humboldt-Universität zu Berlin. Seine Forschungsschwerpunkte der letzten Jahre betrafen literaturdidaktische Fragestellungen, Aspekte der Fachgeschichte und einer germanistischen Praxeologie sowie die Literaturgeschichte des 20. Jahrhunderts.

Achour, Sabine, Prof. Dr., lehrt politische Bildung und Politikdidaktik am Otto-Suhr-Institut für Politikwissenschaft der Freien Univerrsität Berlin. Ihre Forschungsschwerpunkte liegen in den Bereichen Migration, Integration, Islam im Kontext von Demokratie und politischer Bildung.

Andreas, Torsten, Dr., ist als wissenschaftlicher Mitarbeiter im Erweiterungsfach Deutsch als Zweitsprache an der TU Dresden beschäftigt. Seine Forschungsschwerpunkte liegen in den Bereichen Sprachbildung, Sprachförderung, Deutsch als Zweitsprache, linguistische und lerntheoretische Grundlagen des Zweitspracherwerbs, Lernersprachenanalyse und der Elizitierung von Sprachproduktion im Unterricht.

Beste, Gisela, Dr. ist als Schulaufsicht im Staatlichen Schulamt Brandenburg a.d.H. tätig. Ihre Arbeitsschwerpunkte liegen in den Bereichen Unterrichtsentwicklung (v.a. Sprach- und Medienbildung) und Lehrerbildung.

Caspari, Daniela, Prof. Dr., leitet die Arbeitsgebiete Didaktik der romanischen Sprachen und DaZ/Sprachbildung an der Freien Universität Berlin. Ihre Forschungsschwerpunkte liegen neben der Literaturdidaktik, der Forschungsmethodik und dem kompetenzorientierten Fremdsprachenunterricht in der Lehrerforschung. Besonders interessiert ist sie an sprachenübergreifenden Fragestellungen des Lehrens von (Fremd- und Zweit-)Sprachen.

Darsow, Annkathrin ist wissenschaftliche Mitarbeiterin an der Humboldt-Universität zu Berlin (Professional School of Education). Ihre Forschungsschwerpunkte liegen in den Bereichen des kindlichen Zweitspracherwerbs, der Sprachstandsdiagnostik bei Kindern, der Sprachförderung und Sprachbildung im Fachunterricht sowie in der Analyse von Lernersprachen.

Härtig, Hendrik, Prof. Dr., lehrt Didaktik der Physik an der Universität Duisburg-Essen. Seine Forschungsschwerpunkte liegen in den Bereichen Experimentieren-Lernen und Rolle der Sprache im Physikunterricht. In letzterem befasst er sich unter anderem mit der Text-Lesenden-Interaktion bei Fachtexten und der Förderung sprachlicher Fähigkeiten im Physikunterricht.

Jordan, Annemarie, ist wissenschaftliche Mitarbeiterin an der Freien Universität Berlin. Ihre Forschungsschwerpunkte liegen in den Bereichen Sprachbildung in der politischen Bildung, videobasierte Unterrichtsforschung, professionelle Wahrnehmung und Beurteilung von Unterricht sowie politische Urteils- und Handlungskompetenz.

Jostes, Brigitte, Dr., ist wissenschaftliche Mitarbeiterin an der Universität Potsdam im Projekt „Sprachliche Heterogenität als Herausforderung in der Lehrerbildung" sowie Lehrbeauftragte an der Sigmund Freud PrivatUniversität Berlin. Im Projekt „Sprachen – Bilden – Chancen" war sie stellvertretende Standortleiterin an der Freien Universität Berlin sowie Koordinatorin des Teilprojekts „Entwicklung eines phasenübergreifenden Ausbildungskonzepts". Ihre Forschungsschwerpunkte liegen in den Bereichen sprachliche Bildung im Kontext von Migration und Mehrsprachigkeit, Deutsch als Zweitsprache und Lehrkräftebildung.

Knab, Simone, Prof. Dr., leitet im Rahmen einer Gastprofessur das Fachgebiet Didaktik der Arbeitslehre im Institut für Berufliche Bildung und Arbeitslehre an der Technischen Universität Berlin. Ihre Arbeitsschwerpunkte sind Verknüpfung von Theorie-Praxis-Bezügen, didaktische Methoden und Medien sowie Förderung der individuellen Lehrerpersönlichkeit.

Kohnen, Nicole ist wissenschaftliche Mitarbeiterin in der Didaktik der Physik und Doktorandin am Institut für Deutsch als Zweit- und Fremdsprache der Universität Duisburg-Essen. Zu ihren Forschungsinteressen zählt das Verständnis naturwissenschaftlicher Texte unter Berücksichtigung von Texteigenschaften und sprachlichen Kompetenzen der Lesenden.

Lohse, Carolin ist Studienassessorin und wissenschaftliche Mitarbeiterin im Fachgebiet der Fachdidaktik Elektro-, Informations-, Medien-, Metall- und Fahrzeugtechnik am Institut für Berufliche Bildung und Arbeitslehre der Technischen Universität Berlin. Ihr Forschungsschwerpunkt liegt in der Berufsbildungsforschung.

Lücke, Martin, Prof. Dr., lehrt Didaktik der Geschichte an der Freien Universität Berlin. Seine Forschungsschwerpunkte liegen in den Bereichen Diversität und Intersektionalität, Holocaust und historisches Lernen sowie in der Geschlechter- und Sexualitätsgeschichte.

Lütke, Beate, Prof. Dr., lehrt Didaktik der deutschen Sprache und Deutsch als Zweitsprache am Institut für deutsche Sprache und Linguistik und an der Professional School of Education der Humboldt-Universität zu Berlin. Zusammen mit Michael Kämper-van den Boogaart hat sie das Projekt „Sprachen – Bilden – Chancen" geleitet. Ihre Forschungsschwerpunkte: u.a. Sprachbildung und -förderung im Deutschunterricht, sprachsensibler Fachunterricht, Deutsch-als-Zweitsprache-Erwerb im Schulalter, Sprachreflexion und Grammatikunterricht, Lehrkräftebildungsforschung.

Lutsche, Christian, M.A., ist Lehrer an der Korczak-Schule (Fachschule für Sozialwesen der Samariteranstalten Fürstenwalde) und war bis Juli 2016 Projektmitarbeiter im Projekt „Sprachen – Bilden – Chancen" am Institut für Berufliche Bildung und Arbeitslehre an der Technischen Universität Berlin. Schwerpunkte der Arbeit an der Fachschule sind Sprachbildung und Sprachförderung, Medienpädagogik und Deutsch. Schwerpunkt im Projekt war die Entwicklung sprachbildender Aufgaben für das Fach Wirtschaft-Arbeit-Technik.

Mayr, Katharina, M.A., arbeitet im Rahmen der Qualitätsoffensive Lehrerbildung als wissenschaftliche Mitarbeiterin an der Universität Potsdam in dem Projekt „Sprachliche Heterogenität". Neben dieser Tätigkeit forscht sie im Bereich der Perzeptionslinguistik und befasst sich mit sprachlichen Stereotypen und deren Einfluss auf den Elementar- und Primarbereich.

Maar, Verena (geb. Mezger), MA, ist wissenschaftliche Mitarbeiterin im Arbeitsbereich DaF/DaZ an der Universität Potsdam. Ihre Forschungsschwerpunkte liegen in den Bereichen DaZ in der Lehrkräftebildung, sprachliche Heterogenität und Inklusion sowie Familiensprachenpolitik.

Paetsch, Jennifer, Prof. Dr., ist Juniorprofessorin für Evaluation im Kontext von Lehrerbildung an der Otto-Friedrich-Universität Bamberg. Ihre Forschungsinteressen liegen in den Bereichen Lehrkräftebildung, Sprachbildung/Sprachförderung, Diagnostik von sprachlichen Kompetenzen, Disparitäten im Bildungserfolg.

Parchmann, Ilka, Prof. Dr., lehrt Didaktik der Chemie am IPN – Leibniz-Institut für die Pädagogik der Naturwissenschaften und Mathematik und an der Christian-Albrechts-Universität zu Kiel. Ihre Forschungsschwerpunkte liegen im Bereich von Konzeptionen für ein kontextbasiertes Lernen in schulischen, außerschulischen und universitären Lernumgebungen und der Entwicklung und Untersuchung von Maßnahmen der Wissenschaftskommunikation und Talentförderung sowie Konzeptionen und Untersuchungen zur Lehreraus- und -fortbildung.

Peuschel, Kristina, Prof. Dr., ist Juniorprofessorin für den sprachsensiblen Unterricht im Rahmen gymnasialer Bildung am Deutschen Seminar sowie an der Tübingen School of Education der Eberhard-Karls-Universität Tübingen. Ihre Lehr- und Forschungsschwerpunkte liegen im Bereich der Lehrkräftebildung im Kontext sprachlicher Heterogenität, insbesondere auf dem lehrerseitigen Handeln im Kontext von DaF und DaZ sowie Sprachbildung im Fach.

Reich, Sabine war bis August 2016 Referentin für die Grundsatzfragen der Lehrerbildung der ersten Phase in der Senatsverwaltung für Bildung, Jugend und Wissenschaft Berlin. In dieser Funktion war sie Kooperationspartnerin der Universitäten beim Projekt „Sprachen – Bilden – Chancen".

Roelcke, Thorsten, Prof. Dr., ist Leiter des Fachgebiets Deutsch als Fremdsprache und der Zentraleinrichtung Moderne Fremdsprachen an der Technischen Universität Berlin. Seine Forschungsschwerpunkte liegen in den Bereichen Fachsprachen und Fachkommunikation, Sprachgeschichte des Deutschen sowie Deutsch als Fremdsprache.

Roth, Hans-Joachim, Prof. Dr., ist Professor am Arbeitsbereich Interkulturelle Bildung der Humanwissenschaftlichen Fakultät und stellvertretender Direktor des Mercator-Instituts für Sprachförderung und Deutsch als Zweitsprache der Universität zu Köln. Seine Forschungsschwerpunkte liegen in den Bereichen Theorie und Didaktik der interkulturellen (sprachlichen) Bildung, des bilingualen Unterrichts und des Deutschen als Zweitsprache.

Schallenberg, Julia ist Lehrkraft für besondere Aufgaben im Bereich DaZ/Sprachbildung an der Technischen Universität Berlin und momentan als wissenschaftliche Mitarbeiterin im Projekt „Sprachen – Bilden – Chancen" tätig. Ihre Forschungsschwerpunkte liegen in den Bereichen Sprachbildung in der beruflichen Bildung, DaZ/Sprachbildung als Themen der Lehrkräftebildung sowie neuzugewanderte Jugendliche und junge Erwachsene an beruflichen Schulen.

Schroeder, Christoph, Prof. Dr., leitet den Arbeitsbereich Deutsch als Fremd- und Zweitsprache/Linguistik an der Universität Potsdam. Seine Forschungsschwerpunkte liegen im Bereich des Schriftspracherwerbs im Kontext von Mehrsprachigkeit und Migration sowie in der Linguistik des Türkischen.

Severin, Diemut ist in der Senatsverwaltung für Bildung, Jugend und Familie Berlin im Referat für schulartenübergreifende Angelegenheiten Referentin für Grundsatzangelegenheiten der Themen Migration/Integration, Sprachbildung/Sprachförderung und Begabungsförderung.

Shure, Victoria ist wissenschaftliche Mitarbeiterin im Projekt „Sprachen – Bilden – Chancen" und Doktorandin am Institut für Mathematik an der Freien Universität Berlin. Ihre Forschungsschwerpunkte liegen in den Bereichen der Sprachbildung, Deutsch als Zweitsprache und in der Didaktik der Mathematik.

Sieberkrob, Matthias, ist wissenschaftlicher Mitarbeiter an der Freien Universität Berlin im Projekt „Sprachen – Bilden – Chancen". Seine Forschungsschwerpunkte liegen in den Bereichen Sprachbildung im Geschichtsunterricht, historische Lernaufgaben, historisches Erzählen und Sprachbildung im Politikunterricht.

Steinmüller, Ulrich, Prof. Dr., ist pensionierter Professor an der Technischen Universität Berlin. Seine Forschungsschwerpunkte liegen in den Bereichen Zweitspracherwerb und -unterricht, Linguistik und Didaktik von Deutsch als Fremd- und Fachsprache sowie interkulturelle Kommunikation.

Wagner, Fränze Sophie arbeitet als wissenschaftliche Mitarbeiterin im Projekt „Sprachen – Bilden – Chancen" an der Professional School of Education der Humboldt-Universität zu Berlin. Ihre Forschungsinteressen liegen in den Bereichen Lehrkräftebildung und professionelle Überzeugungen von (angehenden) Lehrkräften (im Bereich DaZ/Sprachbildung).

Wessel, Lena, Jun. Prof. Dr., lehrt am Institut für Mathematische Bildung der Pädagogischen Hochschule Freiburg. Ihre Forschungsschwerpunkte liegen in den Bereichen der Entwicklung und Erforschung fach- und sprachintegrierten Lehrens und Lernens für den Mathematikunterricht der Sekundarstufe.

Zydatiß, Wolfgang, Prof. Dr., ist Seniorprofessor für die Didaktik des Englischen am Institut für Anglistik und Amerikanistik an der Humboldt-Universität zu Berlin. Zu seinen Forschungsschwerpunkten zählen Fachunterricht in der Fremdsprache Englisch (= Bilingualer Unterricht in Deutschland bzw. CLIL im europäischen Kontext), funktional-linguistische Modellierung des Konzepts Bildungssprache, Erziehung zur Zwei- bzw. Mehrsprachigkeit sowie empirische Evaluierung des bilingualen Unterrichts.

Michael Becker-Mrotzek,
Hans-Joachim Roth
(Hrsg.)

Sprachliche Bildung – Grundlagen und Handlungsfelder

*Sprachliche Bildung, Band 1,
2017, 378 Seiten, br., 37,90 €,
ISBN 978-3-8309-3389-2*

*E-Book: 33,99 €,
ISBN 978-3-8309-8389-7*

In diesem Band geben namhafte Vertreterinnen und Vertreter unterschiedlicher Disziplinen einen Überblick über die zentralen Fragestellungen, aktuellen Handlungsfelder und Herausforderungen im Feld der sprachlichen Bildung.

Der erste Teil ist den gesellschaftlichen Grundlagen gewidmet. Es folgt ein zweiter Teil zu den methodischen und konzeptionellen Grundlagen. Im dritten Teil werden konkrete Konzepte sprachlicher Bildung und Förderung im schulischen Kontext vorgestellt. Im letzten Teil folgen Hinweise zu den Konsequenzen für die Lehrerbildung.

www.waxmann.com

Michael Becker-Mrotzek,
Peter Rosenberg, Christoph
Schroeder, Annika Witte
(Hrsg.)

Deutsch als Zweitsprache in der Lehrerbildung

*Sprachliche Bildung, Band 2,
2016, 216 Seiten, br., 29,90 €,
ISBN 978-3-8309-3399-1*

*E-Book: 26,99 €,
ISBN 978-3-8309-8399-6*

Sprachliche Bildung, Sprachförderung und Deutsch als Zweitsprache sind in vielen Bundesländern fester Bestandteil der Lehramtsausbildung; in Berlin und Nordrhein-Westfalen ist Deutsch als Zweitsprache inzwischen sogar ein Pflichtmodul. Weitere Bundesländer folgen oder diskutieren aktuell eine Verankerung des Themas sprachliche Bildung in das Studium.

Dieser Band gibt einen Überblick über bisherige Modelle und präsentiert erste Erkenntnisse. Zudem werden Antworten auf Fragen zu Inhalten und zu vermittelnden Kompetenzen in der Lehrerbildung sowie zu deren Anwendung und Eignung in der schulischen Praxis gegeben. Sprachliche Heterogenität wirft außerdem eine weitere Frage auf: Wie gestaltet sich das Verhältnis von Sprachförderung und Inklusion?